内容简介

本文集是作者对新石器时代的裴李岗文化和仰韶文化分课题进行研究后所撰写的文章，亦有部分与之相关的文章。在此基础上，还结合文献所记载的历史传说，将这两种考古学文化与我国原始社会时代的传说文化进行了探讨，提出裴李岗文化可能属于少典氏时代的文化，仰韶文化是属炎黄时代的文化。其中，分布在中原西部地区的仰韶文化，应属于炎帝部落文化，分布在中原东部地区的仰韶文化，应属黄帝部落文化，仰韶文化中期以后，东西部地区的仰韶文化，出现融合，应是黄帝时代的文化的设想。

本书可供考古、文物、历史、博物馆工作者和高校考古专业师生阅读、参考。

图书在版编目（CIP）数据

新石器考古研究文集/李友谋著.—北京：科学出版社，2017.6
ISBN 978-7-03-053029-5

Ⅰ.①新… Ⅱ.①李… Ⅲ.①新石器时代文化-中国-文集
Ⅳ.①K871.134-53

中国版本图书馆 CIP 数据核字（2017）第 117700 号

责任编辑：樊 鑫/责任校对：邹慧卿
责任印制：肖 兴/封面设计：美光设计

科学出版社 出版
北京东黄城根北街 16 号
邮政编码：100717
http://www.sciencep.com

北京通州皇家印刷厂印刷
科学出版社发行 各地新华书店经销

*

2017 年 6 月第 一 版　开本：787×1092　1/16
2017 年 6 月第一次印刷　印张：22 3/4　插页：1
字数：540 000

定价：230.00 元
（如有印装质量问题，我社负责调换）

作者近照

新石器考古研究

李友谋 著

科学出版社
北京

前　言

　　这是一本新石器时代考古学论文集，共汇集本人从事新石器时代考古研究所写的论文共 42 篇，涉及的研究课题有新石器时代考古本身的研究内容，也有与之相关的部分，其中有 4 篇是田野考古发掘简报，其发表时署名是原开封地区文管会、新郑县文管会和郑州大学考古专业，因执笔者均本人，而且都是在裴李岗文化发现后，为了解该文化的分布情况，专门作进一步的调查试掘而发现的新文化遗存，故收入在内。

　　1960 年，我报考北京大学历史系被录取后，选择的是考古专业，便与考古结缘。1965 年本科毕业后，被分配到河南省文化局文物工作队工作，开始进入文物考古界之门。1974 年初又被调入郑州大学历史系任教，主要担任新石器时代考古教学直至退休，这就是我从事考古的工作经历。

　　我在河南省文物工作队工作近 10 年，但未做文物考古的实际工作，其原因主要是到单位报到后便被安排到信阳搞"四清"工作，历时近一年后回到单位时，"文化大革命"已开始。时光就在"斗、批、改"中消逝了！"文革"后期，又被下放到密县接受贫下中农的再教育。直到 1973 年 8 月调回到河南省博物馆期间，参加了郑州商城的发掘，才做了几个月的田野考古实际工作。

　　由于在文物工作队期间没有做文物考古的实际工作，因此而未做过系统研究。直至 1974 年初我被调入郑州大学任教之后，才开始做考古学的研究工作。其时，因郑州大学正在筹办考古专业，还没有考古教学任务，我便应北京大学历史系考古专业俞伟超先生之邀，参加了陕西岐山周原遗址的田野考古发掘工作。后来又应原开封地区文管会崔耕同志之邀，参加了新郑县唐户仰韶文化遗址和两周墓葬的发掘，继之，又参加了裴李岗遗址、密县马良沟裴李岗文化遗址、巩县铁生沟裴李岗文化遗址的发掘工作。在接触了这些田野考古的实际工作后，才对考古学研究有所感悟。加上当时我担任的考古课程被确定新石器时代考古，研究方向亦因此而确定，便开始进行新石器时代考古研究工作。

　　在新石器时代考古的研究中，撰写的第一篇论文是《关中仰韶文化一些问题的浅见》。此文主要是为准备教学，首先在对仰韶文化的考古资料和前人的研究成果，进行了比较全面、系统的阅读后，对仰韶文化的问题才进行思考钻研后撰写的。其后是因为参加了裴李岗遗址的发掘，对裴李岗文化有所感悟，由此又投入裴李岗文化的研究。本文集汇集的文章，主要是对裴李岗文化和仰韶文化方面的研究文章，龙山文化方面的文章只有一篇。研究的内容分三部分：

第一部分，裴李岗文化及相关问题研究。共有文章15篇，其中有3篇是田野考古发掘简报，有5篇是裴李岗文化的研究，其余是与裴李岗文化相关问题的探讨。

前一部分的研究文章主要有《略论裴李岗文化》、《试论裴李岗文化》、《试论裴李岗文化类型的区分》、《裴李岗文化墓葬初步考察》等文。

《略论裴李岗文化》是在裴李岗遗址试掘之后深感其文化面貌特征新颖，是前所未见的新石器文化遗存，文化特征与仰韶文化有显著区别，文化年代应早于仰韶文化，因此而对其文化年代和社会发展阶段等问题进行了初步探索。

《试论裴李岗文化》是在裴李岗遗址经过正式发掘之后，获得了更多的文化遗存，对该遗址的文化面貌有了更全面的认识，同时，经过调查，又新发现几处遗址，而且有的遗址还作了试掘，又认识到裴李岗文化遗址有一定的分布范围，觉得裴李岗遗址的新石器文化遗存，有必要予以新的命名，由此而撰写文章提出了裴李岗文化的命名。现在，裴李岗文化的命名已获得考古界多数学者的共识。

《试论裴李岗文化类型的区分》是在裴李岗文化遗址获得了比较多的发现，尤其是长葛石固和舞阳贾湖遗址的发现和发掘，发现这些遗址的文化遗存与裴李岗遗址的文化特征既有共性，又有明显的差异，可以区分为不同的类型。因此，把裴李岗、石固和贾湖三个遗址为代表的文化遗存分为三个类型，这三个类型的裴李岗文化，既是地方类型的不同，亦是年代早晚的不同类型。

《裴李岗文化墓葬初步考察》是根据各遗址发现的墓葬资料，综合起来考察裴李岗文化墓葬的葬俗、葬制，以及其所反映出当时的一些社会现象。其中，最值得注意的社会现象是在裴李岗文化的历史阶段，男女的劳动分工已出现，即男子是农业劳动的主力，妇女是家务劳动的主力。财产的私有亦已产生。

后一部分的研究，主要有《论磁山文化和裴李岗文化遗存的相互关系》、《炎黄文化与裴李岗文化》、《我国新石器早期文化特点与文化起源问题》、《中原新石器早期文化问题探讨》、《论裴李岗文化在华北地区早期新石器文化中的领先地位》等文。

《论磁山与裴李岗文化遗存的相互关系》主要是根据磁山和裴李岗文化的面貌特征，有一些相同或相似的因素，亦有明显的差异，据此，曾有学者把磁山和裴李岗的文化遗存，认为是同一性质的新石器早期文化。本文主要是根据磁山的新石器文化遗存，与裴李岗文化的差异较大，共似的特征小，因此论定磁山和裴李岗文化，是新石器早期不同性质的文化，但两者之间相互有交流与影响，其中裴李岗文化对磁山文化的影响似乎较大。

《炎黄文化与裴李岗文化》是论定裴李岗文化的时代，大致与文献传说记载的少典氏时代对应，理由是据传说记载，少典氏是早于炎黄氏族部落集团的氏族。炎黄氏族部落是从少典氏族中分离出来后发展壮大的，而裴李岗文化的时代早于仰韶文化的时代。仰韶文化的时代，大致是与炎黄时代对应的考古学文化，据此论定裴李岗文化可能是与少典氏对应的考古学文化。

《我国新石器早期文化特点与文化起源问题》这是根据我国各地发现的新石器早期文化各有自己的特点，在不同地区之间的文化，文化面貌特征是互异的，在同一地区之间的文化面貌特征，则既有差异，亦有一定的共性。由此说明，在辽阔的祖国大地上，新石器文化的起源是多元的。

《中原新石器早期文化问题探讨》这是根据裴李岗文化和磁山文化现有的考古资料，结合起来进行对比，探讨两者当时的经济生产状况和发展水平，以及两者的社会发展状况，论定两者的经济生产发展水平是不平衡的。

第二部分，仰韶、龙山文化及相关问题的研究。汇集的文章共16篇，其中仰韶文化本身的研究文章8篇，龙山文化的研究文章仅1篇，其余是与仰韶文化相关问题的研究文章。

仰韶文化本身的研究文章有《关中仰韶文化一些问题的浅见》、《东庄村西王村遗存的文化性质与年代分析》、《试论半坡和庙底沟类型文化的相互关系》、《试论豫北冀南地区的仰韶文化》、《论郑洛地区的仰韶文化及其相互关系》、《仰韶文化发展的历史阶段》、《洛阳地区新石器文化区系》等。

《关中仰韶文化一些问题的浅见》是我研究新石器时代考古所撰写的第一篇文章。当时，为准备新石器时代考古教学，书写仰韶文化讲稿，对仰韶文化的考古材料和前人的研究文章，进行了比较全面、系统的阅读，重点是对关中地区的仰韶文化问题进行研究后有所感悟而撰写此文。主要论述关中地区仰韶文化的发展，从早到晚的延续问题。

当时，关中地区仰韶文化的发展，从早到晚有三种类型，即半坡类型、庙底沟类型和半坡上层类型。这三种类型一般都认为是前后相继一脉相承延续的，但三种类型的文化面貌特征有差异。我根据三种类型文化面貌特征的分析，觉得这三种类型文化中，庙底沟类型与半坡类型和半坡上层类型的差异十分明显，相同或相似的特征则不明显，而半坡类型和半坡上层类型之间，则文化特征的共性则比较明显。据此认定，半坡类型与庙底沟类型文化，不是一脉相承的，两者之间是分属于两个发展支系：半坡类型的发展延续，是由半坡类型→史家类型→半坡上层类型的系列；庙底沟类型的发展，则是由三里桥类型→庙底沟Ⅰ期→庙底沟Ⅱ期的系列。

《东庄村西王村遗存的文化性质与年代分析》这是在晋南的山西芮城发现的仰韶文化遗存。当时，在东庄村发现的仰韶文化，有人认为是属半坡类型，西王村发现的仰韶文化，则被认为早期遗存属庙底沟类型，晚期与西安半坡晚期相同，有人把它归入半坡晚期类型。

通过对东庄村和西王村仰韶遗址进行具体分析后，我认为东庄村的仰韶不能归入半坡类型，西王村的仰韶，早期遗存亦不能归入庙底沟类型，其年代当在庙底沟晚期，晚期亦不能归入半坡晚期，应称西王村类型比较恰当。

总的认识是：东庄村与西王村的仰韶遗存其文化面貌特征上，具有明显的直接发展延续的线索，但与关中地区有所不同，两者的差异明显，它代表晋南地区的仰韶文化，从早到晚的发展序列，但与半坡和庙底沟为代表的发展序列，又有联系，受其影响，由此产生某些相似的文化特征。

《试论半坡和庙底沟类型文化的相互关系》是从关中地区扩大至中原地区，进一步探讨仰韶文化半坡和庙底沟类型的相互关系问题。

半坡与庙底沟类型文化，人们最初只是从文化面貌特征上的分析，简单地认为这两种类型与半坡上层类型是一脉相承的。后来，由于 ^{14}C 年代的测定，断定半坡类型的年代早于庙底沟类型。有人还提出庙底沟类型下压半坡类型的地层关系，证明半坡类型的文化年代早于庙底沟类型。两者结合起来便确定了，半坡类型早于庙底沟类型文化的年代关系。尔后，半坡与庙底沟类型的发展关系，便出现三种不同的意见。概括为如下三种表示：

①半坡类型—庙底沟类型/半坡上层类型
②半坡类型—史家类型/后冈类型—庙底沟类型
③半坡类型—东庄村遗存、下孟村 F1 为代表遗存—庙底沟类型

据此，本文又对半坡与庙底沟类型文化的关系，从地层关系上，依据半坡类型与庙底沟文化的堆积，并未发现有上下堆积相叠的层次，只是在文化遗迹单位上发现有相互打破的关系，这种关系并不能证明两者是分属于不同时代的文化遗存，只能说明两者在年代上有早晚先后之分。这说明，在地层关系上，庙底沟类型并不能作为半坡类型的继承者。

《试论豫北冀南地区的仰韶文化》一文，主要是探讨在豫北冀南地区发现的仰韶文化，是否是同一个区系的问题。

在豫北冀南地区发现的仰韶文化中，最初，一般都认为有后冈类型和大司空村类型两种。这两种类型都首先发现于豫北，后来在冀南亦发现有与这两种类型相似的遗存，因此一般都把两地的仰韶文化，视为一个区系，主要研究这两种类型文化的年代孰早孰晚，两者是否一脉相承发展来的。

通过对两地的仰韶文化发掘资料，和人们的研究成果，进行梳理和分析后，我认为这两地的仰韶文化，并不是一个区系发展起来的，而是从两个区系发展起来的。

在两地的仰韶文化中，年代较早的，豫北属后冈类型，冀南属西万年类型，年代晚的，豫北为大司空村类型，冀南为百家村类型。按年代早晚的继承关系，年代晚的类型，应该是年代早的类型的继承者。看来，无论是豫北冀南的两种类型，都在文化特征上的演变和延续，都还缺乏清楚的线索，在地层关系上亦还缺乏确凿的证据未说明。在两者的发展进程中，互相的联系和影响则是比较清晰和密切的。

《论郑洛地区的仰韶文化及其相互关系》是将郑州和洛阳两地发现的仰韶文化结合起来，探讨两者的发展线索问题。这两地的仰韶文化，郑州地区是以大河村遗址的遗存为代表，洛阳地区则是以王湾遗址和陕县庙底沟遗址的遗存为代表。这三个遗址

的文化遗存，都明显地存在共同特征，因最初发现的是庙底沟遗存，其后是王湾和大河村遗存，故最初一般都是以庙底沟的遗存与王湾和大河村遗存进行类比，把后者视为属庙底沟类型文化，有的还把洛阳王湾和郑州大河村遗存视为庙底沟类型的东方变体。

笔者经过对庙底沟、王湾和大河村三地的仰韶文化做具体分析后认为，这三地的仰韶文化代表了三门峡、伊洛和郑州三地仰韶文化发展的三个小区系，这三个区系中，郑州和伊洛地区从早到晚的关系比较密切，其影响主要是自东向西延伸的。

《仰韶文化发展的历史阶段》是把仰韶文化与历史的传说时代结合起来，探讨仰韶文化发展的历史阶段问题的。

根据仰韶文化分布范围和历史年代考虑，笔者认为作为一种考古学文化的仰韶文化，其时代大致是与炎黄时代相对应，理由是仰韶文化的分布范围，其中心是在中原大地，历史年代距今约五六千年。在中原地区分布的仰韶文化，可分东、西方两个系统。这些情况，与炎黄部落的聚居地，历史阶段和这两个部落的发祥地等传说，基本上是相对应的，因此把仰韶文化发展的历史阶段，确定在炎黄时代的历史阶段。

与仰韶文化相关问题研究的文章主要有《黄河流域母权制倾覆的历史时限》、《炎黄文化与仰韶文化》、《黄帝文化与有熊之墟的考古学考察》、《灵宝仰韶文化聚落群与炎黄有关的历史传说》、《关于仰韶文化彩陶花纹中的图腾崇拜问题》等。

《黄河流域母权制倾覆的历史时限》主要根据仰韶文化和大汶口文化考古材料的信息，与文献的传说记载结合起来，探讨黄河流域母权制历史倾覆的时限。

据文献传说记载，在氏族社会时期，黄河流域是存在母权制社会的。在黄河流域发现的仰韶文化和大汶口文化，是氏族社会时期的考古学文化，亦提供了存在母权制倾覆的信息。其表现主要在仰韶文化和大汶口文化时期，男女的劳动分工已发生了变化，男子主要从事农业生产，妇女主要从事家务劳动，财产私有已出现，商品交换亦已出现，婚姻关系也发生了变化，在墓葬中出现男女合葬，一夫一妻制出现等。这就说明，在仰韶文化和大汶口文化后期，母权制已倾覆，父权制已出现。

《炎黄文化与仰韶文化》主要是论述作为考古学文化的仰韶文化，是与传说时代相对应的炎黄文化。在传说历史中，炎帝和黄帝是聚居在黄河中游的两大氏族部落集团。他们是从少典氏族中分离出来发展壮大的，其中，炎帝部落的发祥地是黄河中游的西部地区，黄帝的发祥地是在东部地区。仰韶文化的分布也是在黄河中游地区，仰韶文化的发展，很明显的亦分西方系统和东方系统两大系统，其中西方系统的发展中心是在渭水流域，东方系统的发展中心在郑洛地区。据此推断，西方系统的仰韶文化，应是与炎帝部落集团对应的考古学文化，东方系统的仰韶文化，则是与黄帝部落集团对应的考古学文化。

《灵宝仰韶文化聚落群与炎黄有关的历史传说》，在河南灵宝境内，发现一处仰韶文化的聚落群，据当时的调查，在沙河和阳平河流域的 200 平方公里的范围内，就发现29处仰韶的聚落遗址，主要属庙底沟类型文化遗址，这种现象是仰韶文化分布范围内仅见的，最为密集的聚落群，遗址的面积大者有45万平方米，小者1万~2万平方米。这种聚落群，显然不是仰韶文化时期从早到晚的发展延续而形成的，估计很可能是在炎黄之战时在短期内聚集后而形成的。

灵宝地处陕、豫、晋的交界处，应是炎黄之战的重要地点，在灵宝境内有荆山，传说是黄帝铸鼎之处，所铸的鼎有三鼎，据说象征天地人。仰韶文化应是与炎黄时代对应的考古学文化，仰韶文化的发展又可分为西方系统和东方系统，这两个系统又与炎黄两大氏族部落的聚居地对应。据此考虑，灵宝仰韶聚落群的形成，很有可能就是历史上炎黄之战的原因而形成的。

《关于仰韶文化彩陶花纹中的图腾崇拜问题》，彩陶是仰韶文化中最典型的因素，有学者认为，在仰韶彩陶的花纹中，有的与图腾崇拜有关。本文就是对仰韶彩陶是否与图腾崇拜有关问题。

根据图腾崇拜是氏族的徽号和标志这一定义，我认为仰韶彩陶花纹中并没有与图腾崇拜相关的文化意识。

第三部分，中国古代文明研究及其他。共集文11篇，其中对古代文明的研究3篇，其他则有原始农业，原始手工业，原始艺术的研究和两周墓葬的发掘简报及妯娌、寨根新石器时代遗址发掘报告的结语部分。

古代文明的研究有《中国古代文明的发展状况与特点》、《仰韶文化与中国古代文明》、《河洛地区在我国古代文明发展进程中的地位》等文。

《中国古代文明的发展状况与特点》主要是根据新石器时代考古资料，探讨中国古代文明起源和发展进程的轨迹，论述了中国古代文明起源是多元的，但发展的轨迹和发展的水平则不平衡。中原地区，古代文明起源较早，发展轨迹亦比较快，但发展水平上，在某一历史阶段上，则比其他地区的水平低。

《仰韶文化与中国古代文明》主要是根据仰韶文化的考古资料，探讨与中国古代文明相关的问题。从仰韶文化的发展水平，包括物质文化和精神文化的发展水平，论定仰韶文化时期，文明已经起源，正步入发展的进程中。当时，在各地的文明发展进程中，中原文明已占有重要的历史地位。

《河洛地区在我国古代文明发展进程中的地位》，河洛地区是我国古代文明的诞生地，亦是三代文明的中心，在我国古代文明起源及其发展进程中，河洛地区迈出的步伐都比其他地区快，中国古代文明首先诞生在河洛地区，这是与其发展步伐的快速相关。

原始农业的研究，有《我国原始社会的农业》和《中原地区新石器时代农业聚落的形成与发展》及《中原地区原始农业发展状况及其意义》。前者是根据新石器时代考古材料和文献传说记载结合起来，探讨我国农业的起源，以及新石器时代农业的发展状况与各地的农业耕作特点。后者则着重探讨中原地区新石器时代农业聚落的形成和发展以及村落的布局，从中了解氏族社会的组织和氏族成员的生活状况。最后一篇则着重研究中原地区原始农业发展状况及其意义。在新石器时代，中原地区的农业比其他地区的农业，不仅发展早，而且发展也比较快，由此而推动了社会的进步，推动了古代文明的历史在中原诞生。

《我国的原始手工业》主要是依据新石器时代考古资料，探讨我国原始手工业的发展状况。原始手工业是在原始农业发展的基础上发展起来的。原始手工业的发展，又对原始农业及其他生产起着促进和推动作用，而且亦推动精神文明的发展和社会的进步。正因为如此，使原始手工业者在氏族社会中，一般都享有一定的特殊的政治权利，或成为氏族部落的首领，或参与氏族内的政治议事活动。

《我国原始艺术的成就》主要是依据新石器时代的考古资料，探讨我国原始艺术所取得的成就。据考古材料，原始艺术在新石器时代早期就已诞生，主要是陶塑和雕刻艺术品出现。到了新石器时代中期，绘画艺术开始发展起来。在仰韶文化中，就出现十分丰富的艺术作品，其中最光彩夺目的是彩绘艺术作品。与此同时，在长江流域，彩绘艺术作品也发展起来了，而雕刻工艺品则具有相当高的水平，此类作品，无论在技术水平和发展水平均远胜于中原地区。

李友谋

2017年5月14日于郑大盛和苑德园

目　　录

第一部分　裴李岗文化及相关问题研究

略论裴李岗文化 …………………………………………………………………… 3
试论裴李岗文化 …………………………………………………………………… 9
试论裴李岗文化类型的区分 ……………………………………………………… 17
裴李岗文化墓葬初步考察 ………………………………………………………… 26
论磁山与裴李岗文化遗存的相互关系 …………………………………………… 34
炎黄文化与裴李岗文化 …………………………………………………………… 42
我国新石器早期文化特点与文化起源问题 ……………………………………… 51
中原新石器早期文化问题探讨 …………………………………………………… 60
论裴李岗文化在华北早期新石器文化中的领先地位 …………………………… 68
裴李岗文化发现十年 ……………………………………………………………… 76
裴李岗文化发现30年——在新郑市举办的裴李岗文化发现30周年纪念
　　暨学术研讨会上的发言 ……………………………………………………… 84
贾湖文化发现的意义及其与裴李岗文化的关系——纪念贾湖遗址发掘30周年
　　暨贾湖文化国际研讨会上的发言 …………………………………………… 92
裴李岗遗址一九七八年发掘简报 ………………………………………………… 100
河南巩县铁生沟新石器早期遗址试掘简报 ……………………………………… 112
河南密县马良沟遗址调查和试掘 ………………………………………………… 118

第二部分　仰韶、龙山文化及相关问题的研究

关中仰韶文化一些问题的浅见 …………………………………………………… 127
东庄村西王村遗存的文化性质与年代分析 ……………………………………… 137
试论半坡和庙底沟类型文化的相互关系 ………………………………………… 150
仰韶文化研究的现状 ……………………………………………………………… 158
仰韶文化发展的历史阶段 ………………………………………………………… 167
洛阳地区新石器文化区系 ………………………………………………………… 175

论郑洛地区的仰韶文化及其相互关系……183
关于仰韶文化彩陶花纹中的图腾崇拜问题……192
灵宝仰韶文化聚落群与炎黄有关的历史传说……198
黄帝文化与有熊之墟的考古学考察……206
炎黄文化与仰韶文化——在新郑《黄帝故里故都历代文献汇典》学术研讨会上的发言……212
试论豫北冀南地区的仰韶文化……215
黄河流域母权制倾覆的历史时限……223
漫谈龙文化的几个问题……231
略论郑州地区的龙山文化……238
如何评估夏文化探索取得的进展……246

第三部分　中国古代文明研究及其他

中国古代文明的发展状况与特点……255
仰韶文化与中国古代文明……265
河洛地区在我国古代文明发展进程中的地位……273
我国原始社会的农业……282
中原地区新石器时代农业聚落的形成与发展……290
中原地区原始农业发展状况及其意义……301
我国的原始手工业……309
我国原始艺术的成就……318
妯娌新石器时代遗址的布局与文化特征……326
寨根遗址的文化特征与年代……333
河南省新郑唐户两周墓葬发掘简报……341

## 第一部分
裴李岗文化及相关问题研究

略论裴李岗文化

裴李岗遗址，于1977年春作了试掘，取得了不小的成绩，初步揭示了这个遗址的文化面貌。1978年春又作了第二次发掘，这次发掘，收获更大共挖出灰坑5个，墓葬24座和1座陶窑遗址，获得了近百件的历史文化遗物[1]，使我们对裴李岗遗址的文化内涵，有了更进一步的认识。

裴李岗遗址的发掘资料，是中原地区新石器时代考古的一批新资料，它和我们过去接触到的中原地区新石器时代仰韶文化的考古材料，有明显的不同，具有独特性和典型性，表现出一种独自的文化面貌。因此，这批资料虽然数量不多，但相当重要，它是我国古代文化宝库中新发掘出来的珍品。

裴李岗遗址，面积约20000平方米，两次发掘面积约600平方米。从发掘的情况看来，遗址包含的文化内容比较丰富，文化堆积层较厚，同时有一定数量的灰坑、墓葬和一座陶窑。据调查，与裴李岗同类的文化遗址，在新郑县的分布就比较多，其次在密县、登封、尉氏、中牟和许昌地区的长葛等地都有发现，说明裴李岗遗址所代表的文化，具有一定的分布范围。

裴李岗两次科学发掘的资料，我们已初步作了整理，从整理的情况看来，除文化面貌表现出一种独自的风格外，当时的生产经济状况和社会现象，也似乎与仰韶文化有所不同。因此，它应当是中原地区新石器时代又一种文化遗存，它和仰韶文化分别代表中原地区古代原始文化不同的发展阶段。

根据对裴李岗遗址基本文化面貌的认识，同时考虑到它具有一定的分布范围，我们认为把裴李岗文化的命名问题提出来讨论，是十分必要的。

一、文 化 特 征

裴李岗文化，有其鲜明的特征，这表现在文化遗物方面有独特的作风。

裴李岗文化遗物主要是石器和陶器，少量的骨器。石器有磨制和琢制两种，制作精致。磨制石器的种类有石斧、石铲、石镰，用石灰岩制成，通体磨光。琢制石器的种类有石磨盘和磨棒，砂岩制成，琢磨兼制。器物的造型比较特殊。石斧剖面为椭圆

---

[1] 开封地区文物管理委员会、新郑县文物管理委员会、郑州大学历史系考古专业：《裴李岗遗址一九七八年发掘简报》，《考古》1979年第5期。

形，顶部内收平齐，圆弧形刃；石铲为长条形，器身扁宽，腰部略内收，两端磨刃；石镰为拱背，刃部布有平直细小的锯齿，柄部略向上翘；石磨盘平面作椭圆形，腰内收，两端作圆弧状，一端略宽，一端略窄，磨盘底部琢制有四个对称的柱状短足；磨棒为圆柱形，中部较粗，两端略细。陶器主要是夹砂红陶和泥质红陶，灰陶的数量很少。制作工艺简单，泥质陶不带任何纹饰或彩绘，多为素面，个别磨光；夹砂陶器表饰以简单的纹饰，其中以划纹和篦点纹为常见。器物的种类有鼎、壶、罐、三足器、碗、钵、瓢等几种。鼎有两种：一种为深腹圜底，长方形柱足，器身饰三周扁圆乳钉纹，这种鼎仅见一器；另一种是直口圜底，下附三足，器表有的无纹，有的饰篦点纹，器体较小，似一圜底碗，这类鼎数量略多。壶为小口，高领，双耳，整体分球形和椭圆形两种，壶的数量较多，形状不尽相同，局部多有变化，尤以底部的变化较大，圜底居多，其次有小平底、尖底、假圈足等，有的在器底亦附加三个锥状足。罐为筒形，深腹平底，口沿微卷，这类器数量也较多，形制也不一样，有大小高矮之分，腹部也有变化，有的微鼓，上饰对称的四个乳突，有的腹壁斜直，无纹饰。三足器数量最多，变化也较大，主要是器腹的深浅悬殊，大小差别颇大，足也有长短之分，有的短似乳突，有的足则附于器物的腹部，只起装饰的作用，失去支架器体的实际意义。

上述几种遗物，最富特征的，石器以铲、镰、四足磨盘突出，形状之特殊，制作之精工，格调之一致，为裴李岗文化所仅见。陶器以鼎、壶、罐较具特色，造型的风格，亦为裴李岗文化所盛行。

仰韶文化盛行的彩陶，在裴李岗文化中没有出现，仰韶文化的代表器物，小口尖底瓶、釜、灶，以及"红顶碗"，在裴李岗文化中也没有见到。因此，裴李岗文化特征区别于仰韶，而是自成一系的文化，这是相当明显的。

二、社会经济状况

裴李岗文化，反映出当时人们已经过着定居的生活，人们用勤劳的双手，在肥沃的土地上，从事农业、渔猎、采集、饲养家畜以及制陶等生产劳动。

农业生产，是当时主要的生产活动。裴李岗出土的生产工具主要是农业生产工具，数最众多，种类也比较齐全。从土地的开垦、耕作，作物的种植和收割等工具俱全，其中有砍伐用的石斧、松土耕作用的石铲、收割作物用的石镰。此外还有加工谷物用的石磨盘、磨棒，等等。这些工具大都有明显的使用痕迹，而且磨损程度相当大，使用时间长久。这些情况表明，当时的农业生产已成为人们正常的、持续不断的生产活动。

从生产工具制作的认真细致，说明当时人们对农业生产是相当重视的。裴李岗出土的农业生产工具制作都比较精致，各类工具的造型加工趋于一致。石铲扁薄，有的面宽，有的长条形，两端磨刃，适于翻土；石斧厚重，适于砍伐；石镰刃部加工锯齿，利于收割。设计之精心，加工之细致，人们在制作过程中需要付出相当的时间和相当的劳动，如果不是出于对农业生产的重视，是不可能倾注全部精力，精心制作这些工具的。

由于人们对农业生产的重视，当时的生产无疑已达到一定的水平。裴李岗遗址出土数量不少的石镰和石磨盘，说明了这一情况。石镰是收割农作物的工具，数量之多说明农作物的收获量也是不少的，只有相当的粮食收获量，才会有相应的收割工具。石磨盘和磨棒是谷物加工工具，裴李岗出土数量达四十多件（包括采集），这样多的数量，证明当时已有丰富的谷物加工。

总的情况说明，裴李岗文化中农业生产是最突出的因素，农业经济是当时各种经济的主要成分，生活来源主要依靠于农业。我们的祖先通过自己的辛勤劳动，开发自然、从事生产以获得食物来源，同时也创造了人类光辉的文化。

除了农业生产之外，渔猎和采集，也是一项经常的生产活动。在裴李岗遗址没有发现渔猎生产工具，但发现数量不少的兽骨、果核等文化遗物。虽然从事这项生产的工具没有被发现，然而捕猎、采集等生产活动证明是存在的，人们捕食的动物也许是用木棒、石块、陷阱等方法猎取的。

家畜的饲养也占有一定的位置。裴李岗遗址发现有猪、羊骨骼及牙齿。数量虽然不多，但表明猪、羊的饲养业已出现。此外，还发现有简单、粗糙的猪、羊形象的原始陶塑艺术品，轮廓清晰，形象逼真。这种原始艺术品的出现，说明猪、羊在人们生活当中的印象是深刻的，它已成为制陶师们原始艺术创作的题材。由此看来，猪羊是当时饲养的家畜，不仅是一个事实，而且在经济上也可能占有一定的成分。

陶器是裴李岗文化因素之一，制陶是裴李岗遗址发现的比较突出的原始手工业。

裴李岗文化的制陶已取得了初步的成就。人们已经掌握了选料、制坯、造型、烧窑火候等技术，同时也生产了有相当数量的应用于生活方面的各种器皿。从裴李岗出土的陶器情况看来，选料是明确的，炊器是用夹砂陶烧制的，砂粒细，杂质不多；饮食器是用经过陶洗以后细泥土烧制的。生产的器皿，多为日常生活中的炊器、水器和饮食器。但总的来说，这时期的制陶尚处于比较原始的阶段，技术水平不高，质量低。全部是手工制成，火候低，硬度弱，器形不甚规整，器表不平滑，陶胎厚薄不匀，装饰也简单，生产的陶器种类少，只限于生活上的饮食器皿，大型的容器、储器不见，生产的数量也不多，规模也不大，从裴李岗发现的陶窑，大致可以看到当时的规模情况。窑为单室，面积狭小，容积约 1 平方米多。这样狭小的陶窑，一次烧成的陶器，数量是相当有限的。

裴李岗文化的社会经济状况，尽管在农业、渔猎、采集、饲养家畜以及制陶等方面取得了上述的成就，但总的来说，水平还是很不高的。如果与仰韶文化的情况比较起来，技术上的落后状态，生产水平上的差距，就显得相当突出。仰韶时期的农业生产工具，在磨制的基础上出现了穿孔技术，种类和数量也大大增加。生产工具的改进和数量种类的增加，是生产力发展的标志，它必然促进农业生产的发展。仰韶时期有大量的石刀，同时还有大量的陶刀等收割工具，这就证明仰韶时期的农业水平高，收获量大。

在原始手工业方面，裴李岗文化更远不及仰韶文化发展。仰韶时期的手工业，大体有揉皮、木作、制骨（包括牙角）、制石（包括玉器）、制陶、纺织和编织七类。揉皮的工具发现有刮削器和陶锉，木作工具发现有石凿和石锛，纺织工具发现有石、陶纺轮和麻布的痕迹。在编织手工业上，半坡发现有各种编织物的印痕和人字纹席纹。关于骨器的制造，不仅发现各种骨器，同时还发现有磨骨的砺石。在石器制造技术方面，也远远超过裴李岗文化。钻孔和琢孔技术的出现，就是一个明显的表现。更为突出的是仰韶时期人们还会制作玉器，玉器的硬度为十级，超过一般金属的硬度，熟悉玉雕情况的人对仰韶人发明了玉雕技术都无不为之敬佩。此外，在陶器制作水平上，发展更为明显。仰韶文化的陶器在手制的基础上，出现了口沿部分多经慢轮修整的情况，这说明当时轮制技术已经开始出现。此外，造型技术也比较成熟，陶胎厚薄比较均匀，器表打抹光滑平整，器形也比较规整，种类显著增多。除水器、炊器和饮食器外，容器和储器等大型器物的数量都有很大的发展。器物的装饰也趋于复杂，讲究美观，纹饰多种多样，有绳纹、篮纹、席纹、锥刺纹、线纹等。泥质陶则往往施以红、黑颜色的彩绘。这些情况说明，仰韶时期的陶器，技术上的成熟、提高，工艺上的进步，种类和数量的发展，是裴李岗时期所不能比及的，它处于比较发达的阶段。尤其是彩陶的出现，不仅标志着制陶工艺的水平，同时也标志着人类文化意识的发展，已进入较高的境界。彩陶上精湛的艺术图案反映了当时人类的劳动智慧，同时也反映了我国原始艺术的卓越成就。

在渔猎和采集经济方面，裴李岗和仰韶文化的差距也是很大的。仰韶文化中发现有关这方面的生产工具种类数量很多，其中有石骨锥、石矛、骨矛、陶、石网坠、骨质鱼钩、鱼叉、鱼镖等。这些工具的发现是当时生产经济发展的标志。

从社会经济状况所作的简单比较，我们就可以清楚地看出，裴李岗文化和仰韶文化在生产、经济也表现出不同的发展阶段。

三、社会发展阶段

裴李岗遗址的发掘只是初步的，同类的文化遗址目前发掘的也不多，仅密县莪沟遗址一处，因此关于裴李岗文化的资料所得有限。用有限的资料来探讨当时的社会阶段问题是相当困难的，更不可能会有比较科学的结论。但是，裴李岗遗址的发掘揭示出当时的一些社会现象，通过这些现象也许可以窥见当时的一些社会状况。因此，为了更好地认识裴李岗文化，对它的社会发展阶段问题试作一些探讨。

裴李岗遗址范围不大，在约 2 万平方米面积的范围内，包括遗址和墓地。文化堆积层较厚，一般在 50～70 厘米，最厚的达 1 米多。灰坑有一定的数量，大都是不规则的圆形坑，小型，坑口直径约 1 米左右，深约 1 米。墓葬比较集中，中心地区分布较密，没有一定排列顺序，全部为单人仰身直肢葬，方向一致，头朝南，略偏西。墓坑多数是小型的，坑口打破文化层，一般长 2 米，宽 1 米，个别的墓坑较大，长 2.5 米，宽 1.8 米。死者都有随葬品，包括生前使用的生产工具和生活用具两类。数量一般在 3～10 件，其中 M15 和 M27 随葬品的数量较多，M15 为 26 件，M27 为 19 件。随葬品中以壶的放置位置比较固定，一般都在头部的上端或两侧，其余的器物分布无固定的位置。随葬工具的墓分两种情况，一种是劳动生产工具，斧、铲、镰。有的三种俱全，有的只有其中的一件或两件。另一种是加工谷物工具，石磨盘和磨棒，一般都成套出土。凡是随葬劳动生产工具的，陶器的数量不多，在 1～3 件左右。相反，随葬加工工具的墓，陶器的数量则较多，最少的 6 件，多的 22 件，M15 和 M17 都属于这类。在随葬的陶器中，数量最多的是三足器，其次是筒形罐。据 M15 和 M17 两墓的情况，器物都分组堆放，筒形罐为一组，2～3 件，三足器为 3～4 组，每组 3～5 件不等。以上是裴李岗遗址和墓葬的基本情况。

从这些基本情况中，可以看到一些问题，遗址的范围不大，灰坑的数量不多，说明当时村落不大，人口不密；文化层有一定的厚度，则说明这个村落是延续了一段时间。这些情况，反映出当时在这个村落居住的氏族单位不大。墓葬的情况则说明，裴李岗文化时期，有氏族的公共墓地，墓葬的葬式、方向一致，随葬品种类的相同，则是这氏族葬俗的共同点。墓坑的排列没有一定的顺序，有可能是氏族制的一种早期现象。随葬品虽有一些差别，但差距不大，这还不能说明一种"贫富不均"的现象。M15 和 M27 两墓随葬品悬殊较大，可能是因死者身份不同，受到人们的尊重不同所致。裴李岗随葬有劳动工具和粮食加工工具之分的现象，恐怕不是偶然的，有可能就是对死者身份不同所作的安排。根据完整人骨的鉴定，M28 随葬劳动工具，是一男性墓，我们推测，随葬石磨盘的有可能是女性墓，只是因骨骼多已腐朽无法全面鉴定。如果这种推测可靠的话，那么 M15 和 M27 两墓，当是对女性，或因其有特殊地位的一种尊崇。

值得一提的是，在裴李岗墓葬中，墓坑无论大小，随葬品无论多少，而红陶壶的数量都是一个，位置都在头部上端或两侧，这种现象可能包含有某种意思，或许是一种平等的象征，在氏族内部人人都是平等的。

裴李岗墓葬，实行单人葬，这有可能是氏族制早期葬式的特征。仰韶文化早期仍然实行单人葬，之后才出现二次迁葬、合葬墓。淅川下王岗仰韶文化早一期的墓葬为单人葬，但墓坑的排列井然有序，早二期的墓葬则出现二次迁葬，这种二次迁葬，除少数是单人葬外，多数是二人以上的合葬，最多者达六人[1]。半坡的墓葬也多是单人葬，坑位的排列也相当整齐，但也出现二人合葬和四人合葬墓。仰韶后期的迁葬合葬墓则大为发展，陕西泉护村墓葬则多人聚葬成为普遍现象，一墓中竟多达 12 乃至 23 人[2]。横阵村墓葬，更出现复式大墓，一个大墓内套 5~7 个小墓坑，埋葬多达 42 人[3]。仰韶墓葬从单人葬到二次迁葬合葬的变化和发展，绝不是一种偶然现象，它是与氏族制的发展有关。

最后，为了更明确地说明裴李岗文化的社会发展阶段问题，让我们把裴李岗遗址和墓葬的基本情况作简单的归纳，并且与仰韶文化有关情况作一简单的比较。

裴李岗遗址，总的来说范围面积小，灰坑不多，说明这个遗址当时的氏族单位小，人口少。仰韶遗址一般范围大，据陕西关中的调查，面积最小的约 30000 平方米，最大的近百万平方米，包含的文化内容丰富，房基、灰坑密集，出土物多，说明当时的氏族规模大，人口稠密。

裴李岗墓葬全部为单人仰身葬，这种葬式与仰韶早期相同，但是裴李岗墓坑排列没有顺序，而仰韶的墓坑排列井然有序，说明它们之间有共同的关系又有不同的变化。仰韶早期的墓坑排列井然有序，可能是因氏族制的发展而在埋葬方式上的变化；后期迁葬、合葬大为发展，则是氏族制更为发展的标志。因此，裴李岗文化在社会发展阶段上，应比仰韶文化为早。

四、结　　语

裴李岗遗址的发现，是我国考古工作的一项新成果，它的发现对研究中原仰韶文化的渊源问题找到了新的线索。中原地区是中华民族文化的摇篮，"从很早的古代起，我们中华民族的祖先就劳动、生息、繁殖在这块广大的土地之上"。随着我国考古事业的不断发展，中原地区古代文化遗址一个一个地被发现。裴李岗文化虽然被发现了，还有它的渊源问题和发展问题需要解决，这就要求我们做更多的工作，我们热诚希望我国考古工作者一致努力，开发我国古代文化的宝库。

［原载《郑州大学学报》（哲学社会科学版）1978 年第 4 期］

---

[1] 河南省博物馆长江流域规划办公室等：《河南淅川下王岗遗址的试掘》，《考古》1972 年第 10 期。
[2] 黄河水库考古队华县队：《陕西华县柳子镇考古发掘简报》，《考古》1959 年第 2 期。
[3] 黄河水库考古工作队陕西分队：《陕西华阴横阵发掘简报》，《考古》1960 年第 6 期。

试论裴李岗文化

裴李岗遗址已经作了两次发掘，虽然发掘的面积还不大，但遗址的文化内涵已经基本上得到了解，同裴李岗相同的文化遗址在河南一些地区已陆续有不少发现。我们从这些遗址发现的材料看来，其所包含的文化内容大致是相同的，也有新的内容可以互为补充，因此，以裴李岗遗址为代表的一种文化面貌已经比较清楚。本文拟就其文化特征、年代以及它和黄河流域其他文化的联系，谈几点粗浅的看法。

一、裴李岗遗址是新发现的一种新文化遗存

裴李岗遗址的文化遗物过去就曾陆续有过出土，新郑县文管会在20世纪60年代初就曾经采集到石斧、石铲和石磨盘等标本。但是当时由于没有采集到与这些石器共存的陶器，因而对它确切时代还不清楚。1962年《河南日报》曾经发表一张裴李岗的石磨照片，就是把它列为原始社会时期的文化遗物。1977年春开封地区文管会等单位结合农村的平整土地，又到裴李岗调查，这次采集到一些陶片，同时也发现有墓葬，因此作了试掘。

裴李岗遗址的发掘资料，就我们目前所见到的中原地区新石器时代的考古材料来说，是比较新颖的资料。这些资料，除与1976年河北省邯郸市文物保管所等单位发掘的磁山新石器遗址的资料有一些接近外，同过去中原地区发掘的老官台文化和仰韶文化各类型都有明显的不同，因此它不可能并入老官台文化，或者归并到仰韶文化中去。这个文化的内容，就现在发掘的材料来看是相当丰富的，既有居住遗址，又有墓葬，发现的遗迹则有房基、灰坑和陶窑，发现的遗物则有细石片（细石器）磨光石器、陶器、少量的骨器、装饰品以及猪、羊家畜遗骨和其他动物骨骼[1]。农业经济的特征相当典型，出土的遗物包括石器和陶器在形制上也有独自的风格。而这类文化也有一定的分布范围，据调查，除新郑外，在密县、登封、巩县、中牟、长葛、郏县、郑州乃至潢川等地区都有发现，甚至有在一个县的范围内就发现几处这类遗址[2]，分布是比较广泛的，但比较集中地发现于河南的中部。因此，以裴李岗为代表的这个新的文化

---

[1] 开封地区文物管理委员会、新郑县文物管理委员会、郑州大学历史系考古专业：《裴李岗遗址一九七八年发掘简报》，《考古》1979年第3期。

[2] 开封地区文物管理委员会：《河南开封地区新石器时代遗址调查简报》，《考古》1979年第3期。

遗存，我们考虑可以命名为裴李岗文化。

二、文 化 特 征

裴李岗文化的鲜明而典型的特征，在各个方面都明显地表现出来。

（1）裴李岗文化是典型的以农业经济为主，同时也有家畜和其他经济的存在为特征。以农业生产为主的经济，主要表现在裴李岗遗址出土有数量较多的农业生产工具。在农业生产过程中从土地的开垦、耕作，到农作物的种植和收割的生产工具都有。其中有砍伐、开垦土地用的石斧，耕作、松土用的石铲，收割作物用的石镰，还有加工谷物用的石磨盘和石磨棒。

裴李岗出土的农业生产工具，制作比较精致，一般都是通体磨光，只是个别的略加打磨，各类工具的加工、造型上比较趋于一致，比较规格，其中以石铲、石镰和磨盘最为明显，这是裴李岗石器的突出特点，这些特点显然是在制作时根据不同的需要而设计出适合于不同用途的形制。石斧厚重，适于砍伐；石铲扁薄，适于翻土。有的两端磨刃，目的可能是为了调换、循环使用。石镰柄部略向上翘，下有系绳的缺口，显然是有利于捆缚，使镰与把手的木柄结合得更紧、更牢固，刃部加工成锯齿，则有利于收割。石磨盘和磨棒是谷物加工工具，仅裴李岗就出现四十多件，这么多的石磨盘，实际上也反映出当时已有比较丰富的谷物加工。因此，有较进步的农业，是裴李岗文化的显著特征。

在农业生产基础上出现了家畜，证明家畜出现的证据是裴李岗发现有猪、羊的遗骨和牙齿，同时还发现有简单而粗糙的猪、羊形象的陶塑。数量虽然不多，但这些遗骨却是反映当时出现家畜的证据，尤其是陶塑的猪、羊头，虽然简单、粗糙，但其形象已经成为制陶师们进行原始艺术创作的题材。

狩猎和采集在裴李岗文化也还是存在的。在裴李岗遗址虽然没有发现从事这项生产的工具，但发现数量不多的兽骨和果核等遗物。

（2）从文化遗物方面来说，裴李岗出土的文化遗物，特征比较明显的主要有石器和陶器两种。

石器方面有一部分是细石片，大部分是磨光石器。种类有石斧、石铲、石镰和石磨盘等。制法有三种：一种是打制的，主要是细石片，它是从石核上打下来的石片即行使用的，第二步加工痕迹不明显；第二种是磨制的，石斧、石铲和石镰都属于这种方法制成的；还有一种是琢制的同时兼施磨制，磨盘、磨棒就是用这种方法制成的。

陶器方面，大部分是泥质和夹砂红陶，极少量的灰陶，颜色有橙红和橙黄二种，以橙黄居多。器物的种类有鼎、壶、罐、三足器、钵、瓢等几种，制法都是手制，火候比较低，陶质疏松，器形也简单。

最具有代表性的器物，石器是长条形两端磨成舌状刃的石铲和刃部带有锯齿的石镰，以及平面像鞋底状、而底部有四条腿的石磨盘，这三种器物，除带足的石磨盘在磁山遗址中有所见到之外，在其他新石器时代文化中是没有见到过的。陶器最有代表性的器物是鼎、小口双耳壶、筒形深腹罐、三足器、瓢五种。鼎有三种形式，以深腹、圜底、长方形柱足器身饰三周乳钉纹鼎和碗形鼎最典型，这两种鼎为裴李岗所仅见，还有一种深腹高足鼎同下王岗仰韶文化 M57：1 出土的一件有点相似。小口双耳壶形式比较多样，有圜底、平底、尖底、假圈足和底部有三条腿的几种，这几种小口双耳壶，除平底的与磁山遗址出土的同类器物有点相似及同河北磁县界段营仰韶文化后冈类型的同类器物比较相同外，其余都是其他新石器时代文化中所不见的。此外，筒形深腹罐和瓢也是过去所不常见的。

纹饰有篦纹、划纹、压印纹、坑点纹等几种，以压印纹和坑点纹为主要纹饰。篦纹有连续折弧线和竖线，压印纹和坑点纹也有斜线、竖线、平线几种形式，以口沿下施一周斜线压印纹最有代表性。

（3）从遗址和墓葬方面的情况来说，裴李岗也有它的特点。裴李岗遗址范围较小，在 20000 平方米面积内包括居住遗址和墓地。文化层单纯，堆积比较薄。灰坑都是小型的，堆积也很薄。有公共墓地，在墓地的中心区墓葬分布较密，墓坑有一定的排列顺序，都是长方形竖穴小形坑，个别的略大，葬式都是仰身直肢葬，头向也比较一致，都是头南脚北，墓内有随葬品，数量 1~10 件，最多的 26 件，随葬品的种类包括生产工具和生活用具两类。其中随葬工具的墓又分两种情况，一是农业生产工具，包括斧、铲、镰，但不一定三种俱全，有的只是其中的一种或两种，这种墓随葬的陶器较少，为 1~3 件左右。另一种是加工工具，即石磨盘和磨棒，一般都成套随葬，这种墓随葬的陶器数量也比较多，据现在发掘的材料来看，最少的 6 件，最多的 22 件，形制略大的墓都属于这种情况[1]。

裴李岗墓葬的这些特点，在其他新石器时代文化中是从未见过的，虽然像仰韶文化中如下王岗和半坡等墓葬以及山东大汶口文化也有随葬品，但普遍地随葬农业工具，尤其是谷物加工工具者少。至于随葬工具的不同，它可能是因劳动分工的不同的一种反映。

总之，裴李岗遗址，就其文化内容的各个方面的情况看来都有它的特点，比较能说明它本身的文化特征在别的文化中不具备，其中也包括磁山遗址；而在同裴李岗相同的文化遗址中，包括密县、长葛、巩县这三处已发掘的遗址中则是具备的。因此，裴李岗遗址作为新石器时代一种新的文化，是有它一定的代表性的。

---

[1] M1 随葬有石斧、石铲、石镰和石磨盘、磨棒的情况例外，因为此墓的石磨盘和磨棒是经社员平地时取出来了的，只是后来经他们提供的出土地点进行发掘后发现该墓而把它列为此墓的随葬品，可能有误。

三、年　代

裴李岗遗址的年代，一共做了两次 ^{14}C 测定，试测有三个数据，第一个数据是 T1H1 和 T2H2 出土的木炭标本（ZK434）测定的年代为公元前 5935±480 年[1]，第二个数据是 H11 和第一文化层合并（ZK571）测定的年代为公元前 5195±300 年。第三个数据是 T31 和 T34 一层（ZK572）测定为公元前 7350±1000 年[2]。

由于采集的木炭标本量比较少，因而把不同单位的木炭合并起来进行测定，标准误差较大。但是，就三个数据的情况来说，裴李岗遗址的年代大致在距今 7500 年左右的估计恐怕是比较可靠的。这样的话，它就比中原地区仰韶文化早期遗址迄今测定过的年代早一千多年，同时比最近发掘的磁山遗址的年代还要早。因此裴李岗是截至目前在中原地区发现的新石器时代文化最早的一处遗址。

从文化特征来分析，裴李岗遗址的年代把它估计在距今 7500 年左右的时间内是有可能的，因为它的文化内容具有一些早期的特征，而文化面貌则和比较靠近的仰韶文化比较起来没有仰韶文化那样发展和进步。仰韶文化最早期的年代大约是距今 6000 年左右。从时间顺序来说，裴李岗早于仰韶，从文化面貌来说则仰韶文化比裴李岗进步，这是相符合的。

现在，我们就从如下几方面的情况同仰韶文化有关的情况结合起来进行分析。

（1）裴李岗遗址的文化内容，包含有一些细石片，这种细石片同许昌灵井中石器时代文化遗址出土的细石片有些相似，这一因素的存在很可能是受灵井中石器时代文化的影响。而这两个不同文化的遗址在地域上距离是比较近的，甚至许昌地区的长葛县也发现了裴李岗文化遗址。这样，它们之间是否存在一脉相承的文化关系，这是值得注意的。

（2）从裴李岗的陶器情况来看，具有一定的原始性，发现的主要是红陶，灰陶极少，还不见彩陶。陶质也比较差，火候低，硬度不高。在制作上虽然也掌握了选料、掺砂、制坯、造型、烧陶等工序，但还是手制的，也比较粗糙，陶胎厚薄不匀，器表打抹不平，器形不很规整。器物的形制比较简单，多为圜底器，其次是小平底，个别的有假圈足，圈足器不见。种类也比较少，只有炊器鼎、罐，水器小口双耳壶和饮食器碗、三足器、钵、瓢几种，比较大型的器物如瓮、罐、盆等容器和储器还是没有见到。纹饰也比较简单，常用的是简单粗糙的压印纹、坑点纹和划纹、其次是篦纹。

裴李岗陶器的这些特点同仰韶文化的陶器比较起来，就显得有很大的差别。仰韶

---

[1] 开封地区文管会、新郑县文管会：《河南新郑裴李岗新石器时代遗址》，《考古》1978 年第 2 期。
[2] 开封地区文物管理委员会：《河南开封地区新石器时代遗址调查简报》，《考古》1979 年第 3 期。

文化的陶器虽然也以红陶为主、但灰陶的数量较多，制法上虽然仍以手制为主，但已经出现慢轮加工修整，制陶技术也比较成熟，陶胎厚薄均匀，器表也比较平整光滑，器形规整，火候也较高。器物的种类和数量都多，容器和储器等大型器物比较常见，除圜底器外还有圈足器等。纹饰则多种多样，比较复杂，有绳纹、篮纹、席纹、锥刺纹、线纹、布纹等等，划纹、压印纹这种简单的纹饰很少。在泥质陶上往往施以红、黑颜色的彩绘，这种彩陶是仰韶文化最富特征的。彩陶的出现是石器时代文化的一个新发展，它不仅标志着人类文化意识的发展，同时也标志着制陶工艺已进入一个新水平。彩陶上精湛的艺术图案，反映了人类劳动的智慧，同时也反映了我国原始社会文化的新成就。因此，从陶器的情况来说，仰韶文化比裴李岗是有很大的发展和进步的。

（3）从生产和经济来看，仰韶文化也是比裴李岗发展的高。裴李岗虽然也有比较进步的农业，但同仰韶文化的农业生产水平比较起来，差距也是很明显的。

从农业生产劳动工具来说，裴李岗没有仰韶文化那样发展进步。仰韶文化的生产工具种类，不仅有石制，同时还有骨制的，数量也多，石斧、石铲、石刀都有大量的发现。石器的制作比较进步，石斧比裴李岗厚重，形制也大一些，石铲也比较宽大，有的石斧和石刀还加钻孔，这种钻孔的石斧和石刀，显然是石器制作技术上的一个改进，这些石器钻孔以后可以同木柄捆绑得更紧，在劳动操作上不至于经常脱落，有利于提高劳动力和效果。

在家畜方面，裴李岗发现的猪、羊遗骨为数不多，说明家畜虽然出现，但还不是很发达的，而仰韶文化遗址发现猪骨的情况则很普遍，数量也多，在晚期的遗址中甚至还有用猪头作随葬的。由此看来，仰韶文化的养猪也是比较发展的。

仰韶文化的家畜除猪而外还有狗，下王岗仰韶文化早一期还有用狗作殉葬的。狗在磁山遗址即有发现，而在裴李遗址则还未发现有狗。

根据上面的分析，不论是农业经济以及其他经济，仰韶文化比裴李岗有了相当明显的进步。这是裴李岗文化早于仰韶文化的又一表现。

（4）再从墓葬的情况来说，裴李岗墓葬都是实行单人葬，这种葬式同仰韶文化早期的葬式是比较接近的。淅川下王岗仰韶文化早一期墓葬的葬式都是实行单人葬，二期的墓葬才出现二次迁葬，这种二次迁葬墓，单人葬少了，而多数是二人以上的合葬墓[1]。半坡仰韶文化早期的墓葬也多数是单人葬，只有一些二人合葬和四人合葬墓[2]。从这两个仰韶文化早期墓葬的葬式发生变化的情况看来，单人葬是不是具有早期葬式的特点，是值得考虑的。如果从仰韶文化后期墓葬的葬式发生更大变化的情况来看，

---

[1] 河南省博物馆长江流域规划办公室、河南省博物馆文物考古队河南分队：《河南淅川下王岗遗址的试掘》，《考古》1972年第10期。

[2] 中国科学院考古研究所、陕西省西安半坡博物馆：《西安半坡——原始氏族公社聚落遗址》，文物出版社，1963年。

单人葬可能具有早期葬式的特点。因为仰韶文化后期的墓葬,单人葬逐渐少了,而迁葬、合葬墓则大为发展。同半坡时代大致相同的临潼姜寨和宝鸡北首岭的墓葬也多数是单人葬,少数是二人合葬,然而比半坡稍晚的渭南史家仰韶墓葬则以多人迁葬合葬为主了[1],陕西泉护村的墓葬则多人聚葬成为普遍的现象[2],而华阴横阵村的墓葬,在一个大墓坑内套有5~7个小墓坑,埋葬的死者则多达42个个体[3]。在同一个地区,同一种文化的墓葬,葬式上发生如此明显的变化,恐怕不是偶然的,我们虽然不能据此论定单人葬就是一种早期的葬式,但也不能完全排除这种可能性,因为墓葬的埋葬方式,在原始社会时期是与氏族制密切相关的,埋葬方式的变化和发展,往往反映了氏族制的变化和发展。

就上面几方面情况的分析,裴李岗文化早于仰韶文化看来是没有疑问的。但是,裴李岗文化早到什么时候,这又是一个问题。从裴李岗的文化面貌来分析,虽然有一些早期的特征,比如它有一些中石器时代文化因素,陶器比较原始,生产水平也比较低,但是它不可能太早,因为它出现的细石片是一种已经退化的因素,而大量的是比较进步磨制石器,农业生产也有一定的水平,家畜也已经出现,已出现陶窑,同时也出现灰陶。所有这些都是裴李岗文化发展、进步的特征。因此,裴李岗遗址大致是属于新石器时代早期的晚期阶段。

四、裴李岗文化与黄河流域诸文化的联系

目前,据我们所看到的黄河流域新石器时代诸文化中,最接近裴李岗文化的是磁山新石器时代遗址。磁山遗址的文化内涵与裴李岗有共同的因素,例如,两者都是典型的以农业经济为主要特征的文化内容,都有石斧、石铲和石磨盘为特点的农业生产工具和谷物加工工具,都出现了家畜猪和羊。陶器则都是以泥质红陶和夹砂红陶为主,不见彩陶,器物也都是手制,火候低,陶质粗糙。种类也有一些相同或相近,两者都有小口双耳壶,钵形三足器,假圈足碗和平底碗。纹饰上磁山也有压印纹、划纹和篦纹等[4]。

但是,在注意到磁山和裴李岗在文化上存在这些共同因素的同时,我们还注意到它们之间文化上的不同点还是相当突出的。裴李岗最富特征的石镰,磁山还没有见到,磁山的石斧、石铲和石磨盘形制上也同裴李岗的同类器物不完全相同。磁山的石斧瘦

---

[1] 西安半坡博物馆、渭南县文化馆:《陕西渭南史家新石器时代遗址》,《考古》1978年第1期。
[2] 黄河水库考古队华县队:《陕西华县柳子镇考古发掘简报》,《考古》1959年第2期。
[3] 黄河水库考古工作队陕西分队:《陕西华阴横阵发掘简报》,《考古》1960年第9期。
[4] 邯郸市文物保管所、邯郸地区磁山考古队短训班:《河北磁山新石器遗址试掘》,《考古》1979年第6期。

长，裴李岗的短厚；磁山的石铲单刃，裴李岗的双刃；磁山的石磨盘有一件三足的，形状则是尖头的，裴李岗的石磨盘多是四足的，只有个别的无足而不见三足的，形状都是圆头的平面像鞋底状。此外，磁山出土的石锤，也是裴李岗所不见的。

磁山的陶器，最盛行的是陶盂和陶支架，而这两种器物在裴李岗是不存在的。相反，裴李岗最有代表性的三种形式的鼎，在磁山也是没有见到的。虽然磁山也有小口双耳壶、三足器和假圈足碗、平底碗，但形状同裴李岗的也不完全相同，而这类器物也不是磁山所盛行的，而在裴李岗则是极为盛行器。纹饰虽然都比较接近，但裴李岗是以口沿下施一周斜线压印纹最有代表性，而磁山出现的线绳纹则是裴李岗还没有见到的。在陶器种类上磁山也比裴李岗多，像杯、盘、簋、豆和大口罐等都是裴李岗所没有的。

此外，磁山有大量的骨器，种类有凿、锥、铲、针、笄、鱼镖、网梭等，还有纺轮。家畜除猪、羊而外还有狗牛等和大量的动物骨骼，甚至有把成个的猪、狗骨分堆放置在灰坑底部的情况，这也是裴李岗所没有的。

磁山遗址在文化上具有与裴李岗相同的因素，而同时又表现出明显的不同。如果说是反映它们之间在文化上的联系是比较密切的，这是可以肯定无疑的。但是，是否还反映有其他问题的可能？比如说它们之间存在的文化上的共同因素和不同的特征，是否反映它们之间是同一种文化，而只是由于时间、地点的不同，发展阶段的不同而表现出来的差异？这是一。再就是它们之间存在的比较大的不同特征，是它们之间的不同表现，也就是说，它们不是同一的文化，而是两个不同的文化，但是是在发展过程中彼此互相交流、互相影响、互相融合而产生的共同因素。我们认为两者的可能性都是存在的。目前由于磁山遗址和裴李岗遗址的发掘材料都还不多，而磁山又只有遗址的材料，还缺乏墓葬的材料，要探讨和解决这些问题还有困难。但是，就目前的情况看来，它们之间的不同点还是比较突出的，因此有可能两者不是同一种文化，而是两个不同的文化，只是由于裴李岗和磁山地域的距离较近，年代上也比较接近因而在发展过程中彼此交流、互相影响、互相融合的条件较多，因此形成和产生的文化上的因素也较为明显些，这样的可能性还是比较大的。

裴李岗文化同东北的红山文化也有一定的联系，不过没有同磁山遗址的联系那么密切。红山遗址出土的一件下腹微鼓的深腹罐，同裴李岗遗址出土的筒形深腹罐很相似[1]。裴李岗出现的篦纹在红山文化中也受到比较深的影响。在裴李岗和磁山没有发现篦纹以前，过去一直认为它是东北新石器时代文化的特征。现在，这种纹饰由于裴李岗和磁山都相继发现，从而找到了篦纹的渊源是中原地区。这就证明东北地区和中原地区从原始社会以来，在文化上的联系是密切的。

---

[1] 东亚考古学会：《赤峰红山后》（图三十四），《东方考古学丛刊》1938年第6期。

裴李岗文化同陕西关中地区的老官台文化也有比较密切的联系。同老官台文化相同的遗址也发现于元君庙、北首岭下层。据元君庙下层遗址 H403 出土的一件三足器同裴李岗遗址出土的三足器的形式相同，所不同的是元君庙的三足器带有纹饰，裴李岗则不带纹饰。其次，T4∶4 出土的一件假圈足碗与裴李岗的同类器也是比较接近的[1]。但是，老官台文化也具有半坡仰韶文化的因素，而器物多圜底钵，纹饰也有锥刺纹、绳纹，尤其是出现了红色宽带纹。在地层上老官台文化也与半坡仰韶早期文化直接衔接，说明老官台文化更接近于半坡仰韶早期文化。因此老官台文化实际上是介于裴李岗和仰韶之间的一种文化遗存，它上承裴李岗文化因素，下发展为半坡仰韶早期文化。

裴李岗文化和下王岗仰韶文化的联系也是很明显的。下王岗遗址出土的器物有一些相当接近于裴李岗。比较突出的是下王岗早一期 M57 出土的深腹圜底高足鼎同裴李岗出土的深腹圜底高足鼎很相似。下王岗 T5 出土的平底碗同裴李岗 T18M24 出土的平底碗也是颇为接近的[2]。

此外，裴李岗文化与山东大汶口文化也是有一定联系的。山东大汶口出土的圜底高足鼎和深腹鼎，作风上与裴李岗的高足三足器和深腹三足器有相似之处[3]。

综上所述，裴李岗文化与黄河流域的其他文化都发生联系，只不过有的较为密切，有的较为疏远一些。究其原因，有时间的不同，地点的不同，同时也有可能是文化上的不同。尽管有这些不同的原因，但有一个共同点，那就是这些文化都同裴李岗文化有渊源关系。在黄河流域乃至东北这一广阔的地带，几千年前，人们都同中原有密切的来往，并且互相交流、互相影响、互相融合，形成古老的光辉灿烂而丰富多彩的中华民族文化。

裴李岗文化的发现，是我国考古工作的新收获。它丰富了我国原始文化研究的实物资料。今后不仅对裴李岗文化本身有许多问题需要进一步研究，而且对裴李岗文化的来源以及它往后的发展都需要进一步的探索。因为裴李岗文化还不是我国新石器时代最早的文化，它往后的发展虽然已经看到一些线索，但还总是不十分清楚，这就需要我们进一步努力探索。

（原载于《考古》1979 年第 4 期，本文原刊时署名李友谋、陈旭）

---

[1] 苏秉琦：《关于仰韶文化的若干问题》，《考古学报》1965 年第 1 期。
[2] 中国科学院考古研究所、陕西省西安半坡博物馆：《西安半坡——原始氏族公社聚落遗址》，文物出版社，1963 年。
[3] 山东省文物管理处、济南市博物馆：《大汶口——新石器时代遗址发掘报告》，文物出版社，1974 年。

试论裴李岗文化类型的区分

裴李岗文化是分布在河南境内的早期新石器文化。它有一定的分布范围，也有一定的内含和一批特征鲜明的石器、陶器群，因此在它被发现之后，就被我国考古界以一种独立的考古学文化命名。由于它首先发现在河南新郑县裴李岗遗址，故命名为裴李岗文化。

目前，在河南境内发现的裴李岗文化遗址已有几十处，分布范围遍及豫南、豫北和豫西，以豫中最为集中。已发现的遗址，有的已做过试掘，有的还做过规模较大的发掘。经过试掘或发掘的遗址，其内含和文化面貌特征都有共性，但或多或少也存在差异，因此有不少人提出了划分裴李岗文化类型的问题。本文拟就这一个问题也提出个人的一点看法。

一

河南境内分布的裴李岗文化遗址，目前经过重点发掘的有新郑裴李岗[1]、沙窝李[2]、密县莪沟[3]、长葛石固[4]、舞阳贾湖遗址[5]。作过试掘的则有密县马良沟[6]、巩县铁生沟[7]、临汝中山寨[8]、淇县花窝[9]、方城大张庄遗址[10]等。这些遗址的面积有大有小，内含的文化遗存，丰富程度也有所不同，文化面貌特征则互有同异。

这些遗址有的是聚落遗址，有的则包括墓地，面积多数只有几万平方米，个别遗

---

[1] 开封地区文管会等：《河南新郑裴李岗新石器时代遗址》，《考古》1978年第2期；开封地区文管会等：《裴李岗遗址一九七八年发掘简报》，《考古》1979年第3期；中国社会科学院考古研究所河南一队：《1979年裴李岗遗址发掘报告》，《考古学报》1984年第1期。

[2] 中国社会科学院考古研究所河南一队：《河南新郑沙窝李新石器时代遗址》，《考古》1983年第12。

[3] 河南博物馆、密县文化馆：《河南密县莪沟北岗新石器时代遗址》，《考古学集刊（1）》，中国社会科学出版社，1981年。

[4] 河南省文物研究所：《长葛石固遗址发掘报告》，《华夏考古》1987年第1期。

[5] 河南省文物研究所：《河南舞阳贾湖新石器遗址第二至六次发掘简报》，《文物》1989年第1期。

[6] 开封地区文管会、密县文管会、郑州大学考古专业：《河南密县马良沟遗址调查与试掘》，《考古》1981年第3期。

[7] 开封地区文管会、巩县文管会、郑州大学历史系考古专业：《河南巩县铁生沟新石器早期遗址试掘简报》，《文物》1980年第5期。

[8] 中国社会科学院考古研究所河南一队：《河南汝州中山寨遗址》，《考古学报》1991年第1期。

[9] 安阳地区文管会、淇县文化馆：《河南淇县花窝遗址试掘》，《考古》1981年第3期。

[10] 南阳地区文物队、方城县文化馆：《河南方城县大张庄新石器时代遗址》，《考古》1983年第5期。

址的面积达10万平方米。遗址内含的文化遗存，一般都不丰富，发现的遗迹有灰坑和房基。灰坑多一些，房基较少，出土遗物也不多。个别遗址内含的文化遗存比较丰富，有较多的房基、灰坑、陶窑发现，出土的遗物也较丰富。墓地则有大有小，大的墓地有几百座墓，小的墓地也有几十座至百余座。在聚落遗址和墓地内发现的遗物有石器、陶器、骨器和动物遗骨，其中石器、陶器较多，骨器较少，动物遗骨的种类和数量也不多，有的动物可能属家畜。

房基有的遗址未发现，有的只发现1座，有的发现3座或6座。多的达30余座，均为半地穴式基址。形状有圆形、方形、椭圆形三种，以圆形居多。多数遗址发现的房屋均为单间结构，个别遗址还发现有开间房，面积都不大，一般为2~6平方米左右。房基周围都分布有柱洞，柱洞底部都未发现垫有柱础。多数房基都有斜坡式或台阶式门道，室内有灶坑残迹，地面有的垫有一层硬土面。

灰坑在各遗址都有发现，少者几十个，多者300余个。形状有圆形、椭圆形和不规则形三种，有的还有长方形坑。圆形坑中有部分是口小底大的袋状坑。多数坑小而浅，有的遗址有少数大而深的坑。坑内包含的遗物主要是陶片，有的也有残石器、骨器及动物遗骨。

陶窑在裴李岗遗址发现一座，贾湖遗址发现10余座，均破坏严重，体积都不大，有的残存有窑膛、火门、烟孔等。

各个墓地发现的墓葬，多有墓群之分，没有排列规律，均为竖穴土坑墓。绝大部分是成年死者，也有个别非成年人墓。多数墓地的墓葬为单人一次葬，墓坑方向基本一致，死者都仰身直肢。绝大多数墓都有随葬品，包括石器、陶器、骨器之类的生产工具、生活器皿和装饰品三类，其中有装饰品的墓较少。随葬的石器主要是农业工具，包括生产用的斧、铲、镰和加工粮食用的石磨盘、磨棒两类。随葬斧、铲、镰的墓，只用其中的一种或两种器物，随葬磨盘、磨棒者均成套。随葬的陶器则有鼎、罐、壶、钵、碗、勺之类的炊具和饮食器皿，其中以壶最常见。凡随葬有陶器的墓，必有一件壶，其次是罐和钵，鼎、碗、勺少见。器物组合一般有三组：一组只随葬石器，或斧、或铲、或镰中的一种至二种器物；二组只随葬陶器，或只随葬饮食器皿，或炊具和饮食器兼有；三组则有石器和陶器，其中又有斧、铲、镰与陶器和石磨盘、磨棒与陶器的组合之分。器物的放置方式也有一定规律，壶放在墓主的头部，其他器物放在墓主身旁两侧或脚端。随葬器物少者，单件放，多者分组放，而且扣合着放在墓内。

但是，有的墓地发现的墓葬，葬式葬俗也有某些不同，同一墓地内墓坑方向不一，有单人一次葬，也有二次葬和多人合葬。有的墓坑内还挖有壁龛放置随葬品，随葬品的组合没有明显规律，甚至还有随葬獐牙和龟甲之俗。

各遗址出土的石器都有少量的打制石器和较多的磨制石器。打制石器均为细石片，大型的打制石器少见。磨制石器加工制作精细，多通体磨光，以农业工具为主，包括斧、铲、镰、磨盘、磨棒，分生产工具和粮食加工工具两类。手工业工具种类和数量都很少，只见有石凿一种，石铲未见出土。磨制的农业工具形制，有的很有特色，其中以锯齿镰和圆头四足石磨盘的形制特点最为鲜明。石斧和石铲的形制则各有区别。

陶器以红陶为大宗，也有少量灰陶，有的还有一定数量的褐陶，并有少量黑陶。胎质有细泥陶和夹砂陶两种，有的还夹有蚌片、云母片、滑石粉和夹炭陶。手制，火候低，胎质不坚，工艺也粗糙。器物种类有鼎、罐、壶、钵、碗、盆、勺等炊具和饮食器皿。有的器物形制特征鲜明，其中以小口双耳壶、深腹罐、三足钵、瓢形勺最有代表性和典型性，但形制有变化。鼎的形制，各遗址所出不完全相同，但也有相似的器形。多数陶器不施纹饰，少数陶器施有纹饰，其中饮食器皿基本上不施纹饰，只有少数炊具如鼎、罐施有纹饰。主要施划纹、篦纹、坑点纹、乳钉纹、指甲纹，有的还出现有绳纹。

骨器有的遗址出土的种类和数量都很少，主要有骨簪和骨镞，个别遗址出土的种类和数量较多，有锥、簪、针、匕、镞、鱼镖和骨笛等。

根据各遗址的文化内涵和文化面貌特征的共性，可以肯定它们都属于裴李岗文化范畴的新石器遗存。但是，由于各遗址的内涵和文化面貌特征都存在一定的差异，说明裴李岗文化又有地方性差别和年代上的差别。因此，根据这些差异进行类型的划分是有必要的。然而，目前人们对裴李岗文化类型的区分，意见很不一致，在几个典型遗址的发掘之后，几乎都提出一种类型之说。密县莪沟遗址的发掘，就有人提出莪沟类型之说，长葛石固遗址的发掘，也有人提出石固类型之说，临汝中山寨遗址的发掘，亦有人提出中山寨类型之说，舞阳贾湖遗址的发掘之后，又有人提出贾湖类型之说。意见纷立，使人无所适从！

在我看来，目前已经作过发掘或试掘的裴李岗文化遗址，其内含和文化面貌特征确实都存在一定的差异，根据这些差异进行比较系统的分析研究，从而划分出具有代表性的不同类型，这无疑有助于全面地认识裴李岗文化。但是，如果每一个遗址的发掘都提出一个类型之说，最初尚无可非议，但从现在看来显然是不合适的，所以有必要根据现有资料，作新的区分。

二

据目前几个典型遗址的发掘资料，各地的裴李岗文化遗址其内含和文化面貌特征都不完全相同，互有同异。但是，在不同遗址之间文化内涵和面貌特征的同异又不一致，在某些遗址之间，文化因素和特征的共性显得比较明显、突出，差异性较少；而在某些遗址之间，文化因素和特征的差异性又显得比较明显、突出，共性较少。据此，裴李岗文化类型的区分，至少可以区分为两个类型，这是没有问题的，如果再作细分，则似乎可以划分为三个类型：新郑裴李岗和沙窝李两个遗址可归属于一个类型；密县莪沟和长葛石固两个遗址也可以归属于一个类型；舞阳贾湖遗址可以单独划为一个类型。

新郑裴李岗和沙窝李遗址的面积都不大，内涵也不丰富。这两个遗址的发掘面积以裴李岗较大，约2000多平方米，沙窝李的发掘面积较小。发现的遗迹都有灰坑和一批墓葬，未发现有房基。灰坑数量不多，都只有20余个，墓葬在裴李岗清理119座，沙窝李清理32座，裴李岗还发现1座残陶窑。出土的遗物都有石器、陶器、骨器及部分动物遗骨，以石器和陶器为主，骨器很少，动物遗骨的种类和数量都不多，其中猪骨可能属家畜。

灰坑形状都有圆形、椭圆形和不规则形三种，都是小而浅的坑。内含遗物甚少，只有一些陶片和残石器及兽骨。

墓葬均为竖穴土坑墓，有墓群之分，单人葬。死者基本上都是成年人，个别墓的死者有可能属未成年人。同一墓地内的墓葬墓坑方向基本相同，大致为南北向，死者头南脚北，仰身直肢。多数墓都有随葬品，少数墓无随葬品。随葬品包括石器、陶器、骨器之类的生产工具、生活器皿和装饰品三类，以前二类为主，后一类很少。随葬的石器以磨制的石斧、石铲、石镰、磨盘、磨棒等农业工具为主，手工业工具少。每墓随葬的石器，以1～3种器物为限，或斧、铲、镰中的一种至二种器物，或石磨盘、磨棒相配套，有磨盘的墓，往往还有小磨石。随葬的陶器则有鼎、罐、壶、钵、碗、勺等包括炊具和饮食器皿两类，每墓随葬的陶器以1～5件较普遍，多者也有10余件。其中壶是最常见的器物，凡随葬有陶器的墓，壶是必备之物，且多随葬一件，个别墓也有二件的。其次是罐、钵两种器物，随葬陶器较多的墓，罐多者三件为一组，钵的数量不等，亦分2～3组堆放。随葬鼎、碗、勺的墓较少。器物组合有一定的规律，基本上可分三组：一组单纯随葬石器，或斧、铲、镰中的一种至二种器物；二组单纯随葬陶器，或壶+钵+罐；三组既随葬石器，又有陶器，其中又有斧、铲、镰与陶器和磨盘、磨棒与陶器为组合之分。器物的放置方式也有一定规律，壶均放在墓主的头部，其他器物则放在墓主身旁两侧或脚端。随葬的陶器种类和件数少者均单放，多者则分类分组堆放，一般是罐为一组，2～3件，钵、碗另分组，每组3～5件，口向下、底朝上扣合堆放。

在裴李岗遗址1979年的发掘中，公布有一座二人合葬墓。此墓的墓穴并不宽大，两具人骨保存完好，人骨的排列并不平齐，一具尸骨靠前，一具靠后，间隔也有一定距离，这一现象，似乎不近乎合葬墓的葬式。因为，在仰韶早期墓的合葬墓中，一次葬的合葬，人骨的排列平齐，两具人骨中无靠前、靠后之分，间隔距离也很小，几乎是相挨的。由此看来，裴李岗的一座"合葬墓"，很有可能是两座单人墓，只是由于它们在埋葬时有先后，且又比较靠近，清理时墓边又不容易区分，因而产生"合葬"的错觉。

裴李岗和沙窝李遗址出土的石器，都有少量打制的细石片和较多的磨制石器。磨制石器制作精细，通体磨光，种类以农业工具为主，包括生产工具斧、铲、镰和粮食加工工具磨盘、磨棒两类。手工业工具很少，只出石凿一种，石锛未见。石镰均系"锯齿镰"，弯月形拱背，前端细尖，后端宽，刃部加工有细密的三角形齿。石磨盘均为圆头四足，体长面宽、厚重、前端宽、后端窄、两端边圆弧、两侧边近直，有的腰部略内收，底部均琢有四条对称的短柱状足。由于石镰和石磨盘的形制特殊，因此成为裴李岗文化石器的代表性器物。

陶器以红陶为大宗，亦有一些灰陶。胎质松软、火候低，有的陶片手捏即碎。器物都有深腹罐、小口双耳壶、三足钵、圜底无足钵、碗、勺。深腹罐的形制基本都属于口径与腹径大体相等或口径稍大一些的长体直壁罐，小口双耳壶多为圆球形或椭圆形腹，矮颈而直的器形，三足钵和圜底体均为直口深腹或浅腹圜底。各类器物均系手制，工艺粗糙，胎壁厚薄不均，器表有凹凸不平的现象。饮食器皿均不施纹饰，有少数鼎、罐之类炊具施有纹饰，有划纹、篦纹、乳钉纹、指甲纹、坑点纹几种。差别是裴李岗遗址出有不同形式的鼎，沙窝李遗址未出有鼎。

根据裴李岗遗址和沙窝李遗址的内涵和文化面貌特征都大体相同，差异很小，因此，它们完全可以归属于一个类型，称裴李岗类型。

密县莪沟和长葛石固遗址的文化内涵和面貌特征也比较接近，但两者有比较明显的差别。

这两个遗址的发掘面积相当，都有 2000 多平方米。都发现有房基、灰坑和墓葬，其中莪沟发现房基 6 座，灰坑 44 个，墓葬 68 座；石固发现房基 3 座，灰坑 68 个，墓葬 69 座。出土遗物也都以石器、陶器为大宗，骨器少，石固多一些。亦有部分动物遗骨。

房基都有圆形基址，莪沟发现方形房基一座，石固则发现椭圆形房基一座，其余均圆形。面积都不大，有斜坡式或台阶式门道，周围都分布有柱洞，底部均未发现垫有柱础。室内有的残留有灶坑，灶址或用黄土筑成，或用草拌泥筑成，地面有的垫一层硬土。

灰坑有圆形、椭圆形、不规则形三式，圆形坑有部分口小底大的袋状坑。多数坑小而浅，亦有少数较大而深的坑。坑内包含遗物也不多，主要是陶片，也有些兽骨。差别是石固遗址还发现部分长方形坑。

墓葬也是竖穴土坑，单人葬。莪沟发掘报告说到有一座双人合葬墓。它和裴李岗的双人合葬墓类似，亦有可能是二座单人墓。这两个墓地清理的墓葬，都有少数墓挖有壁龛，壁龛内放置随葬品。有随葬品的墓占多数，亦主要是石器、陶器之类的生产工具和生活器皿，随葬骨器之类装饰品的墓很少。随葬的石器也主要是农业工具包括斧、铲、镰、磨盘、磨棒，陶器也以壶为必备之物，其次是罐、钵、鼎、碗、勺少见。随葬器物的数量少者 1 件，多者 10 余件，一般 3～4 件。器物组合也有明显的规律，基本上亦分三组。其中随葬石器和陶器的墓，也有斧、铲、镰与陶器和磨盘、磨棒与陶器为组合之分。器物放置方法、方式也基本相同。不同的是，莪沟墓地的墓葬，墓坑方向基本一致，南北向，死者头南脚北，仰身直肢；石固墓地的墓葬，墓坑方向不一，并出现有一些侧身屈肢葬和俯身葬的葬式。

莪沟和石固遗址出的石器也有少量打制的细石片和大量的磨制石器。磨制石器加工也精细，通体磨光，种类有斧、铲、镰、凿、磨盘、磨棒和弹丸。石镰和石磨盘的形制也相同，都是锯齿镰和圆头四足磨盘。两者的陶器都以红陶为主，亦有部分褐陶和少量灰陶。制法均系手制，火候低，胎质松软。器物种类也有鼎、罐、壶、钵、碗、盆、勺，部分器物的形制特征也相同，如深腹罐都有大口缸形深腹罐。小口双耳壶都有蛋形腹，缺少圆球形腹，而且还具有颈较高和束颈的特点。两者的钵都出现有敛口小平底的形制。纹饰也都有划纹、篦纹、坑点纹、指甲纹，线条较粗。不同的是，两者的鼎形制完全不同，莪沟出的是深腹罐形鼎，石固出的是浅腹盆形鼎和圆腹高足鼎。在深腹罐中，石固还出有角把罐，莪沟则未见。石固出的双耳壶变化大，形式多样，既有扁腹、折腹、折肩壶，还有粗颈大口壶和细长颈的无耳壶。纹饰中石固还出现有绳纹，布局也比较复杂，由篦纹组成的花样较多。

如上所述，莪沟和石固遗址的内涵及文化面貌有许多共性，但也出现有某些差异，这些差异与石固遗址的文化延续时间较长有关。因为，石固遗址内含的文化遗存共分四期，其中一、二期遗存的文化面貌特征基本上与莪沟无异，三、四期遗存的面貌特征才出现有某些差异。石固墓葬出现侧身屈肢葬、俯身葬，陶器上出现角把罐，以及小口双耳壶形式的变化，绳纹的出现等，都是在三、四期中出现的。因此，莪沟和石固遗存文化面貌的差异，主要是因为石固遗存的文化延续时间较长而产生的。所以，这两个遗址也可以归属于一个类型，称石固类型。

莪沟和石固遗存的文化面貌特征存在的共性与差异性，可以说都与裴李岗类型有别。例如，莪沟和石固墓葬中出现的部分墓挖有壁龛，壁龛内放置随葬品的葬俗，在裴李岗类型墓中都不存在。莪沟和石固的陶器都有部分褐陶，也有大口缸形深腹罐、蛋形小口双耳壶、敛口小平底钵等，在裴李岗类型陶器中也未见。至于石固类型墓中出现少数侧身屈肢葬和俯身葬墓，陶器中出现有角把罐、扁腹、折腹、折肩壶、大口粗颈壶，以及纹饰上出现绳纹等因素，也是裴李岗类型遗存中所没有的。根据裴李岗类型和莪沟、石固遗存之间存在的这些差异，把莪沟和石固遗存归属于一个类型，和裴李岗类型区别，也不是完全没有必要的。

舞阳贾湖遗址的内涵和文化面貌，与裴李岗类型和石固类型也有某些相同或相似的因素和特征，但差异较大，其自身的特色比较明显突出。

这个遗址在2000多平方米的发掘面积中，发现房基30多座，灰坑300多个，陶窑10余座，墓葬达300余座。出土的遗物有大量的石器、陶器，也有较多的骨器及各种动物遗骨，属家畜的动物可能有猪、狗两种。因此，贾湖遗址的内涵可以说是目前发现的裴李岗文化遗址最丰富的一处。

贾湖遗址发现的房基也是半地穴式基址。形状有圆形和椭圆形两种，均不甚规则。结构亦有台阶式门道。室内面积窄小，也有灶坑发现，地面有的也垫有一层硬土。房基周围也分布有柱洞，底部亦未发现垫有柱础。这些因素与石固类型房基大体相同。但贾湖遗址发现的房基还有不少开间房，其中有二开间、三开间和四开间之分，间与间有隔墙和门槛，这是其特点。

灰坑形状也有圆形、椭圆形和不规则形三种。坑体则有桶状、袋状、锅底状之分，内含有较多的陶片，也有兽骨等。有较多大而深的坑，这是与裴李岗和石固类型灰坑有别的。

墓葬亦为竖穴土坑墓，有单人葬，也有合葬墓。合葬墓中有一次合葬，也有二次葬的合葬。合葬人数少者2人，多者4人。墓坑方向不一。以仰身直肢为主，也有一些侧身屈肢葬和俯身葬。多数墓有随葬品，亦包括石器、陶器、骨器之类的生产工具、生活用具和装饰品三类，但随葬骨器较多，而且没有明显的组合规律。有相当数量的墓随葬有獐牙和成组的龟甲，龟甲内还装有形状不同，颜色各异的小石子。这批墓的葬式葬俗，与裴李岗类型和石固类型墓不同的是出现了二次葬和多人合葬墓，而且有随葬獐牙和龟甲之俗。其中随葬的獐牙有可能是佩戴的装饰品，而龟甲则与此无关，也与生产工具，生活用具无关，很可能寓有某种宗教意识的葬俗。

贾湖遗址出土的石器，基本上与裴李岗和石固类型的石器相同，也有少量打制的细石片和较多的磨制石器。磨制石器种类也只有斧、铲、镰、凿、磨盘、磨棒几种，制作也很精细，通体磨光。形制也相近，突出的是石镰亦为锯齿镰，石磨盘亦有圆头四足的器形。陶器也有红陶和褐陶，以及少量的灰陶。器物种类亦只有鼎、罐、壶、钵、碗、盆、勺等。某些器物的形制也与裴李岗类型和石固类型的同类器相同或相似。深腹罐、小口双耳壶、三足钵与裴李岗类型的同类器作风相似；浅腹盆形鼎、角把罐、蛋形壶、扁腹、折腹壶、大口粗颈壶、敛口钵等则与石固类型的同类器形相似。纹饰也有划纹、篦纹、坑点纹、乳钉纹、指甲纹等与裴李岗类型相同的纹饰。但是贾湖陶器还有夹炭黑陶和不同形式的鼎，而且还有束颈鼓腹圜底罐、折沿罐和罐形壶等形制不同的器物。纹饰除流行绳纹外，还有齿状纹、戳刺纹、附加堆纹等新纹饰。因此贾湖的陶器与裴李岗和石固类型陶器特征差异较大。

由于贾湖遗址的文化遗存在墓葬的葬式葬俗和陶器特征上，都与裴李岗和石固类型有较大差异，因此它完全可以划定为裴李岗文化的又一种类型，称贾湖类型。

裴李岗文化三个类型的区分，从文化面貌上看，又以石固类型和裴李岗类型比较接近，两者之间的文化因素和特征，共性比较明显，差异性较小。贾湖类型与裴李岗类型之间，文化面貌则有较大差别。但是，贾湖类型与石固类型之间，文化面貌又比较接近，两者较多相同或相似的因素和特征，如石固类型和贾湖类型墓都有少数侧身屈肢葬和俯身葬，陶器也都有部分褐陶，也有浅腹盆形鼎、角把罐、扁腹壶、大口粗颈壶、敛口钵等相似的器形，纹饰也有绳纹。所以贾湖类型与石固类型的关系比裴李岗类型近。

三

裴李岗文化三个类型之间，文化面貌特征的差异，既有地方性差异，也有文化年代上的差异。

由于裴李岗文化的分布地域有别，因此各地的裴李岗文化遗存，自然会产生某些地方性差异。石固类型墓出现少数墓挖有壁龛，壁龛内放置随葬品的葬俗，贾湖类型墓有部分墓随葬獐牙和龟甲的葬俗，以及这两个类型的陶器都有部分褐陶，而且贾湖还有夹炭陶，鼎的形制也不同等，可以说都是地方性差异的表现。不过，裴李岗文化各类型之间出现的地方性差异并不突出，主要应是文化年代上的差异。

裴李岗文化的发展，大体上在七八千年之间，其延续至少有几百年的历史。各地分布的裴李岗文化遗存，有的延续时间较长，有的延续时间较短，因此，彼此之间的文化年代并不完全相同，其中有早、晚之分。在这种情况下它们的文化内涵和文化面貌特征的差异，也就有文化年代的不同和发展水平不同之别。

在石固类型和贾湖类型墓中，都出现有少数侧身屈肢葬和俯身葬的葬式，贾湖墓地还出现有一定数量的二次葬和多人合葬墓，这一变化就与这些墓的年代较晚有关。因为，石固类型墓出现的侧身屈肢葬和俯身葬，在该遗址的文化分期中，是在三、四期出现的，一、二期并未出现。因此，侧身屈肢葬和俯身葬的出现，在裴李岗文化中，年代是比较晚的。至于贾湖类型墓中出现的二次葬和多人合葬的葬式，也是年代较晚的葬式，因为这种葬式在仰韶文化早期墓中比较流行。

石固类型和贾湖类型的陶器，也具有年代较晚的特征。在这两个类型的陶器中，都有浅腹盆形鼎、大口深腹缸形角把罐，也有扁腹、折腹、折肩的小口双耳壶和大口粗颈壶，纹饰也都有绳纹。这些器物和纹饰，在石固遗址的分期中，也是在三、四期才出现的，一、二期没有，由此说明它是在裴李岗文化晚期发展起来的新器形和纹饰。至于贾湖类型中出现的釜形鼎，其形制已很接近仰韶文化早期的釜形鼎，因此这种器物特征年代也比较晚。

如上所述，石固类型和贾湖类型墓的葬式，以及陶器的某些器形和纹饰，都带有年代较晚的特征。而这些特征，也是石固类型和贾湖类型与裴李岗类型文化面貌的主要差异。因此，裴李岗类型与石固类型和贾湖类型之间出现的差异，除了地方性差异外，更主要的是文化年代不同、发展水平不同的差异。

根据石固遗址的分期，裴李岗类型和石固遗址一、二期遗存的文化面貌比较接近。

石固一、二期墓的葬式和陶器特征，基本上与裴李岗类型的葬式和陶器特征相同，差别很小。比较明显的差别是石固一、二期墓有的挖有壁龛，陶器上出现有敛口小平底钵。这一差别，前者是地方性差异，后者有可能是发展的差异。由于裴李岗类型文化面貌接近于石固一、二期遗存，可以肯定它比石固三、四期文化的年代早，但是，石固一、二期遗存比裴李岗类型文化又有发展变化，因此裴李岗类型文化的年代有可能又略早于石固一、二期文化。

从上面所作的分析说明，裴李岗文化三个类型之间的差异，既有地方性差异，也有文化年代不同，发展水平不同的差异，后者是主要的。因此，从文化发展的年代顺序来说，似乎裴李岗类型的年代最早，贾湖类型的年代最晚，石固类型的年代介于裴李岗类型与贾湖类型之间。因为石固类型的文化面貌特征既有承袭裴李岗类型的一面，又有下接贾湖类型的一面，故其年代应在裴李岗类型和贾湖类型之间。

[原载《郑州大学学报》（哲学社会科学版）1991年第6期]

裴李岗文化墓葬初步考察

目前,在裴李岗文化遗址的发掘过程中,都不同程度地发现有墓葬,这些墓葬,保存基本完好,而且内容丰富,因此它是我国黄河流域新石器早期文化中新发现的一批重要资料。这些资料,不仅对研究我国新石器早期的埋葬制度有重要意义,而且对研究当时的社会状况也具有十分重要的价值。

本文拟通过目前已发掘的裴李岗文化墓葬资料,考察当时的葬式、葬俗特点,同时依据各处墓地的葬式、葬俗,考察一下它们之间的相互关系。此外,还借此谈谈裴李岗文化墓葬随葬品的性质问题。

一

裴李岗文化墓葬,首先发现于河南新郑县裴李岗遗址,其后在密县莪沟北岗、新郑沙窝李、长葛石固、临汝中山寨、舞阳贾湖遗址,也发掘出有裴李岗文化时期的墓葬。

裴李岗遗址作过三次发掘,第一次挖出墓葬8座[1],第二次挖出24座[2],第三次挖出82座[3],三次共挖出墓葬114座。莪沟北岗作过二次发掘,共挖出墓葬68座[4],沙窝李发掘出32座[5],中山寨遗址挖出4座。长葛石固和舞阳贾湖遗址的发掘资料未发表,据说石固遗址挖出的墓葬有50余座。总计这几处遗址挖出的墓葬已达200余座。所得的资料,是比较丰富的。

从这批墓葬的发掘资料看来,它们的葬式、葬俗,有其自身的特点,各个遗址墓的葬式、葬俗,则有同有异。

裴李岗墓葬的葬式、葬俗,基本特点是:对死者的埋葬,有集中固定的墓地。墓地与居住地还有一定的距离,设在地势较高的岗地上。墓地中所埋葬的死者,主要是成年人。墓穴的分布没有明显的规律。在墓地的中心地区,墓穴比较集中,在T18一

---

[1] 开封地区文管会、新郑文管会:《河南新郑新石器时代遗址》,《考古》1982年第2期。
[2] 开封地区文管会等:《裴李岗遗址一九七八年发掘简报》,《考古》1979年第3期。
[3] 中国社会科学院考古研究所河南一队:《1976年裴李岗遗址发掘报告》,《考古学报》1984年第3期。
[4] 河南省博物馆、密县文化馆:《河南省密县莪沟北岗新石器时代遗址发掘报告》,《河南文博通讯》1979年第3期。
[5] 中国社会科学院考古研究所河南一队:《河南新郑沙窝李新石器时代遗址》,《考古》1983年第12期。

个 15 平方米的范围内，就发现墓葬 10 座。

墓葬的形制都是长方形竖穴土坑。墓室小，一般长 1.5～2.5 米，宽 2 米左右。方向均为南北向，死者头南脚北。每墓埋死者一人，仰身直肢。也发现有一墓是双人合葬墓。

裴李岗墓葬最突出的特点是普遍都有随葬品。在 114 座墓中，只有 4 座墓没有随葬品。随葬品的种类包括劳动生产工具、生活用具和装饰品三类。其中，劳动工具主要有石斧、石铲、石镰、磨盘、磨棒、石矛、石锤、磨石以及石片等石器，最常见的是石斧、石铲、石镰及石磨盘、磨棒之类的农业生产工具和粮食加工工具。生活用具主要有陶鼎、罐、壶、钵、碗、盆等之类的炊煮饮食器皿，最常见的是罐、壶、钵三种。装饰品较少，目前只发现有松绿石饰和骨簪等种类。随葬品放置的位置均在墓室内死者尸骨头部或身躯两侧，也有放在脚部的，壶多单放于死者的头部，罐、钵多成组放置在尸骨的两侧或脚部。随葬品的数量不等，少者 1 件，多者达 20 余件，一般为 3～8 件。

上述随葬品有不同的组合。基本上可分为三组，一组是单纯用劳动工具随葬，以石斧、石铲、石镰农业工具为主，少数还有用石矛、石凿、石锤及细石器。另一组是单纯使用陶质生活器皿随葬，以饮食器为主，兼有炊器者少。还有一组是用劳动工具、生活用具和装饰品随葬。这一组合又有以石斧、石铲、石镰这类农业工具与陶器为组合，和以磨盘、磨棒之类的粮食加工工具与陶器为组合之分。在 110 座有随葬品的墓中，第一种组合的墓有 6 座，第二种组合有 51 座，第三种组合有 43 座。在后一组合的 43 座墓中，农业生产工具与陶质生活器皿共存者有 30 座，粮食加工工具与陶器共存者有 13 座。

值得注意的是，凡是随葬有石磨盘、磨棒的墓，一般都随葬有较多的陶器。随葬品数量最多的墓，均属于石磨盘、磨棒与陶器为组合的墓。

上述现象，在我国目前已发现的新石器时代墓葬中，是从未见过的，因此它就成为裴李岗文化葬俗中鲜明而突出的一个特点。

沙窝李和莪沟北岗墓葬的葬式、葬俗与裴李岗墓基本相同，稍有差别。沙窝李墓葬也有墓地，墓穴的分布也比较密集，形制也是长方形竖穴土坑，单人仰身直肢葬，随葬品的种类、组合及放置的位置也与裴李岗墓相同。差别是沙窝李随葬的石器较多，陶器较少。在 32 座墓出土的 133 件器物中，石器为 83 件，占随葬器物总数的 64%，其中 M79 就随葬有石铲 6 件、石凿 5 件、石斧 4 件、磨石 3 件、石锤 1 件，此外还有用燧石、石英打制的石器及石片。这一现象，是裴李岗墓所未见的。

莪沟北岗墓葬的差别，比较突出的有两点，一是随葬品未见有装饰品，器物的组合也未见有单纯用劳动工具这一组合；二是随葬品放置的位置有所不同，有的在墓室内设有壁龛，专门用来放置随葬品，共有 9 座墓的随葬品是放在壁龛内的。这种现象，在裴李岗和沙窝李墓中却是未见的。

长葛石固、舞阳贾湖和临汝中山寨墓葬的葬式、葬俗，与裴李岗墓差别较大，但也存在共性。

石固墓葬的差别，主要是随葬的种类和数量显著减少，多数墓只有 1 件。贾湖墓葬则出现了二次迁葬合葬，还发现有屈肢葬，随葬品的种类和数量也少。中山寨墓葬则方向不一，这里发现的 4 座墓，有的头向东南，有的头向西北。有随葬品的墓也少，其中只有两座墓有随葬品，M1 随葬陶器 42 件，其中钵 3 件、罐 1 件。M3 只随葬楔蚌 2 个、榧螺 10 个，其中有 6 个含在死者口内。这种口含榧螺的葬俗，在裴李岗文化墓葬中虽是仅见的一例，但它有可能是一种新葬俗出现的反映。

如上所述，裴李岗文化墓葬的葬式、葬俗各地的情况并不完全一致。有的共性比较突出，只存在小的差别，如裴李岗、沙窝李和莪沟北岗三处墓地的葬俗就是如此；有的差别比较明显，共性不突出，如石固、贾湖和中山寨墓的情况就是如此。差别明显者，在文化特征上则比较突出地表现出与裴李岗文化有共同的特征。由此说明，石固、贾湖和中山寨墓的葬式、葬俗与裴李岗墓的葬式、葬俗差别较大，但它们和裴李岗文化还有密切的关系。

二

裴李岗文化墓葬在葬式、葬俗上所表现出来的同异现象，反映出它们之间的关系是有所不同的，这种关系，到底是一种什么样的关系呢？这是值得我们加以考察的。

我们知道，不同历史时期的埋葬制度，反映着当时人们的感情、幻想和思想方式。

在氏族社会里，人们最基本的思想感情是血缘观念。因为当时人们是生活在氏族集团之中，而氏族则是"以血缘亲属关系为基础的"。"赖有这种血缘亲属关系，它所联合起来的个人才成为一个氏族"[1]。所以，在氏族组织中，人们确有极其牢固的血缘亲属观念。

这种血缘亲属观念表现在埋葬制度上就是：同一氏族的人，都是一个根子生出来的，有共同的祖先，有着骨肉关系，活着在一起，死了也要在一起[2]。人们为了使死去的亲骨肉能像活着的时候那样，共同生活在一起，于是，每一个氏族都设有自己的墓地，以埋葬本氏族的死者。一个氏族的墓地，只限于埋葬本氏族的成员死者，非本族的人是决不允许埋葬在氏族墓地之内的，这是由氏族的血缘观念所决定的，人们认为，"把一个亲属的尸骨和一个外人的尸骨混在一起是违反宗教规矩的，因为凡是亲骨肉，彼此的骨肉就应当永远不分离"[3]。因此裴李岗文化遗址所发现的集中埋葬死

---

[1] 恩格斯：《家庭、私有制和国家的起源》，人民出版社，1955 年。
[2] 宋兆麟：《云南永宁纳西族的葬俗——兼谈仰韶文化葬俗的看法》，《考古》1964 年第 4 期。
[3] 摩尔根：《古代社会》，生活·读书·新知三联书店，1957 年。

者的墓地，当是氏族墓地，也是氏族组织的血缘观念在埋葬制度上的一种反映。

氏族社会，人们除了有牢固的血缘观念之外，还有浓厚的宗教信仰和幻想。每一个氏族都有共同的信仰，一个氏族的共同信仰表现在埋葬制度上，就是有共同的葬式和葬仪，其中，比较突出的是对死者埋葬方向的选择上。

氏族社会人们对方向的信仰是有所不同的。有的信仰人死之后，灵魂就要回到氏族原来的（或传说中的）老家去，出于这种信仰，埋葬死者时，头就朝着老家的方向；有的则幻想世界上还有一个特殊的域界，人死之后就要到那里去生活，出于这种信仰，埋葬死者时，头就朝着这另一世界所在的方向；有的还幻想人从生到死，如同太阳东升西落一样，人死之后就朝着太阳落下去，居于这种信仰，埋葬死者时就背朝东，面向西[1]。总之，埋葬方向的选择，一般来说是按氏族的共同信仰来进行的，选择什么方向，取决于这个氏族信仰什么方向。

裴李岗文化墓葬的葬式、葬仪，最值得注意的是，都实行仰身直肢。死者的墓穴方向一致，头向也一致，都是南北向，头南脚北。由此说明，裴李岗墓地的死者，对埋葬方向的选择和信仰是一致的。因此，他们应当是同一氏族有共同血缘亲属关系的成员。

值得注意的是，沙窝李和莪沟北岗墓地死者的葬式、葬仪，同裴李岗墓地死者的葬式、葬仪基本相同，尤其是墓穴的方向和死者的头向则完全一致，也都是南北向，头南脚北，仰身直肢。这两个墓地和裴李岗墓地相距有几十里地，它们应当是分属于不同的生活单位，然而它们的葬式、葬仪，尤其是对方向的选择和信仰竟完全一致。这种现象，绝不是偶然的巧合，有可能正是它们之间存在着比较亲近的血缘亲属关系的一种反映。

这三处墓地不仅在葬式、葬仪上表现亲近的关系，而且在文化特征上也同样表现出比较亲近的关系。

众所周知，裴李岗、沙窝李和莪沟北岗遗址和墓葬中出土的大批文化遗物，其文化特征非常接近。出土的石器中，最常见而且最富有特色的是形体短厚的石斧，平面像鞋底形、两端磨刃的石铲，磨制精细，作弯月形，刃部加工有锯齿的石镰等农业劳动工具，和平面作鞋底形、底部琢有四柱足的石磨盘，这类粮食加工工具。出土的陶器种类也基本相同，最常见的典型器物有夹砂深腹罐、小口双耳壶、三足圜底钵等几种。陶器的纹饰，主要的也是以压印纹和篦点纹为特色。所不同的是，裴李岗出土有较多的鼎，这种器物在沙窝李和莪沟遗址与墓葬中不见或少见，莪沟北岗遗址出土的陶勺，在沙窝李和裴李岗遗址和墓葬中也未见出土。由此表明，裴李岗、沙窝李和莪沟北岗遗址与墓葬中出土的文化遗物，其文化特征相近，但也存在一定的差别。它们之间的文化关系既有亲近的一面，也各自带有自身的特色。这种亲近关系和埋葬的葬

---

[1] 中国科学院考古研究所、陕西省西安半坡博物馆：《西安半坡——原始氏族公社聚落遗址》，文物出版社，1963年。

式、葬仪是一致的，有可能也是在血缘关系上又一种亲近的表现。

至于长葛石固、舞阳贾湖和临汝中山寨墓葬的葬式、葬仪和文化特征两个方面，所表现出来的与裴李岗、沙窝李、莪沟北岗的关系，就有所不同了。

石固和舞阳贾湖的发掘资料未发表，无法进行具体的比较研究，从透露的信息看，石固墓葬的随葬品显著减少，贾湖墓葬的葬式出现了二次葬和屈肢葬。至于中山寨墓葬发现的4座墓，和裴李岗、沙窝李、莪沟北岗墓的葬式、葬仪，变化就更加明显。同一墓地中发现的4座墓，不仅有埋葬方向的不同，有的头向东南，有的头向西北，而且死者口含榧螺的葬俗，更与裴李岗、沙窝李和莪沟北岗墓的葬俗相异。但是，这几处遗址和墓葬中出土的文化遗物则带有裴李岗文化的特征。由此说明，它们的文化面貌同裴李岗文化还有直接的关系，但它们的葬式、葬仪，则与裴李岗、沙窝李和莪沟北岗墓的葬式、葬仪就有较大差别。这种现象说明石固、贾湖和中山寨墓的死者，和裴李岗、沙窝李、莪沟北岗墓的死者有可能还存在一定的血缘关系，但已经是比较疏远了。

三

裴李岗文化墓葬，最引人注意的是随葬品。随葬品不仅有有无之分，而且有种类和数量之别，这对于考察当时的社会状况及财产的占有状况是有一定意义的。

我们知道，对死者实行埋葬，这是人们出于对灵魂信仰的一种表现方式。信仰灵魂世界的社会对死者的葬仪，是按照当时的社会存在和人们的物质生活条件来进行安排的。因此，信仰灵魂世界的埋葬制度，是现实社会制度的写照或曲折的反映。

裴李岗文化墓葬的随葬品，可以说是反映当时社会现实的两个最基本的内容：一是灵魂信仰的内容；二是财产占有的内容。这就是马克思所说的，人们使用随葬品的目的，是把死者"生前认为最珍贵的物品，都与已死的占有者一起殉葬到坟墓中，以便他于幽冥中能继续使用"[1]。

以前，我们曾依据马克思的这一论断，认为裴李岗墓葬中的大量随葬品，"包含有财产私有的成分"，因此，"研究私有制的起源，应追溯到裴李岗文化时期"[2]。有的同志对此提出了异议，认为在"裴李岗文化的发展阶段，不可能出现私有财产"，主要理由是："综观裴李岗文化的全部调查和发掘材料，结合革命导师有关财产私有起源的理论，均不能得出当时已出现私有财产的结论。"[3] 对这种看法，我觉得还有必要再谈一下个人的认识。

---

[1] 马克思：《摩尔根〈古代社会〉一书摘要》，人民出版社，1965年。
[2] 李友谋：《中原新石器早期文化问题探讨》，《郑州大学学报》（哲学社会科学版）1981年第1期。
[3] 马洪路：《裴李岗文化并未产生私有财产》，《中原文物》1982年第2期。

财产私有是社会生产发展的必然产物。在人类社会的历史上，确实存在没有财产私有的时期，当人类只是使用简单而粗糙的劳动工具，进行狩猎和采集生产，谋取生活资料，处于"食禽兽肉，而衣其皮"的、"茹毛饮血"的历史时代，是不可能有财产私有的。因为，当时的生产力水平很低，经济生产也单一，在这样的条件下，生产的门路狭窄，产品也不多，人类付出艰苦的劳动所获得的产品，除了维持日常生活最低的消费外，并不可能有剩余，甚至还不能满足生活的需要，这当然就谈不上占有财产的问题。但是，裴李岗文化的历史时代不属于这样的时代了，这个时期人类已经结束了茹毛饮血的历史。

在裴李岗文化的发展阶段，人类可以说已经完全摆脱了依靠以获得自然产品为生的历史，而且通过自己的创造性劳动，进行多种经济的生产，增殖自然产品，谋取生活资料，丰富自己的生活内容。人们已经完全摆脱了以渔猎和采集为生，转入从事农业生产，过着定居的生活。在以农业生产为主的基础上，也从事打猎、捕鱼、采集、饲养家畜，以及烧制陶器、编织用具、纺纱织衣等手工业生产劳动。

由于农业已成为主要的生产部门，劳动分工也发生了变化，不再是"男子是森林中的主人，妇女是家里的主人"，那样一种自然分工，而是男子转向主要从事农业生产劳动，妇女则主要从事家里的加工粮食、饲养家畜、备制食物、纺纱织衣等家务劳动。裴李岗文化墓葬中随葬的劳动工具，有农业劳动工具和粮食加工工具之分，大致就反映了这种男女劳动分工的不同。

裴李岗文化时期的生产力也具有相当的水平。劳动工具的制作，虽然还使用打制石器，但主要工具加工精细，尤其是农业生产工具，不仅能根据生产的需要和用途的不同，加工制作出适于不同用途的器类，而且磨制精细。制陶手工业生产，也初步掌握了整套技术，采用了泥条盘筑法，使用了陶窑，不仅用氧化焰烧制红陶，而且还能用还原焰的方法烧制灰陶。

在生产力水平提高的基础上，各项生产也有明显的发展。农业产品除供食用外，可能还有所剩余，用来养猪、养狗。值得我们注意的是，与裴李岗文化同处于一个发展阶段的磁山文化遗址有许多的窖穴，还发现有积存的大量粮食。这一现象就充分说明当时的粮食生产已有所剩余。制陶手工业生产的情况也不例外，人们烧制的陶器，不仅可以为日常生活的炊煮饮食提供最基本的需要，而且还有条件为死者提供随葬品。由此说明当时的制陶生产也是有剩余产品的。

生产的发展和剩余产品的出现，使社会财富增多，"个人使用的物品则随着发明的缓慢发展而增多起来"[1]。在这个基础上，私人占有财产的现象也就随之出现了。这并不是不可思议的事，因为这些被个人占有和使用的物品如"粗糙的武器、纺织物、家具、衣服、石制和骨制的工具和个人的装饰品，是其财产之主要对象"[2]。

---

[1] 马克思：《摩尔根〈古代社会〉一书摘要》，人民出版社，1965年。
[2] 马克思：《摩尔根〈古代社会〉一书摘要》，人民出版社，1965年。

据此看来，裴李岗文化发展阶段，私人占有财产已经具备了物质条件。

再从史前期的历史来考察，在史前社会的一个相当长的历史时期内，也是存在着个人的财产的。恩格斯在论述氏族社会共产制经济时曾这样说过："凡是共同制作和使用的东西，都是共同财产，如房屋、园圃、小船。"但是，由于氏族内每个人所担负的生产职能和活动的领域不同，"男女分别是自己活动领域的主人：男子是森林中的主人，妇女是家里的主人"，因此，他们各自占有自己的一部分财物，"男女分别是自己所制造和使用的工具的所有者：男子是武器、渔猎用具的所有者，妇女是家庭用具的所有者"[1]。

根据恩格斯的论述，可以这样认为：在共产制家庭经济中，财产的所有分为两部分，共同制造和共同使用的财物，属于集体所有的共同财产，个人制造和使用的财物，则属于个人所有的财产。

这个事实，在氏族志中是屡见不鲜的。处于母权制时期的美洲曼旦和易洛魁人那里，私有财产包括武器、工具、猎具、独木舟、衣服、煮锅器皿、篮子、家具、草席、皮革和装饰品等。甚至最落后的塔斯马尼亚人和澳大利亚人中，他们的标枪、棍棒、石器，凡男子自己制造的，也是属于他们自己[2]。

正是由于原始公有制中包含有一定的个人所有制，所以拉法格说："个人财产是在原始公有制之下产生出来的，它不仅不与原始公有制相矛盾，……而且是它的必要补充"[3]。

由此看来，在史前社会的一个相当长的历史时期内，就是在母权制时代即存在着个人占有部分财产，不仅为恩格斯所肯定，而且也可以在氏族志中得到证实的。

至于考古发掘所见石器时代墓葬中之随葬品，人们也多认为它是属于个人所有的财物。在旧石器晚期墓发现的随葬品中，有工具和装饰品，这些东西，有人就认为它是属于自己所制造和使用的工具的所有者[4]。裴李岗文化墓葬出现的随葬品，内容就更为丰富了，不仅有工具、生活用具和装饰品，而且还有数量的多少和种类的不同之分。这就说明，每个死者所使用的随葬品并不一致，这种现象，毫无疑问是各个死者生前所占有和使用的财产有所不同的一种反映。

否认裴李岗文化包含有私有财产的同志，还有一个理由是："随葬品开始出现的时候，显然并没有什么'财产'上的意义，而仅包含原始宗教信仰的色彩。""只是在仰韶文化、大汶口文化和马家浜文化等中后期，私有财产的萌芽才开始出现，如随葬品多寡的悬殊差异和标志财产的猪下颌骨入殓等现象"，这种看法，也实难苟同。

裴李岗墓葬出现的随葬品，年代是比较早的，我国石器时代墓发现的随葬品中，除旧石器晚期墓偶见外，裴李岗文化墓的随葬品是最丰富的了。如果说这样丰富的随

---

[1] 恩格斯：《家庭、私有制和国家的起源》，人民出版社，1955年。
[2] 张忠培：《母权制时期私有制问题的考察》，《史前研究》1984年第1期。
[3] 拉法格：《财产及其起源》，生活·读书·新知三联书店，1962年。
[4] 张忠培：《母权制时期私有制问题的考察》，《史前研究》1984年第1期。

葬品仅仅是包含着宗教信仰的色彩，没有"财产"上的意义是解释不通的。因为，裴李岗文化墓葬的随葬品，不仅有有无的差别，还有种类和数量的差别。就种类而言，有的只用石器工具，有的则用陶质生活器皿，有的则工具、生活用具和装饰品兼而有之。在使用工具随葬的墓中，有的只用农业工具，有的则农业、手工业和渔猎工具兼而有之，有的则使用粮食加工工具，在用某一类工具随葬中，有的只用一件，有的则用几件。随葬陶质生活器皿的情况亦如此，有的只用饮食器，有的则炊煮、饮食器兼而有之。在同类器中，也有数量之别，这种纷繁复杂的情况，如果仅以宗教信仰色彩来做解释，无论如何也说不通的。

至于仰韶、大汶口文化和马家浜文化中后期，私有财产的萌芽才开始出现的说法，也是有所不妥的。仰韶和大汶口文化、马家浜文化中后期出现的随葬品的悬殊差异和猪下颌骨入殉等现象，并不是私有财产萌芽的表现，而是贫富差别的一种表现。尤其是猪下颌骨随葬，已是拥有财富的一种象征，这是民族志中有所见的，用财富炫耀自己，这是私有财产已进入发展阶段的时期。

对于仰韶早期墓中出现的随葬品，就种类来说，与裴李岗大致相同，也是包括有劳动工具、生活用具和装饰品三类。就数量和随葬品的普遍性来说，则仰韶早期墓的情况还不如裴李岗丰富。但是，对仰韶早期墓的随葬品，张忠培先生已肯定它属于私有财产，而且根据恩格斯的有关论述和民族志的考察，认定"私有制确实已存在于这个阶段了"[1]。这个结论是正确的。

从上述，我们认为，裴李岗墓中出现的丰富随葬品，应该是死者生前占有和使用的部分个人财产，由于对灵魂不灭的迷信，人们在他死后，即把它连同已死的占有者一起埋入墓中，供他在冥世中使用，使死者能够像生前那样进行生产、生活，这就是当时人们用这些随葬品的思想意识和目的。由此表明，在裴李岗文化的历史阶段中，社会生活已包含有财产私有成分。

张忠培先生在《母权制时期私有制问题考察》一文中说到的一段话，对于我们探讨私有制的起源问题很有启发，他说："相当多的从事历史、民族、考古和理论研究的学者，为了不致污损乌托邦式的原始共产主义社会，给私有制加上这样或那样的内涵，规定了各式各样的定义，诸如私有制的产生和人剥削人的现象相联系，和社会分工、交换及商品生产联系在一起，以及和单独的一夫一妻制的小家庭息息相关，等等。他们却忘却了这样一个逻辑：私有制→贫富分化→剥削→阶级；忘记了人类是由类人猿变来的，甚至直到人类的童年时期，人类还存在着动物的个人主义；更忘记了私有制这一历史现象，在不同的历史阶段的形态和性质是不相同的历史事实。可是，马克思主义者只能按照历史的本来面貌来写历史。因此，需要的是真实，而不是臆测。"

（原载《中原文物》1987年第2期）

---

[1] 张忠培：《母权制时期私有制问题的考察》，《史前研究》1984年第1期。

论磁山与裴李岗文化遗存的相互关系

磁山新石器时代文化遗址，位于河北武安县[1]；裴李岗新石器时代文化遗址，位于河南新郑县[2]。这两个遗址，一在大河之北的太行山脉鼓山山麓，一在大河以南的嵩山东麓，虽远隔千里，但地域相邻。遗址所包含的文化内容和文化面貌有同有异，由此显示出两者之间存在着比较密切的关系。

但是，磁山和裴李岗遗址所包含的文化遗存，它们之间的关系，究竟是一种什么关系呢？是一种文化之间的关系，还是两种文化之间的关系？这是研究磁山和裴李岗文化不能不首先要弄清楚的问题。

目前，人们谈论磁山和裴李岗文化遗存的关系，往往只是根据两者的文化因素和文化特征的同异，论述它们是否属于一种文化或两种文化。我们认为，论述磁山和裴李岗文化之间的关系，如果只是根据文化因素和特征的同异，确定它们是一种文化或两种文化，来说明它们之间的关系，似感有所不足。因为，文化关系所表现的内容是不同的。一种文化有一种文化的关系，两种文化有两种文化的关系，所表现的内容是复杂的。因此，如果把磁山和裴李岗文化遗存简单地视为一种或两种文化来说明它们之间的关系，就不可能说明两者的关系实质，本文拟就此问题谈谈个人的看法。

一、文化因素和文化特征的同异

论述磁山与裴李岗文化遗存的相互关系，必须以两者的文化因素和文化特征的同异作为基础和依据。因此，在谈到这两个文化遗存的文化关系之前，有必要先论述它们之间的文化因素和文化特征的同异。

众所周知，磁山与裴李岗文化遗存的文化面貌是比较接近的，这主要是因为两者都有共同的文化因素和文化特征，同时也有明显的差异。

磁山裴李岗文化因素的共性，主要表现有如下二点：

一是遗址的基本情况相同。从目前的调查发掘资料来看，磁山和裴李岗文化遗址，

---

[1] 河北省文物管理处、邯郸市文物保管所：《河北武安磁山遗址》，《考古学报》1981年第3期。
[2] 开封地区文物管理委员会等：《河南新郑裴李岗新石器时代遗址》，《考古》1978年第2期；开封地区文物管理委员会等：《裴李岗遗址一九七八年发掘简报》，《考古》1979年第3期；中国社会科学院考古研究所河南一队：《1979年裴李岗遗址发掘报告》，《考古学报》1984年第1期。

都是分布在近水的高岗台地上，遗址的面积和规模都不大，一般是在七八万平方米的范围内。文化堆积较厚，基本上都有上下层之分。遗址内所发现的遗迹只限于灰坑、窖穴和房基,墓地除外。每一个遗址内所发现的房基数量不多，目前的发掘资料只有2～6座。房基的结构主要为圆形半地穴式，室内设有台阶，面积窄小，较大型的房子还未见，各个房子之间未发现有相互打破式叠压的关系。这些情况说明，磁山和裴李岗村落遗址的基本情况大体是相同的。

二是遗址所包含的文化遗物也大致相同。在磁山和裴李岗遗址中出土的文化遗物有众多的石器、大量的陶器，还有少量的骨器、家畜遗骨、兽骨和果核等。这些遗物的种类及制作也有不少是相同的，如下所述。

石器的共性是：两者都有打制石器、细石器和磨制石器。在磨制石器中，两者都出有较多的石斧、石铲、石镰之类的农业生产工具和磨盘、磨棒之类的粮食加工工具，还有少量的石凿这一类手工业工具。

陶器的共性是：两者都有大量的陶器出土，器物的制法都属于手制，采用了泥条盘筑法。产品主要为日常生活中使用的炊煮、饮食器皿，大型的缸、瓮之类储藏容器未见。陶器的质量不高、比较粗糙，具有一定的原始性。

骨器也有共性，主要表现是两者都有装饰用的器物和渔猎方面使用的工具。

家畜遗骨，两者都发现有猪、狗两种家畜。

从磁山和裴李岗遗址的基本情况和包含的文化遗物来看，两者的文化因素，共性是比较突出的。不仅如此，而且在文化特征上，也有一些共同的或相似的特征，主要表现是两者出土的器物有一些相同的器型和纹饰特征。

石器中相同或相似的器物，突出的有石磨盘。磁山遗址出土的尖头磨盘，在裴李岗文化遗址中也偶有所见，裴李岗遗址出土的平面作鞋底形磨盘，在磁山遗址中也有发现。

陶器中的共同特征，主要是两者都出有一些相似的器物和使用了相同的纹饰。在磁山和裴李岗遗址中，都出土有侈口夹砂深腹罐、小口双耳壶、三足圜底钵，这三种器物的器形基本上是相同的，略有区别。陶器纹饰，两者也使用了篦纹、划纹和指甲纹。其中篦纹是很富有特征的一种纹饰，过去被认为是红山文化中具有代表性的一种纹饰，在中原地区仰韶文化中是不见的。现在，这种纹饰在磁山和裴李岗遗址被发现，从而体现出两者的文化特征具有明显的共性。此外，在磁山和裴李岗文化遗址中，都没有发现彩陶，这也是两者的文化特征最根本的共性之一。

总之，从磁山裴李岗文化遗存的文化因素和文化特征的基本情况看来，文化因素方面的共性比较浓厚，这是主要的，文化特征方面的共性则不大突出。

磁山、裴李岗文化遗址的文化因素和文化特征除具有共性的一面外，同时也存在着有差异性的一面。

文化因素的差异，也可以从遗址的基本情况和包含的文化遗物两个方面来说明。

磁山和裴李岗遗址基本情况的不同点比较突出的是，磁山发现的窖穴数量较多，分布密集，体积也较大，有许多窖穴还发现有积存的粮食，在已发掘的 300 多个窖穴中，有粮食遗存的窖穴达 80 多个，这种情况是裴李岗遗址所不见的。裴李岗遗址所发现的窖穴数量很多，多属灰坑，而且浅而小，坑内除包含有陶片、石器、灰烬、兽骨、果核外，未见有粮食痕迹。

磁山、裴李岗遗址包含的文化遗物，不同的主要是数量和种类之别，如下所述。

石器中磁山出土的打制石器数量多，旧石器数量少，裴李岗则打制石器出土数量少，旧石器多。石镰的出土量磁山很少，只有 6 件。裴李岗则出土数量多，是常见的一种工具。此外，磁山遗址还出土有石锛，裴李岗遗址则未见。

陶器中磁山出土的种类也较多，有盂、支架、钵、碗、杯、盘、各种罐、小口双耳壶、漏斗形器几种，其中盂和陶支架是出土数量最多。裴李岗遗址出土的陶器种类较少，主要有鼎、钵、罐、壶、盘、碗、勺几种。有纹饰的陶器，磁山占 50%，裴李岗只占 10%左右。纹饰种类，磁山有绳纹、编织纹、篦纹、划纹、指甲纹、附加堆纹、方格纹、篮纹等几种。裴李岗只有压印纹、篦纹、划纹、指甲纹、乳钉纹几种。陶器的质量，磁山较高，裴李岗略低。

骨器磁山出土的种类也多，有刀、凿、铲、锥、鱼镖、镞、梭、针等工具，也有笄、装饰品。裴李岗出土的骨器，只有镞、锥、笄几种。

家畜中磁山发现的有猪、狗、鸡，其中猪、狗骨数量不少，在个别窖穴中还发现有完整的骨架。裴李岗则发现有猪、羊、狗的遗骨，数量不多。

文化特征方面的差异，主要表现在多数器物的形制特征的不同，作风不同。如下所述。

石器的器形特征，大多数是不同的。石斧：磁山的形体多瘦长，裴李岗的多短厚。石铲：磁山的多作扁体舌状，裴李岗的多作扁长体，腰内凹，形状像鞋底形，两端圆弧刃，还有一种有肩石铲，也独具特色。石镰：磁山的制作粗糙，裴李岗的制作精细，刃部还加工有细小的锯齿，这种锯齿镰也是裴李岗最具特色的一种农业工具。磨盘：磁山的形式多样，平面有近似鞋底形、长方体、鱼形、窄长体之分，盘足多为三足，盘足形状多为长方体，多沿附在磨盘边缘处，这种三足磨盘是磁山的主要特色，裴李岗的磨盘，平面多作成鞋底状，腰内凹，盘足均为四足，足圆柱状。盘足作四足，这是裴李岗磨盘的主要特色。

陶器的器物特征，大多数也是不同的。陶色磁山以褐陶为主，裴李岗以红陶为主。典型器物磁山是以盂和陶支架为最高特征，裴李岗是以鼎、侈口深腹罐、小口双耳壶、三足钵为最具特征。纹饰磁山是以绳纹为主，裴李岗是以压印纹和篦纹为主。

如上所述，磁山与裴李岗文化因素上的差异，主要是数量上的多与少和质量上的精与粗的差别，这种差别与共同的因素比较起来是次要的。而文化特征上的差异，主要是多数器物的形制特征不同，作风不同，两者的风格各异。这种差别与共性比较起来，前者是主要的，后者是次要的。

既然磁山和裴李岗遗存的文化因素和文化特征有同有异，这种同异性又有主次的不同，那么据此应该如何看待它们之间所反映的关系呢？

目前，人们往往根据两者文化因素和特征的异同，论述磁山与裴李岗文化属于一种文化还是两种文化。强调两者文化因素和特征的共性的同志，往往认为它们是属于同一种文化，由此把它们命名为磁山文化或叫做磁山裴李岗文化。强调两者文化因素和特征的差异性的同志，则多认为它们是属于两种不同的文化，由此分别把它们命名为磁山文化和裴李岗文化。也有人根据两者文化因素和特征的同异，把它们确认为一种文化的两个不同的类型。

不同遗址之间的文化遗存，存在着文化因素和特征的同异，固然是区分文化属性的重要依据，但是，这种同异不仅仅是反映文化属性的问题，因为文化因素和特征的同异，其形成和产生的原因是复杂的。

一般说来，两个文化遗存之间形成起来的文化共同因素和特征，有的可能是因文化的血缘关系相同，也有可能是因时代相同，还有可能是彼此因有文化上的联系产生的影响而形成的。差异性的产生则有可能是因血缘关系不同，或年代有别，或地域的不同而产生的。所以，文化因素和特征的同异所反映的问题是多方面的。由此所涉及的相互关系也是多方面的，主要有血缘关系、年代关系、文化上的渊源关系等方面的问题。磁山、裴李岗文化遗存在文化因素和特征方面所表现的同异现象，所反映的是一种什么关系呢？下面我们作具体的分析。

二、文化因素的同异所反映的相互关系

磁山和裴李岗文化遗存，在文化因素方面所表现的共性，所反映的主要是两者经济文化发展进程的共性，而差异性所反映的，则是经济文化发展水平的高低不同，和进步与落后之别。例如：

磁山和裴李岗遗址的基本情况相同，由此说明两者的定居生活，已经有比较长的历史年代，从而形成了一定的文化层次。但是，由于村落的面积还不大，房屋还不多，因此村落内居住的人口也不多。从房屋的建筑方法来看，也还是处于最原始的半地穴式建筑，这也说明两者村落的发展和房屋建筑技术水平相同。

磁山和裴李岗文化遗址包含的遗物，有众多的农业劳动生产工具和粮食加工工具，由此说明两者的经济生产是农业生产占有重要的地位和主要成分。出土的农业工具种类相同，尤其是石铲的大量出现，则说明两者的农业耕作方法也相同，都已进入锄耕阶段。农业因素方面的主要差异是，磁山发现有大量积存的粮食，众多的窖穴，由此表现出磁山有较多的农业剩余产品，农业生产水平有可能比裴李岗高。

磁山裴李岗遗址，都包含有打制石器、细石器、骨制的渔猎工具和兽骨，说明两者的渔猎经济生产也还占有较大的成分，人们除从事农业生产外，还进行打鱼、捕猎这类辅助性的劳动生产。两者出现的工具种类和数量的差别，兽骨种类和数量的多少，则显示出两者的渔猎经济生产，其发达的程度有所不同。从磁山出土的渔猎工具种类数量较多，兽骨也较多这一情况来看，磁山的渔猎生产似乎比裴李岗发达一些。

磁山和裴李岗遗址出土有大量的陶器，少量的石凿、陶纺轮。这一情况也说明两者的原始手工业发展的进程也是相同的。制陶是两者的主要手工业生产，陶器的制作技术，也都是手制，产品的主要用途，基本上也只限于生产日常生活中的炊煮饮食器皿，用作其他方面的陶器，还未出现。陶器的质量也不高，但却已有相同的生产水平。它们之间的差别，如磁山出土的陶器种类较多，有纹饰的陶器占的比例大，质量也较好等，也都是属于技术水平和生产水平的差别，这种差别，也显示出磁山的水平比裴李岗略高。

此外，两者都出土有少量的石凿、纺轮这一情况说明，木作和纺织手工业虽都已出现，但不像制陶业那样发展，似乎都还是处于萌芽的阶段，其中，磁山还出土有石锛，显示出磁山的木作加工技术比裴李岗要先进一些。

家畜的情况也相同。两个遗址都出有猪、狗两种家畜遗骨，说明两者在发展农业生产的基础上，也已经饲养有家畜，增加了一种经济成分，但磁山发现猪的遗骨较多，也有可能是磁山的养猪业比较发达的一种表现。

根据上述情况看来，磁山和裴李岗遗存中存在的文化因素的共性，所表现的是两者经济文化发展的进程相同，而且经济成分及其主次地位也是相同的。

在磁山和裴李岗文化的经济发展进程中，两者都已经完全摆脱了单纯依靠获取自然产品为生的历史阶段，转入以增殖自然产品为生的历史阶段。人们通过自己的创造性劳动，增殖农业、家畜业和手工业产品，来丰富自己的生活内容，使自己的物质生活来源得到比较可靠的保证。

当对人们所从事的经济生产活动是以农业为主，而且也是主要的物质生活来源。由于农业生产已成为可靠的物质生活来源，人们已过着定居生活，建立了定居的农业村落。在这个基础上，还从事渔猎、饲养家畜和进行手工业生产。由于人们已懂得从事多种经济生产活动，不仅扩大了经济收益，而且丰富了生活内容。

在各种手工业生产活动中，发展速度较快而且生产水平较高的是制陶业。磁山、裴李岗文化遗址都有大量陶器出土，就充分说明这个问题。这项手工业生产之所以发展较快，大概有两方面的原因：一方面是人们为了适应农业定居生活的需要，迫切要求生活中必须有炊煮饮食器皿；另一方面是人们经过较长久的生产生活实践，提高了制陶技术水平，从而使这项生产活动得到比较迅速的发展。

纺织手工业则有可能是刚刚萌芽的一项生产活动，在磁山和裴李岗文化遗址，发现的纺轮数量很少，而且制作极原始，都是用陶片作简单的加工而成。但是，这项手工业生产虽然是刚刚开始，意义则十分重大，它标志着人类已进入纺纱织布的时代，从此脱离了夏则以树叶蔽体，冬则以兽皮御寒的历史。

既然磁山和裴李岗文化遗存在文化因素方面的同异现象，反映出两者经济文化发展的进程，及生产水平高低和进步与落后之别，那么我们就有理由认为，文化因素的共性带有时代的特征，即两者经济文化发展的进程大致处于同一历史阶段。而文化因素的差异性，则似乎是年代上的差别，即两者生产水平的高低和进步与落后，是因为两者的文化年代有所不同。生产水平较低，经济文化发展表现出比较落后的，有可能是因为文化年代较早的原因，反之则有可能是文化年代较晚。从 ^{14}C 测定的文化年代来看，裴李岗遗存的年代，大致为距今 7455～7145 年[1]，磁山遗存的年代，为距今 7355±100 和 7235±105 年[2]，两者相比，裴李岗遗存的年代略早，而磁山文化遗存的年代略晚。两者的年代与经济文化发展水平的高低情况，正相吻合。

从这个意义来说，磁山和裴李岗文化遗存，可以视为是一个文化之间的关系，即同属于一个时代的文化遗存，而具体年代则有早晚之别。由此也可以说它们是一个文化的两个不同时间的文化类型，裴李岗属早期类型，磁山属晚期类型，它们之间的相互关系，是一个文化中的两个不同时间、不同年代的关系。

三、文化特征的异同所反映的相互关系

从文化因素的异同所作的分析，确定了磁山、裴李岗文化遗存，是一个文化和两个不同时间类型的关系。那么，文化特征的异同，又反映它们之间是一种什么关系呢？

可以肯定，文化因素和文化特征所反映的问题是不同的。

文化特征，是一种文化所共有的独特面貌和风格。这种风格，最能体现一种文化的本质。一种风格的形成，与生产习惯和生活习惯有着密切的关系，因此，文化特征的异同，可以说主要是表现文化习惯的异同。

从磁山、裴李岗遗存的文化特征情况来看，两者的差异是较大的，例如：

石器的特征，两者有根本性的区别，磁山的石器有它自身的特点，裴李岗的石器也有它自身的特点。这个问题，前面已经说到了，不再重复。这里要说的是，石器中各自所具有的特点，主要是由于各自的生产习惯不同而决定的，人们制作什么形式的劳动工具，主要是根据自己的生产习惯和适应自己的需要而进行设计。因此，习惯的不同，需要的不同，制作出来的工具形式也就自然不同。所以，磁山、裴李岗的劳动

---

[1] 中国社会科学院考古研究所河南一队：《1979 年裴李岗遗址发掘报告》，《考古学报》1984 年第 1 期。
[2] 河北省文物管理处、邯郸市文物保管所：《河北武安磁山遗址》，《考古学报》1981 年第 3 期。

生产工具、形制特征的不同，是劳动习惯不同的表现。

陶器的特征，两者的差别也是很突出的。不仅器物的种类有别，纹饰也有别。从使用的炊器来看，磁山主要是盂、支架和夹砂深腹罐，日常生活中使用的陶器，基本组合是盂、支架和三足钵，裴李岗使用的炊器主要是鼎、深腹罐，日常生活中使用的器皿，基本组合是鼎、深腹罐、三足钵、小口双耳壶。在陶器纹饰上，磁山使用绳纹多，习惯于用绳纹装饰，裴李岗则习惯于用压印纹和篦纹作装饰。由此可以看出，陶器的不同特征，所表现的是生活习惯不同的差异。

如果说文化特征的差异，是反映两者的劳动习惯和生活习惯的不同，那么磁山、裴李岗遗存中存在的相同的文化特征，又该作何解释呢？严格来说，磁山、裴李岗文化特征的相同性是很少的，基本上是属于相似的特征。这些相似的特征，有可能是两者之间所发生的相互联系、相互交流而产生的，由于彼此之间的来往联系，因而在文化上受到互相影响，因此而形成某些共同的或相似的文化特征，这是不足为奇的。

由于磁山、裴李岗文化特征有较大的差异，由此表现出文化习俗的不同。因此，这两个文化遗存，本质上是有所不同的，它们之间似乎不存在共同的"血缘"关系。从这个意义来说两者是属于不同的文化共同体，它们之间的关系，是两种文化之间的关系。这两个不同的文化共同体，由于同处于相同的时代，和地域的相邻，彼此之间有所交往，有所联系，互相影响，因而产生了一些相似的文化特征。

从 ^{14}C 测定的文化年代来看，磁山文化的早晚年代，恰恰是在裴李岗文化的早晚年代差中。据此可以看出，在裴李岗文化的发展过程的历史年代中，也正是磁山文化发展的历史年代，这两个文化遗存同时同步发展，彼此间发生联系与交流是完全可以理解的。

磁山、裴李岗文化遗存的关系，根据上面所作的分析，是两个不同文化共同体之间的关系，对此，还可以根据一些发掘资料，作进一步的补充说明。

在磁山遗址附近发掘的西万年村遗址中，发现有三足钵器足、陶支架（与灶共出）、盂和无足的石磨盘等遗物。由此说明，这个文化遗址既包含有磁山文化的因素和特征，又包含有仰韶文化后冈类型的文化因素和特征。这一现象显示出磁山文化和仰韶后冈类型文化有密切关系。

众所周知，磁山文化和仰韶后冈类型文化是属于时代不同，具体年代差距很大的两个文化遗存，它们之间不可能有横向关系，只能有纵向关系。由此可以推测，磁山和后冈类型两个文化因素和特征，同出在一个文化遗址中，它们之间的关系，有可能是一种渊源关系，亦即文化上的承袭关系。也就是说，在仰韶后冈类型早期的遗存中，继承了磁山文化的因素和特征。除此之外，作别的解释都不合理。

值得注意的是，磁山和后冈类型之间的文化关系，在裴李岗文化中，也可以同样看到。

在河南长葛县发掘的石固遗址中，发现有裴李岗文化和仰韶文化的地层叠压关系，下层出土的文化遗物，具有典型的裴李岗文化特征，上层堆积出土的文化遗物，则具有仰韶文化大河村早期遗存的文化特征。这一现象表明，裴李岗文化遗存与豫中地区的仰韶早期遗存，有直接的渊源关系。

根据磁山和裴李岗文化的发展，各有各的归宿，由此也可以证明，两者并不属于一个文化共同体。

此外，根据河南淇县花窝遗址的发掘资料，还可以从另一方面的情况证明磁山和裴李岗遗存是两个不同的文化共同体。

在淇县花窝遗址的调查试掘中，发现该遗址包含有磁山和裴李岗文化因素和文化特征。这里出土的石斧，有的瘦长，和磁山所出的石斧形制相同，有的短厚，这类石斧的形制又与裴李岗相同。出土的石铲则为双弧刃，器形特征与裴李岗的石铲相同。出土的陶器，则有盂、罐、小口双耳壶、三足钵等，纹饰则有压印纹、划纹、篦纹[1]。

大家知道，陶盂是磁山文化遗存的典型器物，至于小口双耳壶、三足钵这两种器物，则两者兼有，陶器纹饰则接近裴李岗的风格。由此看来，花窝遗址出土的陶器，既有磁山的特征，也有裴李岗遗存的特征。

花窝遗址地处磁山和裴李岗遗址的中间地区，这个遗址的文化遗存单纯，出土的遗物则具有磁山和裴李岗的文化因素和特征，这绝非偶然，有可能正是吸收了南北两个文化的影响而产生的结果。这一情况也说明，磁山裴李岗文化遗存是在大河南北分立的两个文化共同体，花窝遗址位居其中，所以吸收了两者的影响，形成了磁山、裴李岗文化特征共存于一体的情况。

如上所述，磁山、裴李岗文化遗存的相互关系是比较复杂的，从时间上来说，它们是一个时代的文化遗存，彼此之间的关系是年代早晚的关系。从文化共同体来说，它们是分属于两个不同的文化体、共同体，彼此之间没有共同的血缘关系，它们之间的关系，是两种不同文化之间的关系。彼此之间发生有联系，因此互相都有影响。至于两者之间的影响，谁占有主导地位，影响较大？如果从整个文化面貌来看，有可能是磁山文化遗存受裴李岗文化的影响较大。因为，从磁山的文化面貌来看，早期遗存表现出自身特色的较浓，晚期遗存中渗入有较大成分的裴李岗文化特征。

综上所述，磁山、裴李岗文化遗存，不能笼统地说它们是一种文化或两种文化，它们是黄河中游地区属于同一时代，不同氏族或部落的文化遗存。相互之间的关系，主要是同一时代和年代不同，以及不同文化而又有相互联系与相互影响的关系。

（原载《磁山文化论集》，河北人民出版社，1989年）

---

[1] 安阳地区文管会、淇县文化馆：《河南淇县花窝遗址试掘》，《考古》1981年第3期。

炎黄文化与裴李岗文化

炎黄文化与裴李岗文化是两个不同概念的文化。前者属传说历史时期，在炎帝和黄帝时代所创造发明的文化，后者则属考古所发现的一种新石器早期考古学文化。传说的历史文化，似乎有"虚"之虞，而考古学文化，则是从埋藏在地下而发掘出来的实实在在的物质文化。这两种文化，虽然概念不同，且有虚、实之别，但对研究我国氏族社会时期的一段历史，研究中华民族文化的起源，都是不可缺少，也不能偏废的历史史料，且两者之间，似乎可以说也有一定的渊源关系。

一

炎黄文化是炎帝和黄帝时代创造的。而炎帝和黄帝，据说是聚居在黄河中游地区中原大地的两大氏族部落集团首领。这两大部落都有许多文化发明创造，当时所创造的文化涉及人们生活中的衣、食、住、行方面的物质文化，以及文字、音乐和绘画艺术等方面的精神文化，这些文化综合起来就被称之为炎黄文化。

在炎黄时代所创造发明的许多文化中，其意义有大小的不同。有的文化对人类生活乃至生存有着深刻的影响，而且对促进社会的发展和进步也起着重要作用；有的文化对人们的生活虽然也有影响，但对促进社会的发展则不起重要作用。因此，前一类文化显然有重大意义，后一类文化的意义则小。对于有重大意义的文化创造发明，可以说是炎黄文化的核心。

炎黄文化的核心大体有如下几种：农业、医药、制陶、纺织、铜金属冶铸、舟车、文字、音乐、绘画、天文历法等。这些文化的创造发明，不仅对人们的生活产生很大影响，而且也有助于推动社会的发展进步。

农业的发明据说是在炎帝时代。《易·系辞》云："神农氏作，斫木为耜，揉木为耒，耒耨之利，以教天下。"《白虎通》亦云："古之人皆食禽兽肉。至于神农，人民众多，禽兽不足，于是神农因天之时，分地之利，制耒耨，教民耕种，神而化之，使民宜之，故谓之神农也。"根据这些传说记载，神农便被认为是我国种植农业的发明者，黄河流域也被认为是我国农业的起源地。

神农和炎帝，称呼有别，但自汉以来，一般认为神农即炎帝，因而有炎帝神农之称。由于首创耒耜此类农业工具，故被认为是农业发明之始。其实，制耒耜、教民耕种，其意应该是创制农业耕作工具，推广耕作农业，并不是发明农业之意。因为，种植农业发明的阶段，土地并不经过耕作，农地的开辟是用纵火烧荒的办法开辟的。在经过烧荒的土地上使用尖木棒之类的工具在地面上挖眼播种，这种原始的农业种植方法，在民族学的调查资料中并不少见。使用耕作工具进行农耕，这是一种比较进步的农业种植方法，有了耕作工具，使农业生产力进一步提高，有利于促进农业的发展。但是，制耒耜、教民耕种，也表明黄河流域的种植农业出现早，是我国农业的重要起源地。

农业的发明意义深远。在农业没有发明之前，人类生活主要依靠狩猎、捕鱼和采集野生植物的果实、根块为生。光靠这些资料，生活来源得不到可靠的保证，所谓"人民众多，禽兽不足"，就说明没有农业便"难以养民"。有了种植农业，农业生产发展起来之后，人类就可以通过增殖农业产品，作为生活的主要来源，生活也就有了可靠的保证，并且可以过着比较稳定的定居生活，在此基础上，又可以发展手工业生产和饲养家畜。所以，原始农业的发展，既解决了人类生存和繁衍的根本问题，又丰富和提高了人们的物质文化生活。

医药也是在炎帝时代发明的。《史记·补三皇本纪》云："神农氏始尝百草，始有医药。"《世本》则云："神农和药济人。"《淮南子·修务训》还说到神农在发明医药过程中"尝百草之滋味，水泉之甘苦"，目的是"令民知所避就"，结果自己累累中毒，"一日而遇七十毒"，经历了不少的危险。根据这些记载，神农便成为我国历史上第一个获得"医药发明专利"的人。

医药发明的意义不言而喻。如果没有医药，人类不仅要遭受疾病的痛苦和折磨，而且还会有夭折的危险。尤其是原始社会时期，生活环境很差，人们又没有卫生知识，因此疾病常生。一旦有了疾病，往往就求于巫者，巫人口中念念有词，手舞足蹈，呼神请仙，结果病情虽然依旧，但也只好如此。人们懂得了用医药治病，客观上也产生了消除迷信的效应。

制陶和纺织技术在炎帝时代亦已出现。《太平御览》引《周书》佚文云："神农耕而作陶。"《商君书·画策》则有"神农之世，男耕而食，妇织而衣"之说。这反映出炎帝时代已有制陶和纺织。

制陶被认为是古代科技史上，继火的发明之后的一大创举。这一技术的出现解决了人们生活中炊煮饮食器皿的难题，而且还为铜金属冶铸技术的发明奠定了基础，因为冶铜的高温技术就来源于烧陶的高温技术。纺织技术的出现，则解决了人们的穿衣问题，结束了人类以树叶蔽体的历史。

铜金属的冶铸技术则是在黄帝时代出现的。《史记·封禅书》云："黄帝采首山之铜，铸鼎于荆山之下。"《吕氏春秋·古乐》还有"黄帝又命伶伦与荣将铸十二钟以和五音"之说。因此，黄帝时代便被认为是我国铜金属冶铸技术发明的历史时期。这项技术的发明和应用意义更大。因为有了冶铜，劳动生产工具的制作便开始使用金属，从而提高了社会生产力水平。生活用具的制作也开始使用铜器，既耐用，又美观，这标志着人们的物质文化生活水平又获得提高，所以青铜文化的出现被认为是文明时代的标志之一。

舟、车的发明也是在黄帝时代。《古史考》云："黄帝作车，引重致远。"《拾遗记》云："轩辕变乘桴以造舟楫。"这两项技术的创造发明便利了水、陆路的交通，所以《易·系辞》说："舟楫之利，以济不通，致远以利天下。"

文字的创造亦开始于黄帝时代。《世本》中云："仓颉作书。"所谓作书，就是创造文字，作书者仓颉，据说是黄帝的史官，《说文解字》叙云："黄帝之史仓颉，见鸟兽蹄远之迹，知分理之可相别异也，初造书契。"据此，中国文字的出现亦被认为从黄帝时代为始。

文字是交流思想感情和传递信息的工具，还可以帮助人们记录生活中所经历的各种活动，其功用之大不言自明。所以，文字的出现也被认为是文明时代的标志之一。

音乐、绘画和天文历法也是在黄帝时代开始出现的。《吕氏春秋·古乐》云："昔黄帝令伶伦作为律"，"黄帝又命伶伦与荣将铸十二钟以和五章"。《世本》则有"伶伦造磬"，"夷作鼓"，"黄帝乐名咸池"之说。《世本》中还说到"史皇作图"，宋衷注："史皇，黄帝臣也，图为画像物也"，这都是黄帝时代出现音乐和绘画的记载。有关天文历法的记载，则见于《史记·历书》："盖黄帝考定星历，建立五行，起消息，正余润……"，《世本》中亦有"黄帝使羲和占日，常仪占月，臾区占星气，伶伦造律吕，大挠作甲子，隶首作算数，容成造历"之说。这些记载，说明黄帝时代不仅出现了音乐和绘画艺术的创作，而且还获得较好的成就，突出的是在音乐方面不仅创作出不少乐器，而且还创作有乐曲。艺术的创造，不仅丰富了人们的精神文化生活，而且亦有助于提高人们的文化素质。

通过炎黄文化的核心分析说明，炎黄时代所创造的文化涉及面广，包括了物质文化和精神文化的方方面面，而且涉及古代科学技术和艺术的创造。这些创造发明，不仅为古代科学技术和艺术的发展奠定了坚实的基础，而且还推动了原始农业和手工业生产的发展。其结果，不但丰富和提高人们的物质文化和精神文化生活，而且还促进社会的发展进步。

炎黄文化作为在漫长的氏族社会中某一历史阶段的创造发明，还具有更深刻的历史意义。由于炎黄时代正是中华民族形成的历史时期，因此，炎黄文化与中华民族就有一种紧密的关系。世界上任何一个民族都有自己的文化原型，一个民族的文化原型是构成一个民族的基础。中华民族是古老的民族，自然也有自己的文化原型，既然中华民族形成于炎黄时代，炎黄文化自然就成为中华民族文化的原型，这正是炎黄文化历史意义的实质之所在。

二

由于炎黄文化是历史传说，因此这一文化实体的真实性就难免会使人产生怀疑。其实，炎黄文化的存在是可以相信的，因为世界各民族的历史都经过漫长的氏族社会，也有自己的文化原型，中华民族的历史也经过氏族社会阶段，也应有自己的文化原型，所以炎黄时代作为氏族社会的一个历史阶段是存在的，当时的文化发明创造也应有其真实的一面。

但是，炎黄时代每一种具体的文化创造发明，是否与当时的传说完全相符，这就不一定了。不过，近代科学的发展出现了考古学这门新的学科，作为历史研究的补充，尤其是史前文化的研究，考古学是重要手段。所以，炎黄文化的历史问题可以通过考古学的研究成果进行考察。

炎黄文化的诞生是在中原大地。根据半个多世纪以来的考古调查发掘，在中原大地已发现丰富的史前文化遗存。已发现的新石器时代文化就有裴李岗文化、仰韶文化和龙山文化，文化年代大致从距今七八千年到四千年左右，为新石器时代早期到晚期遗存。裴李岗文化的年代距今约七八千年，仰韶文化的年代距今为五六千年，龙山文化的年代距今为四五千年，基本上相延续。在裴李岗文化中，已发现有农业聚落遗址和墓地，遗址内发现的遗迹有房基、灰坑、陶窑，墓地内则有一批墓葬发现。出土的遗物则有石器、陶器、骨器等劳动生产工具和生活用具。石器中以农业劳动工具为主，有石斧、石铲、石镰、石磨盘、磨棒，包括耕作、收割工具和粮食加工工具。陶器主要有鼎、罐、壶、钵、碗之类的炊具和饮食器皿，还有一些用陶片加工的纺轮。这些发现说明距今七八千年的历史阶段，中原地区已经出现了比较稳定的农业定居生活，当时的农业已进入耕作阶段，而且也有制陶和纺织手工业。

裴李岗文化是目前在我国境内所发现的一种年代最早的新石器文化，它包含有耕作农业、制陶、纺织等文化因素。这说明中原地区的农业和制陶、纺织的起源，很可能比其他地区早，这与历史传说基本相符。

到了仰韶文化阶段，这一地区的耕作农业已相当发达。主要表现是：农业聚落遗址发现多，分布也较密，遗址的面积也比较大，出土的农业生产工具数量多，有的遗址还发现有粮食遗存。手工业也有较大的发展，不仅有不少的石锛、石凿、陶拍、纺轮等手工业工具出土，而且还有大量的手工业产品，包括陶器、骨器等。陶器的出土量最大，包括炊具、饮食器、储容器和瓮棺等，各类器物的形式多样，制作也比较精美。

仰韶文化时期，也出现了绘画艺术。在仰韶陶器上有比较多的彩绘花纹，使用的彩色有红、黑两色，以黑色为主。花纹图案则有各种几何形纹，也有花卉纹、鸟纹、蛙纹、鱼纹和人面纹。构图有简有繁，布局对称协调，线条有粗有细，有的在施彩前还施有白色陶衣，美观大方。尤其是在河南临汝阎村仰韶遗址出土的一件陶缸上，彩绘有一只水鸟，口衔一条小鱼，旁边还画有一柄竖立的石斧，这一画面有人把它称之为"鹳鱼石斧图"[1]，这是仰韶彩绘中有代表性的作品。

在仰韶陶器上还出现有许多刻符。西安半坡仰韶陶器上出现的刻符就有四十余种，临潼姜寨仰韶陶器也出现不少刻符。这些刻符，有人把它分为数字刻符和单字刻符两类。"数字刻符可能是表示陶器标号次序或种类"，"单字刻符可能是器物所有者或器物制造者的符号"，并认为这些刻符正是我国文字的原始形态或原始阶段，比甲骨文古老得多，是中国文字的起源[2]。也有人认为，"刻符已属文字，它是古汉字的起源，已有基本固定的形、音、义和商周甲骨文、金文属一个系统，即象形文字系统"[3]。

值得注意的是，在陕西临潼姜寨仰韶遗址还出有两块小铜片，铜质经鉴定属黄铜[4]。这一发现，说明仰韶文化已经出现铜金属的冶铸。

仰韶文化的发展水平在其他地区也是少见的。目前，在我国其他地区虽然也发现有年代相当于仰韶文化的新石器遗存，但发展水平都不如仰韶文化。如遗址的发现还不多，面积也没有仰韶遗址大，文化内涵也没有仰韶遗址丰富，尤其是仰韶文化中出现的，标志文字起源的刻符及金属铜，在各地相当于仰韶文化年代的新石器遗存中都未发现。因此，这两种文化因素，也是以中原地区出现最早，这与历史传说也基本相符。

上述情况表明，炎黄时代所创造发明的文化，就其文化核心而言，在考古上都有发现。虽然考古资料与历史传说并不完全相合，但基本上都是在中原的出现最早。由此看来，历史传说似乎也有其真实的一面。

不过，在中原地区目前已发现的新石器文化中，人们一般把仰韶文化作为炎黄时代相对应的考古学文化，这不是没有一定道理的。

仰韶文化分布的中心是在中原地区，而炎帝和黄帝部落集团的聚居和活动地域传说也是在中原地区。因此，文化分布与炎黄的聚居地相合。

仰韶文化发展到二里头文化这一具有文明时代特征的考古学文化，其间经过龙山文化阶段，而炎黄时代到夏代奴隶制王朝的建立，其间也经过尧、舜时代，而二里头文化是年代最早的文明时代文化遗存，考古界多肯定它是属夏文化。因此，两者的历史发展进程也基本相合。

---

[1] 张绍文：《原始艺术的瑰宝——记仰韶文化彩陶上的〈鹳鱼石斧图〉》，《中原文物》1981年第1期。
[2] 陈炜湛：《汉字起源试论》，《中山大学学报》1978年第1期。
[3] 王志俊：《关中地区仰韶文化刻划符号综述》，《考古与文物》1980年第3期。
[4] 半坡博物馆等：《姜寨——新石器时代遗址发掘报告》，文物出版社，1988年。

仰韶文化阶段，其文化内涵明显地反映出当时的社会正处在变革的历史时期，突出的是表现在墓葬的葬式上。在仰韶早期墓中，葬式以单人一次葬占绝大多数，只有一些合葬墓，人数最多者为四人合葬，均同性合葬。其后，合葬墓发展为主要葬式，单人葬只占少数，合葬的形式有一次葬的合葬，也有一次葬与二次葬的合葬，还有二次迁葬合葬。合葬人数少者二人，多者几十人，一般都有十几人，死者的性别有男女合葬，也有同性合葬，亦有中年和儿童的合葬。到了仰韶晚期，墓的葬式又以单人葬为主，但出现有年龄相当的双人异性合葬，这很可能是夫妻合葬。墓葬的葬式在一定程度上反映当时的社会现实，仰韶墓葬葬式的变化，尤其是仰韶早期墓葬葬式的复杂，可以说正反映出当时的社会正处于变革时期。到了仰韶中、晚期，葬式已实行单人葬，由此以表现出变革的完成。

炎黄时代也正是氏族社会的变革和交替时期。《商君书·画策》："神农之世，男耕而食，妇织而衣，刑政不用而治，甲兵不起而王。神农既殁，以强胜弱，以众暴寡，故黄帝作为君臣上下之义，父子兄弟之礼，夫妇配匹之合，内行刀锯，外用甲兵。"这段话十分明显地勾画出炎帝和黄帝时代是两种不同的社会，由此看来，在炎黄时代之间，正是氏族社会的变革和交替时期，而黄帝"作为君臣上下之义，父子兄弟之礼，夫妇配匹之合"，则标志着新的社会制度确立。因此，仰韶文化早期墓葬葬式的复杂而反映的社会变革，与炎黄时代社会也处在氏族制的变革亦相合。

仰韶文化的发展有东方和西方两大系统之分，而黄帝和炎帝两大部落的发祥地，也有东部和西部地区之分。

中原地区分布的仰韶文化，很明显地有东、西方两大系统。具体说来，郑洛地区分布的仰韶文化代表东方系统，陕西渭水流域分布的仰韶文化代表西方系统。这两个地区的仰韶文化遗存都有从早到晚的发展系列，而两者的面貌特征则有显著的不同，主要从陶器特征上表现出来。

郑洛地区的仰韶文化，从早到晚的发展大致可以分为3~4期，代表遗址是郑州大河村和洛阳王湾遗址。这两个遗址的仰韶遗存面貌特征有共性，也有一些差异，因此被区分为大河村类型和王湾类型。也有人因为两者的文化面貌比较相似而归之为一个类型，称大河村类型或王湾类型。这两个遗址的文化遗存都包含有仰韶文化和龙山文化，前后相继，也进行了分期。其中仰韶遗存的分期并不一致，但大体上都有早、中、晚三期之分，再加上仰韶向龙山文化过渡之间的一期，则有四期之分。这两个遗址的仰韶陶器，从早到晚，炊具都有鼎，而且形式多样，早、晚的变化也有一定的规律。彩陶花纹也相近，早期彩陶少，花纹简单，中、晚期彩陶多，花纹繁缛，主要由圆点、勾叶、弧线三角组成花纹，而且晚期彩陶都出现有"X"形花纹。彩色以黑彩为主，也有一些红彩，并流行白衣彩陶。由于郑洛地区的仰韶陶器的共同特点都是以鼎作炊具，彩陶花纹主要由圆点、勾叶和弧线三角组成，有白衣彩陶，所以两地的仰韶文化可以说是一个系统。

渭水流域分布的仰韶文化也有从早到晚的发展系列，文化分期大体也有3～4期之分，最有代表性的遗址有西安半坡和临潼姜寨遗址。

这一地区的仰韶陶器从早到晚都不见鼎，炊具是使用夹砂罐，出土数量多，形式也比较多，早、晚的形制变化也有规律。彩陶花纹则有几何形纹、鱼纹、人面纹等，以鱼纹和人面纹最有特色，尤其是鱼纹，早、晚期有延续，只是晚期已演变图案化花纹。彩色基本上是黑色。

渭水流域仰韶文化，年代最早的是半坡类型，其次是史家类型，半坡晚期类型年代晚。要说明的是，在半坡类型之后，也存在有庙底沟类型，这一类型陶器亦有一些折腹釜形鼎，也有圆点、勾叶、弧线三角组成的彩陶花纹。但它与半坡类型之间，并没有明显的渊源关系，其年代也相当于史家类型。据此看来，渭水流域的庙底沟类型遗址，很可能是东方类型仰韶文化发展的延伸。这一地区的仰韶文化应是以半坡类型、史家类型和半坡晚期类型为一发展系统。

仰韶文化东、西方两个系统的区别，虽然突出地表现在鼎的有无和彩陶花纹作风的不同上，但其他器物的形制作风也是有区别的，这里就不再作具体的比较和分析。

仰韶文化东、西方两个发展系统之分，恰恰又与黄帝、炎帝部落的发祥地相合。这两部落的发祥地，《国语·晋语》云："昔少典娶于有蛟氏，生黄帝、炎帝，黄帝以姬水成，炎帝以姜水成，成而异德，故黄帝为姬，炎帝为姜。"按此说，则黄帝是发祥于姬水，炎帝发祥于姜水。姬水不知在何地，史家无考，然黄帝的发祥地还有另说。《竹书纪年》有黄帝"居有熊"，黄帝"受国于有熊、居轩辕之丘"，黄帝"坐于玄扈、洛水之上"，黄帝"祭于洛水"等之言，晋人皇甫谧说："有熊，今河南新郑是也。"据此，黄帝部落的发祥地是在中原的东部地区，即郑、洛地区，这就与仰韶文化东方系统的分布地区相合。姜水的所在地《水经注·渭水》条云："岐水又东迳姜氏城南，为姜水。"如是，则姜水为西出岐山，东过武功县境又折向南流入渭水的一条小水，而中原西部地区的渭水流域，应是炎帝部落的发祥地，这与仰韶文化西方系统的分布也相合。

值得注意的是，炎帝部落集团后来被黄帝所兼并，中原地区成为黄帝的一统天下，而东方系统的仰韶文化，又恰恰是在中、晚期阶段延伸到西部地区，这也相合。

上面所作的分析说明，把仰韶文化作为炎黄时代相对应的考古学文化，从各个角度看，都基本相合，这就无怪乎有不少人都持有共识。但是，仰韶文化既然可作为炎黄时代相对应的考古学文化，则炎帝时代的文化发明创造，如耕作农业的出现，制陶和纺织技术的发明，就与考古资料不相符；因为，这些文化因素在考古学上出现的年代比仰韶文化的年代早，裴李岗文化阶段即已出现。这又说明，炎黄时代文化创造发明，在具体到某一种文化上，其传说就不一定与历史相符。因此，考古学的研究成果对于检证历史的传说和充实原始社会的历史研究，有其重要作用。

三

炎黄文化与裴李岗文化，是两个不同概念的文化，两者所处的历史阶段也不同，但两者之间，可以说也有一定的关系。

依历史传说，炎帝和黄帝部落，其源皆出于少典氏，而仰韶文化又被认为是炎黄时代相对应的考古学文化。这样，仰韶文化可以说就与炎、黄二部落有渊源关系的少典氏，有交叉的渊源关系。至于裴李岗文化和仰韶文化这两个不同历史阶段的文化，考古界则普遍肯定它们之间有渊源关系。因此，仰韶文化既然被认为是与炎黄时代相对应的考古学，则裴李岗文化似乎也可以作为与少典氏历史阶段相对应的考古学文化。这样，裴李岗文化与炎黄文化也就亦有交叉的渊源关系。

裴李岗文化作为少典氏历史阶段的考古学文化也有它合理之处，下面就作具体的分析说明。

少典氏的聚居地与裴李岗文化的分布中心相合。《国语·晋语》云："昔少典氏娶于有蟜氏，生黄帝、炎帝……"按此说，黄帝和炎帝似乎是少典氏所生的两兄弟，其实不然。黄帝和炎帝是两大部落的代表人物，因此，《国语》所说，实际上是反映黄帝、炎帝两大部落集团，最初是从少典氏和有蟜氏这两个互相通婚的氏族中分离出来的，经过一定的历史年代之后而发展联合起来的氏族部落，所以这两大部落均源于少典氏。

既然如此，那么少典氏和有蟜氏的根据地在什么地方？少典氏的根据地，史无传说。不过，《史记·五帝本纪·索隐》说，黄帝号有熊是因为他是"有熊国君之子故也"。如是言之，则黄帝之都有熊，实乃少典氏的根据地，这就是皇甫谧说的："有熊，今河南新郑是也。"有蟜氏的根据地，有人根据图腾的考证，认为是在豫西一带[1]。而裴李岗文化的分布中心，恰恰是在新郑、密县、登封、长葛、巩县等豫西地区。

少典氏的历史阶段也大体和裴李岗文化年代相当。这可以从炎、黄两部落发展的历史传说来推算。《春秋命历序》云："炎帝号曰大庭氏，传八世，合五百二十岁。黄帝一曰轩辕，传十世，二千五百二十岁。"这两部落的发展历史，似乎后者偏长，因为前者传八世，只有500余年，后者传十世却有2000余年的历史，显然偏长。将两者结合起来估计，则少典氏所处的历史阶段，大体比炎黄部落的发展历史早千余年，而同炎黄时代相对应的仰韶文化，也与裴李岗文化的年代相距千余年。仰韶文化年代的上限，距今约6000年，裴李岗文化年代的下限，距今约7000年，所以少典氏阶段的历史与裴李岗文化年代大体相当。

---

[1] 许顺湛：《中原远古文化》，河南人民出版社，1983年。

炎、黄两大部落源于少典氏，与炎黄时代相对应的仰韶文化，也与裴李岗文化有渊源关系。这种关系考古界普遍肯定，这可以从地层关系和文化面貌特征的某些共性来说明。

仰韶文化与裴李岗文化有直接的地层关系，在长葛石固遗址和临汝中山寨遗址都有发现。这两个遗址的下层堆积都系裴李岗文化遗存，在裴李岗文化堆积层上，则叠压着仰韶文化堆积层。这一地层关系证明，裴李岗文化和仰韶文化是前后相继，上下相承的两个历史阶段的新石器文化遗存，仰韶文化是承接裴李岗文化而发展起来的。

仰韶文化的面貌特征，由于发展的变化，与裴李岗文化自然有所不同，但或多或少地也存在有与裴李岗文化相同或相似的特征。例如，仰韶文化的陶器以红陶为大宗，亦有少量灰陶。裴李岗文化陶器亦以红陶为大宗，亦见有一些灰陶。仰韶文化的炊具主要是陶鼎，裴李岗文化的炊具亦有鼎，两者的陶鼎中亦见有相似的器形。裴李岗文化中的小口双耳壶在仰韶文化后冈类型中也有见，两者的钵、碗形制也相似。陶器纹饰两者也有划纹。此外，两者的石器，如斧、铲的形制有的也相似。尤其是在裴李岗文化晚期中，出现有多人二次葬，仰韶文化早期也有一些多人二次葬。仰韶文化存在这些与裴李岗文化相同或相似的特征，就表明两者之间有渊源关系。

不过裴李岗文化与仰韶文化的渊源关系似乎是与东方系统的仰韶文化的联系较为突出，这从地层上相叠和陶器上都有鼎就可以说明。它与西方系统的仰韶文化，似乎就没有明显的渊源关系，而这一地区的仰韶文化与老官台文化的渊源关系比较明显。但是老官台文化特征也有一些与裴李岗文化相似，突出的是两者都有三足钵。据此有不少人都认为老官台文化受到了裴李岗的影响。由于老官台与仰韶早期的半坡类型文化关系很近，有人也把老官台文化归入仰韶文化范畴，作为仰韶早期遗存。因此，西部地区的仰韶文化可说亦受裴李岗文化的影响。

上面炎黄文化与裴李岗文化关系的分析，只是想把历史的传说与考古学文化挂钩，使之成为一段历史的结合，这只是一种尝试。

［原载《郑州大学学报》（哲学社会科学版）1993年第6期］

我国新石器早期文化特点与文化起源问题

我国新石器早期文化遗存是丰富的。目前在黄河流域和长江流域以及华南等地都有发现。具体来说，黄河流域的新石器早期文化，已知的有河南新郑县发现的裴李岗文化和河北武安县发现的磁山文化。陕西的渭水流域，也发现有较早的老官台文化。此外，甘肃秦安大地湾以及山东滕县北辛庄也发现有早期文化遗存。长江流域的早期文化，有江南发现的江西万年县仙人洞文化和下游地区浙江余姚发现的较早的河姆渡文化。华南地区的早期文化，在广东、广西以及台湾等省区也有发现。

上述文化有的包含内容比较丰富，有的较为简单，其文化面貌既有一定的共性，又带有相当明显的地方特色。这种情况使我们清楚地看到，在辽阔的祖国大地上分布的早期文化，不仅具有丰富的内容，同时也呈现出瑰丽的异彩！

本文就我国新石器早期文化的特点试作分析，并就此对我国原始文化的起源问题谈一点个人的看法。

一、早期文化的特点

我国新石器早期文化的基本状况并不完全相同。在同一地区之间，文化面貌有着比较明显的共同特点，而在不同地区之间，共同点则不明显。

黄河流域的中原地区，早期文化的特点是经济发展的进程大致相同，人们的经济生活已经是以农业为主，兼有家畜、渔猎和采集。

这时期的农业已不是最原始的刀耕火种农业，而进入乡村耕作农业阶段。这个地区的早期文化发现的农业工具都是磨制的，使用的痕迹明显，其中有石斧、石铲、石镰、石锄，还有加工谷物用的石磨盘、磨棒。这些工具以裴李岗和磁山文化所出比较齐全。甘肃大地湾和陕西老官台文化所出的农业工具，则以斧、铲之类较为多见，其余未见或少见。虽然如此，但耕作农业的性质已经是明显的了。

中原地区早期文化的农业，种植的作物主要是粟。据磁山的发掘，有80座窖穴内发现有不少的腐朽粮食堆积，一般堆积的厚度为0.3~0.2米，有10座窖穴的堆积竟达2米以上。据H65出土的粮食标本作灰像分析，发现有粟的痕迹[1]。粟类作物在以后

---

[1] 河北省文物管理处、邯郸市文物管理所：《河北武安磁山遗址》，《考古学报》1981年第3期。

的仰韶文化中也屡有所见，陕西西安半坡等地的遗址也发现过不少粟的遗迹。据此可见，粟是中原新石器文化农业种植的主要作物。从磁山遗址发现的粮食堆积之厚，说明当时的农业生产已有一定的水平。

早期的家畜大致可以确定的有猪、狗、羊三种。裴李岗出土有少量的猪、羊骨骼（还有陶塑的猪、羊头像）。磁山遗址也出土有猪、狗、羊、牛的骨骼，其中猪、狗的骨骼较多，在窖穴的底部还发现有完整的猪、狗骨架，经鉴定，猪、狗确属家畜，牛是否属于驯养动物，尚难断定。

渔猎和采集经济在早期文化中仍然占有一定的比重。裴李岗出土的野生动物遗骨较少。磁山出土较多，其中以鹿类为最多。其次有兔、猕猴、狗獾、花面狸、金钱豹、野猪等。还有鸟类、鱼鳖类、鱼类、蚌类等水生动物。野生植物果实则有大量的朴树籽、山胡桃等。

从遗址、墓葬以及陶器等文化内容来看，也有共同的特点。

中原新石器早期文化遗址，多处在河流的转弯处或两河汇流的较高高台地上，一般离现代河岸较远或在旧河道的附近，高出河床约25～70米。遗址的范围不大，文化堆积不厚。居住地与氏族墓地分隔。房子不多，都是半地穴式建筑，形状多为圆形，个别的方形，内径为2米左右。房门前有斜坡门道或台阶，室内有火灶。磁山发现的房子台阶为二级，铁生沟发现的一座房子台阶为三级。

墓葬的葬式、葬俗也基本相同。中原早期墓地，已发掘的有新郑裴李岗[1]和密县莪沟北岗[2]两处，裴李岗发掘出100多座，莪沟发掘出60多座。这些墓葬的共同点都是长方形竖穴土坑单人葬，个别的有两人合葬。葬式为仰身直肢，方向为南北。墓内大多数都有随葬品，其中包括劳动工具石器和生活用具陶器两类，装饰品极少，数量有多寡不一之分，多的十几件，少的一两件。

陶器方面的共同特点是多红陶，少量的灰陶，较晚的遗址灰陶较多，陶质较差，火候低，一般为800～900℃左右。器物都是手制，种类简单，主要器形有鼎、罐、壶、钵、碗等几种，纹饰多为划纹、篦点纹、坑点纹等，较晚的如磁山和大地湾等遗址，则绳纹比较发展，彩陶不见或极少见。

此外，中原早期文化遗址一般都包含有石制的石片石器，已发现的裴李岗、莪沟、马良沟、铁生沟和淇县花窝遗址都有这类石片石器，秦安大地湾也出土有不少细小的经打制而成的燧石片[3]。

上述情况，说明中原地区的早期文化内容、因素虽各有别，但共同的特点还是比

---

[1] 开封地区文物管理委员等：《河南新郑裴李岗新石器时代遗址》，《考古》1978年第2期；开封地区文物管理委员会等：《裴李岗遗址一九七八年发掘简报》，《考古》1979年第3期。

[2] 河南省博物馆、密县文化馆：《河南省密县莪沟北岗新石器时代遗址发掘报告》，《河南文博通讯》1979年第3期。

[3] 甘肃省博物馆等：《甘肃秦安大地湾新石器时代早期遗存》，《文物》1981年第4期。

较明显的。

长江流域的情况则不同,这个地区目前发现的早期文化都在江南,其中江西万年仙人洞文化年代较早,距今约8000年左右,浙江余姚河姆渡文化年代较晚,距今约7000年左右。这两种文化无论经济特征和文化特征都各不相同,很少有共同的特点。

江西万年仙人洞文化的经济特征是以渔猎和采集经济为特色,农业和家畜经济并不明显,还没有发现典型的农业工具及与之有关的遗迹、遗物。渔猎和采集经济生活的遗物则是大量的,其中出土有大量的现代野生种动物骨骸和渔猎工具骨镖(叉)等。

这个遗址是洞穴遗址,说明当时先民并没有建造房屋,而是以自然石灰岩洞穴作为栖身之地。也没有氏族公共墓地,据洞穴内发现人骨的情况判断,当时的死者可能是就地掩埋的。

仙人洞文化的特点是打制和磨制石器与陶器共存。打制石器出土较多,其中有砍砸器、刮削器、盘状器和石核等。石器的制作具有旧石器传统的加工方法,多采用单面打击方法加工制成,打击点、半锥体、辐射线、波浪纹等痕迹比较明显,全身保持着大部分砾石岩面,还有不少的燧石片是从石核上打下来之后未经任何加工就做刮削或切割之用的。磨制石器出土较少,制作比较粗糙,种类有梭形器、锥形器、穿孔石器、石凿和砺石等。其中梭形器是最有特色的一种工具,形状为两端尖、底平、背部隆起、剖面呈半椭圆形[1],这种器物为仙人洞文化所仅见。

此外,仙人洞还有比较多的骨、角、牙、蚌器。牙器有刀,蚌器多穿孔。骨器有鱼镖、锥、镞、叉、凿、刀等。

陶器的特点是手制,火候低,胎壁厚,一般的厚度是0.7~0.8厘米,最厚的达1.5厘米。陶胎内羼和有较粗的砂粒和石英粒,纹饰多是粗绳纹,其中还有不少是表里都饰绳纹的。器类因陶片过于破碎,仅复原一件直口深腹罐。

河姆渡文化的经济特征是既有初步发展的原始耕作农业,也存在发达的渔猎经济,同时又兼有家畜。

农业耕作工具多是用偶蹄类动物肩胛骨制成的骨耜,未见中原地区的以石制的锄、铲类工具,因此骨耜就成为河姆渡文化中最具特色的农业工具。种植的农业作物主要为水稻,此外还有豆科植物。遗址内出土的稻壳和稻秆极其丰富,由此可知当时的农业生产水平已经不低了。

河姆渡遗址发现的野生动物有50多个种属,其中有象、犀牛、熊、虎、鳄、鲸等凶猛动物,也有麋鹿、猕猴、水獭等机灵动物,还有不少的飞鸟、游鱼。出土的渔猎工具仅骨镞一种就有千余件。在我国的新石器文化中,发现这样多的动物种类、这样发达的狩猎经济是少见的。

家畜有猪和狗,还可能有羊和水牛。遗址出土的家畜遗骨比之野生动物遗骨是少

---

[1] 彭适凡:《有关华南新石器早期万年仙人洞文化的几个问题》,《江西历史文物》1981年第2期。

数。因此，河姆渡文化的经济特征，可以说是农业与狩猎经济并重，同时兼有家畜。

河姆渡遗址的村落是建立在丘陵和平原的过渡地段，房子则建筑在地势低洼的潮湿沼泽区。房屋的结构是"干栏式"木构建筑，是在沼泽地上首先打上一排排的由圆木或方木做成的木桩作基础，上架大小木梁以承托地板，从而把居住面抬高，然后再从基座上立柱架梁，建成"干栏式"房屋。木构则采用榫卯相交的技术，这种建筑技术是相当进步的，其建筑结构可以说是我国早期建筑史上的杰作。

河姆渡文化的陶器也有其独特的作风，为单一的炭黑陶，陶胎中含有大量的炭晶粒，器壁较粗厚，胎质疏松，火候不高，硬度低，全为手制。主要器类有釜、罐、盆、盘、钵、器座几种。陶器纹饰多为线刻花纹，其中有鱼、鹿、水波、植物等图案，也有少量的彩陶。

华南地区的早期文化多为洞穴遗址，大体同仙人洞文化类似，也是以打制、磨制石器与粗绳纹陶共存，经济生活是以渔猎和采集为特征。这类文化以广东英德青塘洞穴遗址、广西桂林的甑皮岩洞穴遗址比较有代表性。

综上所述，我国新石器早期文化的特点，黄河流域的中原地区共性比较突出，经济发展的进程相同，村落建于河旁的高台地上，房子的建造形式、墓葬的埋葬习俗及陶器等方面的特征，都有共同之处。虽然文化年代上有早、晚的不同，地域上也有远近之别，但文化内容和因素却有一定的联系。年代接近、地域相邻的遗址共同特征比较突出。长江流域的情况则完全相反，仙人洞和河姆渡文化同属江南地区，但两者的文化面貌则完全不同。虽然在年代上两者相隔有1000年之久，然而，文化面貌上的差异，并不是由于年代相隔久远所产生的，因为在它们中间很难找出文化发展关系上的共同因素。相反，仙人洞与华南地区的早期文化则有明显的共同点，由此可知，仙人洞与华南地区的文化关系比较密切。

至于中原和江南两地的文化面貌，则是泾渭分明的，年代上比较接近的裴李岗和仙人洞文化，其经济特征和文化特征都很少有共同之处。裴李岗是以农业经济为主，兼有家畜，仙人洞还是以渔猎和采集经济为主要生活来源。虽然仙人洞也已经使用陶器，但比裴李岗的陶器表现得更为原始。

总之，我国新石器早期文化的特点，黄河流域的中原地区共性是主要的，江南地区则仙人洞与华南地区有比较多的共性，长江下游的河姆渡文化又有其独自的特点，这是目前所看到的基本状况。

二、关于新石器文化的起源问题

我国新石器文化的起源问题，"从前一般的看法多倾向于我国新石器文化起源于黄河流域的中原地区，然后向四周传播"[1]。这就是通常所说的一元论倾向。随着新石器文化的发掘资料不断丰富，对我国新石器文化的起源问题，认识上不断有所提高。1962年，夏鼐所长根据长江流域和东南沿海一带也发现有新石器文化遗址，就曾经指出这些地区的文化与黄河流域的文化类型不同。他说："在长江流域和东南沿海一带，也发现了经济生活与它（指黄河流域）相同的农业部落遗址，但是文化类型不同。这里主要粮食是水稻，所使用的陶器和石器类型不同"[2]。1977年在《碳—14测定和中国史前考古学》一文中又进一步补充说明："文化类型不同，表明它们有不同的来源和发展过程，是与当地的地理环境适应而产生和发展的一种或一些文化。"[3] 从而比较明确地指出了我国新石器文化有不同的来源和发展过程。这种看法，"比那种将一切都归之黄河流域新石器文化的影响的片面性的传播论，更切合于当时的真实情况，更能说明问题"[4]。最近，苏秉琦先生和殷玮璋同志在《关于考古学文化的区系类型问题》一文中，对我国新石器文化的来源和发展问题也阐述了同样的看法。文中说："过去有一种看法，认为黄河流域是中华民族的摇篮，我国的民族文化先从这里发展起来，然后向四周扩展，其他地区的文化比较落后，只是在它的影响下才得以发展。这种看法是不全面的。但是，在同一时期内，其他地区的古代文化也以各自的特点和途径在发展着。各地发现的考古材料越来越多地证明这一点。"[5]

上述观点完全正确。我国新石器早期文化在不同地区呈现出不同的特点，就充分说明了这一点。

新石器文化最重要的因素是原始农业的发生及其发展，也就是"农业革命"；其次是陶器的发明、使用，这两点重要因素，各地的情况并不相同。

从农业的情况来看，我国原始农业的发生时间、发展的道路并不相同。

黄河流域的早期农业，完整可靠的资料，见于距今8000年左右的裴李岗文化，使用的农业工具是磨制石器，耕作的地理条件属岗地，种植的作物是粟，属于旱地作物。目前，中外学者有许多人都认为应当在我国的黄河流域寻觅小米的起源。

长江流域的早期农业，最早的资料见于河姆渡文化，这里也发现有典型的农业工具骨耜，种植的作物是稻谷，属水田农业。耕作的地理条件为低洼、潮湿的水网地带。不少学者也认为水稻可能起源于我国长江流域。

关于农业起源问题，学术界长期以来都认为农业起源于高地、丘陵地区或依靠雨水灌溉的半干旱地区，并非起源于大河平原或三角洲。我国的实际情况并非如此，既有黄河流域的半干旱的高地或岗地农业，也有长江流域的平原湖泊与丘陵山地交接的

---

[1] 夏鼐：《碳—14测定和中国史前考古学》，《考古》1977年第4期。
[2] 夏鼐：《新中国的考古学》，《考古》1962年第9期。
[3] 夏鼐：《碳—14测定和中国史前考古学》，《考古》1977年第4期。
[4] 夏鼐：《碳—14测定和中国史前考古学》，《考古》1977年第4期。
[5] 苏秉琦、殷玮璋：《关于考古学文化的区系类型问题》，《文物》1981年第5期。

水作农业，因此从农业的起源情况来说，并非只起源于一地。

从陶器的情况来看也是如此。

陶器的发明一般来说是在原始农业发生之后。据西亚的资料，陶器的出现均在原始农耕发生以后，南伊朗发现的布什·摩德赫遗址发现有大麦和小麦种子，也发现有泥砖房子，内有炉灶和地窖，还发现有废料堆、石叶镰刀、石磨，可能属农耕时期，但未有陶器，年代为公元前7000~前6500年。两河流域南部的阿里·库什期文化，农耕有了进一步的发展，占食物总量的40%，进入农耕阶段，仍不知道使用陶器，年代为公元前6500~前6000年。北部北伊拉克的耶莫遗址，一共有八个文化层，下三层没有陶器，上五层才出现陶器，都是彩陶以红底彩、橘黄的斜点线为典型纹饰[1]。据此可知，西亚的陶器大致出现于原始农耕之后。我国的情况是，目前发现较早的原始陶器，一般都是与农耕经济相连系，二种文化因素共存，裴李岗文化、磁山文化和河姆渡文化都是如此。然而，例外的情况也是存在的，江西万年仙人洞文化和华南的新石器早期文化，则陶器与渔猎、采集经济相连系，两者共存，在原始农耕没有出现之前即使用陶器，说明这个地区陶器的发明使用早于农业，文化的发展与中原有别。

中原和江南的新石器早期文化发展的进程、时间、条件不同，说明文化的来源自有不同的渠道。黄河流域中原地区新石器早期文化，毫无疑问来源于当地更早的文化。从裴李岗文化包含的细石器因素来看，其作风与许昌灵井的中石器文化有联系。至于农业的因素则可以追溯到新石器初期，在山西怀仁鹅毛口发现的新石器初期制石遗址，就发现有磨制的石斧和石镰，表明当时的农业已经萌芽，从早期农业多使用石镰的情况判断，鹅毛口的原始农业因素与裴李岗、磁山文化的农业应当是有联系的。

江南的仙人洞与华南的新石器早期文化的来源问题，有的同志认为来源于这一地区的旧石器晚期文化，有其一定的根据。从广东阳春发现的独石仔洞穴遗址的文化特征，可以看到这种渊源关系。这个遗址的文化堆积分为上、下两层，下层发现有人类牙齿、头盖骨和单面打制为主的砾石石器、钻孔石器，共存的有犀牛、鹿、猪、牛等现代动物化石，时代可能属旧石器晚期。上层出土较多的打制石器和部分磨光石器，时代当为新石器早期。这二层文化有继承关系[2]。而仙人洞下层文化同独石仔上层的文化特征接近，都发现较多的同一类型的打制石器和少量的磨制石器，都出土穿孔石器，而且穿孔石器的制作技术都是先打制然后加磨穿孔而成；都发现有骨器、蚌器、烧骨、灰烬、烧石和炭屑等文化遗物遗迹，还有大量螺、蚌壳以及20多种现生种属的哺乳动物骨骼。兽骨也都有一定程度的石化。所不同的是独石仔上层没有发现陶片，因此，虽然它们都同属华南新石器早期文化，但似乎独石仔上层的年代要比仙人洞下层略早[3]。

至于长江下游的河姆渡文化，则又是另外一个区系，它可能也有自己的来源和发

---

[1] 孔令平：《西亚农耕的起源》，《历史研究》1979年第6期。
[2] 广东省博物馆：《广东考古结硕果，岭南历史开新篇》，《文物考古工作三十年》，文物出版社，1979年。
[3] 彭适凡：《有关华南新石器早期万年仙人洞文化的几个问题》，《江西历史文物》1981年第2期。

展系统，其渊源有待于新的发现，其发展的线索则已明显，与马家浜文化有联系。

我国新石器文化来源不同，发展不同，但不能以此否定中原地区在我国民族文化发展史上的先进地位。新石器"革命"，中原是先驱。早期文化，中原也处于先进地位。中原的农业在距今8000年左右已脱离了最原始的刀耕火种阶段，制陶与纺织等原始手工业以及家畜业已出现。到了仰韶文化时期，中原的原始农业已处于发达的阶段，农业村落遍布于广阔的地区，出现了原始物质文化的繁荣时期。与此同时，我国其他地区虽然也发现不少农业部落遗址，但远不及中原那样密集，尤其是早期的文化遗址，为数更少，内容也不及中原丰富。从这一意义来说，黄河流域不愧为我国民族文化的摇篮！

对于我国古代文化的起源问题，一向是为学术界注意探索的课题。早在20世纪20年代初仰韶文化发现之后，我国新石器文化的来源问题就提出来了。当时，安特生作了这样一个假想，认为原始中国人在新石器时代从西方迁至甘肃，继而向东移动，达于河南。从而编出了一个所谓"中国文化西来"说的谬论。这一谬论，新中国成立之后，早已为我国考古工作者发掘的大量考古资料，以无可争辩的事实所驳斥，然而这种力图贬低我国民族文化光辉色彩的西方幽灵，并未完全消除。近年来苏联的瓦西里耶夫又重谈"仰韶文化西来说"的陈词滥调，断言公元前三四千年，古代居民从伊朗高原向中亚迁移，他们会从事农业、制作多彩陶器。公元前3000年之初，某个参与这种迁移的部落集团在现今新疆某地与当地尚不知农业的蒙古人种部落发生接触，结果便产生了新的彩陶文化。这个文化的人们继续东进，通过甘肃走廊，到达黄河上游的肥沃地区，并在此定居下来[1]。瓦西里耶夫的这种断言，是出于政治上反华的需要。更有甚者，苏联和越南的一些所谓学者，近年来竟把我国华南地区发现的早期新石器文化，一概划入越南的和平—北山文化范畴，从而又编造出一个"中国文化南来说"的谬论，这个谬论同样也是站不住的。事实上"和平文化"洞穴遗址本身的地层堆积是混乱不清的，一些晚期的，甚至现代的器物也混在其中了，当时的发掘者科拉尼也认为"这些后期的干扰，常常给和平文化时期器物的断代带来很大的困难，只能根据和平文化器物的'演化'程度的不同，从理论上进行一些推理。有时，由于断代不准，会把晚期的东西误认为是早期的"（CfI Laang Spran）。依靠文化内涵这样混乱的资料作为南来说的论据，显然是不科学的，是毫无价值的。

我国的民族文化，是我国勤劳勇敢的先民们用自己的智慧、经过漫长的岁月，在生产斗争的实践中创造和发展起来的，来源和发展的状况虽然有所不同，这是由于地理环境和生态因素不同所决定的，这并不影响我国民族文化自立的性质。任何不顾事实，只是为了政治上反华的需要而极力贬低我国民族文化的可耻企图，都是不可能实现的。

---

[1] 见《外国史学动态》1964年第4期。

三、早期文化的相互联系与影响

我国的新石器文化有着不同的来源和发展系统，上文已经作了论述。但是，文化不同、来源和发展的不同，彼此之间并不是孤立的运动，而是互相联系、互相影响的。正如夏鼐先生说的："当时各种文化在祖国大地上争妍竞秀，并且常常互相影响，互相渗透，交织成一幅光彩流离的瑰丽图景，而且为后来独特的灿烂的中国文明打下了基础。"[1]

这并非只是一种推论，而是以事实作根据的。我国的新石器文化可以划出几个不同的区系类型，但不同区系的文化都有着不同程度的联系，都有一定的共同特征和因素，这些情况在新石器中、晚期文化表现得相当明显。

早期的情况略有不同，文化上的联系与影响，在同一地区之间表现得较为密切，尤其是地域相邻的，文化上共同的因素、共同的特征较为明显，而在不同地区之间，相互间的联系则较为薄弱。

黄河流域的早期文化，彼此之间联系是比较密切的。无论是裴李岗文化、磁山文化、老官台文化以及大地湾遗址，都有共同的因素和特征，不仅经济发展的进程相同，农业生产状况、村落与房屋建筑特点、墓葬的葬式葬俗等因素也基本上是相同的。此外在某些器物的特征上也有许多类似，如裴李岗的农业工具最有特征的扁平舌刃石铲、带足的石磨盘、磨棒，在磁山文化中有相似的器物。打制的石片石器在大地湾也存在。裴李岗的生活用具，陶三足钵、圜底钵、小口球形双耳壶、卷沿深腹筒形罐，在磁山文化中也是比较多见的。其中三足钵还见于关中元君庙下层；卷沿深腹筒形罐、球形小口壶在大地湾也有类似的器物。裴李岗陶器上的主要纹饰，篦纹、坑点纹、划纹等，在磁山文化中也同样盛行。而磁山比较流行的绳纹，在老官台文化以及大地湾遗址中也相当发展。这些情况都说明，黄河流域的早期文化，尽管因时间的早晚不同、地域的远近亦异，文化面貌有别，但或多或少都有共同的文化因素和特征，彼此都有联系，并相互受到一定的影响。

江南地区的情况同样如此。如华南地区的广东、广西等地的早期文化遗址，其文化特征和因素同江西万年仙人洞文化就有一定的联系。广东英德县的青塘圩洞穴遗址，出土的石器以打制为主，磨制石器较少。其中打制石器又以石核石器为主，几乎全为砍砸器，制法都很简单，大部分是在砾石的边缘单面敲打使之成刃，多保留天然岩面，磨制石器仅在刃部或两面突出部分稍加磨制。这种打制与磨制石器并用以及石器制作技术粗糙等特点，和仙人洞下层文化大体是相近的。此外，青塘洞穴发现的陶器也是

---

[1] 夏鼐：《碳—14测定和中国史前考古学》，《考古》1977年第4期。

夹粗砂陶，质地粗糙，火候甚低，全为手制，以红陶居多，也有胎的内外呈色不一的情况，这种作风也大致和仙人洞下层相当[1]。再如广西的滑岩洞遗址，打制石器与绳纹陶伴出，同样也与万年仙人洞下层的文化特征接近，可能属于同一类型。上述情况，说明华南地区的早期文化与江南的仙人洞文化有密切的联系，互相都有一定的影响。

至于中原和江南地区的早期遗存，由于地域上的距离较远，相互间的来往联系可能不像同一地区之间那么密切，因此，文化上相互影响的痕迹就不那么明显和突出，但也不是处于完全隔绝状态。例如，有的同志认为广东南海西樵山发现的一部分细石器，在许多方面和华北细石器相同，可能是从华北传来或至少接受了华北的影响[2]。又如中原早期文化陶器上常见的折线篦点纹，在福建金门、广东海丰沙坑等地的陶器上都有发现，它不同于一般的贝齿纹，或许与中原地区有着某些文化上的联系[3]。

总之，我国的新石器文化是多姿多彩的，其来源是多元的，但其发展过程又不是孤立的，而是互相联系、互相渗透的。这正如涓涓细流，汇集成了奔腾的黄河、长江，而黄河、长江之水则浇灌出光辉灿烂的民族文化之花！

[原载《郑州大学学报》（哲学社会科学版）1982年第1期]

---

[1] 彭适凡：《有关华南新石器早期万年仙人洞文化的几个问题》，《江西历史文物》1981年第2期。
[2] 黄慰文、李春初、王鸿寿等：《广东南海西樵山遗址的复查》，《考古》1979年第4期。
[3] 安志敏：《裴李岗、磁山和仰韶——试论中原新石器文化的渊源及其发展》，《考古》1979年第4期。

中原新石器早期文化问题探讨

近年来，我国考古工作者先后在河北省武安县磁山和河南省新郑裴李岗两地，发现新石器早期文化遗址[1]。这是我国新石器考古工作的一个极为重要的收获。

这两处新石器早期文化遗址，包含的文化内容是相当丰富的。目前已发现的遗址、遗物有房基、灰坑、陶窑、墓葬和石器、陶器、骨器以及家畜、动物骨骼，数量尚且不少。从出土的文化遗物石器和陶器的特征来看，这两个遗址的文化面貌是非常接近的，但又不完全相似。

据 ^{14}C 的测定，磁山遗址的年代为公元前5405～5285年，裴李岗遗址的年代有三个数据，分别为公元前 $5195±300$、前 $5935±480$、前 $7350±1000$ 年[2]。磁山遗址的年代比裴李岗略晚。

裴李岗、磁山遗址的文化面貌，存在着共同的特征，同时也有差异，年代上也有早晚的不同。两者在文化性质上到底是一种什么样的关系？是同一种文化，只是不同的时间或地方类型，还是分属于两种不同的文化？这个问题，目前由于发掘资料还有限，似乎还难于作出定论，需要作进一步的探讨。同时对于裴李岗、磁山文化的命名问题，考古界也有不同的看法，有的同志主张命名为磁山文化，有的同志则主张命名为裴李岗文化，有的同志则把它们称之为磁山—裴李岗文化，又有同志则把裴李岗、磁山区分开来，分别命名为裴李岗文化和磁山文化。

文化命名上存在的不同看法，实际是反映出对文化性质上存在着两种不同的认识，前者是把裴李岗、磁山看做是同一种文化，后者则把它们区分为两种不同性质的文化。

尽管在文化性质上存在着不同的认识，然而对裴李岗、磁山文化的发展阶段问题，大家的看法则是一致的。都认为它们是中原新石器时代的早期文化。

裴李岗、磁山文化，在文化内涵上有它的特色，有助于我们系统地综合研究我国新石器时代文化中的一些重要问题，也有助于我们更全面地探讨我国原始氏族社会的历史及其发展的规律。

本文拟根据现有的裴李岗、磁山文化遗址的材料并结合其他有关的考古资料来探讨中原新石器早期文化中的一些问题。

---

[1] 详见开封地区文物管理委员会等：《河南新郑县裴李岗新石器时代遗址》，《考古》1973年第2期；开封地区文管会等：《裴李岗遗址一九七八年发掘简报》，《考古》1979年第3期；邯郸市文物保管所等：《河北磁山新石器遗址试掘》，《考古》1977年第6期。以下凡提到裴李岗、磁山的考古资料时不再加注。

[2] 同上。

一

裴李岗、磁山文化的经济生产,有农业、家畜、渔猎和采集等生产部门。

农业经济色彩表现得最为明显。在裴李岗文化各个遗址中,出土的农业劳动生产工具占有相当的数量。种类有石斧、石锄、石镰、石铲,此外还有粮食加工工具石磨盘和磨棒。磁山遗址出土的农业生产工具,种类也有石斧、石铲、骨铲,也有石磨盘和磨棒,所不同的是没有发现石锄和石镰。

上述农业劳动生产工具,制作精致,一般都通体磨光,形制也比较完整。比较突出的是石铲、石镰和磨盘三种。裴李岗所出的石铲有带肩和扁平两种。带肩石铲数量不多。扁平石铲数量较多,一般为两头磨刃、刃呈舌状,整体像鞋底形。石镰的形状作半月形,平刃或凹刃,刃部都加工有细小的锯齿,柄部稍宽略向上翘。石磨盘作椭圆形,两头圆钝,前宽后窄,底部加工有四个柱状短足。这三种工具的形状都比较特殊,式样也比较合乎规格,这种作法为裴李岗文化所仅见。磁山文化的农业工具,形制略有不同,但还是比较接近的。

从已知的农业生产工具中,可以看出当时的农业生产过程中所必需的劳动工具基本配套。有用于砍伐开垦耕地的石斧,松土耕地的石锄,翻土播种的石铲,粮食加工的磨盘和磨棒。从耕地的开垦,作物的种植、收割到粮食收成后的加工工具比较齐全。原始锄农业的特征由此表现得是多么典型、清晰。我们完全可以说,它已为后来的农业经济生产奠定了基础。仰韶文化的农业就是在这个基础上进一步发展起来的。因为仰韶文化的农业生产工具,几乎没有超出裴李岗文化的农业生产工具种类,只是在制作上有所改进,形式上有所变化。甚至河南龙山文化的农业生产工具,主要的也还是这几种。过去有认为石镰是龙山文化农业生产工具中的新因素,现在看来并非如此,它的出现早在裴李岗文化时期就有了。

劳动资料是人类劳动生产力发展的测量器。裴李岗文化的农业劳动生产工具,制作精致,种类配套齐全,表明当时的农业生产已为人们所重视,农业耕作的规程也已为人们所熟悉。在磁山遗址的不少灰坑中,发现有不少腐朽的粮食遗迹。这就证明,到磁山文化的时候,中原新石器早期文化的农业生产上已经取得了一定的水平。

农业生产上的成就是生产者通过长期的生产实践,不断吸取经验的基础上取得的。一般来说,妇女是农业的发明者,早期的农业生产主要是由妇女来担负的。那么裴李岗文化的农业生产主要担负者是谁呢?从一些迹象来看,当时的农业生产主要担负者不是妇女,而有可能是男子。在裴李岗墓葬随葬的随葬品中,随葬的生产工具有二类,一类是石质农业工具,包括斧、铲、镰,另一类是粮食加工工具磨盘和磨棒,而前者墓葬的主人据裴李岗 M28 和莪沟 M31 两墓的骨骸来看,都是男性。随葬品是人们把它"同已死的占有者一起殉葬到坟墓中，以便他在幽冥中能继续使用的物品"。这样，农业生产工具的占有、使用者既然是男子，他们当然也就担负着农业生产的职能。

总之，从工具制作的进步，种类的齐全以及当时的生产状况等方面的情况来分析，中原新石器早期文化的农业生产是比较进步的，已具有初步发展的水平，在人们的经济生活中占有主要成分。

除农业经济之外最引人注目的是家畜。裴李岗遗址发现的家畜有猪和羊两种，遗骨的数量不多。磁山遗址发现的家畜种类除猪、羊外还有狗和牛，遗骨的数量还不少，计有猪的个体11个，残骨23块；羊的个体8个，另有若干残骨；狗骨个体9个，残骨18块；牛的残骨17块。现今几种主要家畜中，除马以外，其余都在磁山遗址中有所发现。

这里需要指出的有两个问题，一是猪的饲养与农业生产的发展相关，由此可以进一步说明磁山农业生产的发展水平。二是羊在仰韶和大汶口文化中均不多见。羊的骨骼在半坡遗址中虽有发现，但数量很少，是否属于家畜尚难断定[1]。庙底沟遗址也没有发现羊。在大汶口文化中，羊也很少见，仅在刘林遗址发现少量的遗骨[2]。由此看来，羊的骨骼以磁山遗址发现的数量最多，这种情况也许反映出羊的饲养可能带有一定的地域性。

渔猎和采集经济在裴李岗、磁山文化中仍然存在。裴李岗和莪沟遗址都没有发现渔猎工具，但发现有动物的骨骼和果核。莪沟遗址发现的动物有猫类和鹿两种，果核有栎、枣、核桃等[3]，磁山遗址则发现有骨镞、鱼镖、网梭等渔猎工具，同时有鹿的个体8个及若干遗骨。总的来说，无论裴李岗或磁山遗址，发现的渔猎工具种类数量都不多，动物的骨骼也不算丰富，这似乎表明当时的渔猎经济虽然存在，但已经不占有重要的成分。一般说来，早期文化，狩猎和采集经济应该占有比较重要成分的，然而这一情况在裴李岗、磁山文化中并没有突出的反映，也许这正说明当时由于农业经济已经上升为主要的成分，人们的主要生活来源并不依靠于狩猎和采集，因此它自然就成为附属性的经济部门。

综上所述，裴李岗、磁山文化的经济生活，农业是主要的，是当时经济的重要组成部分。家畜经济已有所发展，渔猎和采集经济仍然存在，但都是辅助性的经济，是人们生活的一种补充。所有这些为我们展示出一幅完整的、距今七八千年前黄河流域劳动人民的生产和经济生活图景。

---

[1] 中国科学院考古研究所、陕西省西安半坡博物馆：《西安半坡——原始氏族公社聚落遗址》，文物出版社，1963年。

[2] 山东省文物管理处、济南市博物馆：《大汶口——新石器时代墓葬发掘报告》，文物出版社，1974年。

[3] 河南省博物馆、密县文化馆：《河南省密县莪沟北岗新石器时代遗址发掘报告》，《河南文博通讯》1979年第3期。

二

　　裴李岗、磁山文化的经济生活，在出土的文化遗物中已得到比较充分的反映，而当时的社会情况如何？有哪些表现？这从人们的居住情况以及死后的埋葬制度方面，也可以看到其梗概。

　　裴李岗、磁山文化时期，人们已经过着定居的生活，并已形成村落，但是村落还不大，因为裴李岗遗址的面积仅约20000平方米，其中还包括墓地。莪沟遗址的面积也只有8000平方米左右。磁山遗址的面积略大，约80000平方米，村落的范围可能比裴李岗大些。

　　村落有自然形成的布局。居住地和墓地，相隔有一定的距离。

　　房子的建筑比较简陋。从莪沟发现的6座房基和巩县铁生沟发现的1座房基的情况来看，都是半地穴式建筑。房基的形状有圆形和方形两种，以圆形为主，面积2~4平方米。房基外面有斜坡阶梯式门道，室内有草拌泥筑成的灶圈，房门的两侧和房基内发现有柱子洞，地面平整，有的铺有坚硬的灰白色垫土。房基周围有灰坑。磁山遗址的房基，大致也是半地穴式建筑。可以想象，这些房子大致是一种简单的木架结构的"窝棚"式建筑。

　　居住方面的这些特点，同仰韶早期的情况比较起来有明显的不同。半坡的村落规模大，周围还有保护居住安全的大壕沟。房子虽然多数也是半地穴式建筑，但也有地面建筑的房子，并有大小之分。大房子的面积有的近百平方米，圆形小房子的面积一般也有5平方米左右，四周的墙壁多用草拌泥涂成，并用篝火烧烤。由此看来，到仰韶早期，无论是村落还是房子的建筑都有所发展。

　　埋葬制度方面则有以下一些特点：

　　有氏族的公共墓地。裴李岗文化时期的氏族公共墓地共发现两处，裴李岗和莪沟各一处。两处墓地共发掘墓葬208座，其中裴李岗140座，莪沟68座。两处墓地的埋葬习俗相同，都有一个中心墓区，中心地区的墓坑分布密集，边沿比较稀疏，方向一致都是头南脚北，葬式相同。普遍实行单人仰身直肢葬，合葬墓很少（只发现2座）。

　　墓内绝大多数都有随葬品，数量有差别。据裴李岗和莪沟已经发表的100座墓资料统计，有随葬品的91座，一无所有的9座，占总数的10%。随葬品的数量少的1件，一般的3~8件，少数10件以上，个别的多至26件。大多数墓是用劳动工具随葬。据统计，在91座有随葬品的墓中，随葬劳动工具的有70座，占80%。

　　随葬品有不同的类别组合。在裴李岗和莪沟的91座有随葬品的墓中，有三类组合，一类是单纯的陶器墓，共32座；二类是以农业劳动生产工具斧、铲、镰与陶器为组合，共 42 座；三类是以粮食加工工具石磨盘、磨棒与陶器为组合，共 17 座。这三种类别组合的区分十分清楚。

上述墓葬的几个特点同仰韶文化、大汶口文化早期墓的情况比较起来，有一些共同点，但又有较大的不同。同样都是氏族墓地，多数实行单人仰身直肢葬，随葬品存在有无和数量多少的不同，数量一般为 3~8 件，随葬的陶器主要为水器、炊器和食器，这些都是相同或基本相同的。但是，仰韶早期的墓坑多数是排列井然有序的，如半坡墓坑的排列，横竖基本上都在一条直线上。大汶口早期墓地则有几个墓区之分。在葬式上，仰韶、大汶口早期除多数实行单人仰身直肢葬外，出现了二次迁葬、合葬和多人合葬墓，小孩则多用瓮棺葬。随葬品虽然有有无的不同，但没有的比较普遍。据半坡已发掘的保存比较完好的 118 座成年人墓的统计，只有 71 座有随葬品，数量的差别是 1~10 件。王因墓地早期墓也多数无随葬品，数量的差别是 1~10 件[1]。随葬工具的情况在仰韶、大汶口早期墓里也不普遍。半坡只有极个别的墓随葬有工具，在 100 多座墓中只有 2 座，而且是用石球、穿孔石刀和陶锉随葬，既没有农业工具，也没有粮食加工工具。王因墓地随葬的工具，虽然有农业工具，但早期不见，中期才出现，数量也不多。刘林和大汶口墓地则多数是用手工业工具包括石斧、石锛、石凿、刀等，少数墓才有石铲和牙镰。至于用粮食加工工具随葬的现象则是裴李岗墓葬的特色，无论是仰韶、大汶口或其他新石器文化墓葬里都是绝对没有的。

裴李岗墓葬同仰韶、大汶口早期墓葬葬俗上的相同点虽然不多，但反映了相同的实质性问题，即它们都是氏族墓葬并且都具有氏族葬俗的特点。不同的地方，有些看来是随着氏族社会内部氏族制度的发展而发生变化的。如二次迁葬、合葬墓看来就是仰韶早期以后出现的，并且是往后越来越发展。淅川下王岗仰韶早一期墓的葬式，都是实行单人葬，早二期才出现二次迁葬，这期单人葬少了，而多数是二人以上的迁葬合葬[2]。半坡墓地的葬式也多数是单人葬，其中有二座是合葬，一为二人合葬，一为四人合葬。比半坡稍晚的渭南史家墓地则以多人迁葬、合葬成为主要葬式[3]。比史家墓地晚一些的华阴横阵村墓葬，则迁葬、合葬更为发展，竟出现一个大墓内套 5~7 个小墓坑的情况，埋葬的死者多达 42 人[4]，大汶口早期墓葬的情况亦然。王因墓地早期二次迁葬、合葬墓不多，中期流行，晚期常见。由此可见，二次迁葬、合葬和多人合葬的葬俗是仰韶、大汶口文化早期以后逐步发展起来的。

至于裴李岗墓葬多用农业工具和粮食加工工具随葬，这种情况同后来的仰韶文化相对照，看不到它们之间有什么发展关系，有可能是由于氏族或氏族部落的不同而表

---

[1] 中国社会科学院考古研究所山东工作队、济宁地区文化局：《山东兖州王因新石器时代遗址发掘简报》，《考古》1979 年第 1 期。

[2] 河南省博物馆长江流域规划办公室、河南省博物馆文物考古队河南分队：《河南淅川下王岗遗址的试掘》，《文物》1972 年第 10 期。

[3] 西安半坡博物馆、渭南县文化馆：《陕西渭南史家新石器时代遗址》，《考古》1978 年第 1 期。

[4] 黄河水库考古工作队陕西分队：《陕西华阴横阵发掘简报》，《考古》1960 年第 9 期。

现出来的特点，而这些特点的存在与当时、当地的生产、生活状况密切相关。比如裴李岗文化没有发现典型的石锛、石凿等木作工具，是不是这一手工业在当时还没有出现呢？这也是有可能的。总之有许多问题还值得进一步探讨，由于目前资料有限，一时尚难于说清。

根据裴李岗和仰韶、大汶口早期居住情况和墓葬的葬俗等方面所作的比较，我们认为裴李岗文化时期的社会情况，有如下一些特征：

（1）裴李岗是一个氏族的居住遗址。村落范围小，房子不多，人口少，说明它不可能是一个部落单位，不像半坡那样村落大，房子密集，人口众多。而半坡有可能是一个氏族部落遗址。

（2）氏族内部财产私有已经出现。墓葬随葬的生产工具、生活用具、装饰品，应该是私人的财产，是死者生前最珍贵的物品，与死者一起埋葬到坟墓中，以便他们在幽冥中能继续使用。

（3）氏族成员的经济生活水平差别不大。房子的建筑结构没有什么差别。随葬品都是生前生产、生活用具，数量虽然有多少的差别，并无质的不同。因此，数量多少的差别，似乎还不能说它是贫富不均的一种现象。

（4）男女两性间的劳动有自然分工。主要表现在男子随葬农业生产工具，主要从事农业；妇女随葬粮食加工工具，主要从事家务劳动。当然，这种分工不可能是绝对的。

上述这些特征，对探讨当时的社会性质是有重要意义的。

三

中原新石器早期文化的发现，不仅填补了我国新石器考古的一段空白，同时对探讨我国农业、家畜、手工业以及私有制的起源等问题，也增添了十分重要的内容。

恩格斯说："农业是整个古代世界的决定性的生产部门。"[1]

物质生产是人类生存、延续的基础。农业的发明对人类的生存和发展具有重大而深远的意义。当人类还不知道种植农作物以前，人类只能消极地利用天然产品，通过采集、狩猎等方式手段来获取物质生活来源。当人类发明了农业，懂得谷物的种植以后，人类的物质生活来源，就不完全是单纯消极地利用天然产品，而是通过劳动生产的手段来增殖天然产品，以取得丰富的物质生活来源，从而获得稳定而可靠的物质生活基础。这是人类生活史上发生的深刻变化，具有划时代的意义。

原始农业发生于什么时候？一般的估计大约发生于距今一万年左右的新石器

---

[1] 恩格斯：《家庭、私有制与国家的起源》，人民出版社，1955年。

初期。

裴李岗、磁山文化的农业已有进步性，而且也取得初步发展的水平，因此它虽不是我国最早的农业文化，但它却是我国目前考古发现最早的、典型的农业文化。

黄河流域最早的农业文化资料，始见于山西省怀仁县鹅毛口新石器时代初期的石器制造场遗址。在这个石器制造场里发现有打制的石锄、半月形石镰和一件磨制的石斧[1]。由于有石斧尤其是石锄和石镰等农业工具的出现，说明当时农业已经发生。但是鹅毛口的农业工具，制作原始、粗糙，石锄和石镰还是用比较原始的方法打制的。石斧虽然磨制，也只是在前面的顶端和两侧稍加磨制而已，原有的砸击痕迹尚未完全磨掉，种类也不全。由于农业工具具有原始性，因此我们认为当时的农业虽然发生，但还是处于萌芽时期。

鹅毛口的农业与裴李岗、磁山的农业有没有联系？目前还难于说明。从鹅毛口发现的石锄和半月形石镰的情况来看，同裴李岗的农业工具的种类似乎有共同之处，因此它们之间有可能是存在着一定的联系的。

总之，我国黄河流域的原始农业，从鹅毛口新石器初期起，发展到七八千年前的裴李岗文化时期，已经达到比较进步的阶段，这已是十分明显的事实。由此可以证明，我国是世界上农业起源最早的国家之一。

裴李岗发现的猪、羊骨骼，是我国目前发现的最早的家畜资料，由于发现的遗骨数量少，因此我们认为它有可能是家畜出现的初期。到了磁山文化时期，无论是种类和数量都有了明显的发展。

原始的手工业在裴李岗文化中已经出现，其中有制石、制陶、纺织几种。

石器的制作在新石器初期就有固定的场所。在山西怀仁鹅毛口和广东南海西樵山都发现有石器制造工场，看来制石是最早出现的一种原始手工业。裴李岗的石器，我们认为有可能是由专业或具有半专业性的人员专门制作的。比较突出的是石镰和石磨盘两种。就现在所看到的从新郑、密县、登封、巩县、长葛、郏县乃至潢川等地出土的石镰和磨盘资料，其形状、规格几乎都一致。因此我们认为裴李岗文化的石镰、磨盘，可能有一个集中固定的产地，这种形状规格化的产品，如果不是出自具有专业性质的制作者的手艺，是难于想象的。

制陶也是裴李岗文化原始手工业中比较主要的一项。裴李岗的陶器带有一定的原始性，其特点是手制，用手捏或泥条盘筑法制成。器表打抹不平，个别的有磨光。器形也不规整，陶胎厚薄不匀，火候不高，硬度低，质量差。造型比较简单，多为圜底，其次是小平底，个别的有假圈足和圈足。种类只有炊煮器鼎、罐，水器小口双耳壶和食器三足钵、圜底钵、碗、瓢等几种，基本上只限于炊、食方面的皿类，比较大型的罐、瓮、盆、缸等容器和储器还没有见到。这些情况说明，无论技术状况以及陶质、

---

[1] 中国科学院古脊椎动物与古人类研究所：《山西怀仁鹅毛口石器制造场遗址》，《考古学报》1973年第2期。

器物种类等方面，都具有早期陶器的特征。但是我们还不能因此说它就是最早的陶器，它与最早的陶器还有一段距离，因为它毕竟还是掌握了基本的制陶技术。从选料、陶土的淘洗、掺砂、造型以及烧陶的火候温度等方面的技术，可以说都已经成熟了。由于技术上已有一定的成熟性，说明还不是最原始的陶器。但这同农业方面的情况一样。裴李岗的陶器也是我国目前发现的最早而又最丰富的资料，这就为研究我国陶器的起源问题提供了新的实物。我们认为裴李岗的陶器，完全有理由确定它是我国陶器发展史上第一个阶段的重要实物资料。

纺织手工业在裴李岗文化时期可以说是刚刚出现，发现的纺轮只有4个，出土于莪沟遗址，磁山遗址也发现4个。

上述情况说明，中原新石器早期文化，原始手工业已经出现。不过有的刚刚开始，有的时间经过也不长。这些问题如果同后来的仰韶文化联系起来看，其发展的线索、脉络就十分清楚，限于篇幅这里就不再作进一步地论述了。

关于私有制的产生、起源问题，最近几年有不少同志进行过一些探讨。对这方面问题的研究，裴李岗文化也是重要的，因为它包含有财产私有的成分。私有制产生的全过程，是从"动产的私有制"，发展到"不动产的私有制"[1]。恩格斯说："无论在古代或现代民族中，真正的私有制只是随着动产的出现才出现的。"[2]既然私有制的起源是从动产的出现而开始的，那么，"动产"是什么？一般来说，古代"动产"指的是工具、武器、生活用具、装饰品、牲畜，等等，要判定这些动产"是不是具有私有的性质，那就必须考察哪几种财物在埋葬死者的时候必须加以销毁"[3]。

裴李岗墓葬中，普遍随葬有生产工具、生活用具，个别的还有绿松石装饰品，这些东西应是死者生前的私有财物，即死者生前所占有的"部分动产"，很明显，在裴李岗文化的肌体里，已经产生了"动产"私有的胚胎。因此，我国氏族社会的私有财产，其起源应追溯到裴李岗文化时期。

新石器早期文化遗存在中原地区是十分丰富的。据调查，裴李岗、磁山类型的文化在河南、河北的一些地方都还有不少的存在，尤其是裴李岗文化遗址，在河南境内就已经发现近20处，从豫北到豫南都有发现。随着我国新石器考古工作的不断深入开展，我们相信，今后这类文化遗存，将会有更多的发现。我们必须进一步努力发掘我国古代的物质文化，用活生生的史料写出我国氏族社会的历史。

[原载《郑州大学学报》（哲学社会科学版）1981年第1期]

---

[1] 马克思、恩格斯：《德意志意识形态》，《马克思、恩格斯选集》（第一卷），人民出版社，1972年。
[2] 马克思、恩格斯：《德意志意识形态》，《马克思、恩格斯选集》（第一卷），人民出版社，1972年。
[3] 马克思：《科瓦列夫斯基〈公社土地私有制其解体的原因、进程和结果〉一书摘要》，人民出版社，1965年。

论裴李岗文化在华北早期新石器文化中的领先地位

目前，在华北地区发现的早期新石器遗存中，有河北境内分布的磁山文化，河南境内分布的裴李岗文化和渭水流域分布的老官台（包括大地湾一期）文化。这三种文化，都有一定的内涵，属典型的农业文化，其文化面貌比较原始，文化年代经 ^{14}C 测定，都在距今 7000 年以上。因此，人们普遍把它们归为同一历史阶段的遗存，代表华北不同地域内的早期新石器文化。它们在我国新石器文化的发展史上，无疑都占有重要的历史地位。

但是，从文化年代的早晚，文化发展水平的高低，以及文化影响的大小来说，裴李岗文化都占有领先地位，下面就此问题作具体分析。

一

说裴李岗文化占有领先地位，其一是这一文化的年代较早，文化发展水平也比较高。

华北早期新石器文化的年代，都有 ^{14}C 测定的数据。裴李岗文化的年代，^{14}C 测定的数据较多，大致为公元前 5935～前 5195 年。磁山文化的年代，大致为公元前 5405～前 5110 年。老官台文化的年代，大致为公元前 5200～前 4375 年。依据这一数据，裴李岗文化的年代上限，比磁山文化的上限年代早 500 年，而磁山文化的年代，又比老官台文化的年代早 200 年，老官台文化的下限年代，已接近于仰韶文化。

裴李岗文化不仅年代早，而且文化面貌也比较进步，这可以从如下两个方面来说明。

一是裴李岗文化内涵比磁山文化、老官台文化丰富，文化发展水平比较高。

裴李岗文化内涵分居住遗址和墓地两部分。居住遗址包含有房基、窖穴和灰坑，以及陶窑遗迹。房基的数量不多，目前，一个遗址内发掘出的房基，最多的为 6 座，少的 1 座。灰坑和窖穴有较多的发现。陶窑在个别遗址内有发现，数量也不多。墓地的规模有大有小，大的墓地有上百座墓葬，小的有几十座。墓地内埋葬的死者，绝大部分是成年人，单人土坑葬，也有个别双人合葬，有的墓地还发现有二次葬。墓内多有随葬品，包括劳动工具、日用陶器和装饰品三类，有的墓还随葬龟甲。随葬品的数量，少者1件，多者20余件。随葬品组合分三种，一种是只随葬劳动工具，一种是只随葬陶器，另一种是既随葬劳动工具，也随葬陶器，有的还有装饰品。

裴李岗文化遗物有较多的石器和陶器，还有少量的骨器及家畜遗骨。在舞阳贾湖遗址，还发现有龟甲刻符和制作精细的骨笛。

磁山文化目前只发现居住遗址，未发现墓地。包含的文化遗迹有为数不多的房基、大量窖穴。文化遗物也有较多的石器、陶器，还有一定数量的骨器及家畜遗骨。

渭水流域的早期新石器遗存，目前发现有居住遗址和少量墓葬。居住遗址内也发现有一些房基、窖穴和灰坑，有的也发现有陶窑。墓葬在宝鸡北首岭下层发现7座，秦安大地湾发现11座。北首岭下层墓有单人葬，也有多人二次合葬。随葬品基本上是陶器，有三足器和陶钵。大地湾一期墓均为单人土坑葬，随葬品有生产工具、陶器，有的还有猪下颌骨，数量不多，一般只有2~3件。

根据上述情况，在华北早期新石器文化内涵中，以裴李岗文化最丰富，突出的有两点：一是有大批墓葬的发现，而且绝大多数墓都有随葬品，不仅在种类上有不同的组合，而且数量上也有一定的差距。这些随葬物品，有可能是属于私人所占有的一部分财产。这种现象说明，裴李岗文化的经济发展水平是比较高的。二是贾湖遗址发现的龟甲刻符和制作精致的骨笛，也反映出裴李岗文化的进步性，这是磁山文化和老官台文化所不及的。

二是裴李岗文化的生产力，也表现出比磁山文化和老官台文化进步的特征。突出的是劳动生产工具的加工制作技术，有明显的差别。

裴李岗文化中的石器，打制石器只有少数细石片，粗大的打制石器几乎绝迹，磨制石器则大量出现，种类有农业生产工具斧、铲、镰和粮食加工工具磨盘、磨棒，还有少数手工业工具。这些工具多通体磨光，形状规整，尤其是石镰的制作更加精细，不仅通体磨光，而且刃部还加工有细密的三角形齿，目的是增加刃部的锋利程度，以提高劳动效率。

磁山文化中的劳动工具，打制石器数量较多，占石器总数的40%以上。种类有敲砸器、石锤及石片石器。磨制石器绝大部分制作粗糙，磨制不精，形制也不甚规整。种类有石斧、石铲、石镰、石锛、石凿等农业和手工业工具，也有石磨盘、磨棒一类粮食加工工具。值得注意的是，在石斧、石铲中，有的还是打制的，未加磨光。这种现象说明，磁山文化的劳动工具其加工制作技术，具有相当的原始性。

渭水流域早期新石器文化中的劳动工具，也有相当数量的打制石器。据大地湾一期文化出土的石器，是以打制石器为主，有的只略加磨制，种类有砍砸器、刮削器和斧、铲、刀。李家村出土的石器虽以磨制石器为主，但打制石器仍占有较大的比重。其中打制石器的种类有敲砸器、尖状器、刮削器。磨制石器则有斧、铲、锛几种。这些石器加工也比较粗糙。上述情况表明，渭水流域早期新石器文化的劳动工具，制作技术也具有相当的原始性。

归纳起来，裴李岗文化石器的特点是：旧石器的传统作风已接近于消失，而磁山文化和老官台文化的石器，则仍然保留着比较浓厚的旧石器传统作风。

石器是石器时代的主要劳动生产工具，而劳动工具则是生产力的主要因素之一。因此，劳动生产工具的进步与落后，是衡量当时生产力水平高低的一个重要标志。一般来说，年代较早的物质文化遗存，石器加工技术都比较落后；年代较晚的物质文化遗存，石器的制作都比较进步。这一规律，是同生产的发展规律相一致的，在磁山文化中，这种现象就有所表现。据磁山遗址出土的石器统计，早期（第一文化层）出土的石器，磨制石器占石器总数的57%，打制石器占34.2%。晚期（第二文化层）石器，磨制石器占65.4%，打制石器占21.8%[1]。磁山文化晚期，磨制石器所占的比例上升，打制石器所占的比例下降，正体现了晚期生产力发展水平的提高。因此，裴李岗文化石器的进步，也应当是生产力进步的一种表现。

由于裴李岗文化在华北早期新石器文化中年代早、文化内涵比较丰富，文化发展水平比较高，而且生产力也比较进步，因此，它在华北地区新石器文化中具有领先地位，就是在我国新石器文化发展史上也具有领先地位。

二

裴李岗文化在华北早期新石器文化中具有领先地位，其二是裴李岗文化对磁山文化和老官台文化都产生了程度不同的影响。这可以通过裴李岗文化、磁山文化和老官台文化面貌和基本特征的分析来得到证明。

据目前的发掘资料，裴李岗文化有它自己鲜明的特色，主要表现在器物群中，无论在造型上或纹饰上，都有自己的风格和特征。

裴李岗文化的石器、打制的细石片，在器形上和许昌灵井的细石片具有传统的作风，而磨制石器则有独特的形式。石斧形体比较短厚。石铲的形体扁薄，多作长条形，腰内凹，两端均为圆弧形刃，整体像鞋底形，还有少量的有肩石铲，亦作圆弧形刃。石镰均为拱背平刃或凹刃，刃部加工有细密的锯齿，柄部较宽并加工有系绳的缺口。石磨盘的形体较长，两端圆弧形，前宽后窄，腰内凹，平面亦像鞋底状，盘底部加工有四只对称的圆柱形矮足。在这几种石器中，最富有特色的是鞋底形石铲和磨盘以及带锯齿的石镰三种，是裴李岗文化中具有代表性的典型石器。

裴李岗文化的陶器有炊器和饮食器两类。炊器为夹砂陶，饮食器为泥质陶。炊器中有鼎和筒形深腹罐两种。鼎的形式有两种，一种是口大底小深腹，矮三足，腹部饰

---

[1] 河北省文物管理处、邯郸市文物管理所：《河北武安磁山遗址》，《考古学报》1981年第3期。

有乳钉纹，另一种是圜底鼓腹鼎，素面无纹，三足较长。筒形深腹罐有大有小，大的腹壁微鼓，口沿下有的饰乳钉纹，小的腹壁斜直，多无纹饰。这两种炊器中，以筒形深腹罐的出土数量最多，是常用的一种炊器。饮食器有小口双耳壶、三足钵、圜底钵、碗、勺几种。小口双耳壶的形式多样，壶体有球形和椭圆形之分，颈有长短之分，耳有桥形耳和弯月形耳之分，底有圜底、小平底和尖底之分，有的还有三锥足和假圈足。三足钵的形式则有深腹、浅腹和大小之分，足也有长短之分。这两种器物的出土量相当多，也是裴李岗文化的饮食器中最有代表性的器物。

裴李岗文化的陶器纹饰，有压印坑点纹、篦纹（包括直线篦点纹和连续折线篦点纹）、乳钉纹、划纹几种。其中以坑点纹和篦纹比较常见。这两种纹饰也是裴李岗文化中有代表性的纹饰。

裴李岗文化器物群的作风和特征，虽然在年代早晚上，或者在不同地区的遗存中，或多或少地存在一些差异，但其基本的作风和特征则是相同的，即使在差异中也还可以看出其演变的规律。由此表明裴李岗文化已形成了自己的风格。

磁山文化也有它自身的特色。在磁山文化的器物群中，无论是器物的形式或纹饰作风，都和裴李岗文化有所不同，文化面貌的差别非常明显。例如：

磁山文化的石器，打制石器占有较大的比重，器物种类既有较大型的敲砸器、石锤、石片，也有一些细石片，这种作风和细石器作风的距离较远，它不像裴李岗文化的打制石器那样，比较明显地承袭细石器作风。磁山文化的农业和手工业工具，器形也同裴李岗文化的同类器有别。石斧断面呈椭圆形，石铲多呈梯形或顶部较窄，石磨盘作柳叶形，尖头，底部多加工三个方形矮足，个别的也有四足。石镰的形状也和裴李岗文化的石镰有所不同，突出的是没有柄端，刃部未加工有三角锯齿。这些石器，最有特色的磨盘，是磁山文化中最有代表性的石器。

磁山文化的陶器也有炊器和饮食器两类，还有较大型的罐，可能属储容器。炊器有盂、陶支架、敞口深腹罐，并有个别四足鼎。饮食器有小口双耳壶、圈足或假圈足碗、敞口圜底钵、三足钵、长方形浅盘和杯等。这些器物中，以椭圆形陶盂、靴形陶支架最具特色，是磁山文化中具有代表性的典型器物。陶器纹饰有绳纹、编织纹、篦纹、剔刺纹、划纹、附加堆纹。最流行的是绳纹、编织纹、剔刺纹。这些纹饰比较有代表性，而且施有纹饰的器物较多，约占陶器的三分之一。

上述情况表明，磁山文化的器物群，也有其自身的作风和特征，文化面貌上自成风格，与裴李岗文化有别。

渭水流域的早期新石器遗存文化面貌比较复杂，各遗址的器物群作风和特征都不完全相同。李家村的石器以磨制为主，也有一定数量的打制石器，其中有尖状器、刮削器等。陶器则有平底钵、圜底钵、三足钵、大型筒状三足罐、三足杯、小罐等，纹饰有线纹、浅绳纹，以大型筒状三足罐最富特征。这种器物器壁薄，火候低，遍体饰细绳纹，三足矮小，呈三角形式乳头状。还有一种胎质为内黑外红、外壁饰线纹或绳纹的圈足钵，也颇有特色。北首岭下层的陶器，则以蛋形深腹矮足三足大罐、敞口圆腹三锥足小罐、筒腹三足杯、带把三足罐最富特征。器物多遍体饰绳纹。此外还有压印纹、锯齿纹、划纹、堆纹等，并有少量彩陶。大地湾一期的陶器，则有筒状深腹三足或圈足罐、圜底三足钵、圈足碗、球腹壶、杯等。纹饰多交错拍印的细绳纹，也有少量彩陶。这些现象说明渭水流域早期新石器文化虽然有许多共同特征，但彼此间有明显的差异。

如上所述，华北早期新石器文化，面貌各不相同，各有特色。但是，它们之间又或多或少地存在一些共同的特征。其中，裴李岗文化与磁山文化的共同特征比较明显。如裴李岗文化和磁山文化的石器都有相类似的石镰、石磨盘，陶器中也有小口双耳壶、三足钵、深腹罐等，尤其是小口双耳壶和三足钵的形制，几乎没有多大差别。此外在陶器纹饰上两者也有篦纹。渭水流域早期新石器文化，与裴李岗文化、磁山文化之间，共同特征较少。石器的作风完全不同，而陶器的作风，则有些器物的形制比较接近。如渭水流域早期新石器中，普遍有三足钵、球形小口壶，这两种器物的形制，和裴李岗文化的同类器作风比较接近。

华北早期新石器文化面貌的不同，说明它们之间并不存在直接的渊源关系，文化作风上存在相似或相同的特征，又说明它们之间在发展过程中有某种联系，从而产生了影响，形成了某些共同的特征。这种影响，可以说是裴李岗文化起主要作用。这一方面是因为裴李岗文化年代早，发展水平较高，磁山文化和老官台文化的年代较晚。年代早的文化对年代较晚的文化比较具备影响的条件。另一方面，从文化特征共性的主次关系来看，也可以说明磁山文化和老官台文化，是受裴李岗文化所影响。例如：

在磁山文化中出现的三足钵、小口双耳壶和篦纹，并不是磁山文化中具有典型性和代表性的器物和纹饰，在磁山文化中，出土数量不多，而且是在磁山晚期发展起来的。在磁山遗址的第一文化层（即磁山早期），三足钵只出 3 件，小口双耳壶则未出。第二文化层（即磁山晚期），三足钵则出有 28 件，小口双耳壶也出有 11 件。这就说明，磁山早期三足钵虽然已经出现，但数量极少，小口双耳壶则未见，到晚期阶段才发展起来，成为主要的饮食器之一。篦纹也如此，磁山早期少见，晚期比较多见，主要纹饰是绳纹和编织纹。所以，三足钵、小口双耳壶和篦纹，在磁山文化中并没有典型性和代表性。但是，在裴李岗文化中，三足钵和小口双耳壶从早到晚都有相当数量，而且形式变化多样，是裴李岗文化中的典型器物。篦纹在裴李岗文化中也是主要纹饰，尤其在早期阶段较流行。因此，从这一文化因素的主次关系来说，裴李岗文化显然居主要地位，磁山文化居于次要地位。从文化影响的角度来说，居主要地位的，自然起主导作用。因此，在磁山文化中出现的与裴李岗文化相似的特征，应该是受裴李岗文化影响的结果。

渭水流域早期新石器文化中出现的某些与裴李岗文化相同的特征，有人把它肯定为是受裴李岗文化的影响，但不属于隶属关系。对此就不再详述了。

根据上面所作的分析，裴李岗文化在华北早期新石器文化中，产生了一定的影响，其中对磁山文化的影响较大，因此在磁山文化面貌上，形成了比较多的裴李岗文化特征，这可能是因为磁山文化与裴李岗文化相邻，年代也比较接近，彼此间的联系比较密切有关。裴李岗文化在华北早期新石器文化中影响较大。这是裴李岗文化在华北早期新石器文化中占有领先地位的具体表现之二。

三

裴李岗文化在学术研究上也具有比较重要的价值。这首先是因为裴李岗文化年代早，它的发现填补了我国新石器早期文化的一段空白，这在我国新石器考古研究上是一个重要突破。其次是裴李岗文化内容比较丰富，文化分期比较清楚，发展线索比较明朗。这对探索仰韶文化的渊源提供了比较重要的依据。

在裴李岗、磁山文化没有发现之前，黄河流域新石器考古研究一直停留在仰韶文化和龙山文化的研究上。早于仰韶文化的新石器早期文化，从仰韶文化的发现为始，半个多世纪以来，一直未能突破。

1965年，在陕西华县西南的老官台，曾调查发现一种与仰韶文化半坡类型有所不同的新石器文化遗存。其基本特征是：陶器均为手制，胎壁较薄，陶质有夹砂陶和泥质陶两种，夹砂陶多橘黄色或砖红色，有的内壁呈灰色；纹饰以划纹为主，其次为绳纹，也有少量的线纹和附加堆纹；器形以罐为主，鼎极少。泥质陶多橘红色，少数黑色，并有一些白陶。器形有钵、碗、杯、小口鼓腹平底瓮，多数经打磨，外壁平整光滑。有的器物口沿上还刻有齿纹，有的还施有朱红色宽带纹。这些特征和仰韶文化半坡类型陶器有较大区别，它的发现，曾引起人们的注意。后来，在元君庙半坡类型墓葬的填土中又发现老官台遗存的陶片，据此断定老官台遗存的文化年代早于仰韶文化的半坡类型。因此，老官台文化的发现，可以说是黄河流域继仰韶文化的发现之后，新发现的一种早于仰韶的新石器遗存。

但是，由于老官台遗存仅仅是调查所得的资料，未作典型遗址的发掘，文化面貌还不十分清楚，因此对这一遗存的文化性质，当时就有不同的认识。有人认为它是一种新的文化遗存，同仰韶文化半坡类型有一定的渊源关系；也有人认为它虽然与半坡类型有别，但仍属仰韶文化范畴，属仰韶早期遗存。这样，老官台遗存的发现，虽然是黄河流域新石器考古研究取得的新进展，然并未肯定它是早期新石器时代文化。这一地区的早期新石器文化，仍然是一个未知的空白。直到 20 世纪 70 年代末，由于磁山文化和裴李岗文化的发现，黄河流域新石器早期文化才得以认识。

当磁山文化和裴李岗文化发现之后，立即引起学术界的注意。已故的我国著名考古学家夏鼐先生在回顾新中国考古学研究所取得的成就时说："最引人注目的是七十年代末所发现的早期新石器文化，即分布在河北省南部和河南省北部的磁山、裴李岗文化。"[1] 对磁山、裴李岗文化的发现，在学术界也有很高的评价，说这是"解放三十年来新石器时代研究领域中的重大突破"[2]。

裴李岗文化，作为黄河流域早期新石器文化之一，在学术上也具有重要价值。目前，裴李岗文化经过几年的调查发掘之后，资料越来越丰富，文化面貌越来越清楚。特别是长葛石固遗址和舞阳贾湖遗址的发掘，增添了不少新内容。不仅找到了裴李岗文化发展的地层关系，同时还初步确立了文化分期的标准，从而丰富了对裴李岗文化的认识，也提高了裴李岗文化的学术价值。

裴李岗文化的学术价值，最重要的一点是为解决仰韶文化的渊源问题，提供了一个比较明朗的前景。当裴李岗文化发现之后，有人就把它和仰韶文化联系起来进行研究。认为裴李岗文化和仰韶文化之间有一定的关系，裴李岗文化实行单人土坑葬，仰身直肢，随葬品使用了石器、陶器和装饰品，这种葬俗和仰韶文化的葬俗基本相同。裴李岗文化的陶器，以红陶为主，也有少量的灰陶，仰韶文化的陶器也以红陶为主，灰陶的数量略多。裴李岗文化的陶器有某些器物的形制，如深腹鼎、小口双耳壶、圜底钵、假圈足碗，与仰韶文化的同类器形制也比较相近。由此推定裴李岗文化与仰韶文化有发展和承袭的渊源关系，仰韶文化可能渊源于裴李岗文化[3]。

现在看来，裴李岗文化与仰韶文化的渊源关系更加明朗。因为，在长葛石固遗址，已发现仰韶文化和裴李岗文化相叠的地层关系，而且石固遗址的文化遗存，也有文化分期序列[4]。根据地层关系和文化分期序列，可以比较清楚地看出，仰韶文化应当是来源于裴李岗文化。

石固遗址的地层，各个探方有所不同。T5 东壁的地层剖面分三层，第 1 层是耕土，第 2 层是仰韶文化层，包含有仰韶文化陶片，第 3 层是裴李岗文化层，包含有篦纹陶罐、三足钵、小口双耳壶等残陶片。其他探方的地层，不同的是裴李岗文化层还有不同的层次之分。根据这一地层关系，充分说明仰韶文化与裴李岗文化，具有承袭关系。

石固遗址的文化遗存共分八期，一至四期属裴李岗文化范畴。其中一、二期文化特征同新郑裴李岗、密县莪沟遗址的文化面貌基本相同。三、四期遗存的文化面貌，则有较大的差异，但文化的延续性明显。因此，这四期遗存大致分属于两个发展阶段

---

[1] 夏鼐：《中国文明的起源》，文物出版社，1985 年。
[2] 中国社会科学院考古研究所：《新中国的考古发现和研究》，文物出版社，1984 年。
[3] 陈旭：《仰韶文化渊源探索》，《郑州大学学报》1978 年第 4 期。
[4] 河南省文物研究所：《长葛石固遗址发掘报告》，《华夏考古》1987 年第 1 期。

的遗存。一、二期为早期阶段，三、四期为裴李岗文化的晚期阶段。四至八期为仰韶文化遗存，文化面貌的延续性也比较清楚。但是，在四、五期之间，文化特征的延续、衔接并不紧密，表现出尚有缺环，但从一部分陶器特征上，还可以看出其演变的轨迹。

从石固遗址的发掘资料看来，在地层关系上已可以确定，仰韶文化来源于裴李岗文化，而文化的延续性则还没有完全衔接起来。但是石固三、四期遗存的发现，已缩短了裴李岗文化与仰韶文化延续的距离。这种距离，随着考古工作的不断深入，新资料的发现，是可以得到解决的。

综上所述，裴李岗文化在华北早期新石器遗存中，年代较早，文化发展水平较高，生产力也比较进步，并且产生了一定的影响，而且在学术研究上，也具有比较重要的价值。因此，它在华北早期新石器文化遗存中，占有领先地位。

（原载《中原文物》1988年第4期）

裴李岗文化发现十年

裴李岗文化的发现，是新中国成立之后，我国新石器考古的重大突破，也是河南四十年来考古工作取得的重要收获之一。

从1976年裴李岗遗址的发掘到现在已十三年了，在这短短的时间内，裴李岗文化的发掘与研究工作，进展很快，从而使裴李岗文化的发掘资料得到充实，对这一文化的认识也更加深刻。值此中华人民共和国成立四十周年之际，我们把十余年来对裴李岗文化的发掘研究作一归纳总结，从一个方面说明新中国成立以来河南考古工作的成就，是很有必要的。

一

十三年来，裴李岗文化的调查发掘，收获不小。至目前止，调查发现的裴李岗文化遗址已有五六十处，分布比较集中于河南中部地区，豫南、豫西、豫北也有发现。已发掘的遗址，除裴李岗外，还有新郑沙窝李[1]、密县莪沟北岗[2]、马良沟[3]、巩县铁生沟[4]、长葛石固[5]、舞阳贾湖[6]、临汝中山寨[7]、淇县花窝遗址[8]等，以裴李岗、莪沟、石固、贾湖遗址的发掘规模较大，文化内涵也比较丰富。

通过几个重点遗址的发掘，已揭露出一批裴李岗文化遗迹、遗物，使人们对裴李岗文化的内涵得到进一步的了解。

据目前的调查发掘资料，裴李岗文化遗址有农业聚居村落遗址和氏族墓地两类。裴李岗、莪沟、石固、贾湖遗址，既是一处居住遗址，又有氏族墓地。新郑沙窝李则

---

[1] 中国社会科学院考古所河南一队：《河南新郑沙窝李新石器时代遗址》，《考古》1983年第12期。
[2] 河南省博物馆、密县文化馆：《河南省密县莪沟北岗新石器时代遗址》，《考古学集刊（1）》，中国社会科学出版社，1981年。
[3] 开封地区文管会、密县文管会、郑州大学考古专业：《河南密县马良沟遗址调查与试掘》，《考古》1981年第3期。
[4] 开封地区文管会、巩县文管会、郑州大学历史系考古专业：《河南巩县铁生沟新石器早期遗址试掘简报》，《文物》1980年第5期。
[5] 河南省文物研究所：《长葛石固遗址发掘报告》，《华夏考古》1987年第1期。
[6] 河南省文物研究所：《河南舞阳贾湖新石器遗址第二至六次发掘简报》，《文物》1989年第1期。
[7] 中国社会科学院考古研究所河南一队：《河南汝州中山寨遗址试掘》，《考古》1986年第7期。
[8] 安阳地区文管会、淇县文化馆：《河南淇县花窝遗址试掘》，《考古》1981年第3期。

是一处氏族墓地，临汝中山寨遗址也挖出几座墓，可能也是一处氏族墓地。

在居住遗址内，已揭露出有房基、灰坑、陶窑等文化遗迹，在氏族墓地则有大批墓葬发现。已挖出的房基有几十座，陶窑十余座，灰坑几百个，墓葬几百座。

房基在莪沟挖出6座、铁生沟1座、石固3座、贾湖30座，均属半地穴式房子。形状多圆形，也有椭圆形。居室面积为2~6平方米之间，多属单间。在贾湖遗址还发现有双开间、三开间和四开间的房子，这种半地穴式多开间房子，不仅在裴李岗文化中少见，就是在仰韶文化中也是罕见的。莪沟发现的房子有斜坡式或台阶式门道，室内有火灶、地面经过铺垫加工。铁生沟发现的房子，有用石块铺垫的供上下用的三级台阶。贾湖的多开间房有门坎和隔墙。上述房子的结构不尽相同，但都很简陋。

陶窑在裴李岗发现1座，平穴窑。贾湖10座，残存有火门、火膛、火台、窑壁、烟道出烟口，结构比较进步。

灰坑在各遗址都有大量发现，形状多种，以圆形为多，次为椭圆形，还有不规则形等。贾湖挖出的灰坑有300多个，形状也比较多样。坑口直径一般在1米上下，深浅不一；堆积物主要是灰土，内包含有石器、陶片、果核、兽骨等遗物。墓葬在裴李岗挖出114座、莪沟68座、沙窝李32座、石固69座、贾湖300余座、临汝中山寨4座。这些墓葬具有共同的葬式葬俗，也略有差异。

裴李岗文化，埋葬死者都有公共墓地，大的墓地有墓群之分。裴李岗墓地分三个墓群，贾湖墓地分九个墓群。同一个墓地埋葬的死者均为成年人，只有极个别的非成年人。墓向基本一致，葬式多仰身直肢、单人葬。多数墓有随葬品，包括石器、陶器等劳动工具和生活用品，少数墓有装饰品。随葬品数量少者一件，多者十余件，个别的达二十余件。器物组合分三组，一组只有石器；另一组只有陶器；还有一组是石器、陶器兼有。此组墓随葬的石器，又有农业生产工具和谷物加工工具之分，前者以斧、铲、镰为代表，后者以石磨盘、磨棒为代表。随葬磨盘、磨棒者，随葬的陶器也较多，凡随葬品数量较多的墓，均属此类墓。在随葬的陶器中，常见的有壶、钵、罐三种，其中最常见的是壶，凡随葬有陶器的墓，绝大部分必有壶，似乎是必备之物，而且多放置在死者的头部，位置比较固定，看来，壶的使用，还包含着某种特殊的意识。

各个墓地的葬式葬俗，除共性之外，也有或多或少的差异。沙窝李墓地，有随葬品的墓较多。在32座墓中，全部都有随葬品，随葬品中以石器最普遍，在出土的133件随葬品中，石器有83件，占随葬品总数64%，其中M79随葬有石斧4件，石铲6件，石凿5件，磨石3件，石锤1件，还有一些打制的细石片，这种现象是不多见的。莪沟墓地未见只用石器随葬的墓，也未见有装饰品。随葬品有的放置在墓室的壁龛内。石固墓的葬俗与莪沟基本相同，也有壁龛。中山寨挖出的4座墓，则头向不一，有随葬品者少，有的墓死者口中还发现含有榧螺的现象。贾湖墓地则发现有二次迁葬合葬墓，合葬人数有2人、3人和4人之分，尸体的放置有仰身直肢、侧身直肢、俯身直肢、仰身屈肢之别，而且方向不一。随葬品者多用骨器，少用石器、陶器，有的墓还随葬有龟甲和獐牙。从上述情况看来，裴李岗文化墓的葬式葬俗，以贾湖墓地的变化较为突出。

二次迁葬合葬墓，在仰韶文化和大汶口文化早期墓中均有，尤以仰韶早期墓多见。现在，贾湖遗址又发现这种葬式，由此看来，二次迁葬合葬在裴李岗文化已开其端，发展至仰韶早期已成为主要葬式。

氏族墓地的发掘，是裴李岗文化发掘的最重要收获。通过墓地的发掘，获得了大批墓葬资料，这对研究当时的氏族制度和社会生活有重要意义。在氏族社会，对死者的埋葬是受氏族观念的支配和习惯制度约束的，因此埋葬制度，在一定程度上反映了当时的社会现实。

这几个典型遗址的发掘，还获得大批文化遗物。其中有大量的石器、陶器和少量骨器、蚌器，包括劳动工具、生活用具和装饰品三类。

陶器是裴李岗文化最丰富的遗物。各遗址出土的陶器多属红陶，也有一些灰陶。器物种类有鼎、壶、罐、钵、碗、盆、豆、勺、器盖等，手制，制作粗糙，胎质疏松，部分器物饰有纹饰，有划纹、篦纹、乳钉纹、齿状纹、坑点纹等。主要器物形式多样，变化复杂。

鼎是一种炊器，出土数量不多，但有罐形、盆形、釜形之分。裴李岗和莪沟遗址，出有深腹乳钉纹鼎，很有特色，其他遗址未见。有的鼎接近仰韶陶鼎的作风和特征。

罐也是主要炊器，各遗址的出土量都很多，形式多样。器体有大小，口有敞口、直口、敛口的不同，腹壁有的近于垂直、筒状深腹，有的作斜壁，也有圆腹罐。裴李岗、莪沟遗址多见筒形深腹罐，石固和贾湖遗址出有缸状角把罐，而贾湖遗址还出有一种蛋形双耳罐，颇有特色。

壶是一种盛水器，各遗址出土数量甚多，形式变化多样。壶体有圆球形、椭圆形和扁体之分，口有大小之别，以小口居多，颈有长短，肩有圆肩、溜肩、折肩，底有圜底、平底、尖底，足有三锥足和假圈足，耳有弯月形、桥形之异等，其中折肩壶和扁腹大口壶在裴李岗和莪沟遗址未见出土，石固和贾湖遗址多见。

钵在各遗址也有很多出土，是食器之一。有浅腹、深腹、敞口、直口、敛口折腹等不同形式，其中三锥足钵是裴李岗文化的特色。

陶勺在莪沟和石固遗址有发现，数量不多。这种器物在其他新石器文化中未见出土，是裴李岗文化仅见的一种器物。

上面列举的几种陶器，作风和器形特征都具有特点，是裴李岗文化具有代表性的典型器物。

裴李岗文化的石器，有少量的打制石片，主要是磨制石器。磨制石器种类有斧、铲、镰、凿等农业和手工业生产工具，还有谷物加工工具磨盘、磨棒。仰韶文化中常见的石锛，在裴李岗文化中未见出土。其器形特征也颇有风格，突出的是齿刃镰和四足磨盘，这是裴李岗文化仅有的，而且是最富有特色的器物。

骨器在裴李岗、沙窝李、莪沟遗址出土不多，石固和贾湖遗址出土较多。器物种类有渔猎工具骨镞、鱼镖，还有骨针、骨匕、骨锥、梭形器、管形骨器等缝纫工具及装饰品。贾湖遗址还出土多件制作精细的骨笛。经闪光频谱测音仪测定和音乐家的研究，"这支骨笛的音阶结构至少是六声音阶，也有可能是七声齐备的、古老的下徵调音阶"。

此外，在贾湖遗址出土的龟甲、骨器和石器上，有的还发现有契刻符号，这种现象已引起了人们的注意。

上述情况表明，经过十几年的调查发掘，裴李岗文化资料，已进一步得到充实，对裴李岗文化的认识也更加深刻。从现有的发掘资料看，裴李岗文化的分布范围较广，内涵也比较丰富，文化发展水平也较高，在中原地区目前发现的早期新石器遗存中，堪称一枝独秀。

二

十几年来，裴李岗文化不仅在发掘方面取得了新的收获和进展，而且在研究方面也取得了丰硕成果。目前已发表的研究论文大约有五十余篇，涉及的课题有文化年代、文化类型、文化关系、经济形态、财产私有、社会性质等比较重要的问题。

裴李岗文化的年代与分期问题研究比较集中。比较一致的看法是：裴李岗文化是属于中原地区的早期新石器文化。这一方面是从裴李岗文化的发展水平和仰韶文化进行比较作出推断，另一方面也依据 ^{14}C 测定的年代作推定。在已发掘的几个遗址中，都采有木炭标本，经 ^{14}C 测定的年代数据不少，把这些数据综合起来确定，其年代大致在距今8000～7000年之间，比仰韶文化早一千多年至两千年左右。在长葛石固遗址，也发现仰韶文化堆积叠压在裴李岗文化层之上的层位关系，这样，从地层关系上也证实裴李岗文化年代早于仰韶文化。

裴李岗文化的分期，目前一般是依据一个遗址发掘的地层及其文化遗存进行分期。裴李岗遗址分早晚两期，石固遗址分四期，贾湖遗址分三期，这些分期是必要的，而且也是合理的。按 ^{14}C 测定的年代，裴李岗文化自身的发展经历了近2000年，一个遗址的分期，固然有一定的代表性，但也不能以此代替裴李岗文化的分期，也就是说，一个遗址的分期，并不等于裴李岗文化的分期。因此，对于裴李岗文化的系统分期，尚有待于发掘资料的充实。就目前的资料和我个人的看法，裴李岗文化自身的发展，比较明显的，可分早、晚两期，早期以裴李岗遗存为代表，包括沙窝李和莪沟遗存，晚期以石固三、四层遗存为代表，包括贾湖第三层遗存。这两期的文化面貌和发展水平有较明显的变化，文化淮积的层次上也有界标，所以两期的划分有充分的依据。若细分，则早、晚两期还可以各分两段，早期两段，晚期两段，合起来是两期四段。早、晚期的变化是：陶器的种类和形式早期较少，晚期较多。突出的是晚期出现小口长颈折肩壶、短颈大口扁腹壶和蛋形双耳罐、角把罐。在墓葬的葬俗上，晚期有随葬品的墓较少，随葬品的数量也不如早期多，葬式上出现二次迁葬合葬，开仰韶早期比较发展的二次迁葬合葬之俗。所以，我认为裴李岗文化的分期，以早、晚两期分比较合适。

关于类型的划分，有不少同志都谈到这个问题，可以说经过几个较大规模发掘的典型遗址，几乎都提出了类型的命名。我们认为，文化类型有两种概念，一是地方类型，一是时间类型。地方类型突出地方性特点，时间类型则突出文化特征的发展演变和文化因素的增递。从几个典型遗址的文化内涵看，文化特征的共性比较突出，但也略有差异，但这种差异很难说是地方性差异，尤其是器物群的风格，无论哪一个遗址，都不具有独特的作风，只是器物的种类有所增加，或者在形式上有所变化。所以，划分裴李岗文化的地方性类型还比较困难。如果把裴李岗文化划分出时间类型的话还是可以的。以时间类型言，似乎可以分两个类型，即裴李岗类型和石固类型，前者代表早期类型，后者代表晚期类型。

裴李岗文化的发展，普遍认为它与仰韶文化有"流"的关系，就是说仰韶文化是直接继承裴李岗文化发展起来的，也有人认为裴李岗文化与大汶口文化有渊源关系。我们认为，裴李岗文化的发展，直接为仰韶文化所继承，但是，仰韶文化有不同的类型，究竟哪一种类型文化与裴李岗文化有直接的渊源关系，这是值得进一步研究的。

从现有的资料看，裴李岗文化和仰韶早期的半坡类型文化，并没有直接的渊源关系，因为半坡类型文化的来源应是老官台文化，这不仅有地层关系可据，而且文化特征上也有延续的线索。裴李岗文化与后冈类型文化的关系，似乎也没有渊源，因为后冈类型文化与磁山文化的关系比较密切。后冈类型文化有可能就是来源于磁山文化，在河北境内就发现磁山文化与后冈类型文化共存的遗址。所以，后冈类型文化不可能是裴李岗文化的直接继承者。我们推测，裴李岗文化的发展，应该是归宿于大河村类仰韶文化，因为裴李岗文化分布的集中地，也正是大河村类型文化的分布地区，石固遗址叠压在裴李岗文化层之上的仰韶遗存，从陶器特征上看，接近于大河村的一、二期遗存，当属于大河村类型系统，而石固的裴李岗文化遗存和仰韶遗存，虽然在文化特征的演变上存在缺环，但也有其线索可寻。根据上述迹象的分析考察，裴李岗文化的直接继承者，当为大河村类型仰韶文化。

裴李岗文化内涵，直接反映当时的经济生产和生活。在裴李岗文化包含的遗物中，主要是劳动工具和生活用具，还有一部分食物遗存，如动物的遗骨和果核等。根据这些遗存，可以看出，裴李岗文化时期的经济生产和食物来源有农业、渔猎和家畜的饲养。

农业是裴李岗文化的主要生产活动和食物来源。在裴李岗文化中包含的劳动工具，以农业工具居多，其中有石斧、石铲、石镰、石磨盘、磨棒几种，个别遗址还出有石锄。这些工具，按其用途，都属于农业劳动工具。石斧是一种复合工具，既可用于手工业劳动，也可以作为农业工具用于开辟农地，石铲和石锄是农业耕作中用于翻土、松土的工具，石镰是收割工具，磨盘、磨盘是加工谷物的工具，这些工具的发现，充分表现出这一文化具有鲜明的农业文化色彩。

裴李岗文化出土的农业工具种类之全，数量之多，制作之精，又反映出当时的农业生产已具有一定的水平。工具种类之完备，说明当时的农业生产已经有一定的基础，尤其是铲和锄的出现，说明当时的农业已进入锄耕农业阶段。出土工具数量之多，则反映出"裴李岗人"从事农业生产的广泛性。从墓葬中随葬的农业工具来看，男女随葬的工具类别又有不同之分，男子多随葬斧、铲、镰之类的生产工具，女性多随葬磨盘、磨棒之类的工具。这种现象表明：男子是农业生产的主要担负者，是主要劳动力，妇女则主要从事谷物的加工。劳动工具制作之精细，则反映出"裴李岗人"对农业的重视，由此而精心制作劳动工具，以提高劳动效力。把这些因素综合起来分析考察，就可以看出裴李岗文化的农业生产，已具有一定的生产力和发展水平。

渔猎生产在裴李岗文化中仍然占有一定的位置。在裴李岗文化中出土的劳动生产工具中，渔猎工具的数量仅次于农业工具，其中有石镞、骨镞、骨镖等。同时还出土不少的动物遗骨，以贾湖遗址居多，主要有鹿、貉、野猫、野兔的遗骨及鱼骨、螺、蚌、龟、鳖壳。由此说明，"裴李岗人"在增殖农业产品的同时，也还从事打猎、捕鱼等生产活动，以丰富食物来源。

家畜的饲养，在裴李岗文化中已经出现，主要是养猪。在裴李岗遗址发现有猪骨、羊骨，其中猪骨经鉴定属家畜。贾湖出土的猪骨更多，还有狗、牛、鸡骨，这些遗骨是否属家畜，尚有待于鉴定，但家猪可以确定，是以说明"裴李岗人"在发展农业的同时，也饲养家畜。不过，在"裴李岗人"的经济生活中，家畜的饲养和渔猎经济比较起来，后者的分量似比前者重。

"裴李岗人"在发展农业生产，增殖农业产品的基础上，获得了比较稳定的生活来源，同时还从事制陶、纺织等手工业生产，经济生产的多样性丰富了生活内容，在这个前提下，也出现私人占有财产的现象。这个问题，在裴李岗文化内涵中也有所反映。

在裴李岗文化墓中，普遍发现有随葬品。其中有石器、陶器、骨器等包括劳动工具、生活用具和装饰品三类。这些随葬品均系实用器，它被用于随葬，目的是让死者在冥世中继续使用，以便死者像生前那样，在冥世中进行劳动生产和生活。从这个意义上说，随葬的物品应是死者生前占有的部分动产。因此，这份资料对研究私有制的起源以及贫富分化是重要的。

根据裴李岗文化内涵，有人对裴李岗文化的社会性质，也提出了看法。主要依据裴李岗墓葬反映的社会现象，认为女性墓的随葬品数量较多，"女性墓内所出陶器一般种类较齐全，且陶器数量一般也多于男性墓葬，而男性墓则相反"。从财产的占有角度来看，女性墓占有的财富，已超出当时社会平均财富，因而认为裴李岗文化时期，女性受到尊重，而且地位较高。"证明'裴李岗人'处于母系氏族社会阶段"[1]。

上面所说，是目前对裴李岗文化研究的大概，以及笔者对某一问题的基本认识。从这里可以看出，裴李岗文化发现后的十余年间，学术界对裴李岗文化的兴趣和重视，由此而进行深入的研究。丰富的研究成果，使人们加深了对裴李岗文化的认识。

三

裴李岗文化的发现，具有重要意义。

从考古学研究的角度来说，裴李岗文化的发现，填补了中原早期新石器文化的一段空白，是我国新石器考古的重要突破。自20世纪20年代初发现仰韶文化之后的六十余年，我国考古工作者，踏遍了中原大地，作了许多调查发掘工作也取得了不少新的重要收获。但是，这些收获，一直没有超出仰韶文化和龙山文化范畴。早于仰韶文化的新石器遗存，虽然一向被考古工作者所关注，而且一直致力于调查追踪，力求有所发现。然而，埋藏在地下的早期新石器文化遗存，虽然也露出了它的面容，但一直未被人们所认识，直到裴李岗遗址的发掘，这一文化的光彩才披露于世，为人们所认识。由于裴李岗文化的发现，使中原新石器考古获得突破，从而填补了中原早期新石器文化的一段空白，把中原新石器文化的年代，从六千年的仰韶文化推前至七八千年的裴李岗文化，在中华民族的文化史上，又增添了新的篇章。

从历史资料的角度来说，裴李岗文化是我们中华民族历史悠久的物质文化。这份遗产，由于它年代久远，一方面以其历史的真实向人们宣告：中华民族是一个古老的民族。另一方面，它又以其自身的价值，为研究中华民族的历史提供依据，通过这份遗产可以研究中华民族的文化起源和发展，研究我国原始氏族社会的历史面貌，以及进行历史唯物主义教育，爱国主义教育，等等。

依据裴李岗文化的发掘资料，我们可以清楚地知道，我国的农业、养畜业、制陶业已经有七八千年的历史。而且裴李岗文化又是我国目前所发现的、年代最早的农业文化，并具有一定的发展水平，它出现于中原地区。据此可以看出，在我国农业的发展史上，以中原的进程为早，发展也比较快，从这个意义说，黄河流域是我国农业的摇篮。

裴李岗文化的发现，也为仰韶文化找到了来源。自从仰韶文化发现之后，人们就开始关注它的来源，并进行探索。由于早于仰韶文化年代的新石器遗存，在中原长期未被发现，因此人们对仰韶文化来源问题的探索，完全出自于臆想，提出了外来之说。

---

[1] 朱延平：《裴李岗文化墓地初探》，《华夏考古》1987年第2期。

裴李岗文化的发现，使这多年来未能解决的重要课题迎刃而解。

裴李岗文化的发掘资料，对我国原始氏族社会历史的研究，又进一步得到充实。以前，对我国原始氏族社会历史的研究，只限于文献的传说记载和仰韶文化、龙山文化的发掘资料，裴李岗文化的发现，无疑又增加了一份新资料。

通过裴李岗文化的发掘资料，可以看出当时的氏族组织，已有相当的规模，在贾湖遗址已挖出300余座墓，就说明了这个问题。在氏族组织内，血缘关系也还比较牢固，氏族有自己的墓地，主要埋葬成年死者，在氏族墓地内，又有墓群之分，而同一个墓地埋葬的死者，则方向基本一致，葬式也基本相同。由此可见当时对死者的埋葬，严格按氏族的血缘关系及信仰进行。不过，到了裴李岗文化晚期，氏族的血缘观念，似乎开始出现一定的变化，同一个氏族墓地之内，墓群较多，死者的埋葬方向不一，葬式上也出现了二次迁葬合葬，并且是多人合葬，尤其是埋葬方向及葬式上发生的变化，无疑是反映当时人们的思想意识开始发生变化。

（原载《中原文物》1989年第3期）

裴李岗文化发现 30 年
——在新郑市举办的裴李岗文化发现 30 周年纪念暨学术研讨会上的发言

裴李岗文化发现已经 30 年了，今天新郑市举办裴李岗文化发现 30 周年纪念暨学术研讨会，很有意义！

30 年前，我作为一名考古工作者，受郑州大学历史系的指派，来到新郑，与原开封地区文管会和县文物保管所合作，举办文物考古培训班，并参加了唐户遗址和裴李岗遗址的发现，了解裴李岗文化发现的经过。30 年后的今天，我又来到新郑，参加裴李岗文化发现 30 周年纪念暨学术研讨会，并参观了唐户裴李岗文化遗址发掘现场，了解到该遗址的发掘取得了很大收获，因此深有感触。现在想就裴李岗文化发现的重要意义，和唐户遗址的重要性等问题，谈点感想。

一、裴李岗文化发现的偶然性与必然性

裴李岗文化的发现，有它的偶然性，还有其必然性。裴李岗文化发现的偶然性，主要是当时新郑县正开展以农田基本建设为中心的平整土地，原开封地区文管会、新郑县文物保管所和郑州大学历史系考古专业，又正好在新郑联合举办文物保护人员短训班，因此使我们有机会在裴李岗村进行平整土地当中挖出文物时，及时赶到现场进行考察，认识到该遗址出土文物的重要性，及时对裴李岗遗址进行试掘，因此发现了裴李岗文化，事情的经过是这样的：

1976 年，正是我国经历了十年"文化大革命"后，"四人帮"被粉碎，迎来了科学的春天，使停止了十年的文物考古工作开始恢复的时期。当时，新郑县正掀起以平整土地为中心的高潮，原开封地区文管会和新郑文保所为对正在进行土地平整的唐户仰韶文化遗址进行抢救性的清理发掘，邀请郑州大学历史系考古专业合作，举办文物保护人员培训班。参加培训班的学员，结合授课知识，在唐户仰韶文化遗址进行发掘实践。两个多月后，发掘清理工作结束。

1977 年春，我们集中在新郑县文物保管所整理唐户遗址的发掘材料，准备编写发掘简报。其时，裴李岗村的村民，在村西的一块岗地上进行平整土地，挖出人骨和一

些文物。一位爱好文物的村民，捡到一些人骨和陶器，还有一件石磨盘，送到县文物保管所，说这些文物是裴李岗村民正在进行土地平整时挖出来的，我们看到送来的人骨是腿骨，上面裹有一层料姜石质，怀疑其有一些石化程度，而且还有时代不明的石磨盘，因此引起注意，决定赴裴李岗村平整土地现场考察。

第二天，原开封地区文管会的崔耕和文物保管所的薛文灿同志，即邀我一起赴裴李岗村平整土地现场进行考察，主要对挖出人骨的地点作了简单的清理，采集平整土地时挖出的陶片和石器。在清理挖出有人骨的地点中，又发现人骨架的上躯和头骨，得知其是一座墓葬，而且在头骨上也发现裹有料姜石质。在采集不少的陶片中，我们发现都是红陶，没有一片彩陶，而且陶质松软，火候不高，手捏即碎。因此觉得裴李岗遗址的新石器文化遗存可能与仰韶文化有所不同，文化年代可能比较早，裴李岗遗址应是新石器时代的一处重要遗址。于是即向崔耕同志提出建议进行试掘，试掘建议很快得到原开封地区文管会的支持和批准。

试掘工作于1977年4月8日开始。经历了1天的发掘，发掘面积11平方米。发现灰坑3个，墓葬8座，获得比较完整的石器25件，陶器21件，还有骨器和绿松石饰，而且还发现有猪骨，取得了可喜的收获！尤其是在M1的清理中，发现随葬有石磨盘，这不仅解决了石磨盘的时代之谜，而且得知这是墓葬中的随葬品，真令人高兴！

根据试掘材料，我们看到裴李岗新石器时代遗址的墓葬都有随葬品，包括石器、陶器两类劳动生产工具和生活用具，有的还有装饰品。尤其是随葬的劳动工具中还有石磨盘和磨棒，这些都是仰韶文化墓葬中所不见的。出土的石器和陶器，文化特征也与仰韶文化特征不同。最明显的是，仰韶的石器中，没有带齿的石镰，也没有四足石磨盘和磨棒；陶器中也没有乳钉纹鼎、三足钵和深腹筒形罐。在裴李岗遗址出土的陶器中，也不见仰韶文化中常见的彩陶，而且陶质火候不高，手捏即碎。根据这些情况，我们更深深感到裴李岗文化特征与仰韶文化不同，不属于仰韶文化范畴，有可能是文化年代早于仰韶文化的又一种新石器文化遗存。

试掘材料整理后，在撰写试掘简报时，我们根据其文化面貌特征不同于仰韶文化和 ^{14}C 测定的年代，提出裴李岗遗址的时代早于仰韶文化遗址，并建议把裴李岗遗址的新石器文化遗存命名为"裴李岗文化"。但是，试掘简报发表后，我们注意到"裴李岗文化"命名的建议被删除，当时不知其故，后听有关人士说，裴李岗遗址只经过试掘，未经正式发掘，材料有限，且文化分布情况还不清楚，作为一种新的文化命名，条件还不充分。

裴李岗遗址试掘之后，崔耕同志又组织我们在新郑、密县进行了调查，又发现有几处遗址。1978年春，又对裴李岗遗址进行发掘，从3月份中旬开始，至5月中旬结束，历时2个月，发掘了墓地和居住遗址的两个地点，发掘面积340平方米。在墓地内又发现了墓葬24座，灰坑5个，获得较完整的器物百余件，其中石器32件，陶器98件，绿松石饰1件。在居住遗址内亦发现有灰坑和烧陶的窑址，在烧陶窑附近，有一个大灰坑填有大量陶片，其中有不少是烧流或烧坏的陶器。这次发掘的收获，使我们对裴李岗遗址的内涵获得更为深刻的认识，其中两座形制较大、随葬品亦较丰富的墓葬和在居住遗址内发现的陶窑址，是新的发现。遗憾的是，在居住遗址中未发现房基，出土遗物也不多，这有可能因发掘点位于居住遗址的边缘，有可能是被村民营建房屋时所破坏。

正式发掘结束后，崔耕同志又组织我们赴密县、登封、巩县等地调查，又发现了一些新遗址。根据正式发掘所得的材料，结合调查了解到裴李岗文化在几个县都有分布，有一定的分布范围，我们即撰写了《试论裴李岗文化》一文，正式提出裴李岗文化的命名，连同1978年正式发掘简报，在《考古》期刊发表。现在，对于裴李岗文化的命名问题，考古界虽存在不同的说法，但多数学者都是认同的。上述情况就是裴李岗文化发现的偶然机遇。可以想象的是：如果当时国内还没有粉碎"四人帮"，文物考古工作仍然停止；而且当时新郑县在开展以平整土地为中心的农田基本建设中，如果原开封地区文管会不是正好又举办文物保护人员短训班，得以不失时机地抓住机会，到裴李岗遗址进行现场考察，并果断地做出试掘，裴李岗遗址很可能就会在平整土地中遭到破坏。

裴李岗文化发现的必然性，主要是这一新石器时代早期的文化遗存，是中华民族祖先所创造的，它埋藏于地下，是永远不会消失的，总有一天会被发现。实际上，裴李岗遗址内含的新石器时代早期文化遗存，在20世纪60年代就已出土，当时就在裴李岗采集到有石磨盘，文物考古部门的有关单位还到裴李岗进行过调查，只是在调查中没有发现共存的陶器，使石磨盘的时代无法确定，从而使裴李岗遗址的文化遗存相见不相识，乃至到了70年代后期，裴李岗文化才被认识。

二、裴李岗文化发现的意义

裴李岗文化发现已经30年了。30年来，在河南各地都陆续发现有裴李岗文化遗址，到目前为止，已发现的裴李岗文化遗址有百余处。有的遗址已进行了发掘，有的遗址的发掘规模还比较大，获得的文化遗存相当丰富，这使人们对裴李岗文化的重要性又有进一步的认识。30年来，考古界对裴李岗文化的研究亦不断深入，涉及的研究内容和课题也不少，既有从考古学角度的研究内容和课题，也有从史学角度研究的内容和课题，以前者居多，研究成果相当丰富。因此，裴李岗文化的发现，无论在考古学和史学的研究上，可以说都具有重要意义。

从考古学的研究而言，裴李岗文化的发现，最重大的意义是使中原地区新石器时代早期考古的研究获得突破性进展。

中原地区的新石器时代考古，是从1921年瑞典人在河南渑池发掘仰韶遗址，发现新石器时代的仰韶文化开始的。在仰韶文化发现之后近半个世纪的岁月，一直没有发现新石器时代早期文化，这一历史阶段的考古工作，基本上是停留在新石器时代中、晚期阶段，新发现的新石器时代遗址都属于仰韶或龙山文化遗址。20世纪50年代，虽然在陕西华县老官台遗址发现老官台文化，但考古界只认定其文化年代早于西安半坡仰韶文化。由于其文化面貌特征与仰韶文化有些接近，因此有人还把它归入仰韶文化范畴，属于仰韶早期，不认为它是不同于仰韶文化的另一种考古学文化。

裴李岗文化发现后，因其文化面貌与仰韶文化有先后分组的区别，故考古界基本上都不认为它属于仰韶文化范畴，都肯定它是不同于仰韶文化的另一种考古学文化。且其文化特征与 ^{14}C 测定的年代都早于仰韶文化，因而都肯定裴李岗文化是新石器时代早期的一种考古学文化。所以，裴李岗文化的发现，就使中原地区新石器时代早期考古获得了突破性进展，填补了新石器时代早期文化的一段空白。

自裴李岗文化发现后，在关中地区发现的老官台文化，也有新的发现。因此考古界对老官台文化的性质也有新的认为，多把它列为属于距今七八千年的新石器早期文化。

现在，考古界对裴李岗文化的研究，主要是对裴李岗文化的年代分期、文化类型、社会性质、埋葬制度、文化源流、裴李岗文化与磁山文化和老官台文化的关系等进行了探讨。

裴李岗文化发现的意义，对史学研究而言，主要是为氏族社会早期的历史研究提供了难得的资料。

我国氏族社会的历史，文献上有一些传说记载，但内容贫乏，而且还带有神话色彩，使我们对氏族社会的历史了解若明若暗。考古学的发展为我们提供了许多可贵的资料，充实了氏族社会历史的研究。但过去考古发现的资料，都是新石器时代中晚期历史的文化遗存，它只是充实了氏族社会中、晚期历史的研究。因此，裴李岗文化的发现，就有助于充实氏族社会早期历史的研究。

根据现有的考古资料，裴李岗文化的发现，对研究中原地区氏族社会早期农业聚落的形成和氏族社会早期的经济生产与生活，氏族组织的规模，男女两性间的劳动分工，财产私有等问题，都提供了难得的资料。

裴李岗文化遗址，是新石器时代早期典型的农业聚落遗址，在裴李岗文化遗址中，有居住遗址和墓地的发现。居住遗址中，有一定厚度的文化堆积层，亦有房基和灰坑等遗迹发现。墓地内亦有不少土坑墓发现。出土的遗物有一定数量的石器、骨器和陶器之类的劳动生产工具和生活用具。劳动工具主要是农业工具，亦有一些手工业工具。有的遗址还发现有谷物遗存。这些情况，充分说明裴李岗文化遗址是新石器时代早期典型的农业定居聚落遗址。

但是，裴李岗文化遗址目前发现的数量还不多，遗址的规模也比较小。目前在河南境内从北到南，从西到东都有裴李岗文化遗址发现，已发现的遗址只有百余处，其分布寥若晨星。遗址的面积多数都比较小，一般只有 10000~20000 平方米，文化内涵亦不丰富。个别的遗址面积比较大，有几万平方米，文化内涵较丰富。从这些情况来看，氏族社会早期，农业聚落正处于形成阶段。

裴李岗文化中，包含有经济生产和生活的因素。已发掘的裴李岗文化遗址，都有农业劳动工具出土。有的亦有手工业工具和渔猎工具出土。农业工具种类包括在农业生产中使用的石斧、石铲和石镰等开辟农地、耕作及收割谷物的工具，还有加工谷物用的石磨盘和磨棒。亦有与农业生活密切相关的陶质器皿，包括炊具和饮食器皿。在贾湖遗址还发现有栽培稻遗存。手工业工具有少量石凿、石斧和磨石等。渔猎工具在个别遗址有较多发现，主要有石矛、石弹丸、石球和骨鱼镖、骨镞等发现。这些发现，说明裴李岗文化时期，亦即氏族社会早期的经济生产已以农业为主，兼有一些手工业和渔猎生产。当时的氏族成员已过着比较稳定的农业定居生活。

在裴李岗文化遗址中，有墓地发现，各墓地发现的墓葬数量有所不同，一处墓地揭露出的墓葬，少者几十座，多者百余座，最多的有 300 多座。墓地内的墓葬分布比较集中，有的有墓群之分。墓地内的墓坑方向和死者的头向，有的一致，有的则多数一致，少数不一致。这类墓地是研究氏族社会的墓葬制度和氏族组织规模和氏族结构的重要资料。

埋葬制度的产生，是社会发展到一定历史阶段的产物。在人类社会初期是没有埋葬制度的，我国文献上有"盖上世尝有不葬其亲者，其亲死，则举而委之于壑。他日过之，狐狸食之，蝇蚋如吮嘬之，其颡有泚，睨而不视"之说，这就是说在人类社会初期，亲人死并不埋葬，而是抛之山野，任其尸体腐烂，或裹野兽之腹，或任其滋生蝇虫，视而不见。埋葬制度的产生，是灵魂不灭的观念产生和氏族社会建立后出现的。裴李岗文化的墓葬，是迄今为止在中原地区发现的年代最早，数量最多的新石器时代墓葬，这对研究氏族社会埋葬制度的产生及发展变化是十分重要的资料。

在氏族社会中，每一个氏族都有自己的公共墓地，用以埋葬本氏族成员死者。裴李岗文化墓地内发现的墓葬，墓坑方向和死者的头向基本相同，有的墓地发现的墓葬，则墓坑方向和死者的头向多数相同，只有少数不同。这说明裴李岗文化的墓地，是氏族墓地，死者在埋葬制度上有共同的信仰。墓地规模则有大有小，墓地内发现的墓葬有多有少，这反映出当时的氏族组织规模有大小的不同，每一个氏族组织拥有的氏族成员亦有多少的不同。

裴李岗文化的发掘材料对研究氏族社会早期男女两性间的劳动分工亦提供了信息。在裴李岗文化墓中，多数都有随葬品，包括劳动生产工具和生活用具两类。劳动工具以农业工具为主，有石斧、石铲、石镰之类的生产工具，也有石磨盘、磨棒之类的谷物加工工具。生活用具主要是陶器，包括饮食器和炊器两类。值得注意的是，性别不同的墓主，随葬的劳动工具亦有所不同，男性墓随葬的劳动工具，主要是与农业生产相关的工具，有石斧、石铲、石镰，女性墓随葬的工具主要是与谷物加工相关的石磨盘和磨棒，而且男性墓随葬的陶器都不多，常见的只有一两件饮食器皿，女性墓随葬的陶器多一些，随葬陶器最多的一般都是女性墓，器物包括炊具和饮食器皿。这种现象，显示出当时男女两性间的劳动习惯，有一定的分工，男子主要从事农业生产，妇女主要作谷物加工等家务劳动。

裴李岗文化的考古资料对研究氏族社会早期的财产私有亦提供了信息。在裴李岗文化墓葬中随葬的劳动工具，生活用具和装饰品，应是个人所占有的私有财产。马克思说："随葬品是死者生前认为最珍贵的物品，都与已死的占有者一起殉葬到坟墓中，以便他在幽冥中能继续使用。"这些"粗糙的武器、纺织物、家具、衣服、石制和骨制的工具和个人的装饰品，是其财产之主要对象"。根据上述情况，距今七八千年的裴李岗文化时期，已有私有财产，氏族社会早期私有制已经起源。

总之，裴李岗文化的发现，不仅在考古学的研究上具有重大意义，使中原地区新石器时代早期考古取得了突破性进展，而且对氏族社会早期历史的研究，亦具有重要意义。裴李岗文化的考古资料，提供了不少氏族社会早期历史的重要信息，使我国氏族社会早期历史的研究获得充实。

三、唐户遗址的重要性

唐户遗址是新石器时代的重要遗址，其文化内涵包括裴李岗文化、仰韶文化和龙山文化三个发展阶段的遗存。从目前的发掘材料看来，唐户遗址作为新石器时代的聚落最为重要的是在裴李岗文化和仰韶文化时期。

唐户的裴李岗文化遗存，在 1978 年秋的调查中就已发现。1982 春，中国社会科学院考古研究所进行了试掘，发现有裴李岗文化的灰坑和陶器，并发现有仰韶文化和龙山文化遗存。为配合南水北调中线干渠的工程，从 2006 年 6 月开始，由郑州市文物考古研究院进行了大面积发掘，这次发掘所取得的收获不小，最主要的是发现许多房基。

唐户裴李岗文化遗址的重要性，主要表现在遗址的面积大和居住遗址的内涵比较丰富，发现的房基和灰坑遗迹比较多两个方面。

唐户裴李岗文化遗址的面积，据现有的调查资料为 20 万平方米，这是迄今为止发现的裴李岗文化遗址中面积最大的。此前发现的裴李岗文化遗址，面积都比较小，其中裴李岗文化早期的遗址，面积只有 10000～20000 平方米，晚期的遗址面积较大，其中舞阳贾湖遗址的面积为 55000 平方米。唐户裴李岗文化的年代比较早，该遗址面积之大，说明在裴李岗文化早期，在唐户就已形成一处规模相当大的聚落。

唐户裴李岗文化遗址的文化内涵亦比较丰富，尤其是在居住遗址内有许多房基发现。据 2006~2007 年度的发掘，在 5000 平方米的发掘面积内，就发现房基 54 座、灰坑 186 个、壕沟 1 条、小沟 3 条，这是迄今为止发掘的裴李岗文化遗址中，发现房基最多的遗址。在已发掘的裴李岗文化遗址中，早期遗址内发现的房基都很少，其中在密县莪沟遗址中发现 6 座，长葛石固遗址发现 3 座。晚期遗址发现的房基多一些，在舞阳贾湖遗址发现 45 座。

唐户裴李岗文化遗址发现的房基多，说明当时在这一聚落内聚居的氏族成员是可观的，由此表现出这一氏族组织的规模不小。

唐户仰韶遗址的重要性，也表现在遗址的面积大，文化内涵丰富。其文化内涵包括有仰韶早、中、晚期文化遗存，而且有经火烧的木骨泥墙建筑遗存的发现。

唐户仰韶遗址的面积，据调查约有 30 万平方米。1976 年，原开封地区文管会为配合平整土地，对该遗址进行抢救性发掘时，开挖有探方，了解到其文化堆积层次是上层为龙山文化层，下层为仰韶文化层。清理和采集到的遗物有大量陶器、经火烧成砖红色的木骨泥墙建筑遗存及类似水泥地的地板块等遗存。据郝本性同志说，在唐户遗址发现有一座 7 人合墓葬，其中有一骨架的手臂上戴陶环，一只手戴 6 个，一只手戴 7 个。清理发掘资料，曾进行过初步整理，由于种种原因，整理工作搁浅。

据当时的初步整理情况看，唐户仰韶文化包括有仰韶早、中、晚期遗存。早期遗存较少，大量的是中、晚期遗存，与郑州大河村 1~4 期文化相当。早期的陶器主要有罐形尖锥足鼎和四系罐等，此类物比大河村一期的年代早。这里发现的 7 人合葬墓，可能是二次迁葬合葬墓，亦是仰韶早期流行的葬俗。类似唐户仰韶遗址包括有仰韶早、中、晚期文化遗存的聚落遗址，在河南发现的仰韶文化遗址中还不多见。

唐户裴李岗文化遗址和仰韶文化遗址的重要性，对探索黄帝故里轩辕之丘和黄帝之都有熊之墟的具体地点是有意义的。

据历史传说记载，新郑是黄帝故里轩辕之丘，亦是黄帝的国都所在地，有熊之墟，此说已获得学界多数学者的认同。但是，轩辕之丘和有熊氏之墟的具体地点，究竟在新郑何处？这是值得进一步探索的问题。根据现有的考古学研究成果，新郑唐户新石器时代遗址，应是探索轩辕之丘和有熊之墟的重要对象。

根据唐户遗址的考古材料看来，唐户新石器时代遗址，有可能是轩辕之丘与有熊之墟的具体地点。因为，唐户新石器时代遗址，既是裴李岗文化时期的重要聚落遗址，亦是仰韶文化时期的重要聚落遗址，比较具备轩辕之丘和有熊之墟的条件。

作为轩辕之丘和有熊之墟的具体地点，必须具备一些条件。轩辕之丘的聚落遗址必须是新石器时代早期的重要遗址，遗址内要有比较丰富的文化内涵。有熊之墟，则必须是新石器时代中、晚期的重要聚落遗址，遗址内不仅有比较丰富的文化内涵，而且要有重要建筑遗存的发现，因为作为黄帝之都，应有"宫室"的建筑。

根据历史传说记载，黄帝部族源出于少典氏族。《国语·晋语》云："昔少典氏娶于有蛲氏，生黄帝、炎帝。"据此，黄帝系渊源于古老的少典氏族发展壮大起来的部族首领。黄帝故里，实际上也是少典氏的故里。

古老的少典氏，是氏族社会早期的氏族组织代表。考古学上的新石器时代，正处于氏族社会历史阶段，新石器时代早期的裴李岗文化，大致相当于氏族社会早期的一个历史阶段的考古学文化。新郑既然是少典氏的故里，那么，分布在新郑周围地区的裴李岗文化就有理由把它视为氏族社会早期少典氏历史阶段的考古学文化。所以唐户的裴李岗文化遗址，应是少典氏族的聚落，亦是黄帝的故里。

黄帝都有熊，应当是黄帝部落兼并了炎帝和蚩尤部落，取得了黄河中下游地区三大部落归一统之后称帝定都，并以有熊国君为号之事，其时代大致处于氏族社会中期，也就是新石器时代中期这一历史阶段。从目前的考古材料来看，仰韶文化中期当是黄帝兼并了炎帝和蚩尤部落的历史时期，主要表现在仰韶中期东方系统的"庙底沟类型"是仰韶文化最为繁荣和影响最大的时期。东方系统的仰韶文化，在仰韶中期阶段，不仅延伸至关中地区，而且在黄河下游地区亦有影响。

唐户仰韶文化遗址的文化繁荣期，正是从仰韶中期到仰韶晚期。这一时期不仅遗址内涵的文化遗存丰富，而且还发现有大量经火烧成砖红色、质地坚硬、平整光滑的房屋墙壁建筑遗存，同时还有类似水泥质的坚硬平整的地面板块遗存的发现，这种建筑遗存，有可能是类似"宫殿"建筑遗存。据此，我认为唐户仰韶文化遗址，有可能是"有熊"之墟。

（原载《论裴李岗文化》，科学出版社，2010年）

贾湖文化发现的意义及其与裴李岗文化的关系
——纪念贾湖遗址发掘30周年暨贾湖文化国际研讨会上的发言

贾湖文化是20世纪80年代河南新石器时代考古继裴李岗文化发现之后又一重大发现，意义重大。贾湖文化发现之后河南新石器时代考古就涉及不少新的研究课题，其中贾湖文化与裴李岗文化关系的研究，就是比较重要的课题。现在我想就此问题谈点个人的想法。

一、贾湖文化发现的意义

贾湖文化是三十年前在淮河流域首次发现的新石器时代早期文化。这一发现，揭开了淮河流域存在早期新石器文化的帷幕，使我们认识到淮河流域亦是我国新石器文化分布的重要地区，也是我国古代文化和文明起源的重要地区之一。

在20世纪80年代之前，淮河流域的考古工作比较薄弱，史前时期的文化遗址发现较少，尤其是经过正式发掘的遗址更少，故这一地区被考古界认为是未开发的处女地。在这种状况下，淮河地区存在的史前文化，考古界并未获得真实的了解和认识。

20世纪80年代初，我国著名的考古学家苏秉琦先生曾发表论文，论述我国新石器时代的考古学文化区系与类型，当时认为在我国境内发现的新石器时代文化，可以划分的区域不下十块之多，具体提到的有豫陕晋邻境地区，山东及邻省一部分地区，湖北和邻近地区，长江下游地区，以鄱阳湖—珠江三角洲为中轴的南方地区和以长城地带为重心的北方地区等六块区域[1]。淮河流域是我国的一条重要水系，之所以在当时没有被列入新石器时代考古学文化发展的一个区系，成为空白区，最主要的原因就是因为这一地区在当时它在考古学上还是未开发的处女地。

现在，淮河流域的考古工作已经陆续得到开展，不仅发现有新石器时代的仰韶文化遗址、龙山文化遗址，还有夏商时代的文化遗址的发现，尤其是贾湖文化的发现，

---

[1] 苏秉琦、殷玮璋：《关于考古学文化的区系类型问题》，《文物》1981年第5期。

揭开了这一地区距今已有七八千年的早期新石器时代文化帷幕。从而说明，淮河流域是我国古代文化起源的重要地区之一，也是我国古代文明起源的重要地域之一。

贾湖文化的发现，充分说明在距今七八千年的新石器时代早期，中华民族的先民就在淮河流域进行开发，建立了聚居的村落，从事农业生产，手工业生产，渔猎生产，饲养家畜等生产活动，已经过着安定的定居生活，而且聚居的村落形成了一定的规模。在这一地区的聚居的先民，当时在生产实践过程中所创造的物质文化和精神文化上取得的成就，可以说并不亚于当时聚居在黄河流域的先民所取得的成就。现在，在贾湖遗址发现的文化遗存中，就有不少令人赞叹的发明创造。

在贾湖遗址发现的文化遗存中，有不少炭化稻粒的遗存，据化验是栽培的粳稻。据此说明，在贾湖遗址聚居的先民，在距今七八千年的新石器时代早期，已经发明水稻的栽培种植技术。过去考古发现的新石器时代水稻遗存，比较丰富的、其年代亦比较早的是在长江下游的浙江余姚河姆渡遗址[1]，这里出土有大量水稻遗存，其年代距今约7000年。据此，长江流域即被认为是我国水稻起源地。现在贾湖遗址又发现年代早于河姆渡遗址的水稻遗存，说明淮河流域亦应是我国水稻的起源地之一。而栽培稻的发明，就是令人赞叹的！

在贾湖遗址中，还发现有利用禽鸟的腿骨制作的骨笛，其制作是将鸟的腿骨截去两端的关节，在骨管上钻孔制成，孔眼多的有7孔，少的有5孔，经测音后确定是一种吹奏乐器[2]。这种骨笛是我国新石器时代考古中所少见的。这种乐器的发明，亦是值得令人称赞的！

此外，在贾湖遗址出土的龟甲中，还发现有刻划符号。这种刻符，很可能与文字起源有关。这一发现，说明贾湖的先民在我国文字的起源上，可能已走在前列。有的龟甲内还装有形状和大小不同的小石子，它很可能是巫师使用的巫具。这一发现，说明贾湖文化时期，在淮河流域已经出现巫术这一意识，也标志着巫术在距今七八千年前已经诞生。

上述文化遗物的发现说明，在距今七八千年前的新石器时代早期，淮河流域的原始文化发展水平，已经超出黄河流域的原始文化发展水平。因此，贾湖文化的发现，具有其独特的意义。

二、贾湖文化的命名

贾湖遗址发掘后，由于获得了丰富的文化遗存，从而引起考古界的瞩目。但是，

---

[1] 浙江省文物考古研究所：《河姆渡——新石器时代遗址发掘报告》，文物出版社，2003年。
[2] 河南省文物考古研究所：《舞阳贾湖》，科学出版社，1999年。

对这种新发现的考古学文化的性质，考古界当时一般都把它归入裴李岗文化的范畴，并未把它作为新石器时代早期的一种考古学文化予以命名。从 1983 年 5 月开始，对该遗址进行发掘，并对该遗址的文化遗存有所认识后，考古界基本都是把贾湖遗址的文化遗存，确定为属裴李岗文化的一种类型。直至 1999 年，《舞阳贾湖》考古报告出版，才对贾湖文化的性质提出暂命名为"贾湖文化"。

在贾湖文化发现之时，考古界对该文化的性质，一般都把它视为属裴李岗文化，主要原因是贾湖遗址的文化遗存，其面貌与裴李岗文化接近，但同时又觉得它与裴李岗文化又存在明显的差异，因此，又把贾湖遗存作为裴李岗文化的一种类型，称贾湖类型予以区别。

贾湖文化的面貌特征与裴李岗文化接近，在出土的文化遗物上和墓葬的葬制和葬俗上，都有所表现。

在文化遗物上，无论是在劳动生产工具和生活用具的面貌特征上，都表现明显。

在劳动工具特征上表现最明显的是谷物加工工具石磨盘和石磨棒。贾湖遗址出土的石磨盘和磨棒，其形制基本与裴李岗文化的同类器相同。这在裴李岗文化中，出土数量不少，形制加工有一定规格，是裴李岗文化中最具特色的劳动生产工具之一。这类工具，直至目前为止，除裴李岗文化出土外，只有贾湖文化中有出土，在全国各地的新石器文化中都未见。在河北的磁山文化中，虽有石磨盘与石磨棒的发现，但其形制与裴李岗文化的磨盘有所不同。

在生活用具上的主要表现是贾湖出土的陶器群，其面貌特征亦与裴李岗文化的陶器有不少相同或相似之处。在裴李岗文化的陶器群中器物的种类主要有鼎、罐、壶、钵、碗之类的炊具和饮食器皿，其中最具特色的器物是深腹罐、小口双耳壶、圜底钵和陶勺等。后来，在长葛石固[1]裴李岗文化遗址中发现的角把罐、小口长颈折肩壶、扁腹壶，也成为裴李岗文化中很具特色的器物。在贾湖遗址发现的陶器群中，亦有不少与裴李岗文化的陶器特征相同或相似处，尤其是小口双耳壶在贾湖的陶器群中是常见的器物，而在石固遗址出土的角把罐、小口双耳折肩壶、扁腹壶，在贾湖遗址的陶器群中亦是常见的器物，还有深腹高足鼎、侈口深腹罐的形制，亦与裴李岗文化的同类器相似。

此外，在贾湖发现的墓葬中，其葬制、葬俗亦与裴李岗文化墓葬的葬制葬俗有相同之处。例如，在裴李岗文化的葬俗，常见的有死者的随葬品中，有随葬石磨盘和磨棒之类谷物加工工具的现象，也有将陪葬死者的陶器小口双耳壶放置在死者头部的葬俗。这些葬俗在其他新石器时代文化中是不见的，唯裴李岗文化与贾湖文化所仅见。

正因为贾湖文化的面貌特征，存在与裴李岗文化的上述共性，所以，当贾湖文化发现后，考古界的同仁接触到它之后，第一直觉很自然就会觉得它属于裴李岗文化的

---

[1] 河南省文物研究所：《长葛石固遗址发掘报告》，《华夏考古》1987 年第 1 期。

范畴。

贾湖文化的命名之所以在考古界迟迟没有人提出把它作为一种独立的考古学文化予以命名，还有一个原因，这就是它或许与20世纪50年代末，著名考古学家夏鼐先生对考古学文化命名提出的意见受一定的影响有关。其意见有三点：

（1）他认为一种文化必须是有一群具有明确特征的类型品，这些类型品是经常地，独有地共同伴出。一种文化如果没有特征，就无法与另一种文化区别开来。

（2）共同伴出的类型品，最好是发现不止一处。不是在一个墓地的几个墓内发现，或在一个居住址内几个住宅内发现，而是在不同墓地或不同居住址内都发现它们是在一起的。换言之，一群有特征的类型品，必须有一定的分布范围，并不是孤立存在的。

（3）我们必须对这一文化的内容有相当充分的认识。换言之，在所发现的这一文化中，必须有一个墓地或居住址内的文化内涵作过比较全面而深入的研究。也就是说，对有共同特征的一群类型品，还必须进行比较深入的研究，其基本内容已获得了解和认识[1]。

根据上述意见来衡量，贾湖文化的命名，似乎还有所不足。这就是贾湖文化的发现还仅限贾湖这一处遗址的发掘材料，还没有其他文化面貌特征基本相同的遗址所发现的材料进行补充，和别的文化进行比较，而且对贾湖文化遗存在淮河上游地区也缺乏调查材料，不了解其分布情况。这两种情况的存在，使考古界对其文化命名的问题，不免会产生犹疑。

现在看来，我觉得对贾湖文化的命名问题，虽还存在某些不足，但还是应该把它作为新石器时代早期的一支独立的考古学文化予以命名的。最根本的一点原因就是，它的文化面貌具有鲜明的特征，与其他文化相比是有明显的区别的。这个问题，我们可以从与贾湖文化比较接近的裴李岗文化进行比较，就可以看出两者存在明显的区别。

从遗址的规模和文化内涵来看，贾湖遗址的面积达5.5万平方米，文化内涵十分丰富。据《舞阳贾湖》提供的发掘情况来看，它经过6次发掘，揭露面积达23587平方米，发现的文化遗存有房址45座，陶窑9座，灰坑370个，墓葬349座，瓮棺葬32座，还有壕沟等遗存。面积这样大，内涵这样丰富的遗址，在裴李岗文化中是不常见的。这是不是因为贾湖遗址的年代比裴李岗文化长，由此而形成面积、文化内涵与裴李岗文化遗址相比区别大？我不以为然，这可以从后面的关于裴李岗文化与贾湖文化的发展年代关系比较来说明。

从出土的遗物来看，贾湖文化与裴李岗文化的面貌特征亦有显著区别。

在贾湖遗址的出土遗物中，贾湖遗址的劳动工具以渔猎工具和手工业工具居多。在这些劳动工具中，除谷物加工工具石磨盘、磨棒的形制特征与裴李岗文化的同类器比较接近外，其他工具的形制特征都与裴李岗文化同类器有所不同，而且还有不少形

---

[1] 夏鼐：《关于考古学上文化的定名问题》，《考古》1959年第4期。

制的工具在裴李岗文化中是不见的。

贾湖文化的生活用具，与裴李岗文化相比亦有显著差别。以陶器而言，贾湖文化的陶器数量和种类都比裴李岗文化多。最具特征的器物有盆形鼎、角把罐、小口长颈双耳折肩壶、扁腹壶、大口短颈双耳罐形壶等。陶器的质量和纹饰也与裴李岗文化的陶器有所不同。

在其他文化遗物上，贾湖文化最富特征的器物是出土有制作精美的骨笛。这是一种吹奏乐器，是贾湖文化所仅见的。在裴李岗文化中，仅在临汝中山寨遗址的试掘中，亦发现有这类遗存[1]，很可能是来自贾湖文化。

从埋葬制度和习俗看来，贾湖文化与裴李岗文化墓葬的葬制和葬俗，亦有很大区别。最突出的是葬式，贾湖文化的葬式，有一次葬二次葬之分，还有瓮棺葬，也有单人葬与合葬墓之分，合葬的形式又有一次葬与二次葬的合葬和二次葬的合葬之分，合葬的人数少者2人，多者4人。随葬品中，以骨器较多见，主要是渔猎工具。石器比较少见，还有随葬龟甲，在龟甲内装有小石子的，可能是巫师所用的巫具。这样的葬俗，是裴李岗文化所不见的。在裴李岗文化墓中，葬式是一次葬的单人葬，合葬墓与二次葬不见。随葬品中以随葬石器和陶器之类的劳动工具和生活用具为主，其他工具少见或不见。

墓葬的葬制与葬俗，是区分文化性质的重要内容。贾湖文化与裴李岗文化在葬制上表现出的区别，说明两者的文化性质是有区别的。

根据上述情况，我认为贾湖文化应该把它确立为新石器时代早期的一支独立的考古学文化，与裴李岗文化加以区别。贾湖文化的命名，虽然还存在有发掘的遗址仅限于贾湖，还无可资对比研究的新材料，文化分布亦不明确等的不足。但是，我相信，随着淮河流域考古工作的开展，其不足一定会得到解决的。

三、贾湖文化与裴李岗文化的关系

贾湖文化既然是一种独立的新石器时代早期文化，那么，它与裴李岗文化就不是一种文化的共同体，是分属于不同性质的考古学文化。它们之间的关系，就是两种不同性质的文化关系。这两种文化面貌特征上存在的共性，应该就是这两种文化之间存在相互交流与影响产生的结果。

贾湖文化与裴李岗文化的关系，有文化性质的关系和文化年代的关系两个问题，两者是相互交织的。

贾湖文化与裴李岗文化性质的不同，除了文化面貌特征上表现出区别外，在经济

---

[1] 中国社会科学院考古研究所河南一队：《河南临汝中山寨遗址试掘》，《考古》1986年第7期。

生产和生活上也表现出有很大的区别。

从农业生产看来，贾湖文化的农业生产主要是种植水稻。在贾湖文化遗址就发现有不少的炭化稻，经鉴定属栽培稻，这表明贾湖人种植的粮食作物是水稻。裴李岗文化的农业生产，种植的农业作物是粟。在新郑沙窝李发现的裴李岗文化遗址[1]，经发掘就发现有炭化粟的遗存，这表明两者的农业生产，种植的农业作物有根本的区别。

贾湖文化的渔猎生产也比裴李岗文化发达。在贾湖遗址中发现的狩猎工具中，有大量的骨镞和鱼镖出土，而且也有大量的野生动物，包括哺乳动物、鸟类、龟鳖、螺、蚌、蚬等遗物，其中哺乳动物的种类有貉、紫貂、狗獾、豹猫、野猪、梅花鹿、麋鹿、小麂、獐、野兔10种。在裴李岗文化中，渔猎工具少见，各遗址只见有一些骨镞出土，野生动物遗骨更罕见。

贾湖文化的手工业生产亦与裴李岗文化有很大区别。贾湖出土的手工业工具比裴李岗文化的多，尤其是制骨手工业非常发达，其产品包括骨镞、鱼镖、骨凿、骨锥、骨柄、骨矛、骨耜、骨板、骨匕、骨针、骨刀、骨饰、骨笛等。其用途包括农业、手工业、渔猎生产工具和缝纫装饰用具等。尤其是在墓葬的随葬品中，比较普遍的是使用骨器随葬。在裴李岗文化中，骨器出土非常少，只见一些骨镞、锥、针出土。这就说明，贾湖文化的手工业生产中，制骨远比裴李岗文化发达。

此外，贾湖墓葬的葬制葬俗与裴李岗文化的区别最为突出，这个问题，前面已经说到了。

根据贾湖文化与裴李岗文化经济生产上的区别，结合两者的埋葬制度和出土遗物面貌特征的区别，这就说明两者的文化性质是不同的，贾湖文化不应归入裴李岗文化的范畴。它们的关系，不是同一性质的文化关系，而是两种不同性质的文化关系。

贾湖文化与裴李岗文化的年代关系，则应该是属于同一时代的，同属于新石器时代早期。但在发展年代上则有早晚的不同，孰早孰晚，则应做具体地分析。

贾湖文化与裴李岗文化的年代问题，都有 ^{14}C 测定的年代数据。依据 ^{14}C 测定的年代数据，贾湖文化与裴李岗文化，最晚的年代都在距今7000年以上，这大概是没有问题的。但最早的年代，则两者的 ^{14}C 数据则有所不同。

贾湖文化的年代，测定的数据共19个，选用的材料有木炭、草木灰、人骨和果核。其中最早的年代数据是8285±100年，标本是木炭，最晚的年代数据是距今7035±70年，标本是人骨。

裴李岗文化的年代，各遗址测定的数据有所不同。其中裴李岗遗址的年代数据有6个，年代最低为距今6435±200年，最高的为距今9300±100年，其中7400年左右的数据有2个[2]。密县莪沟遗址的年代数据有2个，分别距今7240±80年与7256±

---

[1] 中国社会科学院考古研究所河南一队：《河南新郑沙窝李新石器时代遗址》，《考古》1983年第12期。
[2] 中国社会科学院考古研究所：《中国考古学碳十四年代数据集（1965～1991）》，文物出版社，1991年。

160年[1]。长葛石固遗址的年代数据有3个，分别为距今7450±90、7295±85、7010±85年[2]。

从上述年代数据看来，贾湖文化的年代范围为距今8000～7000年之间，裴李岗文化的年代范围为距今7400～7000年之间。裴李岗文化的一个年代最高的数据不可用。

按照 ^{14}C 测定的年代数据看来，贾湖文化与裴李岗文化的年代关系，应该是贾湖文化的发展年代比裴李岗文化的早几百年。按贾湖文化的分期及各期的实测年代看来，贾湖第一期的年代为距今8200～8000年之间，第二期为距今8000～7800年之间，第三期为距今7800～7400年之间。裴李岗文化最早的年代，是在贾湖文化的第三期内。但是，从考古学研究的角度运用文化分析法来分析，则贾湖文化的发展年代应比裴李岗文化晚。这个问题，可以依据贾湖文化的分期和裴李岗文化的分期，在文化面貌特征上出现的变化来说明。

贾湖文化的分期共分三期九段。裴李岗文化的分期，依据长葛石固遗址的分期，共分八期，包括裴李岗文化和仰韶文化的分期，其中裴李岗文化有四期，余四期不属裴李岗文化[3]。在贾湖遗址出土的陶器群中，贾湖文化的第一期，陶器的种类不多，只有角把罐、双耳罐、罐形壶、方口盆、深腹盆、敛口钵等几种。在第二期文化中，陶器种类增多，出现了折沿罐、卷沿罐、罐形鼎和盆形鼎、折肩壶、扁腹壶、敛口钵、浅腹盆等新器形。第三期陶器的种类没有多大变化，唯从一、二期发展来的陶器形制有所变化，如罐形鼎的形制由瘦长体、深腹高足演变为矮胖、腹较浅、短足。

上述陶器群的特征，在贾湖文化中最具特色的器物是角把罐、长颈折肩壶和双耳罐，其中角把罐的出土数量很多，特别是在早期，几乎占器类总数的三分之一。

在石固遗址的裴李岗文化中，陶器群的特征是第一、二期基本上与裴李岗和莪沟遗址的陶器特征相同。第三期的陶器特征，有一部分是沿袭一、二期的陶器特征，另有一部分是新出现的器形，其中有角把罐、小口长颈折肩壶、小口短颈双耳罐。这几种器物在贾湖文化中是常见的。这说明，在石固遗址的裴李岗文化中，从石固第三期文化开始，与贾湖文化出现交融。至于石固第四期文化，其文化特征既存在有承袭裴李岗文化的特点，又出现有仰韶文化的某些因素，似乎介于裴李岗文化和仰韶文化之间的遗存。在石固上层的文化堆积层，就属于仰韶文化层，可以说明这一问题。

根据上述现象，似乎可以这样认为，在石固遗址第三期文化中出现有贾湖文化陶器特征，应是裴李岗文化发展到石固第三期文化阶段，吸收了贾湖文化的影响而产生的结果。而在贾湖文化的陶器中，亦出现有与裴李岗文化特征相似的器物。如贾湖遗址出土的小口短颈双耳壶、侈口深腹罐就与裴李岗文化的同类器物特征相似。

---

[1] 中国社会科学院考古研究所：《中国考古学碳十四年代数据集（1965～1991）》，文物出版社，1991年。
[2] 中国社会科学院考古研究所：《中国考古学碳十四年代数据集（1965～1991）》，文物出版社，1991年。
[3] 河南省文物研究所：《长葛石固遗址发掘报告》，《华夏考古》1987年第1期。

此外，在贾湖文化出土的石器中，有的器物亦与裴李岗文化的同类器物特征基本相同。如《舞阳贾湖》发表的石磨盘标本中，B型标本共有17件，其完整的形状是，平面鞋形，两端圆弧形，下琢出四圆柱状足，其特征就与裴李岗文化的石磨盘相同。这种石磨盘应是受裴李岗文化影响的结果。

根据上述情况，贾湖文化与裴李岗文化的关系，包括文化性质关系和文化年代关系两个方面。文化性质关系是，两者分属于两种不同性质的文化，其年代关系，则依据 ^{14}C 的测定年代是贾湖文化的发展年代早，裴李岗文化的发展年代晚。但依据从考古学研究的角度，运用文化分析方法来分析，则裴李岗文化的发展年代早，贾湖文化的发展年代晚。这从贾湖文化的分期和长葛石固遗址的裴李岗文化分期及各期陶器的演变，可以得到说明。

裴李岗遗址一九七八年发掘简报

开封地区文物管理委员会　新郑县文物管理委员会
郑州大学历史系考古专业

裴李岗遗址，是一处新石器时代早期文化遗址。1977年发现，同年春作了试掘（见《河南新郑裴李岗新石器时代遗址》，《考古》1978年第2期）。为了进一步弄清遗址的情况和基本的文化面貌，今年四月下旬，我们又作了第二次发掘。发掘之前，我们在遗址的范围内，又重点地进行了一次钻探，目的是摸清和了解遗址的大概情况，确定发掘点。据钻探的情况看来，大致以现在由南向北横贯遗址中部的一条西河李水渠为界，水渠以西的文化层较薄，多发现墓葬，水渠以东灰层较厚、较密。除紧靠渠边十米左右的范围内有墓葬的迹象外，其余只见灰层。根据钻探的情况，估计水渠以西为墓葬区，水渠以东可能是当时人们居住的地方（以下简称渠东、渠西）。

这次发掘，选择了渠西和渠东两个地点。渠西是在去年试掘的地点上扩大发掘范围，这是墓葬比较集中的地点。渠东的发掘地点，选择在离水渠约100米处靠近裴李岗村边。这里灰层堆积较厚，便于了解地层关系和遗迹情况。

在渠西开掘了5米×5米的探方五个，1.5米×10米的探沟五条，发掘面积200多平方米。渠东开挖5米×5米探方四个，2米×10米探沟二条，发掘面积约140平方米左右。两地的发掘情况，以渠西的内容最丰，收获较大。

现将这次的发掘收获，分别简报如下。

一、渠西文化遗存

（一）地层情况

遗址地层单纯，在耕土和近代扰土层下即为文化层，文化层下即见生土。现以T18北壁地层为例说明：

第1层：耕土和近代扰土层，厚约0.16～0.18米，土色呈黄，土质松软，内包含有少量的近代陶、瓷片。

第2层：红色黏土稍灰，厚约0.5～0.85米。土质比较硬实，内有泥质和夹砂红陶的碎片。有少量的烧土碎块和木炭屑等。

第3层：浅黄褐色土，土质较软，厚约0.30～0.45米，包含的陶片与第二层同。

第3层以下为生土，土色浅黄。

（二）灰坑和墓葬

灰坑共发掘 5 个。均为不规则的圆形坑。最大的口径为 2.2 米，最小的 0.5 米，深度 0.37～1 米不等。灰坑口多出于耕土层和近代扰土层下，打破文化层。坑壁一般近于垂直，边缘和底部都不甚整齐。坑内堆积为深灰土或灰褐土，土质较松，包含物比较丰富，陶片中能辨认器形的有深腹砂陶罐，泥质红陶壶，三足器等。此外还有残石器、卵石、红烧土块、木炭屑等。

墓葬共发掘 24 座。分布比较散乱，无一定排列顺序（图一）。中心地区比较密集。在 T18 的 15 平方米的范围内就出现 10 座。三座墓有打破关系，即 M15 和 M18 打破 M19。

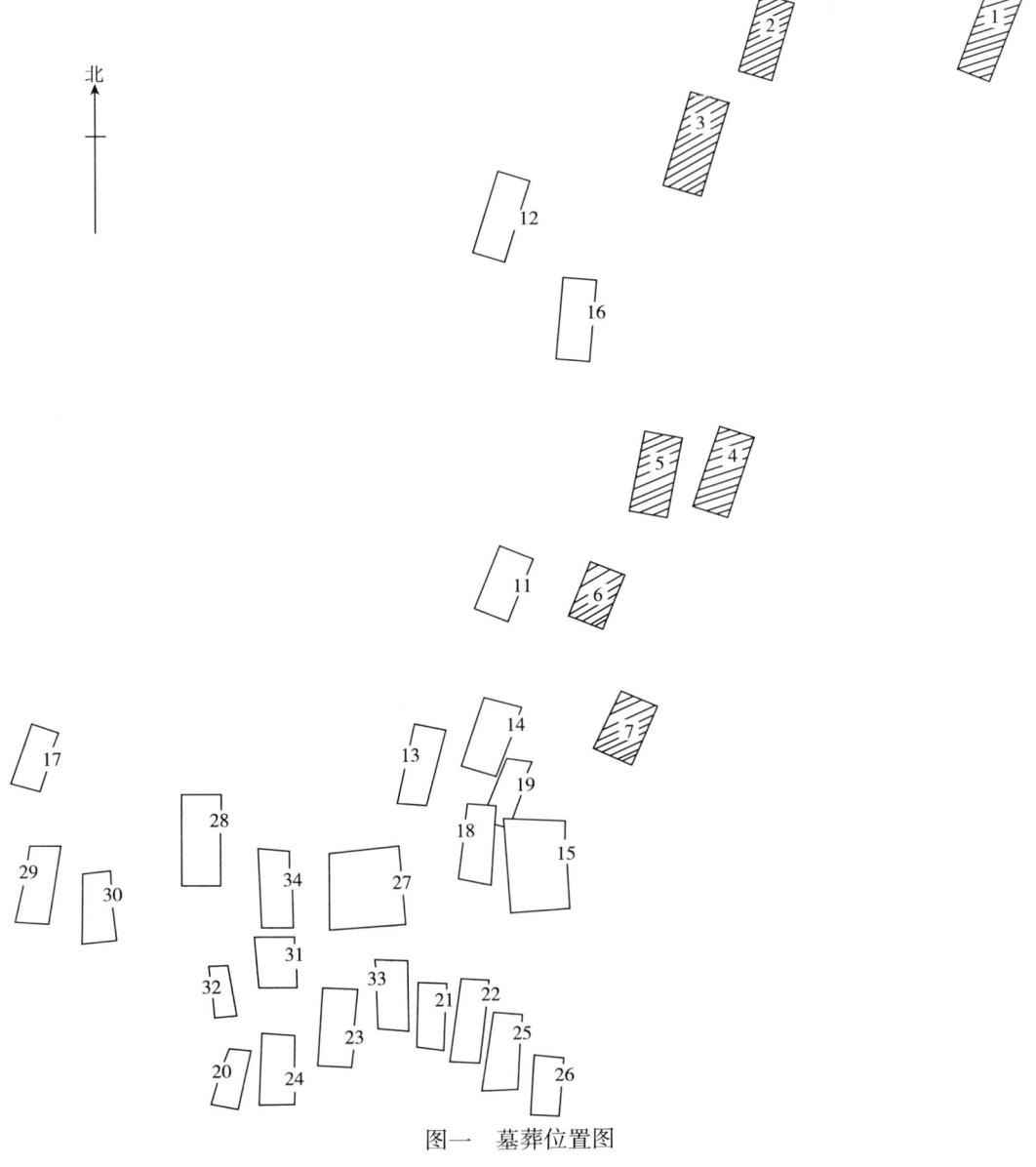

图一　墓葬位置图

墓穴都是长方形土坑竖穴，没有葬具，南北向，单人葬，头南脚北，仰身直肢，人骨大部分已经腐朽无存，有的仅存朽骨痕迹或几枚牙齿。个别的保存较好。从朽骨痕迹及墓坑等情况看，大部分为成年人墓。

在24座墓中，有小型土坑墓22座。墓室一般长1.44~2.3、宽0.67~1.1米（图二）。坑边不甚整齐，人骨紧贴在生土上。随葬品最少的1件，多的10件。石器有斧、铲、镰、磨盘、磨棒。陶器有鼎、壶、罐、三足器等，均实用品。器物的放置，除壶放置在头部的上端或两侧外，其他器物无一定的规律。陶器一般放在死者头部或脚部两端，也有置于两侧的。石器多放在腰部，也有放在脚部的。

两座大型土坑墓长2.5~2.6、宽1.9米。墓坑边缘比较整齐。随葬品的数量较多，M15（图三）随葬陶器可分五组，其中夹砂罐一组2件，置于头部左侧，三足器分四组，左侧放一组，脚端放三组，每组3~5件，共18件，另有石磨盘、石磨棒及石块等。M27（图四）随葬陶器亦分五组，夹砂罐一组2件，置右侧，三足器分四组放左侧，每组亦3~5件，共13件，另有磨盘和磨棒各1件。两墓的陶器放置方法是罐为平放，三足器覆置。

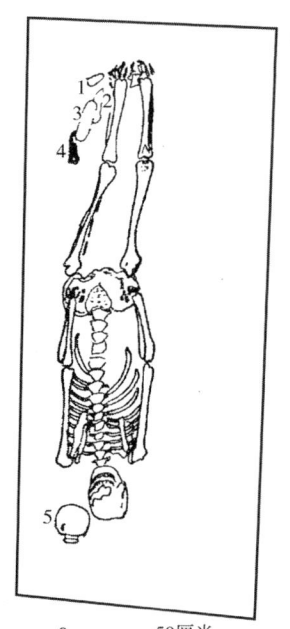

图二　A区 M28
1. 石斧　2. 石镰　3. 石铲
4. 骨头　5. 陶壶

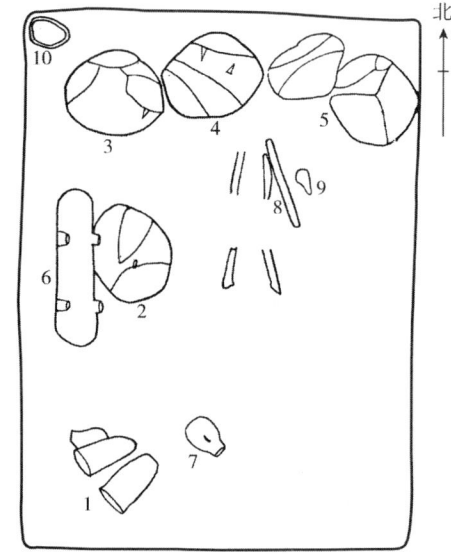

图三　A区 M15
1. 夹砂陶罐　2~5. 三足器　6. 石磨盘　7. 陶壶
8. 石磨棒　9. 石块　10. 夹砂陶鼎

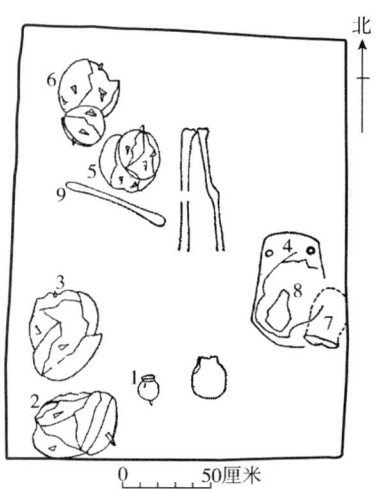

图四　A区 M27
1. 陶壶　2、3、5、6.三足器　4.磨盘
7、8. 夹砂罐　9. 磨棒

（三）出 土 遗 物

渠西出土遗物最多，计比较完整的和经复原的 100 多件。其中石器 32 件、陶器 98 件、绿松石 1 件。这些器物全部出于墓葬。

（1）生产工具均为石器，种类包括石斧、石铲、石镰、石磨盘、石磨棒五种。

石斧 3 件。灰白色，形制较小，均属前次出土的 I 式斧，但形状略有不同。平面呈梯形，顶部较窄，刃部较宽。顶为圆弧形，顶端一侧加工成一斜坡状平面。刃部，刃角比较明显。M23 出土的一件制作较粗，表面略加磨光，顶部较薄，长 8.9、宽 9.7 厘米（图五，16）。M28 出土的通体磨光，制作比较精致，长 8.4、宽 4.1 厘米（图五，22）。

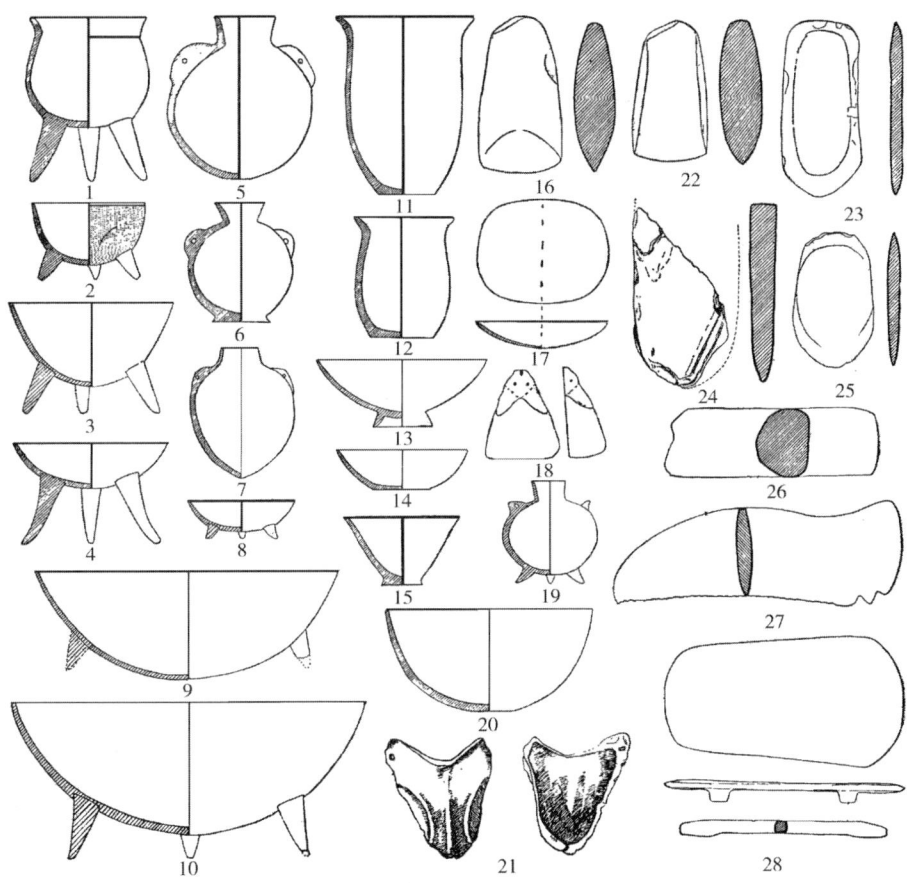

图五　石器和陶器

1. I 式鼎（M14） 2. II 式鼎（M12） 3. I 式三足器（M27） 4. IV 式三足器（M15）
5. I 式壶（M27） 6. III 式壶（M14） 7. IV 式壶（M16） 8. II 式三足器（M25）
9. III 式三足器（M15） 10. II 式三足器（M15） 11. I 式罐（M18） 12. II 式罐（M33）
13. II 式碗（M33） 14. I 式碗（M24） 15. III 式碗（M18） 16. I 式石斧（M23）
17. 盘（A 区 M17） 18. 陶羊头（B 区 T35） 19. V 式壶（M33） 20. 钵（A 区 M23）
21. 不知名器（B 区 T31） 22. II 式石斧（M28） 23. 石铲（M32） 24. 石铲（B 区 T34）
25. 石铲（M34） 26. 石铲（B 区 T31） 27. I 式石镰（M28） 28. Ic 式磨盘（M27）

石铲 9件。亦属前次出土的Ⅰ式铲，形状不尽相同，基本上可分为三种：Ⅰa铲面较宽，腰略内收，两端磨刃，一刃呈舌状，一刃呈圆弧状，都经使用，痕迹明显，长15.2、宽8.4厘米（图五，25）。Ⅰb为一长条形，器表略加磨光，制作较粗，两端磨刃，一端为舌状，刃部使用痕迹明显，另一端为圆弧状未经使用，长19.9、宽7.9厘米（图五，23）。Ⅰc长条形，器身扁薄，中部较厚，一端磨刃，刃呈舌状，制作较精，通体磨光，长32.8、宽8.9厘米。

石镰 4件。制作精致，通体磨光。拱背形，刃部都有细小的锯齿。柄部较宽略向上翘，下部磨有系绳缺口。分三式。Ⅰ式1件。镰面较宽，刃近平直，柄下部有系绳缺口二个。长16.5、宽5.5厘米。Ⅱ式1件。体短面宽，凹刃，长8.8、宽5.4厘米。Ⅲ式2件，镰面较窄，体细长，刃部略内凹，柄部系绳缺口一个，长10.1、宽3.5厘米（图五，27）。

石磨盘 8件。均为上次出土的Ⅰ式，质为黄色砂岩，制作为琢磨兼施，整体平面呈椭圆形，两头宽窄不一，前宽后窄，磨盘底部琢制有四个柱状短足，据局部形状略有变化，可分为三小式。Ⅰa式2件，腰部略内收，两端圆钝，长75、宽35.5厘米。Ⅰb式2件，两侧边沿近于平直，后部略窄，长38、宽22厘米。Ⅰc式4件，两侧边沿平直，两端圆角明显，长68、宽37厘米（图五，28）。

石磨棒 8件。圆柱形，中部较粗，两端略细。有的因使用时间长久，中部已磨损变细下凹，磨棒的长短大小是与磨盘成套的，最长的长57.5、直径5厘米，最短的长19.2、直径4.4厘米。

（2）生活用具 墓葬出土的陶器，均为死者生前使用的生活器皿，非明器。以泥质红陶的数量居多、夹砂陶的数量少。泥质灰陶只出土二种，均为小型三足器。器物多素面，泥质陶个别磨光。个别的夹砂陶鼎，施有纹饰。

鼎 7件。夹砂红陶。形制与试掘时出土的完全不同，现依次列为二式。Ⅰ式6件，敞口，深腹圆底，长锥足略向外撇。口径12.4、通高18.6厘米（图五，1）。Ⅱ式1件，碗形，直口圆底，短锥足略向外撇，器表饰直线篦点纹，口径12.6、通高8.9厘米（图五，2）。

壶 22件。器体分球形与椭圆形两种。小口，高领。腹上部附弯月形双耳，个别的纽状耳。器有大小之分，差别颇大，分五式。Ⅰ式11件，球形，圆底，也有小平底，颈略内收，通高18.5、口径6.8厘米（图五，5）。Ⅱ式5件，椭圆形，平底，颈略内收，通高14.5、口径6厘米。Ⅲ式1件，小口微敞，细颈，假圈足，口径5.6、通高13.6厘米（图五，6）。Ⅳ式1件，椭圆形，尖底，颈大于口，口径4.5、通高15厘米（图五，7）。Ⅴ式4件，圆球形，腹部较鼓，纽形耳，底部附有三个锥状短足，足外撇，口径3.7、通高11.6厘米（图五，19）。

罐 15件。复原7件。夹砂红陶，筒形深腹平底。分三式。Ⅰ式2件，腹壁微鼓，口沿微卷，口外的口沿下有乳突饰，口径17、通高31厘米。Ⅱ式2件，喇叭状口，腹壁稍直，口径15.4、通高20.4厘米（图五，11）。Ⅲ式3件，颈部比较明显，有的腹壁斜直下收为大平底，内壁口沿下有明显的折角，口径11.1、通高13.8厘米（图五，12）。

三足器　51件。此器以前列为Ⅰ式鼎，今改为三足器。除2件泥质灰陶外，其余均为泥质红陶。器体为钵形，底附锥状三足。器物的大小，腹的深浅，足的长短变化较大。现依其腹、足的变化分为四式。Ⅰ式5件，深腹，体较大，口径18.3、通高12.6厘米（图五，3）。Ⅱ式13件，其中灰陶2件，腹比Ⅰ式浅，器体有大有小，差别颇大，足稍短，呈乳突状，最大的口径39.5、通高17.9厘米（图五，10）。最小的口径11.8、通高4.4厘米（图五，8）。Ⅲ式2件，口径大，浅腹，短足，足附于器物腹部，口径34、通高11.5厘米（图五，9）。Ⅳ式3件，高足外撇，有的近直，浅腹，也有大小之别，口径17.3、通高11.4厘米（图五，4）。

碗　4件。分三式。Ⅰ式1件，泥质红陶，直口平底，口径14.5、通高4.5厘米（图五，14）。Ⅱ式2件，圈足，素面，口径19.1、通高7.7厘米（图五，13）。Ⅲ式1件，夹砂红陶，腹壁斜直，下收为假圈足，口径13.1、通高7.8厘米（图五，15）。

钵　1件。直口圜底，腹壁较厚，口径23.1、通高7.8厘米（图五，20）。

盘　1件。椭圆形，圜底近平，素面，口径14.7、高3厘米（图五，17）。

二、渠东文化遗存

（一）地层与遗迹

渠东的地层情况与渠西基本相同。耕土和近代扰土层下即为文化层，不见晚期文化遗存。

遗迹发现不多，仅在T31近南壁处发现一个圆形结构的烧窑遗址，窑堂直径约96、深约52厘米。窑壁烧土厚8～14厘米。窑底为圆形、比较规整，烧土厚约有6厘米。窑室南壁有5个半圆形残孔眼，直径6～8厘米。整个窑室被一条由东至西的近代扰土沟所破坏。窑的火道向东，长约80、深60、宽50厘米。火道壁亦有一层厚约10厘米的烧土（图六）。

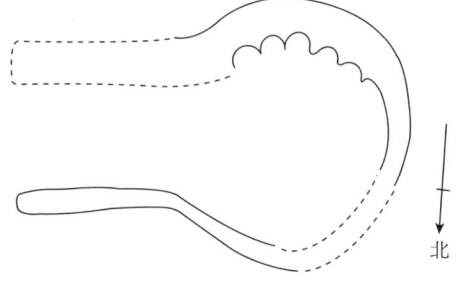

图六　B区T31陶窑平面图

在窑址周围，有相当丰富的陶片，尤其东侧有一个大型的灰坑，坑内堆积有很厚的灰土，约1.8米，内包含数量甚多的陶片。窑址的北边，堆积有不少烧土结块，有一些烧土结块中，还夹有未经取出的夹砂粗陶罐底残片，系烧坏的陶罐残存。

（二）出 土 遗 物

渠东发掘出土遗物亦颇丰富，但绝大部分陶器都是残品。另有少量的细小燧石石片和石英石核，残断石器（图五，24、26；图七，1、8、11），骨器、动物骨骼和大量的陶片。

燧石片数量不多，均为细石片，长约2～4厘米，宽约1～2厘米。形状有三棱形或不规则的长方形。中部有凸脊，两侧较薄，多数是一侧边沿薄如刃。此类石片，台面一般都比较清楚，但都未经过第二步加工，似为制作石器时从石核上剥落下来的石片，但有的石片边沿较钝，似经刮削使用。细石英核数量较多，多为锥状体，也有台面，中部有凸脊，两侧较薄，锥尖部分有的比较光滑，有的锥尖残断。可以看出此类石片，一部分已用于钻、刮器物（图七，2～5）。

陶器均为残片，据T34的统计，总数为4538片。其中泥质红陶片占59.9%，夹砂陶占39.9%，灰陶占0.2%。夹砂陶片部分有纹饰，主要有压印纹、坑点纹、篦纹、划纹几种。器形有鼎，小口双耳壶，深腹夹砂罐，三足器和豆等。此外还有器底部带有小圆孔的夹砂三足小陶鼎残片（图八）。豆1件，敛口，浅盘粗把，无豆座（图七，9）。三足器1件，敞口，浅腹空足（图七，10）。

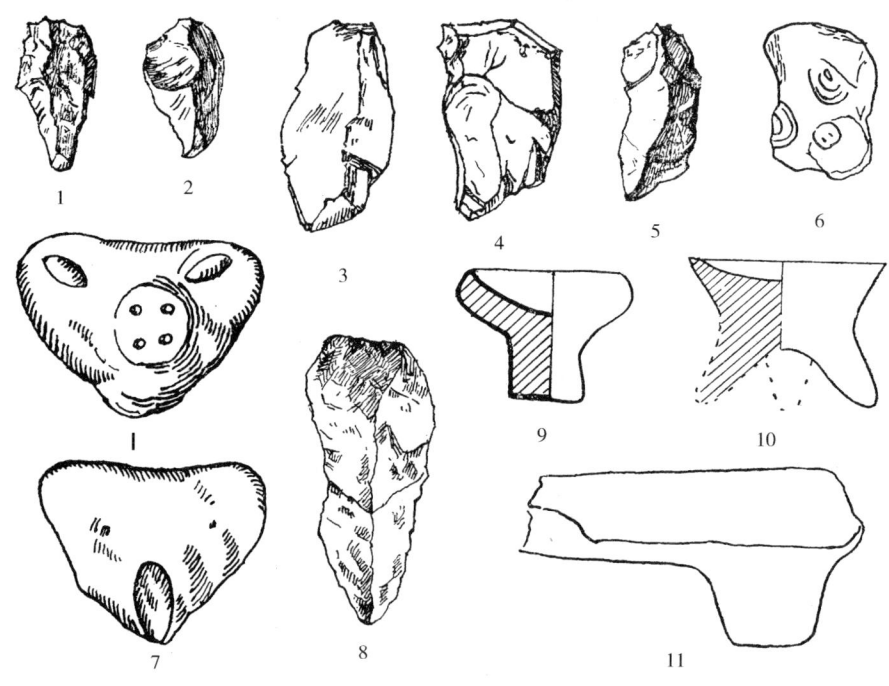

图七

1. Ⅱ式尖状器（B区T35） 2. 刮削器（A区T20） 3. Ⅱ式刮削器（B区T35）
4. 刮削器（B区T32） 5. 刮削器（A区T31） 6. 陶猪头（B区T34） 7. 陶猪头（B区T32）
8. 尖状器（B区T32） 9. 陶豆（B区T32） 10. 三足器（B区T32） 11. 石磨盘腿（B区T31）

陶器中还发现了一些动物形塑造品。其中有猪头 2 件，短嘴，张口，塑造简单（图七，6、7）。羊头 1 件，长角而粗，造型简单（图五，18）。不知名器 1 件，形象似一羊头，中部鼻梁稍突，两侧下陷，似为鼻孔（图五，21）。

骨器有镞、锥、匕、簪等，均残，数量各 1 件，此外还有鹿角器。

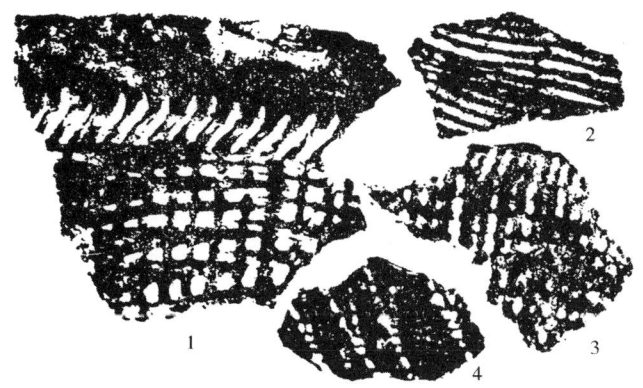

图八　陶器纹饰
1、2. B 区 T34 一层　3. B 区 T34 三层　4. B 区 T32 二层

三、结　　语

（1）裴李岗遗址，通过第二次发掘，使我们对这个遗址的情况和基本文化面貌有进一步的认识。从西河李水渠东、西两个地点发掘的地层，以及出土遗物的情况看来，基本上是相同的。它们应该是同一时期的文化遗存。水渠以东的文化堆积层比较厚，在发掘的 140 多平方米面积范围内，没有见到墓葬及其痕迹，而较多地发现骨器镞、锥、簪、匕之类的遗物和猪、羊及其他动物骨骼，这些都是与当时人们生活密切相关的遗物，说明渠东是一处居住遗址，是完全可能的。水渠以西的发掘，文化层较薄，在 200 多平方米面积范围内，则发现墓葬 24 座，而且中心地区还比较密集，这显然是一处氏族公共墓地。据中国社会科学院考古研究所化验室对 ZK571、H11 及未编号木炭混合测定为距今 7145±300 年（公元前 5195±300 年）；T31①、T34①②木炭标本混合测定，其年代为距今 9300±1000 年（公元前 7350±1000 年）。在时间上，渠东遗址比渠西墓葬略早。

墓葬的情况，也使我们有新的认识。这次发掘的墓葬多是小型土坑墓。但也出现了 M15、M27 这样比较大型的墓，随葬品的数量也比小型墓显著增多，这显然是一种比较明显的差别，尤其是随葬品数量的悬殊较大，它反映什么问题？这是值得研究的。

在石器方面，根据上次发掘认为裴李岗出土的石器相当进步，制作精致，磨光程度高，通体磨光。这次发掘的情况和上次所见并不完全一致，有的磨光程度较高，制作亦较精细，尤以石镰比较突出。而石斧和石铲的情况则不同，不少只经过略加磨光，通体磨光只是少数。

（2）这次发掘，除了对遗址的情况及其基本的文化面貌有进一步的认识外，猪、羊头骨及其牙齿的发现，也是这次发掘的主要收获之一。它说明裴李岗文化时期，在农业生产的基础上已出现猪、羊家畜的饲养。这对我国家畜的起源，提供了一份实物资料。尤其是陶塑猪、羊头像原始艺术品的发现，更说明这个问题。

在水渠以东探方发掘的文化堆积层内，出现有细石片，数量虽然不多，但值得注意。在河南，发现细石器的地方，最丰富的是许昌的灵井，裴李岗发现细石片与许昌灵井的细石器是否有关系，这是值得我们探索的。

（3）裴李岗遗址地层比较单纯，但文化内涵是比较复杂的。从渠西的发掘情况看来，它有文化堆积层，但较薄。也有灰坑和墓葬，而且两者都打破文化层。墓葬之间也有打破关系。这种情况说明，虽然遗址的时代大体相同，但文化内涵上有早晚、先后的关系，也是明显的。另外，在24座墓葬中，发现灰陶的仅M14一墓，数量2件，均为浅腹短足小型三足器。这在裴李岗墓葬中，是一个值得注意问题。此外，在第一次试掘时出现的深腹、圆底、器表饰三周扁圆乳钉纹鼎，这次没有发现。在数量众多的陶片中，也未发现这类陶鼎的残片。在纹饰上，第一次试掘中，弧线篦纹比较多见，这次发掘，则比较少见，更多的是横道和竖道的压印纹、坑点纹、直线篦纹和器物口沿下饰一周斜道的坑窝纹，这些复杂的情况，有可能是因为有时间早晚的不同，而表现出的一种差异现象。

总之，裴李岗遗址，经过第二次发掘，增加了一些新的内容，取得了一些收获，但是，有一些问题，还没有得到圆满的解决，需要进一步工作。

附表一 裴李岗遗址第二次发掘墓葬出土器物统计表

墓号	墓室（长×宽×深）（米）	头向	葬式	人骨保存	出土遗物
M11	2.02×0.89-1.15	?	?	无存	壶Ⅱ式1件
M12	2.0×0.7×1.0	?	?		石铲Ⅰc式1件，壶Ⅰ式1件，三足器Ⅱ式2件，罐残1件，鼎Ⅱ式1件
M13	2.05×0.69-0.93	?	?		壶Ⅰ式1件，三足器残1件，罐残1件，鼎Ⅰ式1件
M14	1.75×0.67-0.90	南		牙三枚	石磨盘Ⅱ式1件，石磨棒1件，壶Ⅰ式1件，三足器Ⅲ式4件，罐Ⅲ式1件，残1件
M15	2.5×1.8-0.92	南西5°	直		石磨盘Ⅰ式1件，石磨棒1件，壶Ⅱ式1件，罐残2件，三足器Ⅰ式3件，Ⅱ式1件，Ⅳ式1件，残12件
M16	2.24×0.78-0.75	南西16°	直	只有部分头骨肢骨	石铲Ⅱ式1件，壶Ⅳ式1件，三足器Ⅳ式1件
M17	1.80×0.73-0.70	?	?	无存	壶Ⅰ式1件，盘1件
M18	2.05×0.80-1.10	南西13°	直	尚有下肢痕迹	石磨棒1件，壶Ⅰ式1件，三足器Ⅱ式2件，鼎Ⅰ式1件
M19	1.68×0.97-1.13	南西10°	直	尚存下肢骨	石铲Ⅰa式1件，壶Ⅰ式1件；壶Ⅰ式1件，罐Ⅰ式1件，残一件，碗Ⅲ式1件
M20	2.18×0.90-1.10	南西11°	?	只有少量牙齿	石铲Ⅰa式1件，壶1件
M21	1.80×0.80-0.55	南西5°	?	只见儿枚牙齿	壶Ⅰ式1件
M22	2.26×0.83-0.80	南西15°	?	只见儿枚牙齿	石斧1件，石磨棒1件，壶Ⅴ式1件，罐Ⅱ式1件，石镰Ⅲ式1件，三足器Ⅱ式4件，鼎Ⅰ式1件
M23	2.3×1.01-0.79	南西10°	?	只见儿枚牙齿	石磨棒1件，石镰Ⅲ式1件，壶Ⅰ式1件，钵1件
M24	2.00×0.92-0.80	南西12°	直	头骨、腿骨较完整	石磨盘Ⅲ式1件，石磨棒1件，壶Ⅰ式1件，碗Ⅲ式1件，鼎Ⅰ式1件

续表

墓号	墓室（长×宽·深）（米）	头向	葬式	人骨保存	出土遗物
M25	2.10×0.90×1.20	南西 9°	?	尚存头骨痕迹	壶Ⅰ式1件，三足器Ⅲ式1件
M26	?	?	?	只见人牙2枚	
M27	2.5×1.8-1.05	南西 6°	直	尚见朽骨痕迹	石磨盘Ⅲ式1件，石磨棒1件，壶Ⅰ式1件，鼎Ⅰ式1件，三足器Ⅳ式1件，残10件，罐Ⅰ式1件，残1件
M28	2.2×0.93-1.15	南西 8°	直	基本完整	石斧Ⅱ式2件，石铲Ⅰb式1件，石镰Ⅰ式1件，壶Ⅰ式1件
M29	2×1-0.95	?	直	无存	石磨盘Ⅱ式1件，石磨棒1件，壶Ⅴ式1件，三足器残1件
M30	1.67×0.87-	南		只见牙齿	石铲Ⅰa式1件
M31	2×1-0.9	南西 7°	直	尚见骨架痕迹	壶Ⅴ式1件，三足器残2件，罐Ⅲ式1件
M32	1.44×0.78-0.9	?	?	无存	石铲Ⅰb式1件，鼎Ⅲ式1件，壶Ⅴ式1件，三足器残一件，三足器残1件
M33	1.68×0.97-1.13	南西 8°	直	尚存下肢骨	石磨盘Ⅲ式1件，石磨棒1件，石镰Ⅰ式2件，碗Ⅱ式1件
M34	2.06×0.84-1.03	南	?	只见牙齿	石铲Ⅰa式1件，壶Ⅰ式1件
合计					石磨盘8件（Ⅰ式2件，Ⅱ式1件，Ⅲ式4件）；石磨棒8件；石斧3件（Ⅰ式1件，Ⅱ式2件）；石铲9件（Ⅰa式6件，Ⅰb式2件，Ⅰc式1件）；石镰4件（Ⅰ式1件，Ⅱ式2件）；壶22件（Ⅰ式11件，Ⅱ式5件，Ⅲ式1件，Ⅳ式1件，Ⅴ式4件）；三足器51件（Ⅰ式5件，Ⅱ式13件，Ⅲ式2件，Ⅳ式3件，残28件）；石镰15件（Ⅰ式2件，Ⅱ式2件，Ⅲ式3件）；鼎7件（Ⅰ式2件，Ⅱ式1件，Ⅲ式2件）；碗4件（Ⅰ式1件，Ⅱ式2件）；盘1件；钵1件

附表二 裴李岗遗址第二次发掘 T34 出土陶片统计

陶质	分类总数	各类占总数(%)	其中									
			带纹饰		三足腿		陶壶耳		壶底带镂孔		平底器片	
			块数	%	块数	%	块数	%	块数	%	块数	%
夹砂红陶片	2720	59.9			160	6	55	2	6	0.2		
泥质红陶片	1810	39.9	28	2	20	1.5					67	4
泥质灰陶片	8	0.2										
合计	4538	100										

执笔者：李友谋

（原载《考古》1979 年第 3 期）

河南巩县铁生沟新石器早期遗址试掘简报

开封地区文管会　巩县文管会
郑州大学历史系考古专业

铁生沟遗址位于巩县城东南12公里的夹津口公社铁生沟大队第二生产队。遗址的近处建有大队的砖瓦厂。

1978年10月间，夹津口公社干部马永生同志在取土中采集到一些石器，后将情况报告县文物主管部门，县文管会即派人赴该地进行调查，又采集到若干石器，并从群众手中收集到石磨盘、磨棒一套。根据石器和磨盘判断，铁生沟遗址是一处裴李岗文化类型遗址。接着，开封地区文管会和县文管会同郑州大学历史系考古专业教师于1979年3月作了试掘，挖探方三个，共挖掘面积200多平方米，现将试掘情况简报如下。

一、地理环境与地层情况

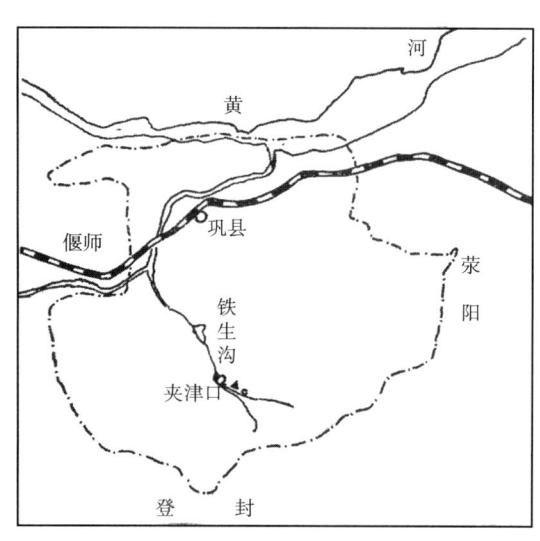

图一　铁生沟遗址位置示意图

遗址南临一条小河，北傍平顶山，东约2公里是汉代冶铁遗址，位置在平顶山南坡的中部地段，群众称为西下坡，高出河床约20米。在南北约100米、东西约100米的范围内的水沟、断壁上均见有碎陶片，估计遗址面积约10000平方米左右（图一）。据群众反映，在遗址以东100米以外的一片地段，犁地时曾出土过石磨盘几件，估计该地段有可能是墓地。

地层情况很单纯。表土厚约30厘米，其下就是文化层，文化层底下即为生土。

文化层为紫红色黏土，土质相当硬实，呈块状黏结体，内包含有一定数量的泥质红陶片和夹砂红陶片，其次有少量的红烧土碎块和残断石器，厚约70厘米。

遗址附近地面除采集到一些和文化层出土相同的红陶片外，未见有其他时代的文化遗物。

二、遗迹与遗物

遗迹发现不多，仅房基和灰坑，未发现墓葬。

房基发现一座。形状呈圆形，直径约2.9米。半地穴式结构。门向北偏东，宽约0.8米。门道口有用石块铺砌的台阶三级，其中自上而下第二级台阶是利用已毁坏的石磨盘铺砌的。每级台阶高约20厘米。门道两侧发现有圆形柱洞2个，直径约12厘米。地面不甚平整，但比一般土硬实。在房基的中部发现有一小片红烧土，可能是被毁的灶土。在门道出口的左侧发现有一堆破碎的小口双耳壶和夹砂罐陶片，与地面黏合得很紧，似器物经上部的压力破碎后而黏结于地面的。房内堆积为红褐和深灰色土，内包含有少量的陶片和经火烧的碎骨、果核等遗物（图二）。

灰坑发现三个，为圆形和不规则圆形坑。坑口见于表土层下打破文化层。直径1.2～1.7米，深0.75～1.1米。坑壁近于垂直，不甚平整，底近于圜底。坑内堆积是深灰色黏土，土质较软，包含有数量较多的泥质和夹砂红陶片，也有少量的红烧土块、果核、碎骨、兽牙等。H2还出土有细石片。

出土的文化遗物主要是石器和陶器两种，此外还有一些兽骨和一件骨器。

石器大部分是残器，完整的只有8件，另外采集的完整器30件，共38件。种类有石斧、石锄、石铲、石镰和石磨盘、磨棒。

石斧　10件。出土的2件，采集的8件。形状分二式：Ⅰ式长条形，圆顶，刃近平直，顶部较窄，刃部较宽，整体厚重，通体磨光。采1长14、刃宽6厘米（图三）。Ⅱ式剖面为椭圆形，平顶，圆弧刃，顶部窄，刃部宽，中部微鼓，形制较小，T2∶1长6、宽3.3厘米（图四）。

石锄　1件。长条形，直刃，平顶，刃部稍宽，有经使用后形成的垂直线条擦痕，顶部稍窄，整体厚重。通体磨光，长38、厚2、刃宽9、顶宽6厘米（图五）。

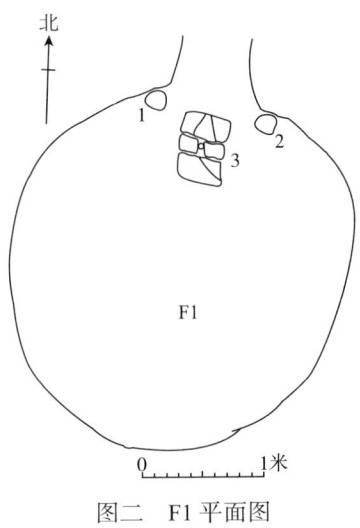

图二　F1平面图

1、2. 柱洞　3. 石砌台阶

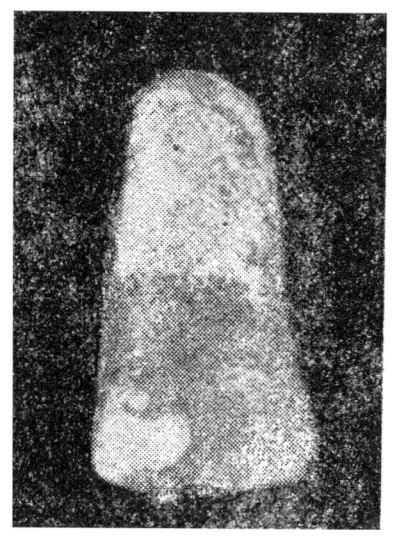
图三 Ⅰ式斧（采1）

图四 Ⅱ式斧（T2∶1）

石铲 24件。出土的6件，采集的18件。分二式：Ⅰ式长条形，器身扁薄，两端磨刃，刃呈舌形状，两刃均有使用痕迹。两侧边沿很薄。通体磨光。这式铲数量较多，长短、宽窄不一。采15长29、宽8厘米（图六），其余较短。Ⅱ式铲长条形，一端磨刃，为圆弧形。器表略磨光。这种铲数量较少，大小也不一致，T1∶2长10、宽6厘米（图七）。

此外还采集到半成品铲一件，只经打制成形，刃部未加磨光（图八）。

石镰 2件。均采集。采10拱背，直刃，刃部施锯齿，镰面较宽。柄端略向上翘，下有系绳缺口一个，通体磨光，长21、面宽5.5厘米。采11刃部微弯，镰面较窄，整体比较细小，长12、面宽3厘米（图九、图一〇）。

石磨盘 3件。均采集。出土的均为残片。平面呈椭圆形，前后两端边沿圆钝，前宽后窄，两侧边沿平直。底部琢制有四个短柱状足。黄砂岩制成。采12长66、宽28～37、高7厘米（图一一）。

石磨棒 3件。柱状，中部较粗，两端较细，有的磨损程度较轻。采13长53、中部直径8厘米。

陶器发掘所得颇多，全部是碎片，没有可以复原成器的。其中大部分是泥质红陶，占陶片总数的92%左右，夹砂陶，仅占8%左右，灰陶未见。泥质陶都是素面的，未见磨光陶片；夹砂陶带纹饰的也很少，不足20片，其中有横道、竖道、斜道、坑点纹和折线篦纹两种。器形有小口壶耳，口沿，夹砂深腹罐的口沿沿底，三足器的足和碗等几种，以三足器足最多，计637个，折200多个个体，可见三足器是当时的主要器物。陶片的质量很差，胎质松弛易碎，火候不高，内壁还保留有手捏的痕迹，系手制。采集到完整器4件。

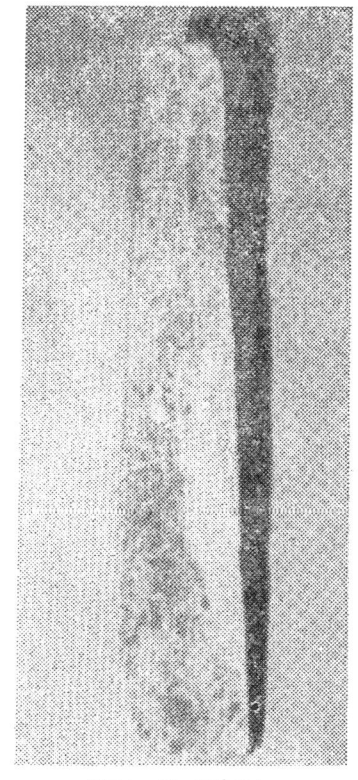

图五 锄(采9)

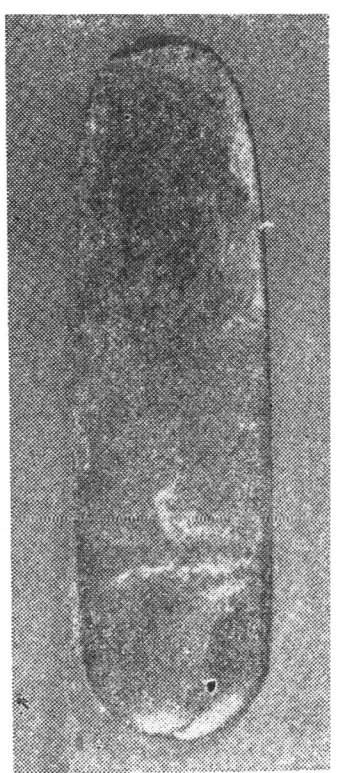

图六 Ⅰ式铲(采15)

图七 Ⅱ式铲(T1∶2)

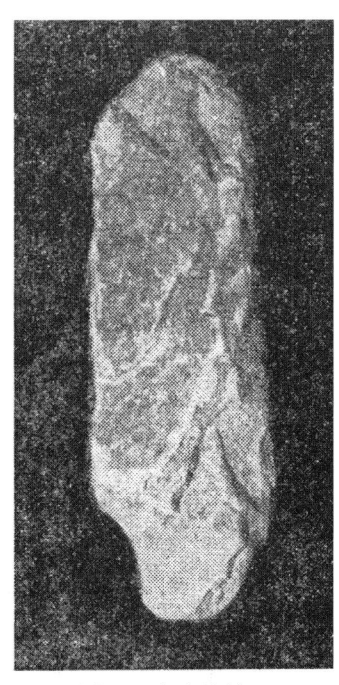

图八 半成品铲

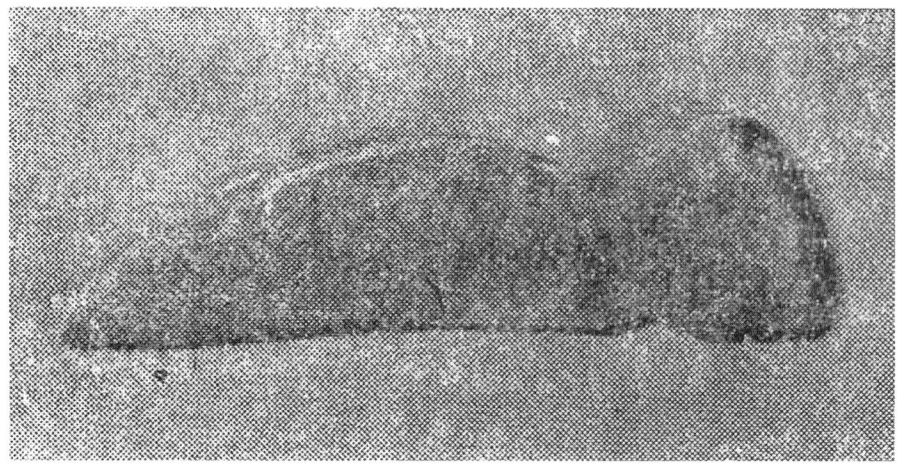

图九　镰（采10）

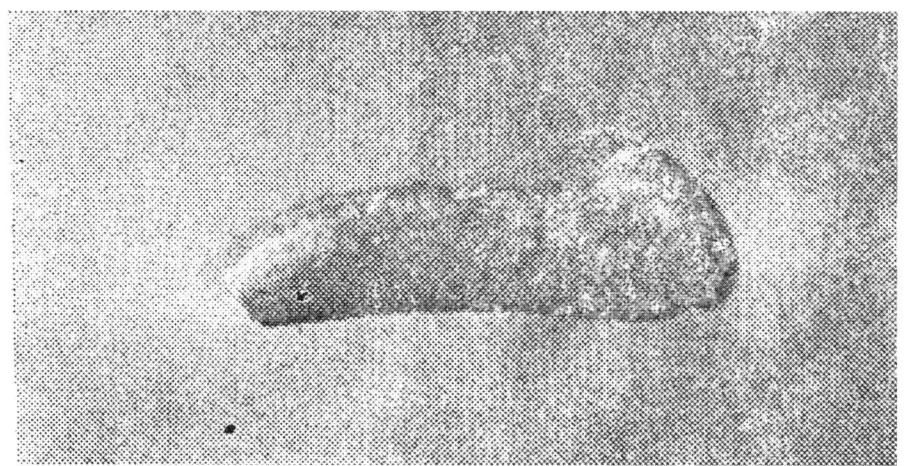

图一〇　镰（采11）

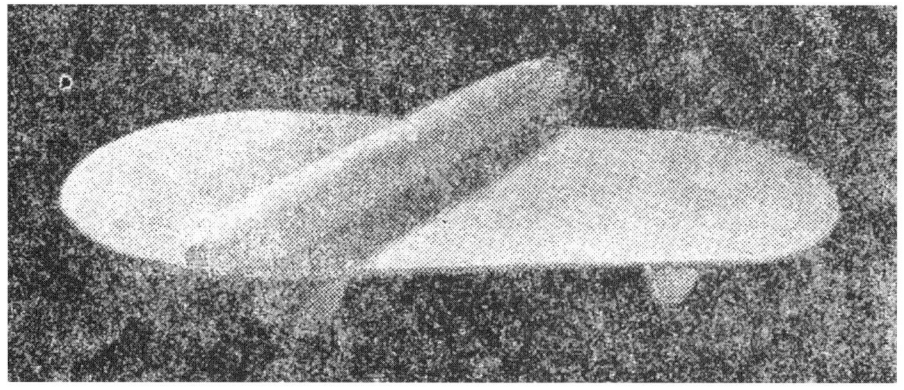

图一一　磨盘（采12）

壶　2件。采1呈椭圆形，圜底，短颈，小口，颈下附弯月形双耳，素面，通高15、口径5厘米。采2近于球形，圜底，颈稍长，双口，腹上部附弯月形双耳，素面，通高17厘米（图一二）。

1. 采1　　　　　　　　　　　2. 采2

图一二　壶

碗　二件。小型。采3口微敛，平底，素面，通高4、口径10厘米；采4直口，四壁斜直，圈足，素面，通高5、口径12厘米。

三、结　语

铁生沟遗址出土的石斧、石铲、石镰、石磨盘、磨棒，以及陶器小口双耳壶、三足器、夹砂罐的口沿、底部带孔的三足钵等器物，都是裴李岗遗址所常见的。器物的形状、纹饰等特征也和裴李岗的器物特征一致，因此，它与裴李岗应同属一个文化类型遗址，其历史年代也大致相当。

石锄这种器物在探方的文化层中也发现有刃部的残片。其作用可能类似于现今农村所使用的镢头，是一种锄土的工具。在裴李岗文化类型的其他遗址中还没有见到。

铁生沟遗址发现的一座房基，其结构同密县莪沟遗址发现的房基有一些相同的地方，都是圆形半地穴式土坑，都有门道和台阶。但门道和台阶的结构有所不同。莪沟F2是一个伸出房基外的斜坡阶梯形门道，铁生沟的房基是房门出口处用石块铺砌的三级台阶。这说明两地的房基结构大同中亦有小异。

以上情况说明，裴李岗文化时期，人们的生产状况和生活情况大体相同，但各地的生产、生活方式还是有一些差别的。

执笔者：李友谋

（原载《文物》1980年第5期）

河南密县马良沟遗址调查和试掘

开封地区文管会　密县文管会　郑州大学考古专业

马良沟遗址，位于密县城东偏南约 15 公里来集公社桧树亭大队马良沟生产队村西约 100 米的岗地上。面积约 10000 平方米。这块岗地，原来是一片慢坡地，经社员历年平整土地，现在是一片阶地，遗址就在岗地的上部。

在遗址的东西两面，都有小河，东面的一条小河叫茹堂庙河，距遗址约 200 米，西面的一条是瓦窑沟河，距遗址约 250 米，两河均自北向南流。岗地介于两河之间，高出河床约 60 米（图一）。

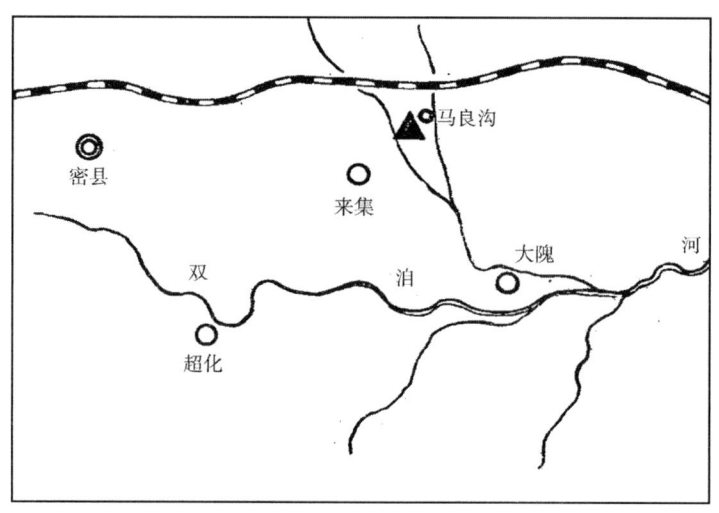

图一　遗址位置图

1978 年冬，密县来集公社桧树亭大队马良沟生产队的社员在村西岗地平整土地时挖出一件石磨盘和磨棒，公社文化站闻讯后即到生产队向社员收集了该磨盘及其他出土文化遗物，并将这一情况报告于县文管会。县文管会得悉之后，亦即到当地作了调查，了解了出土地点和遗址的有关情况。其后，开封地区文管会也作过类似的调查并决定试掘。试掘工作于 1979 年 5 月 9 日开始至 14 日结束，历时 6 天，开挖 4 米×10 米探沟两条，发掘面积 80 平方米，初步了解了遗址的地层和一些基本情况。现将调查和试掘情况简报如下。

遗址的地层堆积很单纯，地表土层下即为文化层，文化层下即为生土。现以 T1 东壁地层为例说明：

第1层　耕土和近代扰土。土色浅黄，土质松软，厚约30厘米。包含物有近代的陶、瓷片和砖瓦碎片。

第2层　即文化层。深红褐色黏土。土质硬实，厚65～70厘米。此层可分为上下两层，上层土色较深，下层土色稍浅。包含物不多，有少量的碎陶片、红烧土碎块、木炭屑和石磨盘磨棒残块。上层发现灰坑一个，编号H2。以下为深黄色生土（图二）。

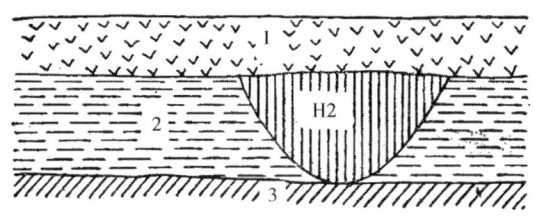

图二　T1东壁剖面图
1. 表土层　2. 文化层　3. 生土层

根据对遗址及其周围情况的调查，地面及断壁上除可以见到为数不多的夹砂红陶和泥质红陶碎片外，其他时期的文化遗物均未见到，因此，T1地层的单纯和地面的调查情况是一致的。

这次试掘，在T1发现灰坑两个，同时获得数量较多的陶片；其他探方未发现遗迹，所得陶片也甚少。

H1略呈圆形，坑口出现于表土层下，打破文化层。直径1.8米，坑壁近于垂直，边沿不甚平齐，深1.3米。坑底不平，北部较高，南部较低。坑内堆积均为红褐色土夹灰土，北边近底处有一层厚约20厘米的红烧土。出土物有残断石铲、石磨盘碎块、木炭、果核、小动物牙床、烧骨和大量的陶片，其中有些陶片尚可复原成器。

H2是一小型圆坑，亦出现于表土层下，打破文化层。口径0.75、深0.6米。圜底，堆积亦为红褐色土夹灰土，包含有少量的陶片和木炭。

从遗址的调查、试掘中获得的（包括采集和发掘所得）文化遗物有石器和陶器两类，此外还有一些动物的碎骨。

（一）石　　器

有石斧、石铲、石磨盘和磨棒四种。

石斧　2件。采集和发掘各得1件。采集的1件完好，剖面为椭圆形，顶面较窄，圆弧顶，刃面较宽，弧刃，刃角明显。中部稍鼓起。通体磨光。长8、顶宽2.5、刃宽4.5厘米（图三，2；图四，1）。发掘的一件形制较小，中部残断。通体磨光。

石铲　2件。采集和发掘各得1件。采集的1件完好，平面似一鞋底状，器身扁薄，面较宽，两端磨刃，一刃呈舌状，使用痕迹相当明显，一刃呈圆弧状，亦有使用痕迹。长9、刃宽10厘米（图三，1；图四，2）。发掘的1件出于H1，刃部已残断，残长 10、宽 9 厘米。器表略加磨光。此器残断以后又在铲身一侧加以磨刃，似为利用残器磨刃后改作他用。

石磨盘　1 件。平面呈椭圆形，黄砂岩质，两端边沿圆钝，前宽后窄，腰略内收，底部有四个乳突状足。全长 59、前端宽 26、后端宽 19 厘米（图三，4；图四，3）。

石磨棒　1 件。圆柱形，黄色砂岩，全长 40、直径 5 厘米。两头把手部分略细，中部较粗，经使用磨损后一面形成凹槽，凹深约 1 厘米（图三，3；图四，3）。

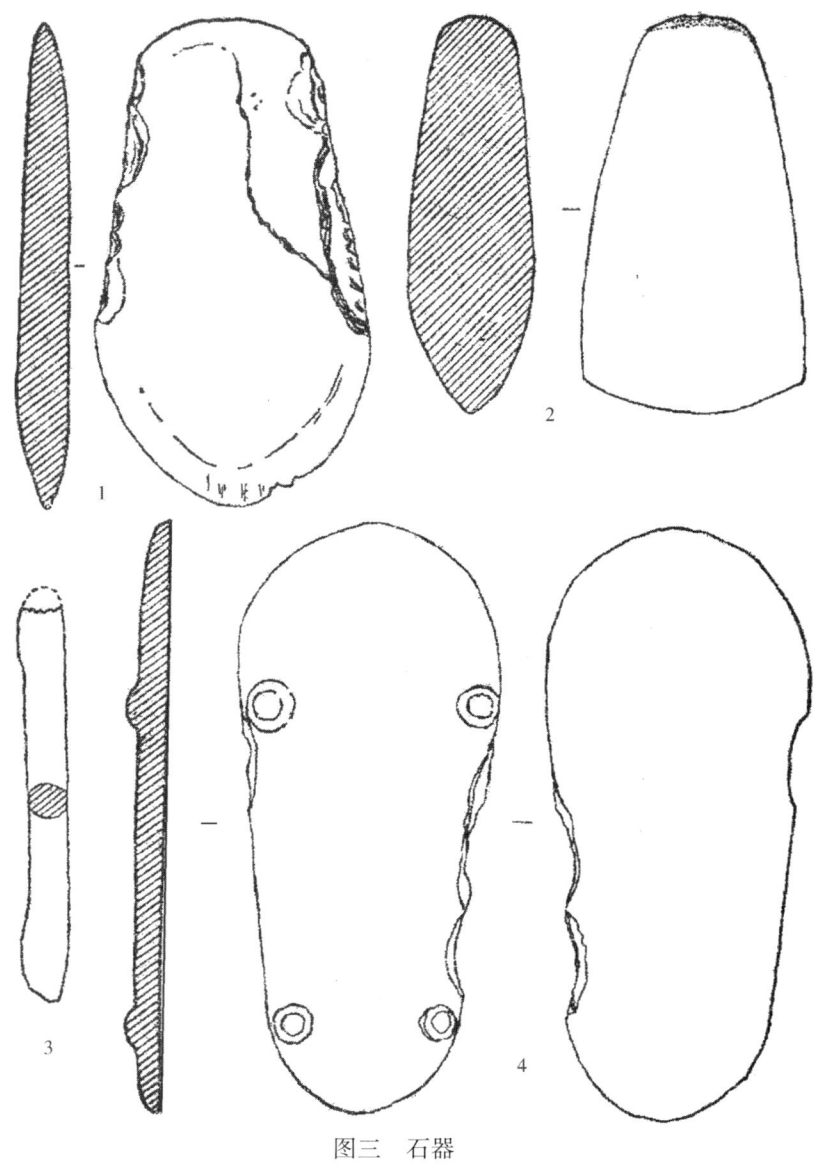

图三　石器
1. 铲（采 2）　2. 斧（采 1）　3. 磨棒（采 4）　4. 磨盘（采 3）

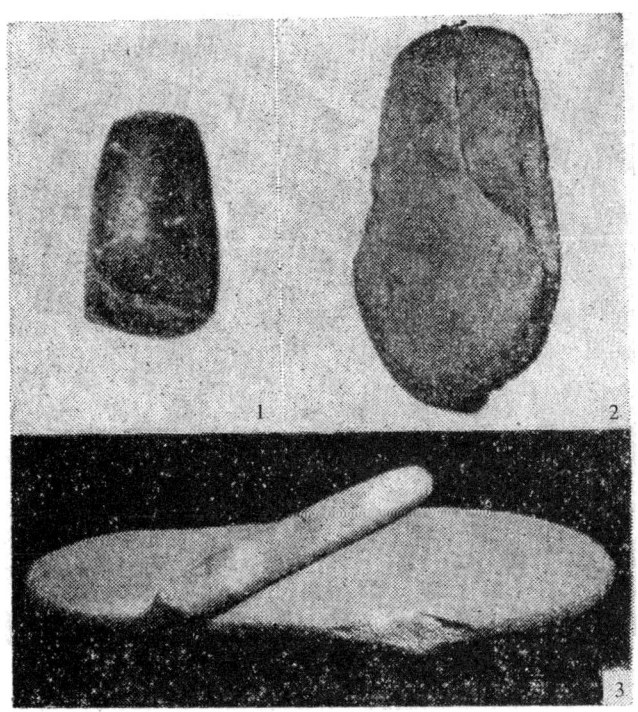

图四 石器
1. 斧 2. 铲 3. 磨盘及磨棒

（二）陶 器

出土的陶器主要是夹砂红陶和泥质红陶，少许灰陶，未见彩陶。夹砂陶砂质较细，内羼有云母片。泥质陶是经过淘洗后的细泥制成的，火候不高。器物都是手制，陶片上仍留存有手捏的痕迹。带纹饰的陶片甚少，仅见一些浅箆纹、坑点纹。泥质红陶均素面。未见有磨光陶片。这次试掘获得的陶片数量不少，据 H1 一个灰坑的统计，出土陶片总数 627 片，其中夹砂陶 360 片，泥质陶 267 片。其中有三足器、卷沿夹砂陶罐、弯月形双耳壶、碗等几种器形的足、口沿、器底和器耳等残片（图五，1、2）。

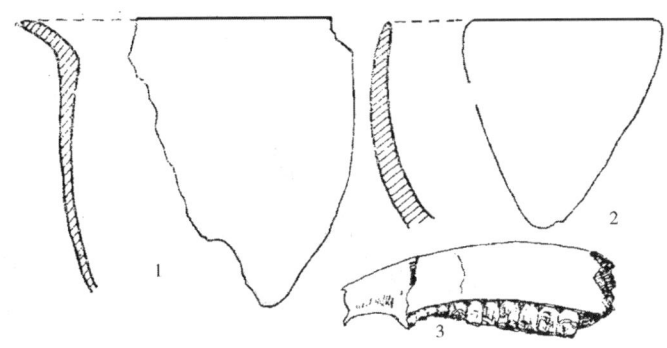

图五 H1 出土器物
1. 夹砂罐口沿 2. 钵口沿 3. 动物牙床

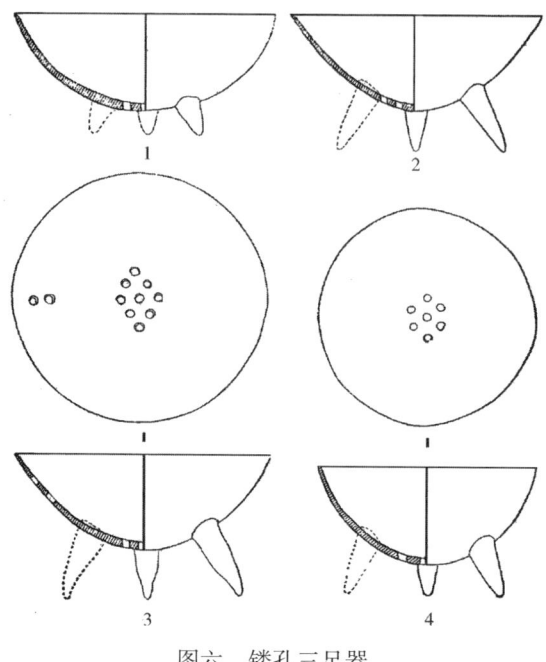

图六 镂孔三足器
1. T1H1:3　2. T1H1:2　3. T1H1:4　4. T1H1:1

能复原的器物仅三足器 4 件，全部出于 H1 灰坑。这四件三足器，最突出的特点是器底都钻有孔眼，而且都是两面对钻而成，钻孔部位正面和反面往往不正，因此孔眼不垂直。孔眼的数量多是 7 个。有的在腹壁也钻孔。器身钵形，泥质红陶。其中 H1：1 敞口，圜底，腹稍深，底附三个锥状足略向外撇，底部钻孔 7 个。口径 22.4、通高 10.2 厘米（图六，4；图七，1）。H1：2 敞口、圜底，腹稍浅，底部钻孔 11 个。口径 25.6、通高 10 厘米（图六，2；图七，3）。H1：3 敞口，圜底近平，浅腹，底部三足较短近直。钻孔 7 个。口径 34.4、通高 12.4 厘米（图六，1；图七，2）。H1：4 敞口，腹稍浅，三足较高。底部钻孔 9 个，腹壁钻孔 2 个，口径 26、通高 10 厘米（图六，3；图七，4）。

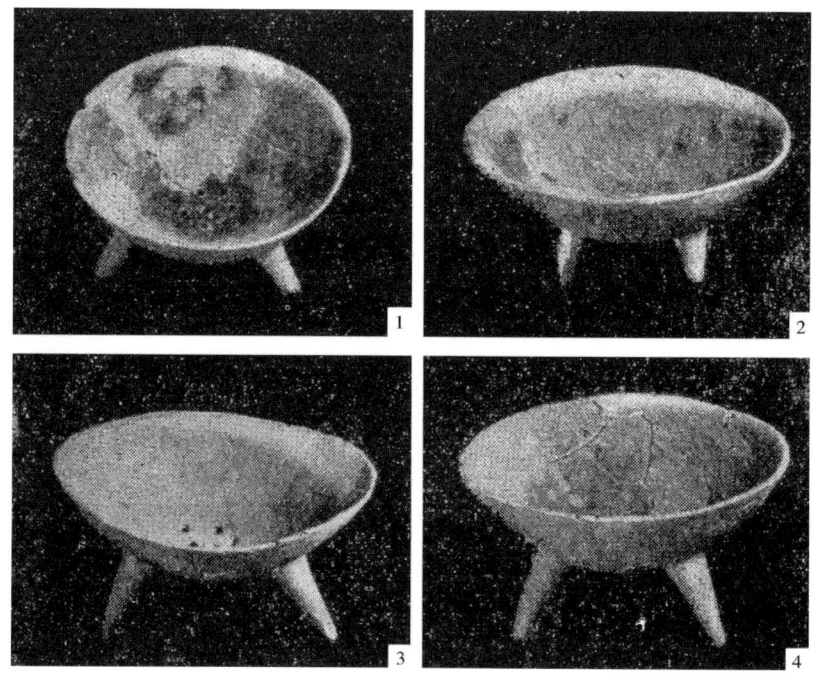

图七 H1 出土器物
1. H1：1　2. H1：3　3. H1：2　4. H1：4

马良沟遗址，是一处与裴李岗相同类型的新石器时代早期文化遗址，出土的文化遗物在特征上同裴李岗遗址的文化遗物大致相同。石器种类相同。从器形上看，这里出土的石斧、平面呈鞋底状两端磨刃的舌刃铲、椭圆形腰略内收的四足石磨盘，同裴李岗的同类器相似或完全相同。所见陶片的种类也与裴李岗遗址常见的器物相同。底部钻孔的三足器在裴李岗渠东遗址的文化层中也见到过这类陶片。陶器的纹饰也有裴李岗遗址常见的折线篦纹和坑点纹。因此，马良沟遗址不仅属于裴李岗类型文化，而且同裴李岗遗址的时间也大致相同。

发掘的 H1 灰坑，出土陶片数量之多，同时复原成器的有 4 件器底钻孔的三足器，这在裴李岗类型遗址所发掘的灰坑中还是仅见的。这 4 件三足器的器底外表呈黑色，内腹的底部也有一层灰黑色黏结物，当是实用器，作何用途不明。

在密县，已发现同裴李岗相同的新石器时代遗址已达七处，除马良沟外，尚有莪沟、青石河、城东关、城东北角、王嘴、张湾等地，其中莪沟遗址已发掘。可见这类遗址在密县的分布还是比较密集的。

执笔者：李友谋

（原载《考古》1981 年第 3 期）

第二部分

仰韶、龙山文化及相关问题的研究

关中仰韶文化一些问题的浅见

关中地区是一个东西狭长的盆地，全长约300多公里，面积约21000多平方公里。南面是秦岭山脉，北边是北山山系，中间盆地是一片广阔的平野。在数千年前，我国先民就曾经劳动、生息、繁殖在这广阔的平野上。他们用自己勤劳的双手和智慧，长期与自然作斗争，开发自然，从事农业、渔猎和采集等经济生产，以此获得赖以生存的可靠的物质生活来源，同时也创造了我国民族光辉灿烂的历史文化。今天，在广阔的关中平原上到处都还保留着极为丰富的仰韶文化遗存，从而使我们深刻地认识到关中地区是我国原始文化最发达的地区之一。

对于关中地区的仰韶文化遗存，新中国成立以来我国考古工作者已经做了大量的调查和发掘工作，其中发掘规模较大的有西安半坡、华阴横阵村、宝鸡北首岭、临潼姜寨、彬县下孟村和渭南史家等遗址，获得了极为丰富的实物资料，使我们对关中仰韶文化面貌有着比较深刻的认识。

对关中仰韶文化下列的一些问题，我想根据目前已发表的资料以及与此有关的研究问题谈谈个人的一些粗浅认识。

一、关中仰韶文化遗存的一些特点

关中仰韶文化遗存，同中原其他地方的仰韶文化遗存比较起来，有它的特点，归纳起来有以下几点：

（1）遗址的分布非常密集。从历年已发表的调查材料看来，在渭河及其支流泾、汧、雍、浐、灞、沣、镐、涝、皂、潏、灵沼等河的河旁台地上都分布有仰韶遗址[1]。整个关中已发现的大约有四百多处。有些地区几乎和现在的村落密度相等。在沣河沿岸，现在的村落差不多都是建立在古文化遗址的上面[2]。

（2）遗址的面积范围大小相当悬殊。据调查，关中地区的仰韶文化遗址，面积小的约3万平方米，大的将近百万平方米[3]，有的甚至达到百万平方米以上。咸阳市尹

---

[1] 梁星彭：《关中仰韶文化的几个问题》，《考古》1979年第3期。
[2] 中国科学院考古研究所、陕西省西安半坡博物馆：《西安半坡——原始氏族公社聚落遗址》，文物出版社，1963年。
[3] 中国科学院考古研究所、陕西省西安半坡博物馆：《西安半坡——原始氏族公社聚落遗址》，文物出版社，1963年。

家村遗址的总面积竟达到 1302500 平方米[1]。像尹家村这样大范围的仰韶文化遗址，在其他地方可以说是罕见的。

（3）遗址的文化堆积层厚。关中仰韶文化遗址的文化堆积层一般都有三四米，最厚的达到五六米。这样厚的文化堆积层，说明这些遗址居住的时间延续是相当长久的。据宝鸡北首岭仰韶遗址 ^{14}C 年代的测定，最上层与最下层之间的年代，相差达 1300 多年[2]。

（4）文化内涵相当丰富而且相当复杂。以西安半坡为例，这个遗址包含有数量相当多的不同形式的房基、窖穴、灰坑、陶窑和墓葬等，同时还包含有十分丰富的石器、陶器、骨器及其他文化遗物。这些房基、窖穴、灰坑和墓葬等都有互相重叠和打破关系。整个遗址既存在有半坡早期文化，又有庙底沟类型文化和半坡晚期类型文化，各类型文化之间既呈现出有互相联系的一面，同时又呈现出有不相联系的一面。

关中仰韶文化遗存的这些特点究竟反映一些什么问题，这是值得研究的。我们认为它在一定程度上反映出这个地区原始文化的发达和进步性。遗址的密集说明这个地区原始村落的发展，文化内容的丰富说明村落人口众多并且绵延不断地遗留下来这些丰富的文化遗迹和遗物。从半坡出土的生产工具和生活用具等文化遗物的情况看来，当时的生产和物质文化水平都是比较高的。农业生产工具制作都比较精致，种类和数量都相当多，出土的总数达 1000 多件，这是农业生产发展的标志。渔猎经济也相当发展，从事这项生产的工具如鱼钩、网坠、石矛和石镞等也大量被发现。此外制陶、揉皮、纺织、编织、木作等原始手工业也已经发展起来。尤其是制陶工艺的水平更为突出，半坡出土的陶塑以及陶器上彩绘的花纹如人面纹、鱼纹、鹿纹和鱼纹演化而来的各种三角形图案，充分反映出当时的陶制工艺水平是比较高的。从这些事实说明，关中仰韶文化时期，人们在长期的生产和生活实践中不断地积累和总结经验，取得了原始农业、渔猎和手工业生产的成就，同时也初步认识和掌握了一些事物的规律性。半坡人发明了利用蒸汽的陶甑，应用了具有重心原理的尖底瓶，懂得了计数、等边三角形和平行四边形的科学等。生产工具则创造了钻孔的石斧，带倒刺的鱼钩和鱼叉。尤其是半坡陶器上刻划的各种符号，有人认为是一种原始文字。这些情况充分说明半坡的原始文化水平已经达到一定的高度。

半坡类型文化，一般认为它代表仰韶文化早期。根据 ^{14}C 测定的年代数据来看，半坡遗址的年代为公元前 4770～前 4290 年[3]，它的最高数据，在仰韶遗址迄今测定的年代上是最早的。由于年代早，而在文化面貌上表现出那样发展和进步的情况，在中原其他地方的仰韶早期文化中是不多见的。

关中仰韶文化之所以处于比较发展和进步的局面，原因是多方面的，其中可能有

---

[1] 陕西省文物管理委员会：《陕西咸阳尹家村新石器时代遗址的发现》，《文物》1958 年第 4 期。
[2] 中国社会科学院考古研究所宝鸡工作队：《一九七七年宝鸡北首岭遗址发掘简报》，《考古》1979 年第 2 期。
[3] 夏鼐：《碳—14 测定年代和中国史前考古学》，《考古》1977 年第 4 期。

地域上的原因，这就是关中平原土地肥沃，气候适宜，河流密布，水源充足，而地势又比较高，水灾之害少。这些优越的地理条件，对于发展原始的农业和渔猎等经济生产以及人们的安居都是非常有利的。在原始社会时期生产力较低的条件下，人们利用自然，同时又受自然条件的制约，比较有利和优越的地理条件，对于发展原始经济生产和物质文化毫无疑问是有其重要意义的。

根据关中仰韶文化遗存的一些特点和上面所作的一些分析，我们认为关中应是仰韶文化形成较早，而且发展较快而又比较进步的一个原始文化区域。过去对于仰韶文化的研究，往往是把中原地区统一起来进行综合研究的。在仰韶文化的发掘资料还不多的情况下，这是必要的，而在仰韶文化的发掘资料比较丰富的今天，看来就有必要做一些更为深入细致的综合研究工作。其中分区、分类型地进行研究、探讨一些问题就似乎更有必要。像关中仰韶早期那样发展和进步的物质文化水平，在中原其他地方可以说都没有达到，比较明显的如淅川下王岗仰韶早期文化和半坡比较起来就有明显的差距。看来仰韶文化在各个地区之间的发展是不平衡的。从目前的情况来看，早期关中处于比较发展、比较进步的局面，其他地方则相对的要落后一些。研究仰韶文化问题，恐怕应当看到这种发展的不平衡性，不如此就不可能客观地反映仰韶文化的全貌。

二、关中仰韶文化类型的划分与认识

关中仰韶文化延续的时间相当长，大约经历了 2000 年左右的时间。由于延续发展的时间长，文化面貌上必然要发生变化，考古界根据仰韶文化在时间或地点上的不同而发生的变化，往往把它划分为类型加以区别。

目前对关中仰韶文化类型的划分，还没有取得完全一致的看法，归纳起来有以下两种不同的划分：

一是划分为北首岭下层类型、半坡类型、庙底沟类型和半坡上层四种类型[1]。

二是划分为半坡类型、庙底沟类型和半坡上层类型[2]。

类型划分的不同，实际上是反映出对关中龙山文化以前的原始文化问题上认识的分歧。

前一种划分，很明显地是对关中目前已经被发现的龙山文化以前的原始文化遗存，都认为是属于仰韶文化；后一种划分，则把关中仰韶文化划在半坡早期，而把北首岭下层遗存和老官台、李家村、元君庙下层遗存列为另一种文化。对这种文化，有的同

---

[1] 梁星彭：《关中仰韶文化的几个问题》，《考古》1979 年第 3 期。
[2] 严文明：《半坡仰韶文化的分期与类型》，《考古》1977 年第 3 期。

志称之为老官台文化，有的同志则主张命名为李家村文化[1]。如果不是因为对文化认识上产生分歧，则对仰韶文化类型的划分，认识基本一致，即半坡类型、庙底沟类型和半坡上层类型。

现在，最根本的问题是如何看待北首岭下层、元君庙下层和老官台、李家村的文化遗存。它是不是关中地区存在的一种和仰韶文化有所不同的新的文化遗存？对这个问题，我们从这些遗址的基本文化面貌来看，认为完全是有可能的，因为这些遗址的基本文化面貌和仰韶文化是有所不同。主要有以下几点：

（1）这些遗址的文化面貌有它自己典型的特征。以李家村为例，李家村出土的石铲多数是舌形铲。陶器是火候低，陶质松脆，以未经淘洗过的泥质外红里黑陶为主，灰陶占有较大的数量。器物都是手制，小件器物完全是用手捏制，一般器物是用泥条盘筑法制成。纹饰也比较简单，以绳纹为主，少数有附加堆纹、剔刺纹。器形也简单，器物种类不多，最有代表性的器物是三足器和圈足碗[2]。李家村这些器物的典型特征，在北首岭下层也有所见。

（2）仰韶文化最富特征的彩陶在李家村、老官台和元君庙下层都未见到，在北首岭下层遗址的发掘中也同样未见，只是在遗址的断崖上采集到一件器内绘有橄榄状彩陶的钵[3]。

（3）从李家村遗址的情况看来，出土的石器主要是磨制的，但也有相当数量的打制石器。这些打制石器大部是从河卵石上打下来的薄石片，形状有尖状器，刮削器等几种，这些打制的细石片同陕西沙苑地区的细石器是否有联系，是值得考虑的。

根据上面的分析，我们认为老官台、李家村和元君庙、北首岭下层遗址在主要方面是与仰韶文化有区别的，但是它也有一定的因素和仰韶文化发生关系。然而这些因素并不能说明它和仰韶文化具有同一的特征，只能说明它们之间有一定的渊源关系，因此把它们从仰韶文化范畴中区分出来，作为一种新的文化遗存来看待，这似乎是恰当的。

三、老官台、李家村和北首岭、元君庙下层文化的关系

关于老官台、李家村和北首岭、元君庙下层文化遗存问题，我们主张把它作为关

---

[1] 魏京武：《李家村新石器时代遗址的性质及文化命名问题》，《中国考古学会第一次年会论文集·1979》，文物出版社，1980年。

[2] 魏京武：《李家村新石器时代遗址的性质及文化命名问题》，《中国考古学会第一次年会论文集·1979》，文物出版社，1980年。

[3] 中国社会科学院考古研究所宝鸡工作队：《一九七七年宝鸡北首岭遗址发掘简报》，《考古》1979年第2期。

中一种新的文化遗存来考虑，但是我们同时也看到这些遗址的文化面貌也是比较复杂的。它们之间存在一些共同的特征，但也存在比较明显的差异性。

老官台遗址，在关中东部的华县，1958年北京大学考古专业师生作过实习调查，获得一部分文化遗物[1]，但是未作过较大规模的发掘，所得资料有限。李家村遗址地处陕南，1959年秋发现，1960年和1961年曾进行过两次规模较大的发掘，获得的资料比较丰富。北首岭遗址位于关中西部的宝鸡，1958年和1960年曾作过两次发掘，但真正弄清下层文化面貌是1977年的发掘。这四处遗址，前两处的文化堆积比较单纯，后两处是被仰韶文化半坡类型所叠压。

这几个遗址，都地处关中或陕南，但相隔还是有一定距离。从调查和发掘的情况来看，以李家村遗址的文化内涵比较丰富，其次是北首岭下层。文化面貌也比较清楚。李家村发掘出有不少的窖穴和墓葬，同时还有陶窑，出土有不少的陶器、石器等文化遗物。北首岭下层也挖掘出有墓葬和陶器、石器等文化遗物。老官台和元君庙下层只见到数量不多的陶器。

从这几个遗址出土的遗物情况来看，它们的文化特征无疑是有一些共同性，比较明显的是：李家村和北首岭出土的磨光石铲都是舌形的，这种舌形铲似乎有一定的代表性。陶器有红陶和灰陶，而灰陶的数量较多，占所出土陶器总数有较大的比重。器物的种类比较简单，主要有三足器、碗、钵、罐等几种。钵多为平底，器表多呈外红里黑或里红外黑。碗多假圈足或圈足，比较流行的是三足器，多以夹砂罐或钵底下附加三足，器物的纹饰简单，多施绳纹，其次是划纹、点刺纹和附加堆纹。

除上述共同特征外，不同的特征也是比较明显的。例如，比较流行而且具有代表性的三足器，各遗址所出，形态就各不相同。李家村多呈筒状深腹和钵形浅腹两种形式，北首岭则多呈竖蛋形三足，鼓腹小平底罐加三足和带把小壶加三足三种形式。元君庙下层则是圜底钵加三足。其次，李家村是以圈足碗为典型器，而北首岭、老官台、元君庙则碗少见，多为平底钵。李家村出土的罐多系折沿深腹平底，或小口凹底，或双耳罐，而北首岭下层出土的则为鼓腹平底罐，老官台出土的则是折沿大腹光面陶罐。此外，北首岭下层还见有双联鼎，而这类器物在其他遗址中是不见的。

上述遗址文化特征的同异现象，说明什么问题？有的同志根据文化特征的共同点认为它们是一种文化，这种看法有一定的合理性，而且也是可能的。但是，这里有一个问题，那就是这些遗址的文化面貌，作为同一种文化特征来说并不像仰韶文化半坡类型那样典型，半坡类型的器物群及其主要文化特征，在各个遗址之间表现都比较一致，其代表性的器物如小口尖底瓶、卷沿砂陶罐、圜底钵等以及彩绘图案宽带纹、鱼纹、网纹等主要纹饰特征，凡是关中仰韶早期遗址，差不多几乎都存在，半坡的情况是这样，姜寨的情况也是这样，关中其他地方的早期遗址也大致是这样。它们之间虽

---

[1] 苏秉琦：《关于仰韶文化的若干问题》，《考古学报》1965年第1期。

然也有一些不同，但基本上是大同小异。然而李家村、老官台和北首岭、元君庙下层遗址的文化特征，虽然也有一些共同性，但可以说只是小同大异。我们认为关中仰韶早期半坡类型文化特征出现的大同小异和李家村、老官台、北首岭、元君庙下层存在的小同大异的差别，可能反映出的是不同氏族部落文化的差别，即仰韶早期半坡类型文化是一个较大的氏族部落文化，由于是同一个部落集团，各方面的关系紧密，文化上必然比较一致。而李家村、老官台和北首岭、元君庙下层的文化遗存，则可能是不同氏族的文化遗存，它们之间存在的共同特征，有可能是这些文化所处的历史年代相当，彼此之间在文化上有互相的联系，相互影响因而产生共同的特征。因此，这些遗址可能代表一定历史阶段的文化遗存。而这个历史阶段，早于仰韶文化，因此是否可以把它们列为关中新石器时代的早期文化遗址，值得讨论。

四、半坡类型上、下的文化关系

所谓半坡类型上、下的文化关系，也就是仰韶文化半坡类型的文化来源和它的发展关系。

有的同志认为"半坡类型文化来源于老官台文化，而它的发展则为庙底沟类型文化，即由老官台文化发展为半坡类型，再由半坡类型发展为庙底沟类型以及更晚的一些文化类型"[1]。

对这个问题，我想分两部分谈谈我的认识。

（一）半坡类型文化的来源

探讨半坡类型文化的来源，自然要在比它更早的文化中找到它们之间的发展和承袭的线索。目前，关中发现的比半坡类型更早的文化遗存是北首岭下层文化，地层关系证明它是被半坡类型所叠压。而这层文化遗存也就是有些同志所认为的属于老官台文化遗存。认为老官台文化发展为半坡类型文化的主要根据有两点：一是"半坡彩陶中的宽带纹显然就是从老官台文化的红色宽带纹发展而来的"[2]。二是半坡类型中那种口部作花苞状的长颈折腹壶既是北首岭中层常见的器物，又发现于下层[3]。这两点根据，前一点是值得考虑的，后一点则不一定可靠，因为《一九七七年宝鸡北首岭遗址发掘简报》未见此器[4]。

老官台文化发展为半坡类型文化，有一定的可能性，但是就目前的情况来说，还

---

[1] 严文明：《黄河流域新石器时代早期文化的新发现》，《考古》1979年第1期。
[2] 严文明：《黄河流域新石器时代早期文化的新发现》，《考古》1979年第1期。
[3] 梁星彭：《关中仰韶文化的几个问题》，《考古》1979年第3期。
[4] 中国社会科学院考古研究所宝鸡工作队：《一九七七年宝鸡北首岭遗址发掘简报》，《考古》1979年第2期。

不可能得出这样的结论。因为老官台文化和半坡类型文化互相联系的因素是相当微弱的，如果仅就这些微弱的因素来说明它们的发展承袭关系，其根据就显得比较薄弱。

老官台文化和半坡类型文化只是在花纹特征方面有一些联系，在其他方面的因素联系不多，相反，在主要文化特征上则似乎表现出毫无关系。从北首岭下层两方面的情况可以说明：

（1）从生产工具来说，北首岭下层所使用的而且比较普遍的是石铲，典型而又有代表性的是舌形铲。半坡类型文化中的生产工具，石铲很少，形状是长方形圆肩石铲和宽面窄刃铲，这些形状的铲和北首岭的舌形铲看不出有什么演变的关系，相反，北首岭的舌形铲和裴李岗文化的舌刃铲要接近。

（2）从生活用具来说，北首岭下层的陶器群种类和风格全然不同。北首岭下层习惯上使用的炊器主要是三足器或鼎，三足器这种器物在半坡类型文化中毫无踪迹可寻，鼎也非常罕见。这个类型文化所使用的炊器主要是夹砂罐，鼎虽然也有一些，但不是主要器物，形状和北首岭的相比也全然不同。再者，半坡类型文化盛行的水器小口尖底瓶，在北首岭下层文化中也不见有任何迹象。

根据上面所说的北首岭下层和半坡类型文化在生产工具和生活用具两个主要方面截然不同的情况，同时文化特征上发展承袭的关系也很微弱，因此我们认为半坡类型文化和老官台文化有可能不是一种发展和承袭的关系，也就是说半坡类型文化不一定是由老官台文化发展而来，它们原来可能就是不同氏族的文化，因此半坡文化可能还有自己的来源。老官台文化同半坡存在的一些共同因素，充其量只能说明彼此之间有一定的渊源关系。这种渊源有两种可能，一个可能是半坡类型文化在发展过程中受老官台文化的一些影响，另一个可能是老官台文化的后期受半坡文化发展的影响而产生一些同半坡类型文化相同的因素。从这两种可能看来，后一种可能性还是比较大的，这个问题从北首岭中层文化的情况就看得比较清楚。北首岭中层文化被认为是半坡类型文化遗存，这是可以肯定的，因为它具有许多同半坡类型文化相同的因素，但是它也存在许多自身的特点。有的同志对此做过分析比较，也发现它和半坡下层的情况有许多重要的差异。如半坡的彩陶多而复杂，北首岭中层的彩陶少而简单；半坡的尖底瓶名副其实是尖底的，北首岭中层的尖底瓶实际上都是直径很小的平底；半坡的双侧缺口的石刀很多，北首岭中层则发现很少；半坡的鱼纹陶片及鱼叉、渔网坠等渔具很多，北首岭则很少，相反北首岭则骨镞非常多，往往用成束的骨镞与野猪獠牙一起随葬于墓中，这又是半坡墓葬中很少见到的[1]。

对于北首岭中层文化和半坡下层文化出现这么多的重要差异现象，有的同志也分析了它产生的原因，肯定地认为它不是由于发展阶段的不同而造成的，而是地域上的差别[2]。其实，所谓地域性的差别，无非就是当地的氏族部落文化与半坡氏族部落文

---

[1] 梁星彭：《关中仰韶文化的几个问题》，《考古》1979年第3期。
[2] 梁星彭：《关中仰韶文化的几个问题》，《考古》1979年第3期。

化的差别。北首岭中层文化是从下层文化发展起来的，中层文化仍然保留许多自身的特点，也就是本氏族文化的特点，这是基本的。但是它也产生了不少半坡类型文化的因素，这些因素的产生，很明显是与半坡文化的影响有关，也可能就是在这个时期受半坡文化发展的强烈影响，因而更多地融合了半坡文化的重要因素，最后联合而形成半坡氏族部落文化。

总之，半坡类型文化的来源问题，需要做进一步的探讨，要解决这个问题，也还需要做一些深入的调查研究和发掘工作。考虑它的来源，要更多地着眼于半坡类型本身，在典型的半坡类型遗址中发现它的下层遗存，看来是十分必要的。

（二）半坡类型文化的发展问题

关于半坡类型文化的发展问题，目前比较普遍的看法是半坡类型发展为庙底沟类型。正如有的同志所认为的半坡类型、庙底沟类型和半坡晚期类型是一个先后相继，不断发展的关系[1]。

从时间的先后序列来说，半坡早于庙底沟，而庙底沟又早于半坡晚期类型，或许是比较可靠的，但是如果作为文化的发展继承关系来说，则似有可讨论之处。从以下两方面的情况来看值得怀疑。

（1）从两个类型的文化特征来看，很难说明它们之间的发展继承关系。作为一种文化的先后继承和发展的关系，它必然在一些主要特征上反映出来，当然这里面也有旧因素的被淘汰和新因素的产生，但最基本的特征应该是要发展和被继承下来的，不过这里还有一个时间问题，发展的时间较短，保留的主要特征就要多一些，发展的时间较长，主要特征可能就保留得少一些，它绝不可能全部被淘汰而代之以全新的因素。根据这一点，我们感到半坡和庙底沟这两个类型的文化特征，其所反映出来的发展和继承的因素可以说是微乎其微的。

首先我们分析比较一下这两个类型的陶器群情况。半坡类型的陶器主要是以圜底钵、杯形口尖底瓶、卷沿砂陶罐、蒜头壶等器群。庙底沟类型主要是卷沿曲腹盆、双唇小口尖底瓶、釜、灶或釜形鼎等器群。这两个类型的主要器物群基本上代表当时人们日常生活中使用的饮食器、水器和炊器，也是文化发展上比较具有规律性和代表性的器物，其中除尖底瓶外，种类全然不同，尖底瓶虽然同类，然形式作风也各异，这里看不出它们之间有任何发展的联系。

其次我们分析比较一下半坡和庙底沟两类型的陶器花纹特征。半坡陶器的彩绘图案，主要是以象生性的鱼纹、鹿纹、人面纹以及由鱼纹演变而来的各种三角形图案。夹砂陶的纹饰是以锥刺纹比较有代表性。庙底沟的彩陶花纹图案是以植物花瓣纹为其

---

[1] 魏京武：《李家村新石器时代遗址的性质及文化命名问题》，《中国考古学会第一次年会论文集·1979》，文物出版社，1980年。

主要图案，其次还有鸟纹等，锥刺纹全然不见，这两种类型的花纹图案，可以说各有各的特征，泾渭分明，互不联系，也找不到它们发展的任何线索。

（2）从半坡遗址的文化内涵来看，要说明它们之间的发展关系也是有矛盾的。半坡遗址的文化内涵是丰富的，无疑包含有早期类型、庙底沟类型和晚期类型的遗存。但是大量的是早期和晚期的遗迹、遗物，庙底沟类型的遗物只占极少数，文化堆积层也主要是早期和晚期的堆积，庙底沟类型基本上未形成一个单独的文化层。但是，作为一个遗址的文化发展的连贯性来说，庙底沟类型处于中间地位，在一个具有连续性而又具有阶段性的文化遗址中，中间的文化遗存处于发展过程中的重要环节，它具有承上启下的关键作用，这个作用要体现出来必然要经过一段比较长的发展时期，这样，它保存下来的文化遗迹和遗物应该说是比较丰富的。然而从半坡遗址的情况看来，恰恰相反，庙底沟类型所处的位置是文化发展上的中间环节，但在遗址里包含的遗迹和遗物，属于庙底沟类型的数量则相当地少，文化层也没有形成，这种情况可以说是极端矛盾的。类似半坡的情况，也见于临潼姜寨遗址，看来还不是一种孤立的现象。

从上面两个方面情况的分析，我们认为半坡类型发展为庙底沟类型的说法，不一定符合客观实际情况。

如果说半坡和庙底沟这两个类型文化不具有发展和继承关系，那么它们之间到底是一种什么样的关系呢？我们认为这两个不同类型文化，可能代表两个不同氏族部落文化，在文化问题上我们暂时可以把它看作仰韶文化的两支，一支是半坡类型，一支是庙底沟类型。半坡这支文化形成的时间可能较早，庙底沟这支文化形成的时间有两种可能。第一种可能是和半坡类型形成的时间相当，只是它的前期文化我们至今还没有发现，或者是发现了我们还没有认识和弄清其前后的关系；第二种可能是庙底沟类型文化的形成时间比半坡晚。这两种可能，前一种还是比较大的。庙底沟前期文化估计是有可能存在的，过去有的同志在论述庙底沟的文化分期时曾经提到三里桥仰韶文化有可能是庙底沟前期文化[1]，不过有人对此提出异议，虽有异议，还是值得注意的。因为庙底沟与三里桥这两个遗址隔河相对，距离很近。而三里桥的文化遗物总的特点和庙底沟仰韶层基本相同，"但圜底钵是这里显著的特点"，"从总的文化特征来看和陕西西安半坡非常接近，如这里的陶窑、圜底钵、筒形罐都曾见于半坡"[2]。根据三里桥总的文化特征和庙底沟相同，但又和半坡接近，而这两个遗址相距又很近等情况来看，三里桥遗址很可能是庙底沟前期的文化遗存，这个问题如果能够确定的话，那么庙底沟类型文化的形成时间就可能同半坡的形成时间相当，这样它们之间的关系就有可能是一种并行的发展关系。

这种并行的发展关系，在彬县下孟村遗址已有所反映。彬县下孟村遗址，既出现有半坡类型遗物，又出现有庙底沟类型文化遗物[3]，从而证明这个遗址是半坡和庙底

---

[1] 严文明：《论庙底沟仰韶文化的分期》，《考古学报》1965年第2期。
[2] 中国科学院考古研究所：《庙底沟与三里桥》，科学出版社，1959年。
[3] 陕西考古所泾水队：《陕西彬县下孟村遗址发掘简报》，《考古》1960年第1期。

沟这两个类型文化共存的遗址，由此也证明这两个类型文化有共存的关系。这样，像半坡和姜寨遗址出现少量的庙底沟类型文化遗物，就有理由把它看作两支文化在发展过程中曾经有过共存的关系，或者是在文化发展交流中产生庙底沟类型的因素。

总之，半坡和庙底沟类型不是一种文化上的前后相继的发展关系，而是不同氏族部落文化的并行关系。因此，半坡类型文化的发展问题，还是应当从半坡本身来寻找，如果把庙底沟撇开，则半坡早晚两期发展的线索是比较明显的，在文化特征上也能比较清楚地看到它们的发展趋势。半坡早期和晚期主要器物的种类并没有发生多大的变化，晚期只是增加了葫芦瓶、带流罐等一些新因素。一些主要器物的器形上也可以看到它们演变的规律，如钵由圜底演变为平底；尖底瓶由短胖发展为瘦小；卷沿夹砂罐有的仍然保留早期的作风，只是底部由细长而缩短。不过早晚的差别使人感到中间还是有缺环的，解决这个缺环问题现在已经露出了苗头，这就是渭南史家遗址的发现，补了一点缺环。史家遗址的遗物，基本上是半坡早期类型的，但也出现了一些半坡晚期的东西，如葫芦瓶和带盖矮罐，这些都是半坡晚期常见的器物[1]。因此有人认为史家遗址带有半坡早晚两期的过渡性质，这是颇有道理的。

五、结　　语

仰韶文化是比较复杂的，类型多、分布广、发展时间长。过去对它的分布、分区、分期、类型等问题都做过一些研究，有些问题取得了比较一致的看法，有些问题则尚在探讨中。由于仰韶文化的调查发掘工作仍继续开展，资料日益丰富，从而也日益丰富我们对一些问题的认识。要揭开这个古老文化的全貌，今后的调查发掘工作不仅还要进一步加强，研究工作也需要进一步深入下去，对某些问题进一步展开深入的讨论。

［原载《郑州大学学报》（哲学社会科学版）1979年第4期］

---

[1] 西安半坡博物馆、渭南县文化馆：《陕西渭南史家新石器时代遗址》，《考古》1978年第1期。

东庄村西王村遗存的文化性质与年代分析

山西芮城东庄村和西王村新石器文化遗址的发掘，是我国晋南新石器考古的重要收获之一。这个遗址的文化堆积丰厚，层次清晰，内容丰富，对了解晋南新石器文化的发展状况有其重要意义。遗址的位置地处黄河北岸，与陕、豫毗邻，其文化面貌和陕、豫毗邻地区有共同的因素而又有区别，因此，具体地分析这一遗存的文化性质和年代，对探讨陕、豫、晋毗邻地区新石器文化的相互关系亦有其重要意义，本文拟就此问题谈谈个人看法。

一、东庄村遗存的文化性质与年代

东庄村遗存，总的来看，具有仰韶早期的一些文化特点，主要表现是：

（1）房屋的建筑为半地穴式建筑，这是中原新石器早期以及仰韶早期房屋建筑的主要形式。

（2）墓葬有单人土坑葬、瓮棺葬，还有双人或多人的迁葬合葬墓，这种葬俗，也是仰韶早期比较常见的。

（3）出土的器物，在一定程度上也有仰韶早期的文化特征。东庄村的石器，存在一定数量的打制石器，其中有砍砸器，敲砸器等比较原始的工具，石刀也留存有比较明显的打制痕迹。陶器以红陶居多，占96.8%，灰陶较少，只占3.2%，陶色比较纯正。器物均为手制，小件器物是用手捏成的，其余多采用泥条盘筑法制成，少部分器物的口沿经慢轮修整。某些器物的形态，比较接近于西安半坡类型的特征。如东庄村出土的小口尖底瓶，口沿多作直腹盆形或敛口鼓腹罐形，有的在腹中部也作对称的双耳，这种作风，和半坡类型比较近似。尤其是鼓腹罐形瓶口（H117∶1∶8，《报告》图二〇，2）同史家村M5所出Ⅳ式葫芦瓶口形态十分相似。东庄村出土的Ⅰ式瓮（H115∶4∶31，《报告》图一九，8），形体瘦长，腹上部微鼓，弧形下收为平底，这种形态同史家村M42Ⅱ式瓮也较接近。东庄村出土的罐，有的口沿（H115∶1∶4，《报告》图一八，9），同史家村M11∶1（图16）罐的口沿形制基本相同，东庄村的Ⅰ式曲腹敞口盆（《报告》图一六，5），同西安半坡早期偏晚的Ⅱ式盆（《西安半坡》图九十，4），形态也较近似。此外，东庄村的彩陶，有半坡类型常见的宽带纹，也有变体鱼纹，这些特征，说明东庄村遗存，包含有一定的半坡类型文化因素。

但是，东庄村遗存的文化面貌是比较复杂的，陶器的特征，虽然包含有半坡类型和史家类型的因素，也还包含有庙底沟类型和半坡晚期类型的一些因素，同时也还存在有半坡和庙底沟类型所不存在的具有自身文化特点的因素。

东庄村遗存中存在的庙底沟类型文化特征比较明显，如小口尖底瓶形体瘦长，有的口沿作重唇，这种作风同庙底沟类型的小口尖底瓶近似，Ⅳ式钵（H208：3：1，《报告》图一六，16），敛口深腹平底，形态同庙底沟 H325：11（《报告》图二六）相似，Ⅰ式敞口盆（H208：3：9，《报告》图一六，18），形态同庙底沟 H340：11（《报告》图一八）的作风接近；直口深腹双耳罐（H103：1：3，《报告》图一九，11），也颇具庙底沟类型作风。此外，东庄村的彩陶，有不少是以圆点、曲线、三角及半月形组成的花纹图案，这种作风也同于庙底沟类型，其中还有类似庙底沟类型的豆荚纹、垂弧纹、花瓣纹和背三角纹（《报告》图一五，11、21、13、24）等。

半坡晚期类型的特征，器形上如Ⅱ式敛口罐（H115：2：17，《报告》图一七，12），腹微鼓，腹上部有等距的"倒刺式"小泥钉，这种作风，同半坡晚期同类型器相似，浅腹盆口沿微卷，具有明显的曲肩，也带有半坡晚期同类器的作风。彩陶花纹中有较多的直边三角及线条组成的图案，都具有半坡晚期的特点。

东庄村存在的罐形圆柱足鼎、盂和各种形式的敛口侈沿罐、器盖，则不见于半坡和庙底沟，或者与同类型有较大的差别，这种情况，说明东庄村还有其明显的自身文化特点。

上述情况，说明东庄村遗存的文化面貌是错综复杂的，这样复杂的文化面貌，应如何看待它的文化性质，值得讨论。

《报告》认为，东庄村遗存的文化特征，"无论是窖穴、墓葬、生产工具、生活用具以及陶器纹饰，其特征都和西安半坡仰韶文化早期遗存极少差别"。因此，"东庄村仰韶文化遗存应属于半坡类型"。

我们认为，东庄村仰韶文化遗存，不应归于半坡类型。诚然，东庄村遗存具有仰韶早期的文化特征。窖穴的形状结构，房屋的建筑形式，墓葬的葬俗以及生产工具中打制石器较多，陶器以红陶居多，灰陶较少，且为手制等现象，都带有早期的特点，但是，这些特点并不只是在半坡类型文化中存在，在其他类型的仰韶文化亦同样存在，如多人二次迁葬、合葬的葬俗、葬制，在河南淅川下王岗仰韶早期文化中就存在，后冈类型墓中，亦有二次葬的情况，如后冈遗址 M46 就为一座二次多人合葬墓，墓内有 24 个人头和一些肢骨。大汶口文化早期亦流行这种葬俗，如山东兖州王因遗址第三层挖掘的 M2240 墓，一墓就埋有 22 个个体的头、四肢骨，M248 则为 9 个个体，二层挖出的 M243，一墓也埋有 24 个个体[1]，由此可见，带有早期的文化因素，并不能都把它归之于半坡类型。

---

[1] 中国社会科学院考古研究所山东工作队、济宁地区文化局：《山东兖州王因新石器时代遗址发掘简报》，《考古》1979年第1期。

半坡类型文化，自应以半坡早期遗存为代表，这类文化有它典型的器物群，器物形态及彩陶花纹，也有其典型的特征，其中，典型的器物有直口圆底钵、杯形口短颈鼓腹尖底瓶、短唇斜腹或鼓腹的小平底瓮、侈口鼓腹平底罐、细颈壶等。在东庄村遗存中，这些富有特征的半坡类型器物是非常少见的，东庄村的小口瓶、直口圜底钵、鼓腹瓮等，同半坡类型的同类器也有较大的差别。半坡类型的彩绘花纹最富特征的红、黑色宽带纹、鱼纹、人面纹、网纹和直线纹以及锥刺纹、指甲纹等装饰，在东庄村遗存中多数不见，有的有则为数甚少。总的来说，东庄村遗存的文化面貌，不像临潼姜寨、渭南史家、宝鸡北首岭、华县元君庙、华阴横阵村遗存那样相同于半坡类型。

东庄村遗存庙底沟类型的文化特征也比较明显，能不能就此归于庙底沟类型呢？我认为也不适宜，理由是庙底沟类型最富特征的典型器物，如双唇瘦长体小口尖底瓶、卷沿曲腹盆、折腹釜、灶、葫芦口平底瓶等，在东庄村遗存中少见，彩陶花纹中的勾连回旋纹、鸟纹、蛙纹等，在东庄村遗存中不见。

据此，东庄村遗存虽具有半坡和庙底沟类型文化的一些因素，却又不宜归入两类型中的任何一种，正如张忠培先生所说：东庄村遗存，"综合了两个类型的特点，却又失去了两个类型各自固有的文化特征"，"难以将东庄村遗存归入半坡类型或庙底沟类型"[1]。这是十分正确的。

我认为，东庄村仰韶文化的特点，就在于它既综合和吸收了半坡类型的特点，同时又吸收了庙底沟类型的特点，从而形成了自身的文化特色，例如小口尖底瓶很明显地就是综合了半坡和庙底沟同类器的特征，形成了把口沿作成覆盆或鼓腹罐形，器身作瘦长体的特色，成为有别于半坡和庙底沟的一种新形式。其他如盆、钵之类器形，也同样具有这种特色、除此之外，鼎、盂以及各式罐则当为东庄村固有的、有代表性的器物。

像东庄村仰韶遗存这样的文化面貌，在陕西是不多见的，彬县下孟村仰韶遗存，有半坡类型和庙底沟类型文化共存的现象，但都比较典型，如下孟村一号房基出土的器物，有宽带纹钵、直口圜底钵、平唇鼓腹小底罐、双耳尖底瓶、大口斜腹小底罐和折唇小口双耳瓶、敛口深腹盆、敛口平底钵等，都具有典型的半坡和庙底沟类型特征[2]。因此，东庄村遗存和下孟村遗存是有区别的。

根据东庄村文化面貌的复杂性和特殊性，我认为东庄村仰韶文化，应确立为东庄村类型，这种类型代表晋南地区仰韶文化的一种地方类型，这种类型文化的特点，除了综合了半坡和庙底沟类型文化的特点外，也有它自身的特点，其中罐形圆柱足鼎、覆盆形或鼓腹罐口、瘦长体双耳小口尖底瓶、盂、圜底罐、曲腹平底盆、敛口侈沿罐等几种器物，即为东庄村类型的代表器物，至于彩陶花纹，则以圆点、曲线、三角和

---

[1] 张忠培：《试论东庄村和西王村遗存的文化性质》，《考古》1979年第1期。
[2] 陕西考古所泾水队：《陕西彬县下孟村遗址发掘简报》，《考古》1960年第1期。

半月形组成的图案，当为东庄村彩陶中有代表性的纹饰。

东庄村仰韶遗存的文化年代，从文化面貌分析，由于它具有半坡类型和庙底沟类型的特征，似乎延续的时间较长，但是如果进行年代上的分期，又有一定的困难，一是文化堆积呈有 AB 层之分，而出土的器物则上下层之间没有明显的差别，二是遗迹单位虽有打破关系，而相互之间的文化遗存，在时间和年代上也没有明显的区分。例如，东庄村有二组灰坑，彼此有打破关系，A 组：H203→H208；B 组：H115→H116，这两组有打破关系的灰坑中，A 组 H203 发表一件陶器为Ⅲ式敞口深腹盆，其形态颇具庙底沟类型作风，B 组 H208 发表的陶器二件，Ⅰ式敞口盆和Ⅳ式敛口钵（图一），其中Ⅰ式敞口盆和 H203 Ⅲ式敞口盆为同型不同式器物，Ⅳ式敛口钵与庙底沟类型同类器形态相同。由此看来，这组灰坑虽有早晚之分，而包含的文化遗物，却无时代差别，大致都相当于庙底沟期。B 组 H115 发表的陶器较多，器形有盂、浅腹盆、曲腹深腹盆、鼎足、瓮、敛口罐、双耳罐、直腹罐、敛口罐、器盖、镂孔座形器等。彩陶花纹有宽带纹、变体鱼纹以及圆点、三角组成的图案花纹。H116 发表的陶器三件，有小口瓶口沿、深腹盆、瓮（图二）。这组灰坑，H115 所出的盂、鼎足、器盖等（图三）不见于半坡和庙底沟，浅腹盆的形态颇具半坡晚期的特点，曲腹盆则颇似庙底沟期作风，侈口罐口沿则与史家类型同类器相同，双耳罐的作风，又同庙底沟期的作风相似。彩陶花纹中，宽带纹和变体鱼纹，属半坡早期类型特点，圆点、三角组成的图案，则为庙

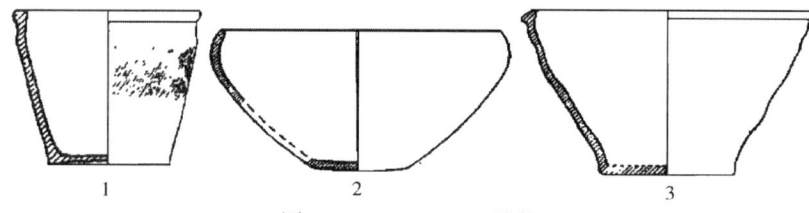

图一　H203、H208 器物

1. Ⅲ式敞口盆（H203∶1∶3）　2. Ⅵ式敛口钵（H208∶3∶1）　3. Ⅰ式敞口盆（H208∶3∶9）

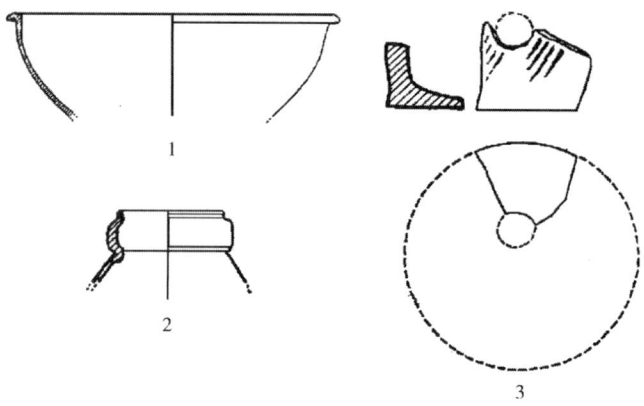

图二　H116 器物

1. 深腹盆口沿（H116∶2∶15）　2. 小口瓶口沿（H116∶2∶16）　3. 瓮（H116∶2∶17）

底沟期的作风。H116 所出的双唇小口瓶口，为庙底沟期作风，深腹盆口沿形态，接近于庙底沟 H379∶38（《报告》图二五），瓮的形态则和史家类型同类器相近。据此，这组灰坑的年代，除 H115 所出浅腹盆的年代特征稍晚外，大致都相当于庙底沟和史家村仰韶遗址的文化年代。

在东庄村遗存中，文化特征上表示出年代较晚者，可能为 H104。这个灰坑发表的陶器较多，器形有曲腹彩陶盆、碗、罐、敛口钵、瓮、器盖等，还有直边三角花纹，花瓣纹以及圆点、三角组成的花纹彩陶片（图四）。彩陶盆的作风，张忠培先生说："在半坡类型中可以找到相同的器形，而其口沿的圆点纹饰又只见于庙底沟类型。"[1] 碗的形态同庙底沟 H379∶81（《报告》图二五）相同，敛口钵的器形既不见于半坡，

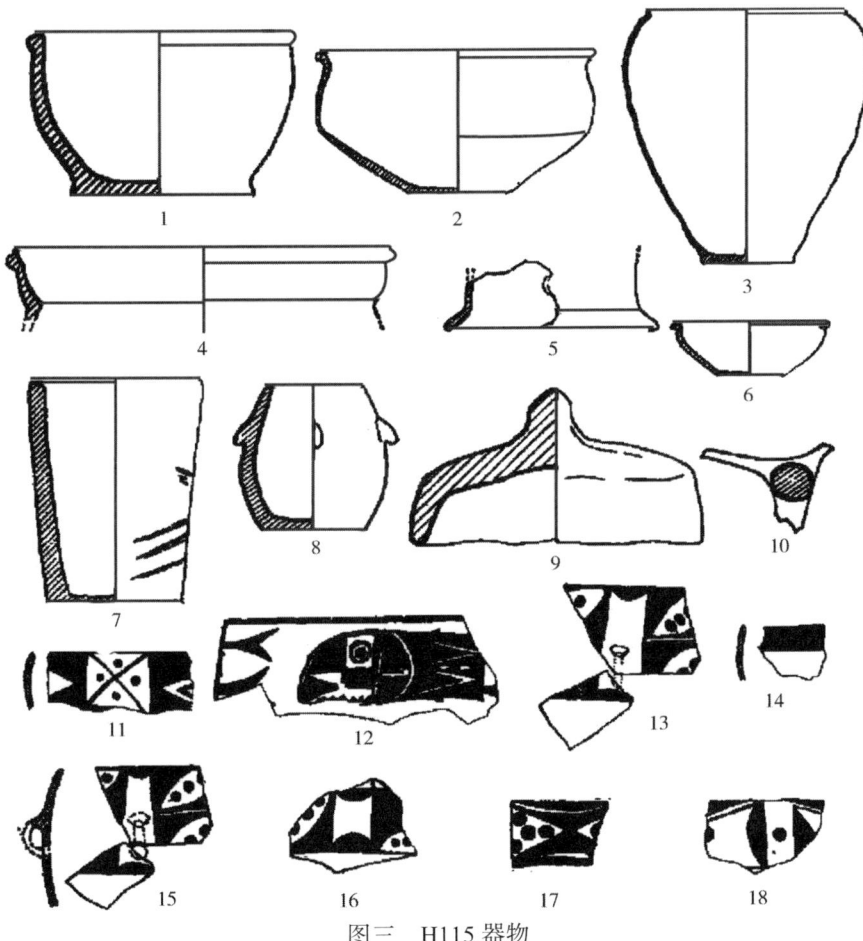

图三　H115 器物

1. Ⅰ式盂（H115∶4∶32）　2. Ⅰ式浅腹盆（H115∶3∶21）　3. Ⅱ式瓮（H115∶4∶31）
4. 侈沿罐（H115∶1∶4）　5. 镂孔器座（H115∶4∶34）　6. Ⅲ式浅腹盆（H115∶4∶30）
7. 直腹罐（H115∶3∶20）　8. Ⅱ式敛口罐（H115∶2∶17）　9. Ⅱ式器盖（H115∶3∶11）
10. 鼎足（H115∶1∶5）　11～18. 彩陶片（H115∶1∶06、H115∶2∶51、H115∶4∶33、
　　H115∶2∶05、H115∶4∶33、H115∶4∶18、H115∶4∶022、H115∶1∶03）

---

[1] 张忠培：《试论东庄村和西王村遗存的文化性质》，《考古》1979 年第 1 期。

亦不见于庙底沟,与半坡和庙底沟同类器有较大的差别。瓮的形态与H115所出(H115：4：31)的瓮,为同型不同式器,接近史家类型同类器,罐和器盖形态也不见于半坡和庙底沟。这个灰坑出土的陶器,从器形特征上看,年代不超出庙底沟仰韶遗址的年代。但是,这里比较引人注目的就是直边三角几何形图案彩陶花纹,这一纹饰是由半坡早期的鱼纹演化来的,年代可能较晚。

关于东庄村遗存总的文化面貌,张忠培先生说:"从整体上看,东庄村遗存的半坡类型因素,多于庙底沟类型的因素","半坡类型的因素,属于或接近于半坡类型的晚期","庙底沟类型的因素,属于或接近庙底沟类型的早期"[1]。我基本同意这种看法。但对于东庄村遗存的文化性质与年代分析,张先生说:"是半坡类型向庙底沟类型过渡的中间环节,即两个类型之间的一个发展阶段。"对此,我的看法略有不同。

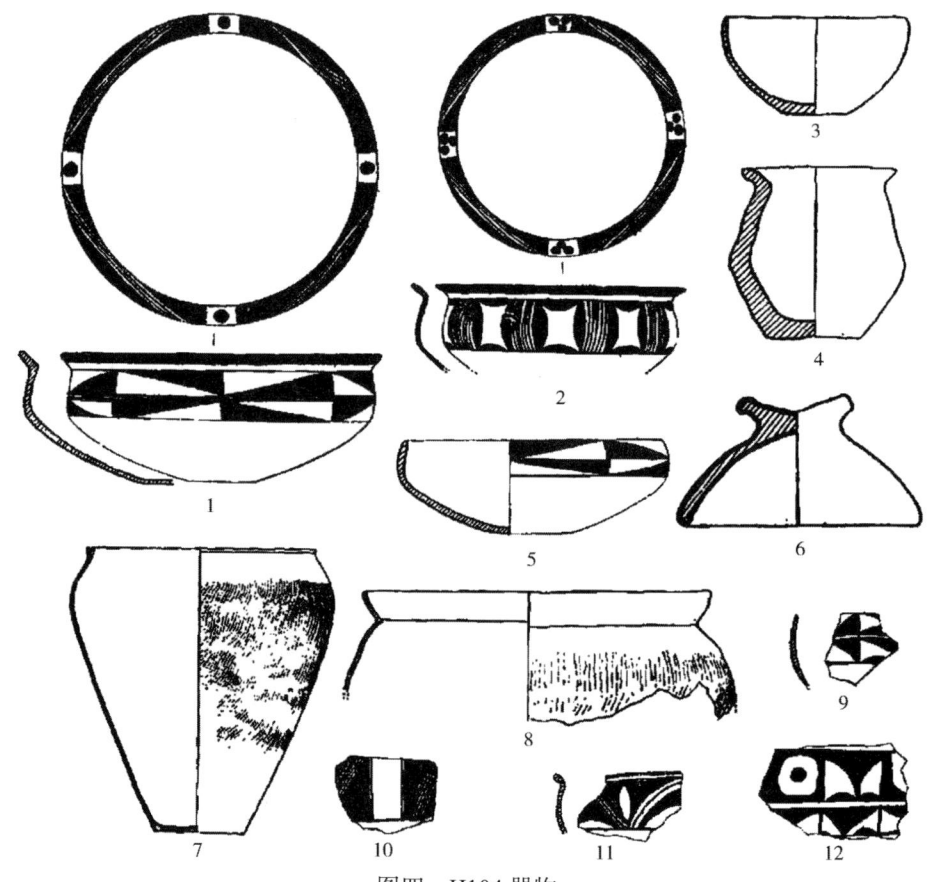

图四 H104 器物
1. Ⅰ式浅腹盆（H104：4：11） 2. 彩陶盆（H104：4：18） 3. Ⅵ式碗（H104：3：19）
4. Ⅴ式侈沿罐（H104：1：16） 5. Ⅰ式钵（H104：4：1） 6. Ⅰ式器盖（H104：1：21）
7. Ⅰ式瓮（H104：4：10） 8. 侈沿罐口沿（H104：4：5）
9~12. 彩陶片（H104：6：02、H104：2：17、H104：1：01、H104：4：04）

---

[1] 张忠培：《试论东庄村和西王村遗存的文化性质》,《考古》1979年第1期。

我认为，东庄村仰韶遗存的文化年代，应把它确定在相当庙底沟早期的年代比较合适，理由是：东庄村的文化面貌，在主要灰坑单位中，都很明显地表现出庙底沟类型和史家类型文化特征共存的现象，而庙底沟类型特征，从器形和彩绘花纹上都表示出属于庙底沟仰韶早期，尤其是类似垂弧纹、豆荚纹、背三角纹、花瓣纹等花纹，在庙底沟的分期上，均属于早期的典型纹饰[1]。庙底沟遗址的文化年代，^{14}C 测定的数据有二：一为距今 5230 ± 100 年，二为距今 4905 ± 170 年。史家遗址的文化年代，^{14}C 测定距今为 5000 ± 100 年。史家类型文化的年代，如果据半坡遗址的测定，则距今为 5490 ± 160 年，北首岭遗址的测定，距今为 5470 ± 100 年和 5390 ± 100 年。这是较早的，晚的还有姜寨一个数据，距今为 5030 ± 85 年。这就是说，史家类型文化的年代，大致为距今 5490~5000 年，同庙底沟的文化年代相当接近。因此，这两个类型文化特征在东庄村遗址共存，就绝非偶然，而正是由于它们年代相当，在东庄村这样一个处于毗邻地区所得到的集中反映。

此外，在东庄村仰韶遗存中，我们目前还看不到半坡类型和庙底沟类型文化之间有直接的发展关系。东庄村遗存，除了存在半坡和庙底沟类型文化特征共存的迹象外，在地层上、遗迹单位之间以及器物类型的演变，都还难于找到半坡类型→东庄村类型→庙底沟类型这样的发展关系。就是说，东庄村的文化面貌，还不具备承上启下的面貌。文化特征的共存，不一定就是继承和发展的关系，而应当把它看作是在不同地区之间的文化，吸收了半坡和庙底沟两个类型的因素比较确切，据此，我们认为东庄村遗存是晋南地区仰韶文化的一种地方类型，这一类型的文化年代，相当于庙底沟早期。

二、关于西王村

西王村遗存，《报告》把它分为仰韶早、晚期和龙山文化三个时期，并认为"西王村早期属于庙底沟类型，晚期与西安半坡晚期基本相同，龙山文化遗存应属于庙底沟二期文化的范畴"。有的同志则把它简称为一、二、三期文化。

西王村早期文化，确实具有比较浓厚的庙底沟类型文化特征，如折腹釜、双唇小口瓶、敛口平底盆、鼓腹罐、器盖和器座等器形，都具有庙底沟类型同类器特征，彩陶花纹也具有庙底沟作风。

但是，是否可以由此而将西王村早期遗存归入庙底沟类型？对此，苏秉琦先生曾说过："以芮城西王村（下层）、夏县西阴村等晋南诸遗址为代表的仰韶文化遗存，也不宜归入庙底沟类型。"[2] 这是有其一定道理的。原因是西王村早期陶器，还缺少

---

[1] 严文明：《论庙底沟仰韶文化的分期》，《考古学报》1985 年第 2 期。
[2] 苏秉琦：《关于仰韶文化的若干问题》，《考古学报》1965 年第 1 期。

庙底沟类型常见的曲腹盆、曲腹碗、灶、甑等典型器物，某些同类器物的形态，局部上也有差别。彩陶花纹也比较单调，缺少庙底沟彩陶中常见的回旋勾连纹、重叠凸弧纹、花瓣纹等。因此，西王村早期文化遗存与庙底沟类型尚有较大的差别，并不典型。

这一遗存的文化年代，张忠培先生认为它应属于"庙底沟类型"的早期，理由是"H26：1：2，H31：3：9，T3：5：5，M3：1这四件小口尖底瓶口均作重唇。据泉护村庙底沟类型的分期，它们均属庙底沟类型早期。同时，H26：1：1小口瓶口呈葫芦形，颈部以下饰清晰线纹（《报告》图三五、17），H34：2：9小口平底瓶底部饰清晰线纹（《报告》图三五，9），罐口沿作铁轨式（H1：1：8，《报告》图三五、16），釜为浅腹，器形较扁（T2：4：1，T3：5：8，图三四，8），瓮肩呈曲折（H13：2：11，图三四，8），折沿重唇盆口沿绘曲边三角形彩绘（T8：5：7），也都具有庙底沟类型早期作风。"[1]

我认为西王村早期仰韶文化不排除有庙底沟类型早期的文化因素。例如四件小口尖底瓶中，有二件（T3：5：5，H26：1：2，《报告》图三五，4、15），瓶口重唇比较明显，颈部未饰线纹，这种形态在泉护村的分期上带有早期作风，但是其余二件（H31：3：9，M3：10）的瓶口，重唇并不明显，且颈部饰较密的斜线纹，这种作风，在泉护村的分期上属晚期[2]。

况且西王村早期，也不单纯是只有"庙底沟类型"的文化因素，其中还有半坡类型的文化因素，如H26：1：1葫芦形瓶口，就属于半坡类型的器形作风。因此，确定西王村早期遗存的文化年代，不能只依据庙底沟早期的文化特征，还应该作更深一步的分析。

我看，西王村早期文化年代，应该把它确定在"庙底沟类型"晚期比较合适，理由是：

（1）西王村早期的陶器，有不少的器物形态属于"庙底沟类型"晚期作风。例如上面说到的H31：3：9和M3：10这两件小口瓶，重唇不明显，在泉护村属晚期器形。此外还有盆（H13：2：6，《报告》图三四，4），器形深腹微鼓，腹上部两侧附有作为器耳的附加堆纹，这种器形在庙底沟和半坡遗址都有所见，而且是半坡晚期的典型器物，碗（H13：2：5，《报告》图三四，7）作深腹，碗壁上部近于垂直、碗口彩绘近于垂弧纹，这种作风也近于"庙底沟类型"晚期。

（2）西王村早期的彩陶，缺少"庙底沟类型"早期的花纹，主要为"庙底沟类型"晚期的花纹。关于庙底沟彩陶花纹，严文明先生在《论庙底沟仰韶文化的分期》一文中，对庙底沟各种花纹的演变和发展规律，作了精辟的分期。依据这一分期，可以看出西王村早期的彩陶花纹，不具有"庙底沟类型"早期的特征，而具有晚期的特征，

---

[1] 张忠培：《试论东庄村和西王村遗存的文化性质》，《考古》1979年第1期。
[2] 黄河水库考古队华县队：《陕西华县柳子镇考古发掘简报》，《考古》1959年第2期。

典型的如 H3∶2∶4（《报告》图三三，12）彩陶花纹，构图为双斜线中间加圆点的作风，在庙底沟彩绘花纹的分类和分期中，属由豆荚纹演变而来的晚期纹饰。T6∶4∶1 和 T5∶5∶9（《报告》图三三，4、11）的彩绘花纹，则有点像大河村Ⅱ期彩绘的纹饰作风[1]，年代也大致相当于"庙底沟类型"晚期。

（3）西王村早期的遗迹单位，典型单位的包含物，都具有"庙底沟类型"晚期的文化特征。这期一共有七个单位，其中灰坑六个，瓮棺一座。在六个灰坑单位中，典型的属于西王村遗址下层的有 H13 和 H34 两个灰坑。这两个灰坑不仅属于下层，而且有打破关系，相互关系是：H20 和 H2→H13，H33→H34。因此，这两个灰坑代表了西王村最早的文化单位。

H13 发表的陶器有彩陶钵、盆、罐口沿和器盖几种（图五）。彩陶钵形态接近于半坡，而彩绘花纹为圆点、三角组成，属庙底沟类型作风。盆口沿微卷、曲腹和Ⅱ式盆带鋬耳的作风，均属庙底沟晚期形态，Ⅰ式钵底内凹则近于半坡，而罐口沿的形态又属半坡晚期，器盖形态则为庙底沟晚期作风。据此，H13 的文化年代当在庙底沟晚期或接近于半坡晚期。

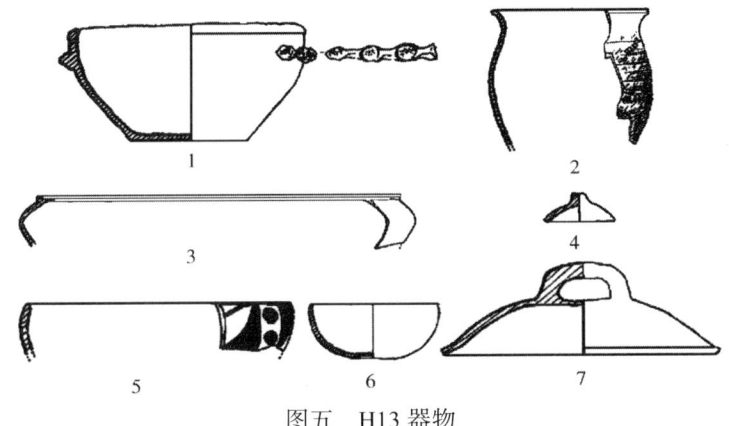

图五 H13 器物
1. Ⅲ式盆（H13∶2∶6） 2. 罐口沿（H13∶1∶10） 3. 盆口沿（H13∶2∶11）
4. Ⅱ式器盖（H13∶1∶10） 5. 彩陶钵（H13∶1∶4） 6. Ⅰ式钵（H13∶2∶5） 7. Ⅰ式器盖（H13∶2∶9）

H34 发表的器物也有彩陶钵、碗、盆、小口瓶底几种。彩陶钵口沿形态同于半坡（《西安半坡》图八八，1），而其花纹则为庙底沟晚期的纹饰。碗的形态颇具庙底沟类型作风，浅腹盆的形态则接近半坡晚期，小口瓶底亦属庙底沟晚期器。据此，H34 的文化年代和 H13 相同。

从以上两个典型灰坑单位文化特征分析，西王村早期的文化年代，当在庙底沟晚期。

西王村晚期的文化面貌与西安半坡晚期比较接近。某些器物形态特征与西安半坡

---

[1] 张忠培：《试论东庄村和西王村遗存的文化性质》，《考古》1979 年第 1 期。

晚期同类器相同或相似，如Ⅰ式盆（H4：2：1，《报告》图三四，5），器形为浅腹、宽沿平折，腹壁斜直下收为平底的形式，与半坡晚期（《报告》图九〇，11）同。带流罐（H3：1：8，《报告》图四六，8）亦为半坡晚期的典型器物，数量较多的大口瓮，形态与半坡晚期同类器亦相似，尤以H4：2：19（《报告》图四四，6）的瓮口沿，器形和西安半坡（《西安半坡》图一〇二，11）几乎完全一致。

有的同志把西王村晚期遗存归属于半坡晚期，或者把西王村晚期作为半坡晚期的代表，也有人把它单称为西王村类型，我赞同后者。

西王村晚期与半坡晚期遗存彼此并不能等同，尚有较大的差别。例如在半坡晚期遗存中有代表性的喇叭口小口瓶、葫芦形小口瓶、带盖夹砂罐等器物，在西王村晚期遗存中未见。西王村晚期的文化面貌相当复杂，除具有半坡晚期的文化因素外，还有西王村早期和庙底沟二期的文化因素，如盆（H4：2：3，《报告》图四三，18），口沿的形态和早期的Ⅲ式盆（H13：2：6，《报告》图三四，18）相同，Ⅱ式碗（H4：2：10，《报告》图四三，8）和早期Ⅰ式碗（T8：5：2，《报告》图三四，10）相同。这些器物，当是早期遗存的延续。Ⅰ式盆（H4：2：8，《报告》图四三，12）的形态，同庙底沟龙山文化同类器（《庙底沟》图四二，H563：43）相同。呈直角的尖底瓶底，亦为庙底沟龙山文化的特征。

值得注意的是，西王村晚期这种复杂的文化面貌，在一个灰坑单位中，也相当清楚地表现出来，H4的情况就是如此。

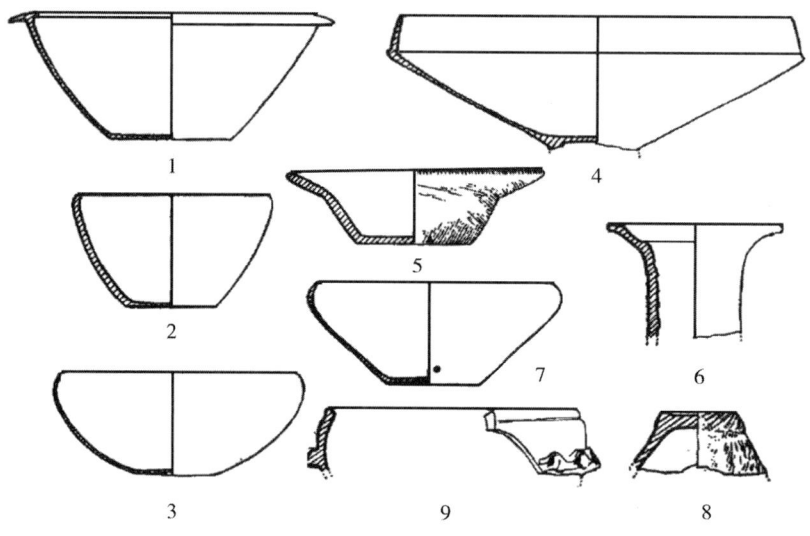

图六　H4 器物
1. Ⅰ式盆（H4：2：7）　2. Ⅲ式碗（H4：2：12）　3. Ⅰ式碗（H4：1：6）
4. 豆盘（H4：2：14）　5. Ⅱ式盆（H4：2：8）　6. 小口瓶（H4：2：45）
7. Ⅱ式碗（H4：2：10）　8. 器盖（H4：1：21）　9. 盆口沿（H4：2：3）

H4是西王村晚期的典型灰坑单位，出土的器物较多，已发表的陶器有盆、豆盘、碗、各类罐、瓮、尖底瓶口沿、器盖等（图六）。这群器物的特征，张忠培先生指出："较多的器形同于半坡遗址四期，如盆（H4：2：7，《报告》图四三，5；《半坡》图九〇，11），瓮（H4：1：20，《报告》图四四，7；《半坡》图一〇二，11），罐（H4：1：19，《报告》图四五，6；《半坡》图一〇三，1），器盖（H4：2：43，《报告》图版二一，7；《半坡》图八九，8）。"同时还指出"敛口深腹曲壁瓮（H4：12：17），多见于豫西地区'秦王寨类型'"[1]。

　　这里需要补充的是H4有些陶器的器形作风，如盆（图六，9）同早期Ⅲ式盆（H13：2：6，《报告》图三四，4）相同，碗（图六，7）和早期Ⅰ式碗（T8：5：2，《报告》图三四，10）亦无别。Ⅱ式盆（H4：2：8，《报告》图六，5）形态则与庙底沟Ⅱ期（《庙底沟》H563：45，66页）类似，小口瓶口沿特征同泉护村晚期接近。敛口折腹平底豆盘（图六，4）则不见于半坡和庙底沟。

　　根据上述，西王村晚期文化，不限于"半坡晚期类型"的因素，同时还有"秦王寨类型"、庙底沟二期、西王村早期和它自身的文化因素。这样复杂的文化面貌，自不宜把它归入半坡晚期类型，而应当把它区分出来，代表晋南地区仰韶晚期遗存的一种类型。

　　西王村晚期的文化年代，从灰坑单位的关系来看，有早晚之分。这种灰坑共有24个，打破关系分为两组，甲组灰坑为三次形成，乙组灰坑为二次形成，即：

	H18→H14→H12		H24→H4
甲		乙	H33→H34
	H29→H35→H37		H16→H3
	H25→H20→H3		H8→H10
组		组	H$^{14}_{18}$→H12
	H27→H$^{35}_{37}$→H29		H2→H$^{9}_{13}$

　　这两组灰坑，除H18被列为龙山期外，其余均为西王村晚期。按乙组情况，以H24、H33、H16、H8、H14、H18、H2七个灰坑时间较晚，以H4、H34、H3、H10、H12、H9、H13七个灰坑时间略早。

　　较早的以H4为代表的七个灰坑中，半坡四期文化的因素较浓。张忠培先生认为，"如把它归为半坡遗址四期，则是这种遗存中年代较晚者"。我们同意这种看法，即西王村遗存晚期年代，略晚于半坡四期。因为在H4遗存中也包含有H18的因素，如平唇小口瓶，同H18所出相似。至于以H24为代表的七个灰坑、器物特征，则较多地接近于H18，如H24所出尖底瓶底，呈直角与H18（《报告》图五一，14）形式相同。H33发表的三件器物，两件小口瓶口沿，双唇的为"庙底沟类型"晚期作风，平唇的

---

[1] 张忠培：《试论东庄村和西王村遗存的文化性质》，《考古》1979年第1期。

与 H18（《报告》图五一，7）相同。尖底瓶底，则与 H18（《报告》图五一，9）基本相同。H8 发表的两件器物，敛口罐不见于半坡和庙底沟，深腹罐已列为西王村龙山期遗存。

由此看来，西王村晚期遗存的年代，应以 H4 等七个灰坑为代表，还有甲组灰坑 H37、H24 为代表的七个灰坑，年代晚于 H4 等七个灰坑。鉴于 H18 为代表的龙山期遗存与 H24 为代表的遗存在时间上相距不会太远，因此可以把它们归并。

三、总 的 认 识

东庄村和西王村遗存，文化上有直接的联系，发展的线索比较明显，它们应该是一个文化的统一体。为了说明这个问题，我们将两地出土的主要器物在文化特征上表现出的相互联系因素，列图表示（图七）。从图中的器物排比可以看出，东庄村和西王村Ⅰ期遗存，文化特征比较接近，西王村Ⅱ和Ⅲ期之间关系也比较密切，而在西王村Ⅰ期和Ⅱ期之间则似乎有较大的距离，这种状况，可能反映出东庄村和西王村遗存，从西王村Ⅰ期和Ⅱ期之间，分属于不同历史阶段的文化。

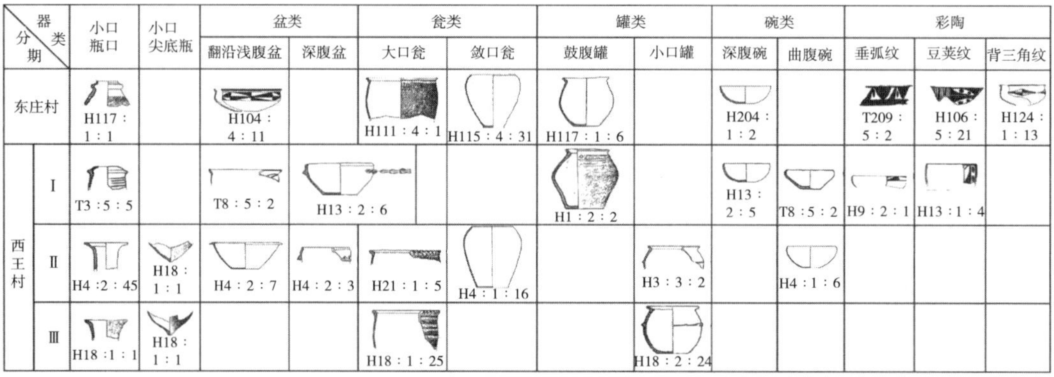

器类 分期	小口瓶口	小口尖底瓶	盆类		瓮类		罐类		碗类		彩陶		
			翻沿浅腹盆	深腹盆	大口瓮	敛口瓮	鼓腹罐	小口罐	深腹碗	曲腹碗	垂弧纹	豆荚纹	背三角纹
东庄村	H117:1:1		H104:4:11		H111:4:1	H115:4:31	H117:1:6		H204:1:2		T209:5:2	H106:5:21	H124:1:13
西王村 Ⅰ	T3:5:5		T8:5:2		H13:2:6		H1:2:2		H13:2:5	T8:5:2	H9:2:1	H13:1:4	
西王村 Ⅱ	H4:2:45	H18:1:1	H4:2:7	H4:2:3	H21:1:5		H4:1:16		H3:3:2	H4:1:6			
西王村 Ⅲ	H18:1:1	H18:1:1			H18:1:25		H18:2:24						

图七　东庄村、西王村陶器序列图

东庄村和西王村遗存，很明显地贯穿着半坡类型（晚）和半坡四期的文化因素，以及庙底沟一期和二期的文化因素。其中的东庄村遗存、半坡类型的因素多于"庙底沟类型"早期的文化因素，西王村一期遗存，"庙底沟类型"晚期的文化因素，又多于"半坡类型"的文化因素。西王村Ⅱ期，则半坡四期文化因素多于庙底沟二期文化因素，而西王村Ⅲ期又以庙底沟二期文化因素为主。这种状况，在文化关系上究竟反映什么问题？张忠培先生根据东庄村和西王村文化性质的分析，把陕、豫、晋部分地区的文化发展序列为老官台文化→半坡类型→东庄村遗存、下孟村F1为代表的遗存→庙底沟类型→半坡遗址四期或西王村中层→庙底沟二期文化→三里桥龙山文化或客省庄二期文化[1]。这种序列，从陕、豫、晋毗邻地区文化历史年代的时间顺序来说，大致是如此，但我并不因此认为陕豫、晋毗邻地区的新石器文化，就像上面所列的序列那样发展下来的。晋南地区的新石器文化的发展线索，依据东庄村和西王村遗址的发掘资料及《报告》所作的分期，是符合客观实际的，这一地区的文化发展关系、序列，自应为东庄村类型→西王村Ⅰ期→西王村Ⅱ期→西王村Ⅲ期，这四期遗存有相互继承的关系，但经历了两个历史阶段。在发展过程中，与半坡和庙底沟文化，互有联系，因此在不同时期与半坡和庙底沟文化有着不同程度的影响。至于庙底沟类型和东庄村类型文化的相互关系，绝不是一种继承和发展的关系，就是说、庙底沟类型不可能是继承东庄村类型而来。很明显，东庄村类型有其自身的地方特色，同时又吸收了半坡类型和庙底沟类型的文化因素。

从东庄村遗址的发掘可以看出，陕、豫、晋毗邻地区的新石器文化，关系是非常密切的，尽管有大河之隔，但并未影响当时人们的密切往来，不同氏族部落之间，生活在不同地区，相互交流，从而构成了中华民族丰富多彩的远古文化。

（原载《中原文物》1985年第4期）

---

[1] 张忠培：《试论东庄村和西王村遗存的文化性质》，《考古》1979年第1期。

试论半坡和庙底沟类型文化的相互关系

半坡和庙底沟类型文化,是仰韶文化的两个主要类型。这两个类型文化,分布区域和范围大致相同,但又有一定的分际;文化特征和因素有显著的区别,但又有一定的共性。因此,它们之间究竟是什么关系,这是仰韶文化研究的一个重要课题。本文拟就这个问题从如下三个方面谈谈自己的看法。

一、半坡和庙底沟类型文化的区分与共性

在论述半坡和庙底沟类型文化的相互关系前,我们先说说半坡和庙底沟类型文化的区分与共性,这是探讨这两个类型文化关系的前提和基础。

半坡和庙底沟类型文化的区分,是1956年从河南陕县庙底沟遗址的发掘之后提出来的。当时,在此发掘的仰韶文化遗存,面貌和西安半坡的仰韶遗存有着显著的不同,从而把仰韶文化区分为半坡和庙底沟两个类型。

半坡和庙底沟类型文化的基本状况,有两点现象特别引人注目:

一是文化的分布范围大致相同,但又有一定的分际。这两个类型文化,主要都分布在关中及其邻境地区,其中半坡类型主要分布在关中以西、甘肃以东及晋南地区,庙底沟类型则主要分布在关东和豫西,伸延至甘肃东部及晋南地区,在关中与半坡类型交错存在。在关东与豫西地区、半坡类型比较少见,基本的分际大致是以潼关为界。

二是文化特征有显著的区别,但又存在一定的共同因素。这种现象在经济生产、器物特征、房屋的建筑以及埋葬习俗上都明显地表现出来。

半坡和庙底沟类型文化经济生产的共同点是以农业为主。但是,半坡的渔猎生产比庙底沟占较大的比重,而家畜的饲养则庙底沟比半坡发展。

在半坡类型遗址,发现的野生动物遗骨,种类和数量都比较多,尤其在半坡类型的彩陶中,动物花纹和鱼纹是主要花纹,反映出在半坡类型文化的经济生产中,野生动物和鱼类给人们留有深刻的印象和影响,从而也可以看出渔猎生产占有比较重要的地位。与此相反,猪的遗骨在庙底沟遗址则有较多的出土。在庙底沟类型的灰坑中,有不少整具的猪骨出土,半坡类型遗址,猪骨发现很少,由此可知,猪的饲养在庙底沟类型文化中比半坡有所发展。

半坡和庙底沟类型文化都有自己独特的器物群,但也存在一定的共同特征,主要

表现在以下方面。

石器的制作，两者都有打制和磨制石器。但半坡类型打制石器多，磨制者少，且磨制石器多在刃部加磨，通体磨光者少，钻孔石器更为罕见。庙底沟类型石器打制者少磨制者多，多通体磨光，钻孔石器较多。石器种类，半坡类型有斧、锛、刀；庙底沟类型则有斧、锛、凿、刀、铲。其中石铲在半坡类型中是不多见的，这是庙底沟和半坡类型在石器上最根本的区别之一。各种石器的形制也不相同，唯石刀的形制，两个类型都是以长条形两侧带缺口为其特征，基本上是一致的。

半坡和庙底沟类型陶器的共同点：都是手制，以红陶为主，都有彩陶，也有一些同类器物和相同的花纹。区别是半坡的陶器，小件器物是用手捏塑而成，采用泥条盘筑法制成的较少，口沿经慢轮加工修整的不多，火候较低，陶质也较差。器物种类有钵、盆、瓶、壶、碗、甑、罐、瓮、盂等几种。其中以"红顶式"直口圆底钵、卷沿浅腹盆、侈口鼓腹罐、直口短颈矮胖双耳小口尖底瓶、小口细颈壶和短唇斜腹小平底瓮为最富有特征的器物。施彩的陶器较少，用色多单一的黑色，施彩部位在器物的腹部和口沿面，也有不少器物内壁施彩的。花纹主要有宽带纹、人面纹、鱼纹、鹿纹、鸟纹、蛙纹以及用直线、斜线、折线、三角等组成的网纹、三角、方块、菱形、折波等图案。刻印纹饰则有锥刺纹、指甲纹、细绳纹等。庙底沟类型陶器，制作上以泥条盘筑法为主，口沿经慢轮修整的器物较多。除红陶外，还有一定数量的灰陶，褐陶，而且还有少量的黑陶。陶质较好，火候较高。器物种类也较多，有鼎、釜、灶、碗、盆、甑、罐、瓶、杯、盘、盂、瓮、缸、豆、器盖、器座等。其中最富特征的典型器物是折腹鼎、釜、灶、卷沿曲腹盆、敛口钵、双唇瘦长体小口尖底瓶、矮圈足豆和镂孔器座几种。彩陶数量较多，用色有黑红两色，有相当部分陶器在施彩前先施一层白色陶衣。彩绘花纹主要是以圆点、钩叶、弧线三角等组成的花瓣纹、勾连回旋纹、凸弧纹、垂弧纹、豆荚纹、涡纹和网纹等。图案繁缛、复杂，而富于变化。动物花纹偶见鸟纹和蛙纹两种。刻印纹饰则多用弦纹、线纹、篮纹和附加堆纹。总之，半坡和庙底沟类型陶器区别较大，器物类型以及纹饰特征，各自都有独特的风格，互不相混。

房屋建筑的共同点是：都采用了半地穴式和地面建筑两种方法。有相同的形状，也有大型的方形房屋。筑墙也采用了"木骨泥墙"。区别是半坡类型房屋建筑以半地穴式建筑为主，地面建筑较少。形状以圆形和圆角方形为多，面积较小。圆形半地穴式面积直径约5～6米，方形房面积一般为15～20平方米，房柱底下使用柱础较少。庙底沟房屋则以地面建筑为主，形状以长方形为多，面积较大，一般为30～40平方米。房柱底下多使用柱础。

埋葬方式上半坡和庙底沟区别较大。半坡类型文化的成年死者，绝大部分是埋葬在氏族公共墓地内，墓坑排列有序，散葬于墓地之外者少。葬式上有一次葬和二次迁葬。一次葬多单人埋葬，合葬的不多。二次葬多合葬。合葬的人数少者二三人，多者几十人。这种二次迁葬合葬尤其在半坡类型晚期特别盛行。死者尸体的放置多仰身直肢，少数为俯身或屈肢葬，个别还有"割体葬"。约占 40%的墓有随葬品，组合为罐、钵、壶或尖底瓶。数量一般为五六件。有个别的幼女和老年人墓有厚葬现象。幼儿多用瓮棺葬，普遍埋在住房的周围，也有少数埋葬氏族墓地内的。庙底沟类型墓发现数量不多，基本上是单人一次葬，仰身直肢，多无随葬品，突出的现象是在灰坑内比较普遍地发现埋有人骨架。但是，在泉护村庙底沟类型文化遗址，也发现较多的二次迁葬合葬，一墓埋葬人数多者为 12~23 人。随葬陶器组合为钵、罐、尖底瓶，这种现象与半坡类型相似[1]。

综上所述，半坡和庙底沟类型文化，虽然有一定的共同因素，但基本上各自都具有独特的文化面貌，很明显地表现出它们是分属于两类不同的文化实体。但是，由于它们之间又存在一定的共同因素，从而反映出彼此又有一定的联系。

二、半坡和庙底沟类型文化的区别所反映的相互关系

半坡和庙底沟类型文化的相互关系问题，主要有两个方面：一是时间关系，即半坡和庙底沟类型文化的年代谁早谁晚；二是文化上的渊源关系，即它们之间是否存在着直接发展和继承的关系。

对于半坡和庙底沟类型文化的时间关系，20 世纪 60 年代前期，考古界曾经展开过热烈的讨论，当时的基本看法有三：一是认为庙底沟文化年代早于半坡；二是认为半坡文化年代早于庙底沟；三是认为两者的年代相当，平行发展。现在，随着发掘资料的日益丰富，尤其是在一些遗址内发现庙底沟类型文化叠压着半坡类型文化的地层关系，加上 ^{14}C 测定的年代也证明了半坡的年代早于庙底沟，因此这两个类型文化的时间关系已经得到解决。

我们认为，半坡和庙底沟类型文化的区别，除了表现出它们之间是两个不同的文化实体外，同时还表现出时间上的差异，亦即文化上的原始与进步，落后与发展的差异。具体来说就是半坡类型文化特征表现出比庙底沟原始、落后，庙底沟比半坡发展、进步。从以下几个方面可以说明。

生产力的发展水平半坡类型低，庙底沟类型高。例如，半坡类型的生产工具制作比较原始、粗糙，石器的种类也少，缺少铲类工具，形制也没有庙底沟复杂。庙底沟类型的石器，比半坡进步。尤其是用于翻土松土的石铲在庙底沟类型文化中使用比较普遍，仅庙底沟遗址就发现完整的和残缺的石铲总数就有 130 多件。这就说明，庙底沟类型的石器，无论在加工制作技术方面还是在用途的广度方面都比半坡类型文化有所改进和发展，显示出庙底沟类型文化的生产力发展水平，比半坡类型已有所提高。

---

[1] 黄河水库考古队华县队：《陕西华县柳子镇考古发掘简报》，《考古》1959 年第 2 期。

家畜饲养的发展水平，庙底沟类型文化也比半坡高。在半坡类型文化中，渔猎经济生产比庙底沟发达，相反，养猪业庙底沟类型则比半坡高。这种现象，一方面显示出庙底沟类型文化的农业生产水平比半坡有所提高，有更多的剩余粮食养猪，另一方面也显示出庙底沟类型文化时期渔猎经济生产的重要性已有所下降，人们的经济生活来源已转向于农业和家庭的养畜业。这是庙底沟类型文化经济生产发展的一个重要标志。

制陶业庙底沟类型文化比半坡进步和发展。烧陶技术半坡主要采用氧化焰烧制红陶。庙底沟则更多地采用了还原焰方法烧制灰陶、黑陶，烧成的温度也比半坡高，陶质好。半坡类型陶器的种类、形制较少，庙底沟类型陶器种类多，形制复杂，而且大型的储容器比半坡有显著的增加。陶器的精美程度，半坡也不如庙底沟。半坡彩陶较少，用色上多为单一的黑色，花纹图案也比较单调、呆板，变化少。庙底沟类型陶器，彩陶多，用色上出现了复彩，而且在施彩前往往先上一层白色陶衣，作为底色，增加了陶器的美观效果。彩绘的花纹图案繁缛而富于变化，构图对比强烈，虚实分明，线条流畅、活泼，色彩绚丽美观。彩绘的艺术水平比半坡类型有很大的提高。

房屋建筑营造技术，庙底沟类型也比半坡进步。半坡和庙底沟的房屋建筑，虽然在营造技术上都采用了半地穴式和地面建筑两种作法，但是庙底沟类型半地穴式建筑较少，地面建筑较多，长方形房子也比半坡多。室内空间面积，庙底沟类型也比半坡的大。同时，庙底沟的房柱基础多垫有柱础，这样就增加了房架的负重力。所有这些都表明庙底沟类型文化房屋建筑技术比半坡已有所改进。

上述情况表明，半坡和庙底沟类型文化的区别，有一方面的因素正是文化上的原始与进步，发展与落后的差别。生产力水平，经济发展水平以及文化方面的进步，都充分说明半坡比庙底沟类型文化原始、落后。这种原始与落后，发展与进步的时间关系顺序还可以从地层关系和 ^{14}C 测定的年代得到证明。

目前，关于半坡和庙底沟类型文化谁早谁晚的问题，从地层关系上已经得到解决，有不少遗址的地层叠压关系证明，半坡早于庙底沟类型文化。例如在临潼姜寨遗址就发现庙底沟类型窖穴 H370，叠压着半坡类型墓葬 M82，前者出曲腹盆、双唇小口尖底瓶及弧线纹陶片，为庙底沟典型器物，后者出敞口罐，为半坡类型器物[1]。这一地层关系，就证明了庙底沟类型文化晚于半坡。至于两类型文化年代，早晚相差多少，^{14}C 测定的数据，则给我们提供了参考。据 ^{14}C 的测定，半坡类型文化的年代，距今 6140～5585 年，延续时间约五六百年。庙底沟类型文化年代，距今 5230～4410 年。如果以半坡最早的年代与庙底沟最早的年代相比，相距约八百余年，以半坡最晚的年代和庙底沟最早的年代相比，则相距三四百年。由此看来，庙底沟类型文化比半坡表现出进步和发展，与它所处的历史年代比半坡晚几百年，大体上是相符的。

---

[1] 西安半坡博物馆等：《临潼姜寨遗址第四至十一次发掘纪要》，《考古与文物》1980 年第 3 期。

因此，半坡和庙底沟类型文化的区别，主要反映了两方面的重要内容：一是文化实体不同；二是文化上原始与进步、发展与落后的差异。

三、半坡和庙底沟类型文化是否具有发展与继承的渊源关系

关于半坡和庙底沟类型文化的渊源关系问题，在 20 世纪 60 年代的讨论中，略有涉及，但均未作详细的论述。有人曾经简单地提到半坡和庙底沟类型文化是一脉相承的。尔后，由于从地层和 ^{14}C 确立了半坡的文化年代早于庙底沟的时间关系，因此，半坡和庙底沟类型文化的渊源关系就被突出起来了。现在，多数人都持有这种看法：认为半坡和庙底沟类型文化，是仰韶文化一脉相承前后相继发展起来的两个历史阶段的文化。不过，具体的说法则有所不同，基本上有三种发展的序列：一是说庙底沟类型和半坡上层类型都是从半坡类型中分化发展起来的；二是说半坡类型发展为史家类型、后冈类型，再发展为庙底沟类型；三是说半坡发展为东庄村与下孟村 F1 为代表的遗存，然后发展为庙底沟类型。这三种序列，概括为下面三种表示：

③半坡类型→东庄村遗存，下孟村 F1 为代表的遗存→庙底沟类型[3]

我们认为半坡的文化年代虽然早于庙底沟，但要把晚期的庙底沟类型视为是继承早期半坡发展来的，目前似乎还难于找到这种有机的联系。苏秉琦先生曾经强调指出："在考察两种文化之间是否存在继承和发展关系时，……主要地应借助于器物形态学，从文化内涵中去分析。"[4] 从器物形态学考察，半坡和庙底沟类型文化，各自都有典型的器物群和文化特征。过去，有人曾经认为："在比较两类型的器物群时，除了少数的相似器物外，无论是彩色陶器还是素色陶器，尽管用途相同，却表现出毫无联系的巨大差别"，"很难找到它们之间沿袭或继承的迹象"[5]。事实确实如此。在半坡类型的器物群中，典型器物是"红顶式"直口圜底钵、直口矮胖小口尖底瓶、小口细

---

[1] 梁星彭：《关中仰韶文化的几个问题》，《考古》1979 年第 3 期。
[2] 巩启明：《试论仰韶文化》，《史前研究》1983 年第 1 期。
[3] 张忠培：《论东庄村和西王村遗存的文化性质》，《考古》1979 年第 1 期。
[4] 苏秉琦：《地层学与器物形态学》，《苏秉琦考古学论述选集》，文物出版社，1984 年。
[5] 李诗桂、曾祺：《关于三里桥仰韶遗存文化性质和年代的讨论》，《考古》1965 年第 11 期。

颈壶、短唇斜腹小平底瓮和鼓腹弦纹罐。庙底沟类型常见的典型器物为卷沿曲腹盆、折腹鼎、釜、灶、双唇小口尖底瓶和镂孔器座等。在这两个类型的器物群中，要找到它们之间的联系与演变关系是十分困难的。就是相同的器物如小口尖底瓶也不容易找出它们之间的演变关系。半坡的直口矮胖型小口尖底瓶，如何演变成庙底沟的双唇瘦长体尖底瓶，目前还没有发现这样的演变线索，它不像庙底沟Ⅰ期和Ⅱ期的尖底瓶，由双唇发展演变为平唇，在泉护村遗址可以找到这种演变的线索。此外，半坡和庙底沟彩陶花纹，作风也迥异，彼此之间也毫无联系的踪迹可寻。

当然，在半坡和庙底沟类型文化中，也有一些共同的因素，如生产工具两者都有长条形两侧带缺口的石刀和陶刀，也有陶锉，彩陶纹饰也有相同的蛙纹、鸟纹，但这只是很个别的现象。而这种共同因素的出现，有可能是相互联系和影响而产生的，不具有发展演变的特征。

有的同志根据下孟村F1和山西芮城东庄村遗址包含有半坡和庙底沟两种类型文化因素，因此认为"半坡类型的后期，已经孕育着后来发展为庙底沟类型的因素，庙底沟类型遗存是从半坡类型遗存发展演变而来的"[1]。这种看法，也不一定切合实际。因为在一个遗址与遗迹单位中存在着半坡和庙底沟两类文化因素，原因是很复杂的，其中也有可能是两个类型文化在一定的历史时间内和一定的地区范围内互相接触而产生的。

总之，从文化特征总的情况来看，庙底沟类型文化继承半坡的关系，并没有直接的线条可据。这种现象是不符合文化的发展、继承规律的。作为一种文化的先后继承和发展的关系，它必然在一些主要特征上反映出来。当然这里面也有旧因素的被淘汰和新因素的产生，但最基本的特征，应该是要发展和被继承下来的，它不可能全部被淘汰而代之以全新的因素。根据半坡和庙底沟陶器特征来看，两者泾渭分明相互有联系的因素微乎其微，看不出它们之间有发展继承的迹象。所以，从文化特征上说明不了庙底沟继承半坡的关系。

从地层的情况来看，也缺乏庙底沟继承半坡的有力证据。

目前，在关中地区发现庙底沟和半坡类型文化直接叠压的地层关系不多，只是在一些遗址内发现半坡和庙底沟类型的遗迹单位有相互叠压，或打破关系。有相当厚度的庙底沟类型遗存堆积，叠压着半坡类型遗存的地层关系，在一些典型遗址中还没有发现。例如在西安半坡和临潼姜寨这两个遗址里，都包含着仰韶早晚期遗存，其中半坡早期和晚期类型遗存都十分丰富，庙底沟类型遗存则不那么丰富。地层堆积上这两个遗址的早晚期堆积也有相当的厚度和清楚的叠压关系，唯独庙底沟遗存则没有一定厚度的堆积层次。半坡遗址早晚两期遗存堆积都较厚，上下层的关系也很清楚。姜寨遗址的文化堆积层次比较复杂，有的地段是一、二期相叠压，有的地段是一、二、四

---

[1] 梁星彭：《关中仰韶文化的几个问题》，《考古》1979年第3期。

期相叠压，有的地段是一、二、四、五期相叠压，也有一、三、四或一、四、五期相叠压的[1]，唯独没有发现二期（史家类型）和三期（庙底沟类型）的地层叠压关系。这种现象说明，庙底沟类型遗存在半坡和姜寨遗址中并不占有重要成分和地位。更重要的是半坡类型后期的史家类型至今还未发现与庙底沟相叠压的地层，这是值得我们注意的。

从文化年代顺序来说，庙底沟遗存在这两个遗址中都处于中间环节，如果把它视为继承半坡早期，发展为半坡晚期，则庙底沟遗存就占有承上启下的重要位置。这样重要的位置，按理在文化堆积的层次上应当有所表现。然而恰恰相反，在这两个包含仰韶文化从早期到晚期遗存都很丰富的遗址里，庙底沟类型遗存则很薄弱，而且没有主要的堆积层次。这就可以看出，庙底沟作为继承半坡类型的话，在地层关系上，就缺乏有力的证据。

这里需要指出的是，半坡和庙底沟类型的相互关系，在地层上是比较混乱的。有的遗址或遗迹单位表现出这两个类型文化有明显的区分，有庙底沟类型叠压半坡类型的地层关系，有的遗址或遗迹单位则表现出这两个类型文化共存，如下孟村F1和东庄村遗址，就是在一个遗迹单位和遗址里，半坡和庙底沟类型文化共存。其次，在泉护村遗址，陶器特征则属于典型的庙底沟类型，在墓葬的葬俗上则带有半坡类型后期的色彩，如盛行多人二次迁葬合葬，随葬陶器以钵、罐、瓶为组合，个别墓有厚葬的现象都是半坡类型后期葬俗的特点。由此看来，关中地区的半坡和庙底沟类型文化关系，是比较复杂的，互相交错，互相共存，也有区分。

根据上面所作的分析，我们认为，半坡和庙底沟类型文化，虽然在年代上确立了半坡早于庙底沟，但庙底沟并不是直接继承半坡发展来的。它们是分属于两类不同的文化系统，或者说是仰韶文化的两个分支。它们各自在发展过程中，在一定的历史时间内，互相接触，互相影响，因而产生了一定的共同因素。其中，庙底沟类型彩陶中的蛙纹、鸟纹有可能就是受半坡类型彩绘花纹的影响而出现的。泉护村的葬俗，也是吸收了半坡类型后期葬俗的特点。至于下孟村F1和东庄村半坡和庙底类型文化共存的现象，则是两者在特定的历史时期，互相接触的现象。这样，关中及其邻境地区的仰韶文化，其发展状况大致可以序列为：

①半坡类型→史家类型→半坡晚期类型。
②三里桥类型→庙底沟Ⅰ期→庙底沟Ⅱ期。

至于晋南的东庄村与西王村遗存，则是晋南地区仰韶文化早晚两期的代表。其中东庄村遗存既包含半坡类型后期或史家类型的因素，又有自身的特点，可以认为它是吸收了史家类型和庙底沟类型的因素而发展起来的地区性类型。西王村类型则是吸收了庙底沟Ⅱ期和半坡晚期文化因素发展起来晋南仰韶晚期遗存。

---

[1] 西安半坡博物馆等：《临潼姜寨遗址第四至十一次发掘纪要》，《考古与文物》1980年第3期。

上述发展序列，在文化特征上可以找到一些发展演变的线索。例如，半坡早期和晚期之间，主要器物的种类并没有发生多大的变化，晚期只是增加了葫芦瓶、带流罐和带盖矮罐等新因素。其中有一些主要器物的器形也可以看出它的演变规律，如小口尖底瓶由矮胖发展为瘦小，卷沿夹砂罐的作风也由下腹的细长而变化为比较粗短。而这种变化，又可以从史家类型中找到承前启后的因素。如小口尖底瓶，史家类型遗址所出有的比半坡类型细长。葫芦瓶在史家类型中大量出现，在半坡晚期中也是常见器物，只是形制稍有变化。半坡晚期的带盖矮罐，也可以在史家类型中找到渊源。总之，半坡类型发展为史家类型、半坡晚期类型的关系，在文化特征上是可以找出一些演变规律的。

至于庙底沟类型的发展关系，在庙底沟遗址和泉护村遗址都可以明显地看出Ⅰ期和Ⅱ期文化的连续性。在关中和豫西地区早于庙底沟类型大致和半坡类型年代相当的还有三里桥类型。三里桥仰韶文化的特征既接近于半坡又不同于半坡，它有和半坡相近的圜底钵、筒形罐，而不见半坡类型的彩陶花纹，同时文化遗物总的特点又和庙底沟基本相同。而这个遗址与庙底沟遗址相距又很近，只是隔河相对。由此可见三里桥遗存与庙底沟遗存有密切关系。文化特征有一些与半坡相近，这正表明它的年代与半坡类型相当。所以，三里桥遗存应该是庙底沟类型文化的前身。

值得注意的是，近年来在豫西的临汝和卢氏县等地，还发现带有裴李岗文化特征的早于仰韶文化的一种新的文化遗存。这一新的文化遗存和关中地区的老官台文化有别。这一新的发现进一步表明，关东和豫西地区仰韶文化的前身，还有踪迹可寻，由此进一步可以看到，仰韶文化绝不是以半坡类型为一条直线发展下来的。

综上所述，半坡和庙底沟类型文化的关系，虽然在年代上确立了半坡早于庙底沟，但庙底沟类型文化并不是半坡类型的继承者，两者之间，并不是一脉相承，前后相继的关系，而是分属于不同的支系。而且各自都有发展的序列，在各自的发展过程中和一定的历史阶段内，互有联系与影响。

（原载《中州学刊》1985 年第 3 期）

仰韶文化研究的现状

自 1923 年安特生首次发掘河南省渑池县仰韶遗址，由此而得这一遗址的文化遗存，命名为仰韶文化以来，距今已有六十多年了。半个多世纪以来，对仰韶文化的发掘与研究，都取得了长足的进展，获得了丰富的成果。更重要的是以丰富的实物资料，写出了中华民族原始社会的一段历史。因此，仰韶文化的发现与研究，不仅在我国有其重大意义，在世界上也有一定影响。

一

仰韶文化的发现与研究，虽然已有六十多年的历史，但无论是发掘与研究，最有成就的黄金时代，则是在新中国建立后三十多年来的事。

新中国成立之后，我国的考古事业蓬勃发展，全国各地先后展开了前所未有的考古调查和发掘工作。黄河流域是我国考古工作的重点，而对仰韶文化遗址的调查和发掘，又是这一地区考古工作的重点之一。

三十多年来，在黄河流域境内的陕西、甘肃、山西、河南、河北等省境内，调查发现的仰韶文化遗址在千数以上，对一些面积较大、文化堆积丰厚的遗址，还有计划地做了重点发掘。迄今为止，经过重点发掘，而且比较重要的遗址，陕西境内有西安半坡、临潼姜寨、宝鸡北首岭、华县元君庙、泉护村、彬县下孟村、渭南史家、华阴横阵村等遗址；甘肃有秦安大地湾等遗址；山西有芮城东庄村和西王村等遗址；河南有陕县庙底沟、渑池仰韶、洛阳王湾、郑州大河村、淅川下王岗、安阳后冈、大司空村等遗址；河北有正定南杨庄、磁县下潘汪、界段营等遗址。这些遗址在该地区一般都具有典型性和代表性。

通过大规模的调查和重点发掘，获得了大批的新资料。发现了众多的村落遗址和埋葬死者的墓地，挖出有大批的房基、窖穴、灰坑、陶窑和墓葬遗迹，以及大量的石器、骨器、陶器等遗物，基本上弄清了仰韶文化的分布范围，同时也进一步丰富了对仰韶文化的认识。

据调查，仰韶文化的分布地域和范围很广。西至甘青地区交界；南达汉水流域；东及河南东部；北抵河北北部，中心区域大致为陕西关中、晋南、豫西、豫北和冀南。

目前调查发掘的仰韶村落遗址，面积规模有大有小。大的村落遗址，面积有几十万平方乃至百万平方米以上，小的村落遗址，面积一般都有几万平方米。规模较大的村落遗址，发掘出数量较多、分布密集的房基、窖穴、灰坑和较多的陶窑遗迹，规模较小的遗址，发掘出的房基、窖穴、灰坑和陶窑的数量也较少。

大的村落有一定的布局，小的村落没有一定的布局。

西安半坡是一处规模较大的仰韶村落遗址，这个村落，分居住区、窑场、墓地三部分，村落的中心是居住区，面积约30000平方米，分布有密集的房基、窖穴和畜栏等建筑物，围绕着居住区，还有一条深、宽各约5～6米的大围沟。围沟外，遗址的北部是埋葬死者的墓地，东边则为陶窑场。在居住区挖土的房基，也有一定的分布规律，中心为一座半地穴式结构的大型房子，面积有100多平方米，在大房子周围则分布着几十座中小型房子，每座房子的面积为十几或二十几平方米。

临潼姜寨村落遗址，布局与半坡大致相同。这个村落也有居住区、窑场和墓地三部分，居住区中心则是一片宽阔的广场，居住区外也有一条大围沟，围沟内分布有五个房屋建筑群，每一个建筑群都有一座大型房子，面积为70～120平方米，每座大房子附近，也分布有十几或二十几座中小型房子，各群房屋的门向都朝向村落中心的空旷广场。

这两处村落遗址，是目前所发掘的仰韶村落保存比较完整，布局比较清楚的遗址，它们有共性，这就是村落有居住区、窑场、墓地之分，居住区外都有大围沟，房屋的布局是以大型房子为中心，周围分布中小房子，但这类村落遗址发现不多，更多的是没有一定布局的村落，因此它与各地仰韶村落相比，又有它的特殊性。尽管如此，它的发现，有其重要意义，代表了仰韶早期原始村落结构，是研究我国早期农业村落的形成和发展是很有价值的资料。

仰韶房屋的建筑结构，则因时因地而异。一般来说，建筑结构有半地穴式和地面建筑两种，房屋的形状有圆形和方形，有单间也有多间。墙壁和室内地面结构也有所不同。具体来说，早期多半地穴式，圆形单间，晚期多地面建筑、方形，多间房也略多。墙壁有用草拌泥垒筑，也有采用木骨泥墙。木骨泥墙结构是在房间周围竖埋一排圆木，再用横木把竖排圆木捆扎联结，内外铺上一层苇草，上面敷上厚实的草拌泥，然后再堆火燃烧而成。经过火烧的墙壁，既结实坚固，又可防潮湿，是一种比较进步的墙壁结构。房间地面，有的用料姜石和草拌泥铺抹，有的则用土面，室内一般都设有火灶，用于炊事或取暖。多间房有的用草拌泥或木骨泥墙间隔，有的则用木板分隔。各地发掘的仰韶房屋、建筑结构和形式大同小异，而建筑技术的进程和发展，则比较接近。

村落发掘资料，对研究仰韶文化时期的人口和社会组织等问题是重要的。一个村落遗址，实际上是一群人进行生产活动和生活的聚居点，也是社会组织的一个基本单位。村落规模的大小，房基密集的程度和文化堆积的丰厚与否，反映出这个村落聚居人口的多寡和经历时间的长短程度，而且还可以窥见当时社会组织规模的大小。通过房屋建筑群及其布局，还可以了解一个村落居民生活的共同体，例如，姜寨遗址房屋布局分五个建筑群，大致就是表现出在这个村落内，一共有五个生活单元，彼此之间还有亲近的血缘关系，因为，它们均聚居在一条围沟的居住区内，说明它们彼此之间的关系是亲近的。所以，村落遗址是研究当时社会组织的好资料。

仰韶文化墓葬的发掘资料也是很丰富的。从现存资料来看，仰韶时期埋葬死者有公共墓地，埋葬方式则因时因地略有差异。

墓地的规模也有大有小，墓穴的分布早晚有变化。大的墓地，挖掘出有几百座墓葬，小的墓地，挖出的墓葬至少也有几十座。如西安半坡墓地，挖出有174座墓，宝鸡北首岭挖出有400多座墓，淅川下王岗也挖出400多座，渭南史家和华县元君庙，则挖出有几十座。西安半坡、华县元君庙、淅川下王岗等地的仰韶早期墓，墓穴横竖排列，井然有序，而在郑州大河村、青台等地发掘仰韶晚期墓，墓穴分布则没有一定的规律，比较散乱。据此可知，仰韶墓葬分布，早晚有所不同。

墓葬的葬式，早晚也有变化。仰韶早期，小孩和成年死者多分葬，小孩用瓮棺，埋于居住区周围，成年死者埋入公共墓地，以单人土坑葬，仰身直肢为主，有个别的合葬墓。西安半坡挖出的小孩瓮棺，多在居住区附近，墓地发掘的一百多座成年死者墓，只有两座合葬墓，一墓合葬四人，一墓合葬二人，均同性合葬。宝鸡北首岭发掘的400多座墓中，也是以单人仰身直肢葬为主，但合葬有所增加，合葬形式有一次葬合葬，也有二次合葬，合葬人数有多有少。华县元君庙发掘的墓葬，多数是二次迁葬合葬，少数单人葬，合葬人数少者三四人，多者几十人。渭南史家和华阴横阵村发掘的仰韶墓，主要为二次迁葬合葬，单人葬很少。淅川下王岗发掘的仰韶早期墓，一期100余座，均为单人葬，二期400余座，多数是多人二次合葬。郑州大河村和青台发掘的仰韶墓葬，主要为单人仰身直肢葬。有个别的为双人年龄相近的异性合葬。由此可见，仰韶墓葬的葬式，早晚有明显的变化，变化规律是：由早期的小孩与成年死者分葬，成年死者以单人葬为主发展为以男女老幼的多人二次合葬为主；到仰韶晚期又实行以单人葬为主，同时出现了年龄相近的双人异性合葬。

墓葬的随葬品，早晚也有所不同。早期墓有的有随葬品，多数墓没有，随葬品种类各地情况有所不同，关中地区仰韶早期墓，随葬品以陶器和装饰品为主，随葬劳动工具者少，尤其是农业工具很少见。只有少数随葬箭镞，个别的有石斧、磨盘等，数量少者二三件，多者十件。淅川下王岗发掘的仰韶早期墓，随葬品则包括有农业、手工业、渔猎工具，其中有石斧、石铲、石锛、石凿、骨箭头等，也有陶质生活器皿和装饰品，有的墓随葬的陶器为"冥器"。据此可见，仰韶墓的葬式葬俗，早晚有变化，各地的情况也稍有不同。

墓葬资料，对研究当时的社会制度和社会性质有重要价值。埋葬方式是埋葬制度的具体表现，而埋葬制度，则在一定程度上反映了当时的氏族制度。在氏族社会里，对死者的埋葬，是严格按氏族制度进行的，氏族的公共墓地，只埋葬本氏族成员死者，外族成员死者，不允许埋入本氏族公共墓地。因此，通过一个墓地的发掘资料，可以了解一个氏族的基本情况，从墓穴的排列、葬式葬俗等方面，了解一个氏族的组织、制度以及宗教信仰等问题。仰韶埋葬方式的变化，在一定程度上就反映出当时的氏族制度发生变化。总之，丰富的埋葬资料，对研究当时的社会状况是很重要的。

出土的仰韶文化遗物，最丰富的是劳动生产工具、生活用具和装饰品。此外还有家畜及野生动物的遗骨、果核等，从这些遗物中，可以看出仰韶时期的经济生产，包含有农业、渔猎、采集、养畜及手工业几种成分。

农业是仰韶时期重要的生产部门和生活来源。仰韶文化，实际是黄河流域比较发达的原始农业文化，各地的仰韶遗址，毫无例外地都包含着典型的农业文化因素，村落遗址是农业生活的定居点，各遗址也都出土有石斧、石铲、骨铲、石刀、石磨盘等农业劳动工具与粮食加工工具，并有大量的与农业生活相关的陶器与窖穴，不少遗址还出土有粟的遗迹。这些情况表明，仰韶时期已经过着比较稳定的定居生活，农业耕作已进入锄耕阶段，生产力和生产水平都有一定的发展。

在进行农业生产的基础上，也还从事一定的渔猎生产。各地的仰韶遗址，都出土有一定数量的渔猎工具，其中有骨鱼镖、鱼叉、鱼钩、网坠、箭镞和弹丸等。有的遗址，渔猎经济因素还很突出，如半坡类型文化，彩陶上有鱼纹和鹿纹作主题花纹，遗址内发现的野生动物遗骨，种类和数量也较多，这类遗址，表现出渔猎生产还是有较重要的位置。

仰韶时期的养畜，主要有狗和猪。各地的仰韶遗址，都不同程度地出土有狗和猪的遗骨。由此可知，狗和猪已成为当时的主要家畜。养畜在新石器早期文化中已有所发现。裴李岗和磁山遗址，就发现有猪和羊的遗骨，还有陶塑的猪、羊形象。磁山遗址出土的猪骨数量颇多，还有不少牛骨。由此表明，养畜在新石器早期已开始发展，仰韶时期可能已成为较重要的经济生产部门，不过，在仰韶遗址中，羊骨发现较少。

仰韶时期的手工业，也占有重要位置。各地仰韶遗址，都出土有手工业劳动工具，数量较多的有石锛、石凿、骨凿、骨针、纺轮、陶拍、陶锉等，在仰韶陶器上还发现有布纹、编织纹。由此表明，木作、纺织、制陶、制骨、制皮、编织等已成为仰韶时期的重要生产部门。从各地出土的手工业工具种类和制作水平来看，当时手工业生产发展的进程和技术水平，大体上是接近的。制陶技术，早期手制，采用泥条盘筑法，中期出现了慢轮加工修整陶器口沿，晚期出现轮制。

总之，仰韶文化的基本面貌是，原始农业已获得一定的发展，成为当时的重要经济生产部门和生产来源，渔猎和采集已成为一种辅助性的生产活动。由于农业的发展，人们已经过着稳定的定居生活，农业村落普遍建立并有所发展；由于农业的发展，推动了养畜和手工业的兴起和发展，社会经济出现了早期的繁荣，精神文明也得到一定的提高，社会财富也得到一定的积累，从埋葬制度的变化来看，当时的氏族制度，也开始产生变革，人类社会的历史，又开始进入一个新时代。

二

仰韶文化的研究，是随着考古调查和发掘工作一起展开的。发掘资料的不断丰富，研究的问题也不断地扩大和深入。

新中国建立之前，仰韶文化的调查发掘工作做得不多，获得的资料有限，因此研究的问题也是有限的，而且也较粗略和肤浅，所涉及的，主要是文化时代和文化来源等问题。

新中国建立之后，考古调查和发掘资料不断丰富，对仰韶文化的认识逐步加深，研究的内容也不断扩展和充实，而且不断深入，从宏观和微观上从各个方面时仰韶文化作了比较系统的研究。目前，所涉及的研究问题很广，有经济形态、文化类型、年代与分期、文化源流、埋葬制度、社会性质以及仰韶文化与邻境地区的原始文化关系，等等。其中，文化类型、年代与分期、文化源流、社会性质等是研讨的重点，此类问题的研究成果，发表较多。

文化类型的区分，是仰韶文化研究的主要课题，这一问题的研究可以说是从20世纪50年代后期开始。

1954年，西安半坡遗址发掘，1956年又发掘陕县庙底沟和三里桥遗址。在经过较大规模的调查和重点发掘，积累了一定资料基础上，逐步认识到仰韶文化面貌是不尽相同的，由此注意到类型的区分。《庙底沟与三里桥》发掘报告，根据在三门峡水库区内的调查和发掘资料，就提出了仰韶文化"大体上可以分为两种类型：一种是彩陶数量多，纹饰复杂，器形以曲腹的碗、盆为主，但不见圜底的钵形器；另一种是彩陶数量少，纹饰简单，有大量的圜底钵，不见曲腹的碗、盆等器形。庙底沟是属于前一种类型，三里桥则属于后一种类型"。根据以上标准，当时把各地发现的仰韶遗存，都分别归入这两种类型。

1959年，安志敏先生又一次提出：仰韶文化"大体上有两种类型：一种是西安半坡为代表，另一种是以河南陕县庙底沟为代表"。

这两种类型的区分，由于只是按彩陶数量的多少，纹饰的繁简以及陶器的主要器形的相异为标准来划分的，过于简单，因此产生了对类型的概括又过于广泛，并未真正反映出仰韶文化的全貌。但由此展开了对类型的深入研究，这是值得称道的。

尔后，人们又进一步把各地的仰韶遗存，根据文化面貌和特征的变化，进行分析研究，陆续又提出了一些新的类型，至目前为止，已被提出的类型名称有庙底沟类型、三里桥类型、半坡类型、秦王寨类型、大司空村类型、后冈类型、半坡晚期类型、西王村类型、史家类型、王湾类型、大河村类型、下王岗类型、钓鱼台类型、百家村类型、南杨庄类型、下潘汪类型，等等。这许多的类型，有的为大家所肯定和公认，有的则有不同的认识，被肯定和公认的，基本上有半坡、庙底沟、西王村（或半坡晚期）、王湾、大河村（或秦王寨）、后冈、大司空村等几种主要类型。

类型的区分，是仰韶文化研究中首先必须解决的问题。因为，仰韶文化分布的地域广泛，文化发展的时间又相当长，大致延续有2000多年，文化面貌也很复杂，各地的仰韶遗存，既有共性也有很大的差异性。这种差异，有因历史年代的不同，由发展而产生的差别，有因地方的不同，由地方性的原因而产生的变异。而共性，则可能是由于仰韶文化是黄河流域处于同一时代的文化，各地区之间，彼此互有联系而形成。这样错综复杂的关系，就必须通过梳理，区分出不同的类型，便于对仰韶诸问题的研究，明确其时空关系，使研究的问题得出科学的效果，不至于产生混乱。

年代与分期的研究，是一个问题的两个部分，是统一的又略有区分。具体来说，年代研究着重确定文化时代，或不同类型文化的相对年代；分期则是具体的区分一种或一个类型文化发展所经历的历史阶段。这个问题的研究，也可以说是类型研究的进一步深入。

仰韶文化的年代研究，早在新中国成立前就开始了。仰韶文化被发现之后，人们就开始研究这一文化的时代。当时，由于考古发掘资料尚少，对仰韶文化的时代，只是拿殷墟文化和它作比较，从而确定了仰韶文化和殷周青铜文化是不同时代的石骨文化。

1930年秋，吴金鼎在山东龙山镇城子崖发掘出龙山文化，于是又产生了小屯、龙山和仰韶文化时代关系的研究问题。1931年，梁思永在河南安阳后冈进行了科学的一发掘，获得了小屯、龙山和仰韶文化顺序堆积的地层关系，从而确定了龙山文化早于小屯殷文化，仰韶文化又早于龙山文化的年代。

60年代初，由于仰韶文化又区分出半坡和庙底沟两个类型，由此又展开了对这两个类型文化相时年代关系，即谁早谁晚的研讨。当时的讨论，有三种意见：第一种，半坡早于庙底沟；第二种，庙底沟早于半坡；第三种，两者同时。后来，由于在一些遗址发现了庙底沟与半坡类型文化相叠压或相打破的地层关系，加上 ^{14}C 测定半坡的年代早于庙底沟。这一问题的讨论，始告结束。

后冈和大司空村两个类型的相对年代，也有研讨。以前，有人认为，大司空村类型的年代早于后冈，后冈类型具有比较进步的特点。也有人将后冈类型和大司空村类型陶纹饰的发展规律、陶器种类及器形的演变作了分析，亦得出大司空村早于后冈类型的结论。有人则以王湾遗址的发掘资料和后冈、大空司村两类型作比较，从灰坑的形状，陶器纹饰、器形、生产工具等全面的分析对比，认为"大司空村类型文化因素在许多方面较之后冈类型更接近于王湾第二期文化，换言之，在大司空村类型中比之后冈类型有更多的接近龙山文化的因素"，"后冈类型的相对年代应早于大司空村类型"。对这两种意见，目前似乎还不可能判断其是非。因为，后冈和大司空村类型遗存,在一些遗址中往往共存,至今还未获得可以证实谁早谁晚的地层关系证据,^{14}C 测定的年代数据,也只有后冈类型一个,为公元前 3535±105 年,缺少大司空村的年代数据,这样,后冈和大司空村类型的相对年代关系,有待于新的发掘资料来解决。

关于仰韶文化的分期,则可以说是从新中国成立后开始研究的。新中国成立前,各地调查、发掘的仰韶遗存,虽然也曾经有人提出过不同期说,如梁思永发掘后冈遗址,就将后冈的仰韶遗存,提出"后冈期"之说,实际上并未将整个仰韶文化进行具体的分期。

新中国成立后对仰韶遗址的发掘,就注意到了分期。西安半坡和陕县庙底沟遗址的发掘,就从堆积层位及文化特征上作了分期。

半坡遗址的仰韶遗存,发掘报告把它分为早晚两期。后来,有人对半坡的发掘资料,作了细致的分析研究,依据地层关系和出土遗物的特征变化,把它分为三期,并提出一期为半坡类型,二期为庙底沟类型,三期为半坡晚期类型,半坡类型应以半坡一期为代表。新的分期,不仅把半坡遗存,多划出一期,而且也指明了半坡类型以一期为代表,澄清了以前对半坡类型的认识。尔后,又有人将半坡文化遗存分为四期,一期为老官台文化,二期半坡,三期庙底沟,四期半坡晚期。这样,半坡遗址的分期就有三种意见了。

庙底沟遗址的发掘报告,也提到了分期,一期为仰韶遗存,二期为龙山早期(即仰韶与龙山过渡期)。后来,有人依据庙底沟彩陶花纹的演变及地层关系,把仰韶遗存又细分为二期。即把庙底沟Ⅰ期文化分为二期。这一划分对整个仰韶文化的分期不无意义。

目前,对仰韶文化的分期多着重于在一个典型遗址上进行,许多典型遗址,凡可进行分期者都进行了分期,如临潼姜寨、渑池仰韶、洛阳王湾、郑州大河村、淅川下王岗等这些典型遗址的文化遗存都作了分期。对于整个仰韶文化的分期,有人依据 ^{14}C 测定的各类型年代数据和文化特征发展脉络与承袭关系,把它分为三期四段,其序列为:

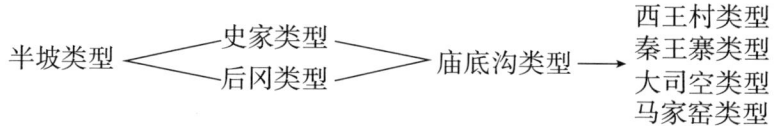

这一序列是:半坡类型、史家类型及后冈类型为早期,庙底沟类型为中期,其余四个类型为晚期。四段的分法是:半坡类型为一段,史家和后冈类型为一段,庙底沟类型为一段,其余四个类型为一段。

仰韶文化的分期是很有必要的,有了确切的分期,才能进一步考察其文化发展的阶段,以及社会发展阶段。至于目前所提出的分期意见是否确切,则有待于深入讨论了。

文化源流的研究是又一被重视的问题。仰韶文化被发现之后，安特生对它的来源就进行过探索。当时，他根据在河南、甘肃调查发现之彩陶，与安诺彩陶联系起来分析，认为中国境内的彩陶与安诺彩陶有联系，由此提出了仰韶文化"西来说"。这种说法，曾经产生了一定的影响。

新中国成立前后，我国学者也注意到了仰韶文化来源的研究。依据马家窑文化年代晚于仰韶文化等事实，认定仰韶文化是黄河流域自身发展起来的古老文化，从而纠正了"西来说"。由于当时在黄河流域境内还未发现一种年代接近于仰韶的新文化遗存，仰韶文化的来源问题，也就无可认识。

50年代末至60年代初，在陕西关中发掘了北首岭和元君庙遗址，调查发现了老官台和李家村遗址，获得了一些新资料。苏秉琦先生对北首岭、元君庙下层和老官台遗存作了细致地分析，指出这类遗存，同整个仰韶文化面貌相异。同时又认为这类遗存的"锥刺纹泥陶罐、口施一道粉带的钵碗、砂陶罐等，都和同址较晚遗存中的同类器有传统关系"，论定"这类文化遗存无疑同半坡类型的仰韶文化具有一定的渊源关系"。仰韶文化的来源由此有了眉目。

70年代后期，在河北武安、河南新郑先后发现磁山和裴李岗遗址。这类遗址的文化遗存和老官台文化、仰韶文化有显著的区别，也有一定的共同因素。从区别可以确定它和老官台、仰韶文化是不同的新文化。^{14}C测定年代距今8000～7000年，比仰韶早1000余年。从龙山和裴李岗文化与仰韶文化存在的共同因素来判断，两者也是有渊源关系的。

仰韶文化的发展，从后冈三叠层的发现时起就展示出来了，就是说后冈遗址发现龙山文化叠压在仰韶层上，说明仰韶文化发展为龙山文化。1956年陕县庙底沟遗址的发掘，则直接从文化特征上揭示出龙山文化继承了仰韶文化。因为庙底沟发现的Ⅱ期文化遗存，既有仰韶文化又有龙山文化因素和特征，很明显地带有过渡型遗存，后来，这种类型似庙底沟Ⅱ期的过渡型遗存在王湾以及大河村等不少遗址亦相继发现，由此证明仰韶文化的发展，直接为龙山文化所承袭。

但是，仰韶文化的历史，延续了2000余年，文化类型也不少，这2000年间的发展线索与不同类型的关系如何衔接起来，则需要进一步深入研究。目前，有人把仰韶文化的发展分为三期四段，实际上是把各地的仰韶遗址都归结为是由半坡类型发展来的。也有人认为仰韶文化的发展，有不同的分支，并不是从半坡一条直线发展的。总之，这个问题尚有待于展开讨论。

关于仰韶文化的社会性质。60年代初曾经展开过热烈的讨论。主要依据社会生产力的发展水平、房屋的结构、墓葬的葬式以及随葬品的有无等资料，从社会分工，婚姻形态以及私有制的产生与否等问题的探讨来论述其社会性质。当时基本上有两种看法：一种意见认为仰韶文化的社会性质属繁荣的母系氏族社会；另一种意见认为属父系氏族社会。前者占绝对多数，后者占少数。争论双方基本上都是就仰韶文化整体而言。在这个问题上苏秉琦先生也论述了他的看法,特别指出:"探讨仰韶文化的社会发展阶段,应分几个步骤:第一,仰韶文化诸遗存的年代分期;第二,各分期的社会面貌;第三,各分期各自处于原始社会发展过程中哪一个特定的社会发展阶段。"据此,他总的看法是:"似乎不能认为仰韶文化的面貌是属于可以不加区别的一个社会发展阶段,看来,它的前期还在原始社会氏族制的盛期——上升阶段,而它的后期则已越过了这个发展阶段。""就是说,它的后期还是母系氏族制,但是在它的胞胎内孕育着新的萌芽;而更大的变化则是在它的后期结束以后的文化阶段"。苏先生所指出的研究仰韶文化的社会发展阶段,首先应从年代分期加以区别,是一种指导性意见,也是科学的研究方法。

总之,半个多世纪以来,通过大规模的调查和重点发掘,掌握了丰富的资料,基本上弄清了仰韶文化的分布范围;对仰韶文化面貌也获得较清楚的认识,涉及许多方面的研究,并获得了丰硕的成果。

[原载《渑池文史资料(第二辑)》,1989年]

仰韶文化发展的历史阶段

仰韶文化是新石器时代的考古学文化，亦是原始氏族社会的物质文化。它分布于黄河中游的中原大地，距今有五六千年。仰韶文化的发展阶段，究竟处于我国原始社会的哪一个历史阶段，这是一个值得探讨的问题。

在我国的原始社会史中，有"三皇"、"五帝"的传说。"三皇"有人认为即燧人氏、伏羲氏、神农氏，"五帝"依《史记》所载，乃黄帝、颛顼、帝喾和尧、舜。"三皇"、"五帝"，大体代表了我国原始社会发展史上几个不同的阶段。在"三皇""五帝"中，神农氏又号称炎帝，因此在神农氏与黄帝之时，又有炎黄时代之称。仰韶文化发展的历史阶段大致就处于炎黄时代。在炎黄时代，正是氏族社会的经济文化发展的初期阶段，仰韶文化是石器时代经济文化发展的初期阶段，因此，在仰韶文化的发展阶段，其文化内容亦有一些与炎黄时代的历史传说内容能够对应。现分别作具体分析说明。

一

仰韶文化发展阶段，其文化内容与炎黄历史传说能够对应之一，是仰韶文化分布范围和分布中心，与炎黄两大部落的发祥地基本上对应。

仰韶文化分布于黄河中游的中原大地。在陕西、河南、山西和河北，都有仰韶文化遗址发现。但是，这些地区发现的仰韶遗址，数量最多的是陕西和河南，已发现的仰韶遗址中，面积有大有小，大的面积达百万平方米，小的亦有几万平方米，其内涵丰富，有较多的文化遗存发现。在陕西和河南发现的仰韶遗址中，又以渭水流域和以嵩山为中心的郑洛地区最多，而且这两地发现的仰韶文化，都各有自己的来源和发展系统，文化面貌特征亦有所不同，因此渭水流域和郑洛地区，应是仰韶文化分布的两个中心区。这两个地区仰韶文化的来源及其从早到晚发展的谱系是：

渭水流域的仰韶文化，来源于老官台文化。这里发现的仰韶遗址相当多，经过发掘的遗址也不少，其中有代表性的重要遗址主要有西安半坡[1]、临潼姜寨[2]、宝鸡北

---

[1] 中国科学院考古研究所、陕西省西安半坡博物馆：《西安半坡——原始氏族公社聚落遗址》，文物出版社，1963年。

[2] 陕西西安半坡博物馆等：《姜寨——新石器时代遗址发掘报告》，文物出版社，1988年。

首岭等遗址[1]。这些遗址的内涵丰富，都有从早到晚的遗存。各遗址都进行了文化分期，或分早、晚两期，或分四期。在已发现的仰韶文化中，由于文化面貌特征不尽相同，因此又进行了文化类型的区分，主要划分有半坡类型、庙底沟类型、半坡晚期类型（或称西王村类型），有人还区分出史家类型。这些类型代表了这一地区仰韶文化发展的早、中、晚三期，其中半坡类型属早期，史家类型和庙底沟类型代表中期，半坡晚期类型代表晚期。但是，这四种类型文化，在一个遗址内并不是都有直接的文化堆积层相叠，陶器特征亦没有前后相承的发展演变线索。在已发掘的遗址中，以姜寨遗址发现的仰韶遗存最为丰富，分期亦较细，并未发现四种类型文化堆积相叠的地层。

姜寨遗址发现的仰韶文化，从早到晚共分四期。四期的陶器特征与四种类型陶器相同或相似，其中第一期陶器与半坡类型相同，二期陶器与史家类型相似，三期陶器与庙底沟类型相似，四期陶器与半坡晚期类型相同。然其地层只有一、二、四期文化层相叠，三期没有文化堆积层。例如：在该遗址中部发掘的探方T2～T7的地层，即为一、二、四期半坡类型、史家类型和半坡晚期类型相叠的地层。第6层出的陶器与半坡类型相同。第5层的陶器与史家类型相似。第4层的陶器与半坡晚期类型相同。第三期庙底沟类型遗存，则在有的探方内与半坡类型文化层中同出，如遗址西部探方T198的地层中，第2层的陶器与半坡晚期类型相同，第3层的陶器与半坡类型相同，亦有一些类似庙底沟类型陶片。

从陶器特征看，庙底沟类型与史家类型和半坡类型都没有相承的发展演变线索。突出的是半坡类型陶器的炊具主要是罐，没有鼎、灶，彩陶花纹以几何形纹为主。还有鱼纹和人面纹这类最具特色的花纹。庙底沟类型陶器的炊具则有鼎、灶，彩陶花纹则以圆点钩叶和弧线三角组成，没有鱼纹和人面纹。其他器物的形制，两者亦有所不同。史家类型与半坡类型陶器，则有前后相承的发展线索。

根据姜寨的地层关系和陶器特征发展的演变，渭水流域的仰韶文化，从早到晚的发展，是以半坡类型、史家类型和半坡晚期类型为系统，庙底沟类型不属于这一发展系统。

郑洛地区的仰韶文化则来源于裴李岗文化。这里发现的仰韶遗址亦比较多，已发掘的遗址亦不少，其中有代表性的重要遗址为洛阳王湾和郑州大河村遗址。这两个遗址的仰韶文化亦都有从早到晚的遗存，亦进行了文化分期，但分期情况有所不同。这里的仰韶文化，主要与庙底沟类型（或称王湾类型）和秦王寨类型（或称大河村类型）相似，前者代表仰韶中期，后者为仰韶晚期。早期遗存发现较少，其文化特征接近渭水流域的半坡类型。

郑洛地区的仰韶文化，从早到晚的发展，以洛阳王湾遗址的发掘材料可以说明。该遗址发现的文化遗存最初分三期。其中第一期属仰韶文化，第二期为仰韶与龙山的

---

[1] 中国社会科学院考古研究所：《宝鸡北首岭》，文物出版社，1983年。

过渡期，第三期为龙山文化。后来，严文明先生又对王湾的仰韶文化进行了较细的分期，其分两期六段，各期段的陶器亦作了标定。第一期一段的陶器以红陶为主，代表器物有杯形口尖底瓶、窄缘盆、圜底钵、侈口鼓腹罐和圆锥形足圜底鼎。有一些彩陶，主要是红色宽带彩，亦有少数绳纹。其特征与半坡早期接近[1]。第一期二段与第二期一段的陶器特征，器物的形制和彩陶花纹方面则与庙底沟仰韶陶器接近。第二期二段的陶器，则与秦王寨陶器特征接近。

从王湾遗址仰韶文化陶器的发展演变来看早晚基本上是一脉相承。虽然一期一段的陶器与半坡早期接近，二段的陶器与庙底沟类型陶器比较接近，两者差别较大，但一期一段的陶器有圜底鼎，与二段的鼎有前后相承的演变线索。

根据王湾遗址发现的仰韶文化来看，郑洛地区仰韶文化的发展，亦有早、中、晚三期，早期以王湾一期一段为代表，接近半坡早期；中期以一期二段和二期一段为代表，接近于庙底沟类型；晚期以王湾二期二段为代表，接近于秦王寨类型。这三期遗存，基本上就构成郑洛地区仰韶文化从早到晚的发展谱系。

对于渭水流域和郑洛地区仰韶文化发展的两个系统，可简称为西方系统和东方系统。这两个系统的仰韶文化，面貌特征亦有很大差别，突出的是西方系统的仰韶陶器，炊器主要是夹砂罐，缺少鼎，彩陶花纹以几何形纹为主，还有最具特色的鱼纹和人面纹。东方系统的陶器炊具都有鼎，且形式多样，彩陶花纹主要是以圆点、钩叶和弧线三角组成，花纹繁缛，且有白衣彩陶。

中原地区仰韶文化分布的两个中心和两个发展系统，可以说与炎黄两大部落发祥地的传说，基本上相对应。

据传说记载，黄帝和炎帝是少典氏所生。《国语·晋语》："昔少典氏娶于有蛟氏，生黄帝、炎帝，黄帝以姬水成，炎帝以姜水成。"其实，黄帝和炎帝是两大氏族部落的代表人物。这两大部落是从少典氏和有蛟氏这两个互相通婚的氏族中分离出来的支族，其后发展壮大成两大部落，即黄帝部落和炎帝部落，姬水和姜水是这两大部落的发祥地。

黄帝发祥地之姬水无可考。但《帝王世纪》说："神农之末，黄帝受国于有熊，居轩辕之丘，因以为号"，又说"有熊，今河南新郑是也"。有熊是黄帝的祖居之地，少典氏乃有熊国君。以此言之，则黄帝部落的发祥地应是以嵩山为中心的郑洛地区。炎帝发祥地之姜水，是渭水的一条支流，据此，渭水流域当是炎帝部落的发祥地。仰韶文化分布的两个中心区和两个发展系统，恰好是在郑洛地区和渭水流域，这就说明两者基本上相对应。

仰韶文化发展阶段的文化内容与炎黄时代的历史传说内容相对应之二，就是西方和东方系统仰韶文化影响的变化，与炎帝和黄帝部落势力的消长亦相对应。

---

[1] 严文明：《仰韶文化研究》，文物出版社，1989年。

二

西方系统的仰韶文化，在早期阶段已相当发展，而且产生了一定的影响。在渭水流域的仰韶遗址中，大多数都含有早期即半坡类型遗存，而且相当丰富，文化发展水平较高，因此产生了一定的影响。在晋南地区发现的仰韶文化，就有浓厚的半坡类型文化特征，东部地区的洛阳王湾遗址，也发现有接近半坡类型文化的遗存，如王湾一期一段的陶器，就有杯形口小口尖底瓶、窄沿盆、红色宽带纹彩陶等，就与半坡类型陶器接近。这些带有半坡类型文化特征的遗存，或为半坡类型文化的延伸，或为吸收了半坡类型文化的影响。

但是，到了仰韶中期阶段，渭水流域仰韶文化的影响，似乎已消失，如史家类型文化，就看不到产生影响的迹象，代之而起的是庙底沟类型文化在渭水流域开始发展。

与此相反的是，东方系统的仰韶文化，在早期阶段则不发展，到了仰韶中期则相当发展，并且对邻近地区产生强烈影响。例如，在郑洛地区发现的仰韶遗址中，包含有早期遗存的遗址较少，而包含仰韶中期类似庙底沟类型文化的遗址则比较普遍，几乎每一处遗址都有仰韶中期遗存，且各遗址的内涵亦相当丰富，有许多遗迹、遗物发现。由于文化的发展，因之亦对邻近地区的仰韶文化或其他文化产生强烈影响。

东方系统仰韶文化的影响，最主要的是向西部地区发展延伸，对西方系统的仰韶文化产生强烈影响。在渭水流域仰韶中期出现的与庙底沟类型文化相似的遗存，当是东方系统仰韶文化向西发展延伸产生的结果。说到这里，有必要说说庙底沟类型文化问题。

关于庙底沟类型文化，因最初发现于陕县庙底沟遗址而得名。其后在渭水流域和郑洛地区都发现类似这一类型的文化遗存，尤其是郑洛地区发现的这类文化遗存相当丰富。在这类文化遗存中，都有与仰韶早、晚期文化堆积相叠的地层。陶器特征亦有前后相承的发展演变线索，如洛阳王湾一期一段仰韶早期的炊具就有圜底鼎，而这类器物在裴李岗文化中就有不少发现，在仰韶文化中，从早到晚都有不少鼎类炊具，这可以说是东方系统仰韶文化陶器的传统炊具。由此看来，庙底沟类型文化，应是东方系统仰韶文化向西发展延伸来的。

此外，东方系统仰韶文化，对黄河下游的大汶口文化亦有影响。在大汶口文化中，含有某些类似庙底沟类型文化的因素和特征，有人认为，"大汶口文化的彩陶，如野店出土的花瓣纹和勾连回旋的彩陶盆、彩陶钵，同庙底沟类型的彩陶十分相似，大汶口遗址也出有相似的彩陶片"[1]。这就说明东方系统仰韶文化对大汶口文化有影响。

---

[1] 山东省文物管理处、济南市博物馆：《大汶口——新石器时代墓葬发掘报告》，文物出版社，1974年。

西方和东方系统仰韶文化影响的变化，究竟是什么原因产生的？这可能与炎、黄两大部落经济文化发展的变化和势力消长的变化有关。

西方系统的仰韶文化与炎帝部落的发祥地对应，可以说是炎帝部落的文化，东方系统的仰韶文化与黄帝部落的发祥地对应，则属黄帝部落文化，这两部落应是平衡发展的。但从传说记载看来，炎黄时代分前后两个时期，即炎帝时代和黄帝时代。在炎帝时代前期，经济文化发展较快。势力较强，后期势力衰落，此时黄帝部落的经济文化则有较大发展，势力强盛。在这个时期，由于"神农氏世衰。诸侯相侵伐，暴虐百姓"，出现社会动乱，黄帝"乃习用干戈，以征不享"，"治五气，艺五种，抚万民，度四方……以与炎帝战于阪泉之野，三战然后得其志"。黄帝打败了炎帝，炎帝部落即被黄帝部落兼并。

继之，黄帝又对聚居在黄河下游的蚩尤部落进行征战。原因是"蚩尤作乱，不用帝命，于是黄帝乃征师诸侯，与蚩尤战于琢鹿之野，遂擒杀蚩尤"。于是，蚩尤部落亦被黄帝部落兼并，使黄河中下游地区归一统，诸侯尊黄帝为天子。

根据这些历史传说，仰韶文化两个系统的影响出现变化，很可能是上述历史背景的反映，即炎帝时代前期由于经济文化发展较快，势力较强，因此其文化亦产生影响，后期势力衰弱，而黄帝部落的经济文化得到发展，势力较强，在出现社会动乱的情况下，黄帝乘机兼并了炎帝和蚩尤部落，使黄河中下游地区归一统，由此而使东方系统文化产生强烈影响。

上述分析，还有一个与此相关的问题值得一提。近年，在灵宝铸鼎塬一带，发现不少仰韶遗址，其文化属庙底沟类型。这一地区，为什么在仰韶中期形成规模不小的聚落群？这是值得注意的。

传说铸鼎塬是黄帝铸鼎的地方。《史记·封禅书》云："黄帝铸鼎于荆山之下"，"作宝鼎三，象天地人"。其实，黄帝铸三鼎的意义，并不在于象征天、地、人，主要应是象征统治权力。在古人的观念中，铜鼎是统治权力的象征，所谓"昔夏之方有德也，远方图物，贡金九牧，铸鼎象物"，这是说夏铸九鼎，象征九州归一统。所谓"桀有昏德，鼎迁于商，商纣暴虐，鼎迁于周"[1]，这是说统治权力的转移。以此言之，则黄帝铸三鼎，应是黄帝在兼并了炎帝和蚩尤部落之后，在铸鼎塬铸三宝鼎，以象征三大部落归一统。

灵宝铸鼎塬既然是黄帝铸鼎的地方，那么铸鼎塬一带应是黄帝部落的聚居地。黄帝铸三鼎如果说是象征三大部落归一统，那么这三鼎的铸造，亦是黄帝实现三大部落归一统之后。据此。铸鼎塬一带的仰韶聚落群，有可能是在炎黄之战过程中或其以后，由黄帝部落中迁来的部分氏族而兴起的。由此看来，东方系统仰韶文化向西发展延伸，是在炎黄之战过程中或其以后发生的。而对大汶口文化的影响，当是黄帝兼并了蚩尤

---

[1]《左传·宣公三年》。

部落之后产生的。

上述种种分析说明,西方和东方系统仰韶文化影响的变化,与炎黄两大部落势力的消长基本上亦相对应。

三

仰韶文化发展阶段与炎黄时代历史传说内容相对应之三,就是仰韶文化社会性质的变化与炎黄时代社会性质的变化相对应。

仰韶文化属于原始氏族社会的物质文化,仰韶文化的发展过程,无疑亦是氏族社会历史的发展过程。

在氏族社会发展的历史中,经历了母系社会和父系社会两个阶段。在母系社会中,世系以母系计算,妇女在社会上享有崇高的地位,氏族的权力由女性掌握,因此又称母权制社会。在父系社会中,世系以父系计算,男子占有较高的社会地位,氏族权力由男性掌握,因此又称父权制社会。仰韶文化的发展阶段,社会性质大致处于由母系转变为父系时期,而炎黄时代的社会,亦处于由母系转变为父系时期。

关于仰韶文化时期的社会性质,过去或认为是母系,或认为是父系。在我看来,仰韶早期还处于母系社会阶段,中期是由母系向父系转变时期,既保留母系传统,又萌生了父系,正处于社会制度的变革时期,晚期则完全确立了父系。这种变革,可以从仰韶墓葬埋葬制度的变化来说明。

仰韶时期对死者的埋葬,都有墓地。已发现的墓葬中,渭水流域和郑洛地区有所不同,其中渭水流域发现的早、中期墓较多,晚期墓较少。而郑洛地区发现的早、中期墓较少,晚期墓较多。

渭水流域发现的仰韶早期墓,以西安半坡墓地和姜寨一期墓为代表,以单人葬为主。西安半坡墓地,清理保存较好的土坑墓111座,其中单人墓109座,合葬墓2座,一为2人的合葬,一为4人的合葬。姜寨一期土坑墓共清理174座,其中单人葬172座,合葬墓2座,均为2人合葬。

中期墓以史家墓地和姜寨二期墓为代表,以多人合葬墓为主。史家墓地清理的土坑墓43座,其中单人葬3座,余为多人合葬。姜寨二期清理土坑墓189座,其中单人葬56座,多人二次合葬133座,合葬人数少者2人,一般10人上下,多者20~30人,最多的84人。

晚期墓以郑州大河村和西山仰韶墓地为代表,又以单人葬为主。大河村墓地清理晚期土坑墓107座,都是单人葬[1]。西山仰韶遗址清理晚期墓143座,只有个别2人

---

[1] 郑州市文物考古研究所:《郑州大河村》,科学出版社,2001年。

合葬，其余均为单人葬[1]。

仰韶时期的埋葬制度，在一定程度上反映了当时的社会制度。因为，在氏族社会，每一个氏族都有自己的公共墓地，以埋葬本氏族成员死者，非本氏族成员死者，是不允许埋葬在本氏族公共墓地内的，所以，埋葬制度与氏族制度密切相关。基于此，仰韶文化发展阶段，埋葬制度的变化，在一定程度上亦反映了氏族制度的变化。

从仰韶早期的合葬墓看来，基本上是同性合葬。例如，在西安半坡墓地发现的2座合葬墓，都是同性合葬，其中M38合葬4人都是女孩，年龄约14～15岁，M39合葬2人都是成年男子。这种同性合葬，具有母系制特征。在母系氏族社会，婚姻关系实行对偶婚制，甲氏族与乙氏族互相通婚，甲氏族的一群男女与乙氏族的一群男女互为夫妻，共夫共妻，其中各有一位主夫主妻。在这种婚姻关系下，子女知其母不知其父，世系即依母系计算。由于夫妻不是同一氏族成员。因此死后就不能埋葬在同一氏族墓地。所以，仰韶早期墓中出现同性合葬，而不是异性成年人的合葬，就具有母系社会葬制的特征。据此看来，仰韶早期的社会性质，还处在母系社会阶段。

仰韶中期的合葬墓，合葬的死者则相当复杂，既有同性合葬，亦有异性成年人的合葬，有老年、中年的合葬，亦有少年的合葬。这种葬制与早期的葬制有很大变革，或许就意味着氏族制度发生变革，由母系向父系转变。

仰韶晚期的合葬墓，则多为成年男女的合葬。如郑州西山发现仰韶晚期合葬墓中，有一次葬的成年男女合葬，也有一次葬与二次葬的成年男女合葬，其中M85是一次葬的成年男女合葬，M86、M97、M106则是一次葬与二次葬的成年男女合葬[2]。在荥阳青台发现的仰韶晚期墓亦有一对成年男女的合葬[3]。这些成年男女合葬，很可能是夫妻合葬。这种葬制则具有父系社会葬制特征。因为，在父系社会中，婚姻关系已实行个体婚制，男子娶妻，夫妻关系明确，生育下来的子女知其母亦知其父，世系即依父系计算，而且夫与妻属同一氏族成员，死后亦埋葬于同一氏族墓地，所以，异性成年男女的合葬，就具有父系社会特征。由此看来，仰韶晚期已确立了父系制。

炎黄时代的社会，亦处于从母系转变为父系的阶段。有迹象表明，在炎帝时代前期，社会性质属母系，炎帝时代后期的社会，已出现变革，黄帝时代的社会，则确立了父系制。

关于炎帝时代的社会，《庄子·盗拓篇》云："神农之世，卧则居居，起则于于，民知其母，不知其父，耕而食，织而衣，无相害之心。"这种民知其母，不知其父的社会，世系必然是依母系计算，这是母系社会最根本的特征。至于民"无相害之心"，亦是母系社会的特点，主要是其时生产力低下，经济发展水平很低，氏族内部实行公

---

[1] 国家文物局考古领队培训班：《郑州西山仰韶时代遗址的发掘》，《文物》1997年第7期。
[2] 国家文物局考古领队培训班：《郑州西山仰韶时代遗址的发掘》，《文物》1997年第7期。
[3] 郑州市文物工作队：《青台仰韶遗址1981年上半年发掘简报》，《中原文物》1987年第1期。

有制，大家共同劳动，共同消费。没有根本的利害矛盾，和睦相处，因此人与人之间无相害之心。

《商君书·画策》也说到炎帝时代的社会情况，说"神农之世，男耕而食，妇织而衣，刑政不用而治，甲兵不起而王"。这种没有刑治的社会，氏族首领的产生不是通过暴力手段夺取，而是通过民主选举产生的，亦是母系氏族社会的特点。

此外，《淮南子·氾论训》亦说到炎帝时代的社会是"无制令而民从"。这就是说当时的社会没有人制定的管理制度，氏族成员完全遵守习惯制度，顺从氏族组织的领导，这也是母系社会的特点。

但是，到了炎帝时代后期，社会状况发生变化，"神农氏世衰，诸侯相侵伐，暴虐百姓"。这种状况，实际上是出现社会动乱，百姓遭殃要求变革社会制度，母权制行将崩溃。

到了黄帝时代，父权制已经确立。反映的重要迹象是已实行个体婚制。《大戴礼记》云："黄帝居轩辕之丘，而娶于西陵氏之女，为嫘祖。"这种婚姻关系生育下来的子女，知其母亦知其父，世系即依父系计算。

此外，黄帝时代的社会，已不是人"无相害之心"的社会，而是"以强胜弱，以众暴寡"的社会，人与人之间已不是和睦相处，而是以势欺人。由于社会存在以强凌弱，以众暴寡，对社会的治理已实行"内行刀锯，外用甲兵"的手段，以刑罚和武力进行治理。这种社会，就具有父系社会的特点。

上述分析说明，仰韶文化发展阶段、社会性质的变化与炎黄时代社会性质的变化，基本上是相对应的。

（原载《华夏文明的形成与发展》，大象出版社，2003年）

洛阳地区新石器文化区系

洛阳地区有着丰富的新石器文化遗存，已发现的新石器文化遗址不少，在已发现的新石器文化遗址中，主要是仰韶文化和河南龙山文化遗址，裴李岗文化遗存也有一些发现。由于这一地区最早发现了仰韶文化遗址，而以后继有发现，因而就被认为是仰韶文化分布的中心范围，其后，河南龙山文化遗存也发现不少。

洛阳地区的新石器文化，是从仰韶文化发展为龙山文化的系列，但并不就是一个区系。因为，目前在这一地区内发现的仰韶文化和龙山文化遗存的文化面貌并不相同，有共性，也有差异，尤其是以三门峡为中心的西部地区，和以洛阳为中心的东部地区，无论仰韶文化和龙山文化的差异都比较大，在文化类型上有明显的区分。因此，洛阳地区新石器文化的发展，应该有两个区系：以三门峡为中心的西部地区自成一个区系，以洛阳为中心的东部地区也自成一个区系。下面就这个问题具体谈个人的认识。

一

以三门峡为中心的西部地区，新石器文化遗址的发掘进行较早，从20世纪50年代中期开始，就在陕县庙底沟和三里桥遗址进行了较大规模的发掘[1]。在这两个遗址内，都发现有仰韶文化和龙山文化遗存，从而使这一地区存在的仰韶文化和龙山文化面貌，较早地获得比较清楚的认识，也比较早地对这一地区新石器文化发展系列获得了解。可以这样说，通过这两个遗址的发掘，洛阳西部地区新石器文化发展系列基本上已得到确立，至今未获得新的进展或有所突破。

庙底沟和三里桥遗址，相距不远，中间相隔只有1400米左右的河谷。但是，这两个遗址所发现的仰韶和龙山文化遗存，文化面貌则不相同，既有明显的差异，又有某些相同或相似的因素和特征。通过对两个遗址的发掘资料，进行整理研究后，已确定这两个遗址的仰韶和龙山文化遗存，文化年代有早、晚的不同。这就是说，它们的文化面貌差异，是由于文化年代有早、晚的不同，因而有发展变化的差异，而两者的文化面貌又存在相同或相似的因素和特征，则是它们之间又有延续和承袭的表现。不过，当时把庙底沟和三里桥仰韶遗存的年代，推定为三里桥仰韶的年代"晚于庙底沟仰韶

---

[1] 中国科学院考古研究所：《庙底沟与三里桥》，科学出版社，1959年。

层为代表的遗存"，则似乎并不恰当。因为，庙底沟遗址的仰韶遗存比三里桥丰富，文化繁荣，发展水平比较高，文化年代应当比三里桥仰韶晚，而三里桥仰韶陶器特征，也具有比庙底沟年代早的特点。

庙底沟遗址的仰韶遗存，在该遗址的文化分期上为一期。其遗存有房基、灰坑、墓葬和陶器、石器、骨器。房基和墓葬较少，灰坑较多。出土的陶器、石器种类数量都不少，骨器较少。这些遗迹、遗物的基本特征，以房基、墓葬和陶器表现比较有特色。

房基均为半地穴式基址，方形，有窄长的斜坡式门道。四周坑壁有排列整齐的柱洞，底部未垫石柱础。房基中部亦发现有四个柱洞，洞底则垫有石柱础，居住面及四周坑壁都敷有草拌泥，室内有一圆形火塘。

墓葬只发现一座土坑墓，人骨只保存上半身的头骨、肋骨和右臂骨，屈右上肢。无随葬品。

陶器以红陶为大宗，其次为灰陶和少量黑陶。器物有釜、鼎、灶、甑、罐、盆、碗、盘、盂、瓶、杯、器盖等10余种。比较有代表性的器形有斜肩折腹圜底釜、圆形方门灶、曲腹盆、碗、瘦长体双唇小口尖底瓶等。鼎是釜形鼎，只采集到一件，因此不具有代表性。纹饰有两类，一类是刻划、拍印纹饰；一类是彩绘花纹。刻划拍印纹饰有线纹、划纹、弦纹、布纹、席纹、篮纹，也有附加堆纹。彩绘花纹主要以圆点、勾叶和弧线三角组成的花状图案，也有用平行线、斜线构成的条纹、宽带纹、网格纹、扭索纹、菱形纹等，有的还绘有蛙纹。色彩基本上是单一的黑彩，有的在施彩之前先施一层白色陶衣。这些彩陶出土数量不少，而且花纹繁缛美观，很富有特色。

庙底沟仰韶陶器，无论是器形和纹饰，都很有特色，和陕西西安半坡仰韶遗址发现的陶器特征有别，因此这两地的仰韶文化被确立为两种不同的类型。西安半坡仰韶称半坡类型，庙底沟仰韶称庙底沟类型。在文化年代上，庙底沟遗存比半坡下层遗存的年代要晚。

三里桥仰韶遗存，已发现的有陶窑和墓葬遗迹，未发现房基。出土的遗物也有陶器、石器和骨器，数量和种类都不多。较有特色的遗存是陶器。

三里桥仰韶陶器亦以红陶为主，次为灰陶、黑陶。器物种类只见有钵、碗、盆、罐几种。这些器物的形式比较简单，变化少，以直口圜底钵比较有代表性。多数器物素面无纹，少数施有纹饰。纹饰也有两类：一类是刻划的线纹和划纹，还有乳钉纹；另一类是彩绘花纹。彩绘花纹很简单，主要在盆的口沿上施一周宽带纹或垂弧纹。色彩亦为黑彩，也有一些白衣彩陶。

上述情况表明，庙底沟的仰韶遗存比三里桥仰韶遗存丰富，文化繁荣，发展水平也比较高。别的不说，就陶器而言，庙底沟仰韶的器物种类多，形式复杂，变化多样，彩陶发达，而三里桥仰韶陶器则器物种类少，形式简单，彩陶也不发达，形成鲜明对比。庙底沟仰韶遗存的文化年代应比三里桥仰韶晚，因为，文化发展水平的高低，与文化年代的晚早是有一定关系的。实际上三里桥仰韶陶器也具有年代较早的特点，如器形上有较多的直口圜底钵，也有筒形罐等类似半坡类型陶器的特征。彩陶少、花纹简单，也是仰韶早期陶器的特点之一。

但是，三里桥陶器也存在类似庙底沟陶器的某些因素和特征，如陶色也以红陶居多，并有少量的灰陶和黑陶。彩陶纹饰也有宽带纹和垂弧纹，并有白衣彩陶。由此看来，三里桥仰韶陶器特征虽与庙底沟陶器特征有别，也有共性，两者之间有延续关系，这表明三里桥遗存似乎可以把它归入庙底沟类型，代表庙底沟类型的早期遗存。至于庙底沟一期仰韶遗存，也有人把它分为两期，这两期遗存则可以作为中、晚期遗存的代表。这样，洛阳西部地区的仰韶文化，以庙底沟和三里桥遗址为代表，从早到晚的发展，已有三期之分，而文化面貌则有其自身鲜明的特色。

庙底沟和三里桥的龙山文化，也有明显的区别。主要表现是：在庙底沟龙山文化中，既存在有某些仰韶文化因素和特征，又存在有河南龙山文化的某些因素和特征。在三里桥龙山文化中，则仰韶文化特征消失，其文化面貌，既有庙底沟龙山文化特征，又有典型河南龙山文化特点。

庙底沟龙山文化在该遗址的文化分期上属二期，故又有庙底沟二期文化之称。这期陶器以灰陶为主，次为黑陶和红陶。器物种类有鼎、灶、斝、罐、盆、瓶等，形式多样，有些器物类似仰韶陶器的同类器形，如圆腹罐形凹槽足鼎，灶和小口尖底瓶的器形虽与仰韶同类器的形制有别，但它无疑是仰韶陶器的同类器发展演变而来。纹饰则以拍印的篮纹、绳纹和方格纹为主，也有划纹及附加堆纹。彩陶也还存在，但已少见，花纹亦趋于简单，主要有网格纹。这些陶器的特点，既带有仰韶陶器的部分特征，又带有河南龙山陶器的部分特征，因而被认为是仰韶文化与河南龙山文化的过渡期遗存，或将其归入龙山文化范畴，定属为河南龙山文化的早期遗存。

庙底沟二期文化是在庙底沟遗址第一次发现。这一发现，使仰韶文化与河南龙山文化之间，从文化特征上找到了延续关系，从而证明河南龙山文化是直接继承仰韶文化发展起来的，因此具有重要意义。

三里桥龙山文化和庙底沟龙山文化面貌有区别，但也有相似的因素和特征。两者的区别，主要表现在三里桥陶器缺少从仰韶文化延续于庙底沟二期的鼎、灶和小口尖底瓶及彩陶，同时又出现鬲、鬶、高领罐和双腹盆等为河南龙山文化中所具有的代表性器物。两者有相似的特征，主要表现在三里桥陶器亦以灰、黑陶为主，红陶少，纹饰亦以拍印的绳纹，篮纹为主，也有附加堆纹，器形也有类似庙底沟龙山的斝、盆、罐。根据三里桥龙山陶器具有河南龙山文化的典型特征，因此它无疑属河南龙山文化（即龙山晚期）遗存，至于它又存在某些和庙底沟龙山相似的特征，则说明它与庙底沟龙山有延续关系。

三里桥龙山文化陶器也带有陕西龙山文化特征。突出的是有的鬲附有耳，这种带耳鬲与陕西龙山文化的鬲相似。同时，三里桥龙山陶器也与河南其他地区的龙山陶器有所不同。因此，三里桥的龙山文化，有人把它定为河南龙山文化中的一种类型文化，称三里桥类型龙山文化。

根据上面的分析，以三门峡为中心的洛阳西部地区，新石器文化的发展虽然是仰韶和河南龙山文化系列，但这里的仰韶文化和河南龙山文化都有其自身的特色。在文化类型上，仰韶文化为庙底沟类型，河南龙山文化为三里桥类型。文化分期从仰韶到河南龙山大致分五期：一期为三里桥仰韶；二期为庙底沟的早期遗存；三期为庙底沟仰韶的晚期遗存；四期为庙底沟龙山遗存；五期为三里桥龙山遗存。

二

以洛阳为中心的东部地区，新石器文化的发展虽然也是仰韶文化和河南龙山文化系列，但这一地区的仰韶文化和河南龙山文化又有自己的特色，它和西部地区的仰韶文化和河南龙山文化面貌有明显的区别。这一地区的仰韶文化、河南龙山文化面貌特征，可以洛阳王湾遗址为代表作具体的说明。

洛阳王湾遗址是1959年发掘的[1]。这个遗址包含有仰韶文化遗存和河南龙山文化遗存。文化分期当时分三期：第一期为仰韶文化；第二期定为仰韶和龙山文化的过渡期；第三期为河南龙山文化。这三期文化基本上是一脉相承，自成系列。

王湾一期仰韶遗存比较丰富。已发现的遗迹有房基、灰坑、墓葬，数量还不少。遗物有陶器、石器及部分骨器。

房基有大、中、小型三种，均为地面建筑。居住面有草拌泥红烧土面和石灰质地面两类，平整坚实。墙基挖有基槽，内填红烧土，有的墙基上还铺有大块平整的砾石。房基内外都有柱洞。室内还筑有长方形土台。

墓葬则有土坑墓和"瓮棺"葬。土坑墓有的有二层台，单人葬，仰身直肢。有的为二次葬，如M45的"葬式为仰身直肢一次葬"。墓内多无随葬品，个别墓随葬有装饰品或一件陶器。"瓮棺"主要用尖底瓶。

陶器以红陶为主，次为灰褐陶。器物种类有鼎、釜、灶、甑、瓮、罐、钵、小口尖底瓶等。纹饰主要有刻划的线纹、弦纹，也有附加堆纹。彩陶花纹主要由弧线三角和圆点组成的图案。

王湾一期文化的特点是：罕见如庙底沟遗址的那类发达的植物花纹图案彩陶，而多彩带口沿陶钵；既有多量使用庙底沟类型特征器物的双唇小口瓶的瓮棺葬，又有如半坡的使用圜底钵与卷沿砂陶罐结合的瓮棺葬，还有伴出类似半坡的圜底钵、卷沿砂陶罐、葫芦口尖底瓶等陶器组合的房子；亦有类似庙底沟的釜、灶和釜形鼎，还有罐

---

[1] 北京大学考古实习队：《洛阳王湾遗址发掘简报》，《考古》1961年第4期。

形鼎[1]。这一特点，归纳起来就是王湾一期仰韶文化面貌，既带有半坡类型文化特征，又带有庙底沟类型文化特征，同时又与半坡类型和庙底沟类型文化有区别，有其自身的特色。根据这一特点，因此有人提出似乎不应当把王湾一类的文化遗存"归入庙底沟类型，更不宜把它们归入半坡类型"[2]。据此而言，王湾一期仰韶文化，似乎应另立一种类型。

从王湾一期文化特点看来，它的文化面貌是比较复杂的。这种复杂性，似乎与文化分期未作较细的区分有关。因为，在王湾一期文化中，似乎包含着有年代早、晚不同的遗存。其中有一部分具有半坡类型文化特征的遗存，诸如"伴出类似半坡的圜底钵、卷沿砂陶罐、葫芦口尖底瓶等陶器组合的房子"，和半坡类型相似的"使用圜底钵与卷沿砂陶罐结合的瓮棺葬"，以及多彩带口沿的直口圜底钵、葫芦口尖底瓶、卷沿砂陶罐之类和半坡类型同类器相似的陶器等，这应该是属于年代较早的遗存。其年代大致相当于半坡类型文化年代，可以说是这一地区的仰韶早期遗存。另一部分具有庙底沟类型文化特征的遗存，诸如使用双唇小口尖底瓶的瓮棺葬，以及釜、釜形鼎、灶、双唇小口尖底瓶、曲腹盆之类的陶器，和以圆点、勾叶、弧线三角组成花纹的彩陶、白衣彩陶等，应属于年代较晚的遗存，其年代大致相当于庙底沟类型文化年代，属这一地区的仰韶中期遗存。

王湾一期仰韶遗存有年代早晚的不同，可以进行再分期，这在王湾仰韶最具自身特色的陶器特征上，也同样可以说明。这里出现有不少罐形鼎，而且彩陶中除白衣黑彩外，还有白衣黑红彩，甚至还有灰白色陶衣。这些因素，都是半坡类型和庙底沟类型文化所不见的，是王湾仰韶文化具有自身特色的表现。但是，这些因素都有明显的发展变化，如罐形鼎，从各式锥柱形足，变为加凹槽足，再变为鸭嘴形（或锛凿形）足。白衣彩陶则是：先出现的是白衣黑彩，又出现白衣黑红彩，最后白衣变为灰白色[3]。这一变化，自然有其发展过程，从而在文化年代上也表现出有早、晚的不同。

根据上面的分析，王湾一期仰韶遗存，可以从分期上作进一步的区分，把它区分为早、晚两段或两期，代表早、中期仰韶文化遗存。

王湾二期文化年代也有早晚。这期陶器与一期陶器特征既有变化，也有延续。陶色已以灰陶为主，其次为黑陶，红陶少。器物种类也有鼎、甑、罐、盆、杯、瓮、碗、豆、盘等。纹饰主要有拍印的横篮纹和方格纹，也有彩陶。这批陶器，年代早的和晚的器形和纹饰都有所不同。年代早的，彩陶"除沿用第一期纹饰外，又出现新的纹饰，如'X'形纹、'S'形纹、眼睛纹、波纹和疏松之网状纹等，相当于河南秦王寨之彩陶"。器形则有"折腹的盆、罐、圜底鼎和折腹粗把豆等"。年代晚的陶器，则第一期的彩陶花纹绝迹，又出现了新的拍印纹饰，主要是横篮纹和方格纹等，主要器形有

---

[1] 苏秉琦：《关于仰韶文化的若干问题》，《考古学报》1965年第1期。
[2] 苏秉琦：《关于仰韶文化的若干问题》，《考古学报》1965年第1期。
[3] 苏秉琦：《关于仰韶文化的若干问题》，《考古学报》1965年第1期。

鼎、甑、罐、双腹盆、单耳杯、小平底罐、瓮、碗、豆、盘等[1]。

根据王湾二期陶器特征看来，年代早的遗存，基本上仍属仰韶文化范畴，彩陶花纹以及器形特征都接近仰韶晚期的秦王寨类型文化，应属仰韶晚期遗存。年代晚的遗存，陶器特征比较接近河南龙山文化，彩陶基本绝迹，纹饰主要为拍印的篮纹和方格纹，器形则出现有双腹盆和单耳杯等，都具有河南龙山文化陶器特征。由于它未出现河南龙山文化中具有代表性的典型器如鬶、斝、鬲等，因此和典型的河南龙山文化还有区别，其文化年代大体和庙底沟二期相当，属河南龙山早期遗存。

至于王湾第三期文化面貌，从陶器上看，则具有典型的河南龙山文化特征。这期陶器已以灰、黑陶为主，也有少量褐陶，红陶则不见。器物种类和形制，除继二期出现的器形外，又出现有鬲、斝、鬶、盉、带领瓮、单耳罐等新器形，也是河南龙山文化中有代表性的器形，纹饰则以拍印的方格纹和竖篮纹为主体。根据这些特征，王湾第三期文化，无疑是河南龙山文化晚期遗存。

但是，王湾第三期文化面貌，与豫北和豫东地区的河南龙山文化面貌，又有一定的区别，因此，王湾第三期遗存亦被确立为河南龙山文化中的一种类型，称王湾类型。

如上所述，洛阳王湾遗址的三期文化遗存，亦是从仰韶文化发展延续到河南龙山文化，文化分期若再作较细的区分，大体上也分五期，其中王湾一、二期两大期遗存可以细分为四期，代表这一地区的仰韶早、中、晚期和河南龙山早期遗存。王湾的第三期文化则为河南龙山的晚期遗存，这五期遗存的文化面貌既有发展变化和文化年代不同的区别，又有一脉相承，前后相继的关系，亦自成一系，而且有其自身的特色。

目前，在洛阳东部地区发现的仰韶文化和龙山文化遗存，面貌特征基本上和王湾的仰韶和龙山文化面貌相同。因此，王湾遗址的新石器文化发展系列，在洛阳东部地区有它的代表性。

三

洛阳东西部地区新石器文化的发展，虽然都是从仰韶文化发展为河南龙山文化系列，文化分期大体上也有五期。但是，由于这两地的仰韶文化和河南龙山文化面貌都有较大区别，而且各有自身的特色，因此在文化类型上，无论是仰韶文化或龙山文化，都被区分为两种不同的类型，这一区分就说明洛阳地区新石器文化的发展并不能只以一个区系而论，而应该是两个区系。

然而，对洛阳地区新石器文化，尤其是仰韶文化的类型问题，人们的认识则有分歧。由于王湾的仰韶遗存和陕县庙底沟的仰韶遗存，文化面貌既有区别，又有相同或

---

[1] 北京大学考古实习队：《洛阳王湾遗址发掘简报》，《考古》1961年第4期。

相似的特征，因此有人虽然认为王湾一类的仰韶遗存不应把它们归入庙底沟类型，但也有人提出不同的意见，认为"三门峡以东的伊洛——郑州地区，同样有许多接近庙底沟的遗址，……有的同志主张把它们从庙底沟类型中划分出去。但这些遗址与庙底沟的不同多数仍然表现在细节方面，同时又存在许多共同之处，看来把它们当做庙底沟类型在东方的一个变体比较好"[1]。

对伊洛地区以王湾遗址为代表的仰韶遗存，我觉得不应当把它归入庙底沟类型。这一地区的仰韶文化，也不是庙底沟类型的发展变体。它是早于庙底沟类型文化发展起来的，并有自己特色的仰韶文化。

可以肯定，在王湾仰韶陶器中，某些器物的器形类似庙底沟的同类器形，如两者都有折腹圜底釜、釜形鼎、灶、曲腹盆、双唇小口尖底瓶，彩陶花纹也有圆点、勾叶弧线三角构成的图案，并有白衣彩陶，说明两者的陶器有不少相似的特征。但是，它们的文化面貌相异也很明显，而且更为突出。主要表现是庙底沟和王湾发现的房基，无论是建筑方法和形式结构都不同，两者的墓葬葬式也不同。陶器特征也有别，庙底沟的彩陶，植物花纹发达，王湾的彩陶，则植物花纹并不发达，器物的形制，也是有区别的，突出的是两者的曲腹盆作风就有明显的不同，特别是王湾仰韶陶器中，有较多的罐形鼎，这是王湾仰韶陶器中有代表性的器物之一，而这种鼎在庙底沟则不见。由于王湾仰韶文化面貌与庙底沟遗址仰韶有较大区别，而且有其自身的特色，因此不宜把它归入庙底沟类型。

从庙底沟和王湾仰韶文化发展的年代看来，后者的年代比前者早。因为，在王湾一期遗存中，包含有一部分类似半坡类型文化特征的遗存，包括房基、墓葬和部分陶器。这部分遗存的年代，大体与半坡类型文化相当，比庙底沟类型文化年代早。王湾仰韶既然有早于庙底沟类型文化年代的遗存，自然就不是从庙底沟类型发展的变体。倘若把三里桥仰韶归属于庙底沟类型，则洛阳西部和东部地区仰韶文化，发展的年代大体相当，这也说不上它们之间有发展变化的关系。

总而言之，洛阳东、西部地区的新石器文化发展年代相当，发展的系列虽然都是仰韶文化和河南龙山文化，但两地的文化面貌自始至终都有较大的区别。无论仰韶文化与河南龙山文化，在文化类型上都不是同一种类型，只是在某些因素和特征上，彼此之间存在有共性，而这些共性，可以说都不占有多大的分量，只是在某一历史阶段内，共性似乎多一些。

两地的仰韶早期遗存，西部地区以三里桥为代表，东部地区则以王湾一期年代早的遗存为代表，它们之间的文化面貌的主要区别是：王湾一期早的遗存比较丰富，陶器有不少圆腹罐形锥柱足鼎，也有葫芦口尖底瓶；三里桥仰韶遗存则不丰富，陶器上缺少鼎和尖底瓶之类有特色的器物。它们之间存在的共性是：都有较多的直口圜底钵，

---

[1] 严文明：《论半坡类型和庙底沟类型》，《考古与文物》1980年创刊号。

都表现出有类似半坡类型文化特征。

庙底沟的仰韶遗存和王湾一期年代晚的遗存，文化面貌则有较多的共性，主要表现在陶器上有不少相似的器形，彩陶花纹也有一些相似的图案，但两者的区别也很明显，这在前面已经作了分析。

庙底沟二期和王湾二期遗存，都被定属为仰韶和龙山文化的过渡期遗存。但两者的文化面貌也有较大的差异，突出的是陶器特征上王湾二期有褐陶，庙底沟二期无褐陶，器形上两者的鼎、盆、罐之类器物，形制不同，各有各的特色，且庙底沟二期有圜底斝，而无盘式双腹细把豆，但王湾二期则有盘式双腹细把豆，而无圜底斝。纹饰上庙底沟二期多饰附加堆纹，且有绳纹，这表现很有特色，而王湾二期则无绳纹，附加堆纹也少见，其特色是多饰横篮纹。两者的共性主要表现在陶器均以灰陶为主，也有黑陶和少量红陶。纹饰都有拍印的篮纹和方格纹，也有一些器物的器形比较接近。

三里桥龙山和王湾第三期龙山文化面貌的差异，在陶器上表现为：三里桥龙山有红陶，而无褐陶，王湾三期龙山则有褐陶，而无红陶。纹饰为：三里桥龙山以拍印绳纹为主，其次为方格纹，篮纹少；王湾三期龙山则以拍印的方格纹和竖篮纹为主，绳纹罕见。器形为：三里桥龙山有代表性的器形有大口鼓腹罐、圜底斝、带耳鬲、双耳杯、双腹盆和鬶；王湾三期龙山有代表性的器物则有小口高领双耳瓮、单耳罐、无耳鬲、平底斝、双腹盆、鬶、盉。它们的共性主要表现在两者均以灰陶为主，也有少量黑陶，纹饰都有拍印的篮纹和方格纹。有些器物的器形也比较接近。

洛阳东、西部地区新石器文化面貌的差异，集中反映出各自的地方特色。它们之间存在的某些共性，主要反映这两地区的新石器文化，在发展过程中，互有联系、互有交流，互有影响，因而在彼此之间的文化面貌上，产生了某些共性，其中有的共性，也带有时代的共同特点。

（原载《洛阳考古四十年》，科学出版社，1996年）

论郑洛地区的仰韶文化及其相互关系

郑州和洛阳地区，是仰韶文化分布的中心地区。据调查，在河南境内发现的仰韶文化遗址大约有500余处，其中郑洛地区就占有二三百处。

在这两个地区发现的仰韶文化遗址，面积都比较大，文化堆积层厚，内含的文化遗存也比较丰富。遗址的上层多压在龙山文化堆积下，仰韶文化层亦多可分期，而且也有仰韶文化向龙山文化过渡的面貌特征，因此这两个地区从仰韶文化发展到龙山文化的线索非常清楚。然而，这两个地区的仰韶遗存、文化内涵和面貌特征除具有共性外，也有明显的差异，各有自己的特色。这表明郑洛地区的仰韶文化既有区别，同时又存在某种关系。本文就此谈谈个人的认识。

一

洛阳地区的仰韶文化，是1921年由瑞典人安特生首次发现的。当时，安特生在渑池仰韶遗址进行发掘，发掘出有磨制石器、陶器等新石器文化遗存，陶器中有不少富有特色的彩陶，后来即将这一文化遗存命名为仰韶文化。

新中国建立以后，由于三门峡水库的兴建，我国考古工作者为配合三门峡水库的建设，从1955年起在三门峡地区展开了比较广泛的调查，又发现不少仰韶文化遗址，并对陕县庙底沟和三里桥遗址作了重点发掘。通过庙底沟遗址的发掘，对三门峡地区分布的仰韶文化面貌有了比较具体的认识。

此后，在三门峡以东的伊洛河两岸，亦调查发现有不少仰韶文化遗址。尤其是1959年对洛阳王湾遗址的发掘，又发现这一遗址内含的仰韶文化遗存，其文化面貌与庙底沟仰韶文化又有所不同，由此又进一步认识到洛阳地区分布的仰韶文化既有共性，也有差异。具体说来，即三门峡地区和伊洛地区的仰韶文化各有各的特色，又有相似之处。

陕县庙底沟遗址的文化遗存分两大期，Ⅰ期属仰韶文化，Ⅱ期的文化面貌既带有仰韶文化特征，亦带有龙山文化特征，因此被定为仰韶文化与龙山文化的过渡期，或说龙山早期遗存。

庙底沟的仰韶文化遗存，其基本特征是：房基和墓葬发现不多，灰坑发现较多。已发现的两座房基均为方形，浅竖穴，有窄长的斜坡式门道，面积小，房基周围和中部发现的柱洞，都垫有石柱础，墙壁和地面都敷有草拌泥，室内设有火塘。灰坑有圆形和椭圆形两种，以圆形坑居多。坑壁有直壁和斜壁之分，斜壁坑有口大底小的斗状和口小底大的袋状坑。墓葬只发现一座，单人土坑葬。

陶器有红陶、灰陶、黑陶和白陶。红陶所占的比重最大，次为灰陶和黑陶，白陶最少。器物种类有釜、鼎、灶、甑、罐、盆、碗、瓶、盂、盘、杯、器盖、器座等10余种。鼎最少见，只采集到一件釜形鼎。这些器物的形制，最富有特色的器形有小口斜肩折腹圜底釜、匜形灶、曲腹盆、曲腹碗、曲腹罐、瘦长体双唇小口尖底瓶。纹饰有刻划、拍印的线纹、篮纹、弦纹、布纹、席纹、附加堆纹和彩绘的花纹。彩绘以黑色为主，花纹主要采用圆点、勾叶、弧线三角组成的花卉状图案，也有用斜线构成的网络纹，还有宽带纹、豆荚形纹、垂弧纹、蛙纹等。花纹多繁缛而富于变化，有的还施有白色陶衣[1]。

庙底沟仰韶遗存的这些基本特点，尤其是陶器特征与西安半坡有很明显的不同，并富有自己的特色。因此将它确立为一种类型，称庙底沟类型。西安半坡遗存也确立为一种类型，称半坡类型。这两种类型的确立，至今仍为考古界所公认。对于这两种类型文化面貌特征的不同，当时有人认为它们之间的关系是平行关系，也有人认为它们属于文化年代早、晚不同的关系。持后一种认识的同志，有的说半坡类型年代早，庙底沟类型年代晚，也有人认为相反。后来由于发现了庙底沟类型遗存压在半坡类型文化层之上的地层，^{14}C测定的年代也是庙底沟的文化年代晚，半坡类型年代早，因而肯定了半坡类型和庙底沟类型是仰韶文化早、晚两种类型。

与庙底沟遗址仅一河谷之隔的三里桥遗址，文化堆积上层属龙山遗存，下层属仰韶遗存。发现的仰韶遗迹有灰坑、陶窑，未发现房基和墓葬。出土遗物亦有陶器、石器等。陶器有钵、碗、盆、罐几种，亦以红陶居多，次为灰陶、黑陶，也有彩陶但很少，且花纹简单，亦施有白色陶衣。这些陶器的基本特征，虽有一些与庙底沟类同，但器物种类、形制和彩陶数量，却与之有差别。突出的表现是庙底沟类型陶器有釜、灶之类炊具，而三里桥则未发现。反之，三里桥有较多的直口圜底钵，而庙底沟则缺乏这类器物。庙底沟的盆、罐，形制多曲腹，三里桥的盆、罐形制则曲腹者少，有之亦不显著。庙底沟类型陶器的彩陶发达，花纹繁缛，变化大，三里桥则彩陶不发达，且花纹简单。由于三里桥陶器特征与庙底沟有明显的差别，故当时即认为三里桥和庙底沟的仰韶文化遗存"是属于互不相同的两种类型"[2]。

依我看来，三里桥和庙底沟陶器特征的差别，主要是两者的文化年代有所不同的差别，也就是三里桥陶器特征具有年代较早的特点，而庙底沟陶器特征则具有年代较晚的特点。如三里桥陶器种类少，器形比较简单，彩陶还不发达，花纹也简单，就具

---

[1] 中国科学院考古研究所：《庙底沟与三里桥》，科学出版社，1959年。
[2] 中国科学院考古研究所：《庙底沟与三里桥》，科学出版社，1959年。

有仰韶早期陶器的特点，而且它有较多的直口圜底钵，亦带有半坡类型陶器的特征。庙底沟陶器种类多，器形复杂，变化大，彩陶发达，花纹繁缛，则具有较晚的特点。

但是，三里桥陶器也有某些与庙底沟相似或相同的特征。如三里桥出的盆，形制有的作敛口曲腹，就类似庙底沟的曲腹作风。三里桥出的罐，也有与庙底沟相同的器形。尤其是三里桥的彩陶花纹中的垂弧纹，以及施白色陶衣的作风，则完全和庙底沟彩陶作风相同。由此看来，三里桥陶器特征与庙底沟类型陶器特征亦存在延续和承袭的关系，三里桥遗存似乎可以归属于庙底沟类型的早期遗存。这样，三门峡地区的仰韶文化，其发展的系列是：三里桥遗存→庙底沟Ⅰ期→庙底沟Ⅱ期。

洛阳王湾的仰韶文化遗存也分两大期[1]。Ⅰ期属仰韶文化，Ⅱ期属仰韶文化与龙山文化的过渡期。这个分期虽然与庙底沟仰韶相同，但各期的文化内涵和文化面貌特征则有所不同。

王湾一期遗存的基本特点是，房基有较多的发现，均为地上建筑，面积有大、中、小三种。墙基下挖有基槽，内填红烧土块，有的墙基还铺有平整的砾石。墙基内埋有木柱，两面敷草拌泥。地面结构有两种：一种是草拌泥红烧土硬面；一种是石灰质硬面，与现代三合土地面相似，既坚硬又光滑。灰坑则有锅底形、直筒形和袋状三种。墓葬有土坑葬和"瓮棺葬"，土坑葬中有二次葬。

陶器亦以红陶为大宗，也有少量灰褐陶。器物有釜、灶、鼎、甑、盆、罐、钵、碗、瓮、小口尖底瓶等10余种。这些器物的形制，有的与庙底沟同类器相似，稍有区别，有的则富有自己的特色，在庙底沟陶器中不见，罐形鼎就是富有特色的器物之一。纹饰亦有刻划的线纹、弦纹及附加堆纹，也有彩绘花纹。彩陶数量少，色彩以黑为主，亦有少量红彩。花纹主要是由弧线三角与圆点组成的图案，也有白色陶衣。

根据庙底沟和王湾遗址仰韶遗存的特点，可以看出，两者的文化内涵和文化面貌特征既有共性，也有差异。共性主要表现在陶器方面都以红陶为主，亦有釜、灶、小口尖底瓶、曲腹盆之类形相似的器物。彩陶花纹也有类似的图案和白衣彩陶。差异主要表现在王湾发现的房基有大、中、小型三种，墓葬有二次葬。陶器中未见黑陶和白陶，有较多的直口圜底钵，有庙底沟未见的罐形鼎。其他器物的形制也多有不同，彩陶少，花纹简单等。

由于王湾一期仰韶遗存面貌特征与庙底沟一期有所不同，有其自己的特色，因此使人们进一步认识到，洛阳地区的仰韶文化，用庙底沟类型是不能代表其全貌的，三门峡地区和伊洛地区各有不同的特色。时至今日，在洛阳地区发现的仰韶遗存，面貌特征或与庙底沟近似，或与王湾接近，因此，这两个遗址的仰韶文化面貌，仍然有它们的代表性。

---

[1] 北京大学考古实习队：《洛阳王湾遗址发掘简报》，《考古》1969年第4期。

二

对于陕县庙底沟和洛阳王湾的仰韶文化关系问题，苏秉琦先生早在20世纪60年代中期就有所论及。他指出："王湾仰韶遗存据初步整理结果，分为既有明显的发展承袭关系，又有明显差异的两大期或两大层。一期特点是：罕见如庙底沟遗址的那类发达的植物花纹图案彩陶，而多彩带口沿陶钵；既有多量使用庙底沟类型的特征器物的双唇小口瓶的瓮棺葬，又有如半坡的使用圜底钵与卷沿砂陶罐结合的瓮棺葬，还有伴出类似半坡的圜底钵、卷沿砂陶罐、葫芦口尖底瓶等陶器组合的房子；既有类似庙底沟的釜、灶和釜形鼎，还有罐形鼎。二期特点是：灰黑陶逐渐增加；鼎、豆类器逐渐增多；陶器的轮旋部分逐渐从器口扩大到器腹；壶、罐逐渐代替尖底瓶；彩陶图案以网纹带为主"。据此又进一步指出："洛河南的伊川土门、水寨、洛宁寨子是和王湾同类的遗址"，"这类仰韶文化遗存从早到晚，变化大，阶段性明显，连续性也明显；它们区别于庙底沟，半坡的自身特点也越来越清楚。例如，白衣彩陶，先出现的是白衣黑彩，后来出现白衣黑红彩，最后白衣变为灰白色；罐形鼎，从各式锥柱形足，变为加凹槽足，再变为鸭嘴形（或锛凿形）足。这类遗存中尽管出有少量类似庙底沟的植物图案彩陶，但白衣彩陶、红衣红彩陶在全部彩陶中占有大部分；用宽道、直线、平行线、弧线构成简单几何图案，以及后来流行的以网纹带为主体的图案均富特色。这类遗存中尽管出有像庙底沟的双唇小口尖底瓶、曲腹盆、钵、断面作铁道轨式口沿的砂陶罐，像半坡的葫芦口尖底瓶、圜底钵碗、卷沿砂陶罐等，但不见或罕见于庙底沟的罐或鼎、豆等始终占一定的比例，而且越到后来越多……"由此而认为："这类遗存在各遗址之间大体一致，先后连贯，同半坡和庙底沟都有联系，又有区别，自成一系，我们似乎不应把它们归入庙底沟类型，更不宜把它们归入半坡类型。"[1]

按这种看法和认识，则伊洛地区的仰韶遗存，应当另立一种类型，称王湾类型，与庙底沟类型、半坡类型相区别。这样，王湾和庙底沟的仰韶遗存是一种不同地区不同类型的关系，但与庙底沟类型又有联系。

但是，严文明先生对王湾的仰韶遗存则持有不同的认识。他认为："三门峡以东的伊洛—郑州地区同样有许多接近于庙底沟的遗址……有的同志主张把它们从庙底沟类型中划分出去。但这些遗址与庙底沟的不同多数仍然表现在细节方面，同时又存在许多共同之处，看来把它们当做庙底沟类型在东方的一个变体比较好。"[2] 按这种认识，则以王湾为代表的、分布在伊河地区的仰韶遗存，应归属于庙底沟类型，它们只是从庙底沟类型中发展出来的变体，它们之间的关系，是属于同一类型文化中的发展

---

[1] 苏秉琦：《关于仰韶文化的若干问题》，《考古学报》1965年第1期。
[2] 严文明：《论半坡类型和庙底沟类型》，《考古与文物》1980年创刊号。

演变关系，也可以把它们理解为是同一类型中年代上有早晚不同的关系。

我觉得，似乎不应当把王湾的仰韶遗存归入庙底沟类型，也不能把它视为是庙底沟类型的发展。因为，王湾遗存的文化面貌特征与庙底沟类型有较大区别，而且也有其自身的特点。王湾仰韶遗存的发展年代亦比庙底沟遗存的年代早，并有自身的发展系列。

在王湾一期遗存中，存在有仰韶早期的文化因素和特征，它的发展年代较早。对于王湾一期的文化面貌，以前被认为既有半坡类型特征，又有庙底沟类型特征，并有自己的特色。这一复杂的面貌，实际上是王湾一期遗存中，包含着仰韶早、中期的文化特征，只是由于未作较细的分期将其区别开来的结果。倘若把王湾一期遗存再作细分为早、晚两段或两期，则一期的文化面貌就不显得复杂了。下面，我们将王湾一期遗存中包含的仰韶早、中期文化因素和特征，作具体的分析区别。

王湾一期的房子有大、中、小型三种，它类似西安半坡和临潼姜寨仰韶早期的房屋群。其布局都是以大房子为中心，周围分布中、小型房子。因此，大房子的出现，是仰韶早期房屋结构的特点之一。王湾一期遗存也有大房子，而且房基内也"伴出类似半坡的圜底钵、卷沿砂陶罐、葫芦口尖底瓶等陶器组合"，因此，这类房子可以说是属于仰韶早期遗存。

王湾一期墓葬有二次葬。这种葬式出现于裴李岗文化晚期，贾湖遗址就发现有二次葬。仰韶早期则流行二次葬的葬式，在各地发现的仰韶早期墓中，几乎毫无例外地都有二次葬的葬式。陕西西安半坡、临潼姜寨、宝鸡北首岭，以及河南安阳后冈、淅川下王岗等仰韶早期墓，都有少数二次葬。到了仰韶早期偏晚阶段，二次葬已发展成为主要葬式。到了仰韶中期，二次葬则很少发现。因此，王湾一期墓中出现少数二次葬，可以说也是仰韶早期墓。

王湾一期陶器也有一组器物带有仰韶早期文化特征，如直口圜底钵、葫芦口尖底瓶、卷沿砂质罐等。此外，王湾一期彩陶少，花纹简单，多彩带口沿陶钵，花纹中有几何形图案等亦具有仰韶早期彩陶作风和特点。

至于王湾一期中包含的仰韶中期遗存，突出的是表现在陶器方面。在王湾一期陶器中，还有一群器物如折腹圜底釜、灶、曲腹盆、双唇小口尖底瓶等，与庙底沟同类器形制相似。彩陶花纹中也有类似庙底沟彩陶由圆点、勾叶、弧线三角组成的图案，并有白衣彩陶。这群器物和彩陶作风，就属于与庙底沟类型年代相当的仰韶中期遗存。

王湾一期遗存细分为早晚两段或两期，还可以从罐形鼎形制的变化进一步佐证。在王湾一期陶器中有不少半坡类型和庙底沟类型陶器中未见的罐形鼎，而这种鼎被认为是王湾陶器中最富有特色的器物。其演变规律是鼎身由圆腹罐形演变出折腹罐形；鼎足则由锥柱形演变为扁状加凹槽，再变为鸭嘴形（或称铧凿）形足。这种变化无疑要经历一定的时间过程，因此有其分期意义。类似于王湾一期的罐形鼎，在郑州大河村遗址也有出土，其中大河村一期出有圆腹罐形鼎，鼎足加凹槽；二期出有折腹盆形鼎，鼎足有的加凹槽，有的作鸭嘴形。据此看来，王湾一期的圆腹罐形锥柱形足鼎，年代较早，可能属仰韶早期遗存；带凹槽足鼎，年代较晚，可能属中期遗存；鸭嘴形足鼎年代更晚一些。

上述情况说明，王湾一期遗存完全可以区分出两期，这两期大致相当于半坡类型和庙底沟类型文化年代，也就是仰韶早、中期遗存。至于王湾二期有遗存也同样有早、晚或作两期之分，早的"彩陶由简变繁，除沿用一期纹饰外，又出现新的'X'、'S'形纹，眼睛纹，波纹和疏松的网状纹等，相当于河南秦王寨之彩陶。到了本期晚期，第一期的彩陶花纹绝迹，又出现了新的拍印纹饰，主要是横篮纹和方格纹等"[1]。据此而言，王湾二期早的遗存，年代相当于秦王寨类型遗存，属仰韶晚期；二期晚的遗存，年代相当于庙底沟Ⅰ期，属仰韶与龙山文化的过渡期，或为龙山文化早期。这样，王湾的两大期，似乎可以细分为四期，包含了从仰韶早期至晚期的发展系列。

既然王湾仰韶遗存的文化面貌特征与庙底沟仰韶有较大的区别，而且文化发展年代也比庙底沟遗存早，亦有自身的发展系列，因此不能把它归于庙底沟类型。王湾的仰韶文化，也不是从庙底沟类型发展而来，而是伊洛地区自身从早到晚发展起来的。它和庙底沟仰韶文化的关系，应当是不同地区不同类型文化的关系。即：三里桥和庙底沟的仰韶遗存，代表三门峡地区仰韶文化从早到晚发展的系列，洛阳王湾的仰韶遗存则代表伊洛地区仰韶文化发展的系列，彼此之间在发展过程中又有一定的联系，尤其是仰韶中期的联系似乎更为密切，因而产生了共似的面貌特征。

郑州地区的仰韶文化遗存，也是在20世纪20年代初就有所发现。安特生在仰韶遗址发掘之后，又在荥阳作了调查，并发现秦王寨遗址，从而揭开了郑州地区有仰韶文化遗存的帷幕。由于秦王寨遗址一直未进行发掘，对秦王寨仰韶文化的面貌特征，只是初步有所了解，但认识不深。新中国成立之后，郑州地区的仰韶文化遗存，从50年代开始又陆续有新的发现，但只是对一些遗址作过试掘。直至1972~1975年，在大河村遗址作了规模较大的发掘之后，这一地区的仰韶文化面貌才获得比较清楚的认识。

郑州大河村遗址面积大，文化内涵丰富。这个遗址包含有仰韶文化和龙山文化遗存，文化分期初步确定一至三期属仰韶文化遗存，四期属仰韶文化与龙山文化的过渡期，五至六期属河南龙山文化遗存。一、二期遗存的文化年代属仰韶中期，三期遗存的年代属仰韶晚期，四期年代介于仰韶与龙山文化之间，五期属龙山文化早期，六期属龙山文化晚期[2]。各期仰韶文化面貌特征的区别是：

一、二期文化遗存还不丰富，是这个遗址内仰韶文化开始发展的阶段。在一期堆积层中，只发现部分石器、陶器、骨器遗物，房基和墓葬均未发现。二期只发现房基1座，瓮棺葬1座以及部分石器、陶器、骨器遗物。三、四期遗存相当丰富，是这个遗

---

[1] 北京大学考古实习队：《洛阳王湾遗址发掘简报》，《考古》1969年第4期。
[2] 郑州市博物馆：《郑州大河村遗址发掘报告》，《考古学报》1979年第9期。

址仰韶文化的发达时期。在三期堆积中发现房基9座、窖穴8个、瓮棺葬1座和大量石器、陶器等遗物。四期堆积发现房基12座、窖穴91个、墓葬37座、瓮棺葬60座以及大量石器、陶器等遗物。

大河村一、二期文化遗存定属仰韶中期是合适的。一期的陶器有折腹圜底釜形鼎、带凹槽足的圆腹罐形鼎、双唇小口尖底瓶、直口或敛口钵、碗和卷沿盆、鼓腹罐、器座等器物。有一些彩陶，彩色多用黑色或棕色，亦有黑红或棕红并用的复彩，并施有白色和淡黄色陶衣，花纹亦有圆点、勾叶、弧线三角组成的图案。从釜形鼎、尖底瓶的形制和彩陶花纹作风看，它类似庙底沟类型陶器特征，但总的特点则与王湾一期较晚的陶器特征更接近，因为它含有带凹槽的罐形鼎。不过，它有二色并用的复彩，且罐形鼎和盆的形制亦与王湾一期的同类器有别，因此大河村一期遗存也有自己的特色，其年代可以说和庙底沟类型年代大体相当。二期陶器仍有釜形鼎，但出现了折腹盆形鼎，鼎足亦出现有鸭嘴形足。也有与庙底沟类似的灶、双唇小口尖底瓶、折腹盆等器物。彩陶数量有所增加，花纹已趋繁缛，除承袭一期花纹外，又出现有睫毛纹、月牙纹等新花纹。这期陶器特征虽然与一期有所不同，但变化不大，器形风格仍与庙底沟类型陶器相似，文化年代可能比一期晚，仍可以定属仰韶中期。

大河村三期遗存则具有鲜明的特色。这期的房子有连间或套间，墙壁为木骨泥墙结构，且经火烧烤后呈棕红色，地坪亦经火烧，室内设有土台子，这类房子在其他地区的仰韶文化中未见。陶器种类比前期有较大增多，器形变化也比较复杂，其中鼎已成为主要炊器，形制虽有折腹鼎、罐形鼎、盆形鼎三种，但形式变化多样，而鼎足则仍为鸭嘴形和凹槽足。釜及釜形鼎，小口尖底瓶已不见，盆的形式多样，但以曲腹盆为主。彩陶相当发达，色彩和前期相同，但花纹繁缛，纹样多变，主要纹饰有锯齿纹、同心圆纹、方格纹、菱角纹、六角星纹、古钱纹、花瓣纹、太阳纹、"S"及"X"形纹等，既有白衣也有红衣彩陶。

四期遗存既承袭三期文化面貌，又有差异。房子为单间方形或长方形。陶器中鼎的形制仍有罐形鼎和折腹鼎，但鼎足基本上均为锛凿形，有的带镂孔。曲腹盆数量少，器形和三期同类器有变化。彩陶已趋减少，花纹亦趋简单，主要有"S"、"X"形纹，曲线纹。这期陶器的形制与三期的差异不大，唯彩陶作风有比较明显的区别，基本面貌仍属仰韶遗存，河南龙山文化特征还没有明显的表现，它不像庙底沟Ⅰ期和王湾二期表现明显，因此将大河村四期遗存定为仰韶与龙山文化过渡期比较勉强。

大河村仰韶遗存的分期是比较细的。这个遗址包含的仰韶文化只有中、晚期遗存，就区分出四期，这四期陶器的特征也确有变化，所以基本上是合理的。这一分期也使我们进一步认识到仰韶文化的分期还有必要深入的研究。

关于郑州地区的仰韶遗存，过去由于在秦王寨首先发现，因而称之为秦王寨类型。大河村遗址发掘之后，由于其内涵丰富，文化面貌比较清楚，而且是经过正式发掘获得的资料，因此，安志敏先生于1979年首次提出把秦王寨类型改称大河村类型。此后，有的同志在论述大河村类型仰韶文化时，又提出大河村类型以大河村的三、四期遗存为代表[1]，有的同志则将大河村三期遗存仍称秦王寨类型，把四期遗存称为大河村类型[2]。把大河村三、四期或四期遗存作大河村类型代表的同志，对一、二期遗存如何归属的问题都未谈及，不过也有人把一、二期遗存归属于"庙底沟类型的东方变体"[3]。因此，关于大河村类型文化的认识是存在分歧意见的。

我主张大河村类型文化应包括一至四期遗存。因为这个遗址包含的一至四期遗存是前后相继的，文化面貌特征也是延续的，各期的文化面貌特征的不同，所表现的只是发展变化和文化年代的区别，因此一至四期遗存是大河村仰韶文化的整体。主张大河村类型以三、四期或四期遗存为代表的同志，主要目的是把它作为仰韶晚期类型的代表。实际上，大河村三、四期遗存并不能代表仰韶文化晚期类型，因为各地发现的仰韶晚期遗存都有自己的地方特色，文化面貌与大河村三、四期有很大的差异，共同特征很小，所以大河村三、四期遗存并不代表各地仰韶晚期文化的基本面貌，而只能代表郑州地区仰韶晚期文化的基本面貌，因此，把大河村一至四期仰韶晚期遗存作为一种地方类型文化似乎比较合适。

据目前的调查资料，大河村遗址一至四期仰韶遗存在豫中地区也是有代表性的。新郑、密县、荥阳等地发现的仰韶遗址，普遍都具有大河村仰韶文化的基本特征，如新郑唐户仰韶遗址的文化面貌，与大河村仰韶遗存就很相似。不过，唐户仰韶遗址与大河村有所不同的是它发现有二次葬，陶器中也有较多的罐形锥柱形足鼎，彩陶较少，这一特点又与洛阳王湾一期遗存比较接近。因此，唐户遗址的仰韶遗存似乎也包含着仰韶早期遗存，也有它从早到晚发展的系列，而大河村遗址则缺少仰韶早期遗存。由于唐户遗址存在仰韶早期文化特征，因此豫中地区的仰韶文化，可以肯定也有自身从早到晚的发展系列。

郑州地区和伊洛地区的仰韶文化，面貌特征比较接近，表现出两者的关系密切。例如，新郑唐户遗址也发现有二次葬，陶器中亦有罐形鼎，鼎足亦有锥柱形，带凹槽足，鸭嘴形足，彩陶少，与洛阳王湾一期遗存中较早的面貌特征基本相近。大河村一、二期陶器中存在的折腹釜形鼎，双唇小口尖底瓶，以及彩陶中出现的圆点、勾叶、弧线三角组成的花纹和白衣彩陶，亦与王湾一期遗存中晚的文化面貌特征相似。王湾二期遗存中，较早的陶器也有类似大河村三期的折腹罐形鼎，鼎足也多鸭嘴形；彩陶繁缛，亦有"S"、"X"形花纹。因此，郑州和伊洛地区的仰韶遗存，从早到晚的面貌特征都比较接近，表现出两者的关系密切。

有的同志根据大河村与王湾仰韶文化面貌特征的相近，把王湾仰韶遗存归属于大

---

[1] 郑杰祥：《试论大河村类型》，《中国考古学会第三次年会论文集·1981》，文物出版社，1984年。
[2] 李昌韬：《论河南地区的仰韶文化》，《中原文物》1986年特刊。
[3] 郭引强等：《论庙底沟类型东方变体和秦王寨类型》，《中原文物》1986年特刊。

河村类型[1]，对此，我觉得并不合适。因为大河村与王湾的仰韶遗存，虽然面貌特征相近，但也有明显的差异。突出的是大河村遗址缺少王湾一期中存在的大房子、二次葬，以及类似半坡类型特征的陶器，也就是说大河村遗址缺少仰韶早期遗存。至于大河村和王湾的仰韶中晚期遗存，面貌特征也各有特色。比较明显的是，大河村中晚期陶器形制复杂，形式多样，尤其是三、四期的陶器、器形种类多，变化大，而王湾二期陶器的器形种类少，变化小。而且大河村仰韶中晚期的彩陶已相当发达，花纹繁缛，图案变化大，色彩多两色并用，而王湾的彩陶则是在晚期遗存中趋于发达，花纹也不及大河村繁缛，图案变化小而简单，色彩使用单彩，风格各异。因此，大河村和王湾仰韶遗存，可以说彼此的面貌特点虽然比较接近，但各自的特色也表现得比较明显。所以，大河村类型似乎作为豫中地区的一种类型代表更为合适。

综上所述，郑州地区的仰韶文化，把新郑唐户和郑州大河村两个遗址结合起来，可以看出也有从早到晚发展的系列，与洛阳王湾和三门峡地区的三里桥、庙底沟仰韶遗存的发展系列相当。也就是说，郑、洛地区的仰韶文化，似乎可划分为三门峡、伊洛、郑州三个小区系。彼此之间在发展过程中都互有联系，形成了某些相似的面貌特征，但又形成了各自的风格和特色，它们并不是从庙底沟类型发展而来的一种变体。在这三个区系中，郑州地区和伊洛地区的关系，从早到晚似乎比较密切。

（原载《中原文物》1992年第3期）

---

[1] 杨育彬：《关于河南地区仰韶文化的两个问题》，《中原文物》1986年特刊。

关于仰韶文化彩陶花纹中的图腾崇拜问题

彩陶是仰韶文化最富有特征的因素。在仰韶文化的陶器中，不少都施有彩绘的花纹图案，其中有人面花纹、动物花纹（包括鱼、鹿、鸟、蛙几种）、植物花卉纹、日、月、星辰以及各种几何形图案。这些花纹图案，在不同类型中又有所侧重，其中半坡类型文化以人面纹、鱼纹、鹿纹以及各种几何形花纹为主，此外还有少数蛙纹、鸟纹。庙底沟类型文化，则以植物花卉花纹为主，也有一些蛙纹和鸟纹。日、月、星辰图案，主要见于郑州大河村仰韶晚期类型文化。

丰富的彩陶，不仅是研究我国原始艺术的宝贵资料，同时也是研究我国氏族社会时期的生产活动、生活实践，以及物质文明和精神文化的发展水平的实物资料。

艺术来源于生活，反映生活。在丰富的彩陶花纹图案中，有一些内容毫无疑问是表现了当时人们的生产、生活实践的。半坡类型中众多的鱼纹和鹿纹，大致就是表现了当时渔猎生产发达的情景。在仰韶文化时期，捕鱼是人们的主要生产活动之一，仰韶彩陶花纹中，有很多的网纹，尤其在宝鸡北首岭遗址出土的一件船形陶壶，腹部绘有一组网纹，很像一幅在船上撒网捕鱼的影照，这就表现了捕鱼生产的情景。当时人们狩猎，鹿是主要对象，因为在仰韶文化遗址，鹿角是常见的。因此，半坡类型中的鱼纹和鹿纹，可能正是表现了当时渔猎生产的丰收。此外，在青海大通县出土的一件彩陶盆，口沿上面绘有一组舞蹈图案，有15个人，分三组，每组5人分别手拉手，迈动整齐轻快的步伐，跳起有节奏的集体舞。这一画面，生动地表现了当时人们在劳动之余，以轻快的舞姿进行休憩和舒展自己欢乐愉快的心情。这些画面和内容，可以说就是反映了当时人们的生产活动和生活实践。

目前，人们对彩陶花纹的研究，涉及的问题比较广泛。其中，有不少人把彩陶花纹图案与原始图腾崇拜联系起来，认为彩陶花纹中的动物图案，反映了原始图腾崇拜。《西安半坡》报告就认为"半坡彩陶中的动物花纹，揭示了图腾崇拜的意识"。半坡彩陶上的鱼纹，可能就是半坡氏族图腾的徽号。人面鱼纹似有"寓人于鱼"，或者"鱼生人"，或者是"人头鱼"的含义，可以作为图腾崇拜对象来解释。也有人说：民族志材料表明彩陶中的动物纹样约有80%以上是作为氏族的图腾标志的[1]。"西安半坡的鱼和鹿，临潼姜寨的鱼和蛙，宝鸡北首岭、华县柳子镇和陕县庙底沟的鸟，以及邠县刘林的雕刻猪头纹，乐都马牌子的狗纹等，均以醒目的位置，鲜明的色彩，逼真的

---

[1] 石兴邦：《半坡氏族公社》，陕西人民出版社，1978年。

形象和生动的态势，表达了绘画者对各类动物的热情赞颂。而西安半坡、临潼姜寨的人面鱼纹和甘肃武山西坪的人首虫身纹，则使人与动物浑然一体，更显得意味深长，联系到历史传说中的蛇身人面，豕身人面，鸟身人面，虎首人身，鸟首人身等远古氏族的图腾、族徽，上述绘画无疑体现了人与某些动物在远古人类心目中的特殊关联，暗示着关于氏族起源的图腾观念"[1]。还有人认为：姜寨出土的彩陶盆，上绘有鱼、蛙相对，人面纹与鱼纹相对和五鱼图案的花纹，分别是鱼蛙氏族、人面鱼身氏族、五鱼氏族[2]。临汝阎村仰韶遗址出土的一件陶缸，上绘鹳鸟石斧图案，由一鹳鸟、一鱼和一柄石斧构图，其中鹳鸟嘴上叼着一尾大鱼，这幅图案，也有人认为是表现以鹳鸟为氏族图腾的意识[3]。已故的孙作云先生，也认为庙底沟类型中盛行的植物花卉纹图案，也是一种图腾崇拜。

总之对于仰韶彩陶中的动物花纹图案，尤其是鱼纹和人面纹，大多数人都认为它是作为氏族的图腾标记。

我们认为，图腾崇拜在氏族社会，尤其在母系氏族社会是很盛行的，因此又有图腾时代之称。仰韶文化大致处于母系氏族社会后期阶段，因此可以肯定，这个时期是有图腾崇拜的。但是，彩陶中的动物花纹，是不是氏族的标记，及图腾崇拜，则要作具体的分析，就我个人的看法，这些动物花纹图案与图腾崇拜的联系并不紧密。

诚然，原始图腾崇拜是以动物为主要对象。古老的氏族组织，通常是以某种动物作为本氏族的标记和名称的。在图腾崇拜最为流行的北美洲和澳洲，他们的氏族名称，绝大部分是以某种动物的名称为名称。间或也有以非生物为名称的，北美洲印第安人阿吉布洼部落共有23个氏族，萧尼部落共有13个氏族，阿比纳奇部落共有14个氏族，全部是以某种动物的名称为氏族的名称。易洛魁部落共有38个氏族，坡塔窝托密部落共有15个氏族，这两个部落，除了各有一个氏族的名称是取以非生物的名称外，其余氏族的名称都是取以某种动物的名称[4]。"通美洲土著间，所有氏族命名的方法都是采取动物或无生物的名称"[5]。澳洲的情况也是如此，据一些调查统计资料，在统计到的704种图腾中，非动物图腾只占56种。另一个统计资料是在500个以上的图腾名称中，非动物图腾仅40种[6]。在我国古代的传说中，也可以找到以动物为族名的痕迹，如黄帝氏又称有熊氏，此外，《列子》中有"黄帝与炎帝战于阪泉之野，帅熊、罴、狼、豹、貙、虎为前驱，雕、鹖、鹰、鸢为旗帜"，其所帅的熊、狼、虎、豹等自然不是真动物，有可能就是黄帝所率领的几个以动物名称为名的族。至于作为旗帜的雕、鹰、鸢，显然就是另外几个以这些鸟为标记的氏族。在我国的一些少数民族中，

---

[1] 成建正：《试析原始宗教的历史地位》，《史前研究》1983年第2期。
[2] 高强：《姜寨史前居民图腾初探》，《史前研究》1983年第1期。
[3] 郑杰祥：《鹳鱼石斧图新论》，《中原文物》1982年第2期。
[4] 高强：《姜寨史前居民图腾初探》，《史前研究》1983年第1期。
[5] 摩尔根：《古代社会》，三联书店，1957年。
[6] 朱天顺：《原始宗教》，上海人民出版，1978年。

这种以动物名为氏族名的事尚有遗留。新中国成立前,居住在云南怒江地区的傈僳族和怒族人的族名,就还有动物名的残余。当时,傈僳族有十几个氏族,他们分别称为腊饶息(意思是虎)、阿吃息(羊)、告饶息(蜂)、鹅饶息(鱼)、汗饶息(鼠)、明侥息(猴)、业饶息(雀)、鸟饶息(熊)。碧江县的怒族,则有腊老腰(虎)、腊蚌腰(熊)、蜡里腰(麂子)和腊鸟齐(蛇)等[1]。由此可见,原始的氏族组织,以某种动物为名称、标记,具有广泛性。

古老的氏族组织以动物名称作为族名,有它一定的社会原因。一般的看法是,图腾崇拜是与氏族组织的产生一道开始的,在氏族组织诞生初期,人类的生产活动,主要是狩猎、捕鱼和采集野生动植物的果实。广袤的森林,是人们生产活动的场所,群集的野兽,又是人们在大自然中生活的"伙伴"。为了生活,人们要到处捕捉野兽,凶猛的野兽又常常威胁着人们的生命安全,因此森林中的各种野兽,也就最为人们所熟悉,给人留下的印象也最深刻。人们对于各种野兽,有畏惧也有喜爱,凶猛的野兽,人们喜欢它的勇猛,温驯的动物,人们又喜爱它的温柔。非洲粘粘部落的黑人非常珍惜狮子,这是因为他们羡慕并希望得到雄师的勇猛,北美西部的红种人非常喜欢用当地最凶恶的灰熊的利爪作装饰品,据说由此得到灰熊的勇猛和大胆[2]。正是由于对动物的这些不同喜爱,因此当氏族组织建立并分化之后,人们便把自己所喜爱的动物,作为自己氏族的标记和族名,以此同别的氏族相区别,天长日久,这种被作为氏族标记、名称的动物,便在氏族成员中产生了更为深刻的印象,甚至误认为这种被作为氏族标记、名称的动物,与自己的氏族组织有某种亲属关系,由此便产生了信仰和崇拜。

至于彩陶中的动物花纹图案,是否就属于图腾崇拜,那就不一定了。因为图腾崇拜是原始宗教迷信之一,作为一种宗教迷信,自有它的信念和一定的表现形式。

据民族调查资料,图腾崇拜最根本的信念就是认为人的降生是图腾的转世,最初的人是因图腾动物入居于妇女体内而受孕,或因妇女与图腾动物交媾后受妊而降生的,后来繁殖了子孙后代。因此,降生的动物,或与之交媾的动物就被认为是自己氏族的共同祖先,氏族组织及其所有成员都出自于被作为图腾的某种动物,而且对"被认为是他们的祖先而对部族的一切成员都是神圣的"[3]。这种信念,在信仰图腾的原始民族中,都不同程度地被流传下来。

上述观念,在我国的历史传说里,以及少数民族的历史传说里,屡见不鲜。在我国历史上,有"简狄吞玄鸟蛋而生契","女登与神龙接触而生炎帝","庆都遇赤龙而生尧"的传说,前一传说见于《史记·殷本纪》,其记云:"殷契,母曰简狄,有绒氏之女,为帝喾之次妃。三人行浴,见玄鸟堕其卵,简狄吞之,因孕生契。"《诗经·商颂》则说:"天命玄鸟,降而生商。"这个故事,就是图腾降生的意识。

---

[1]《云南少数民族风俗习惯》,见于省吾:《略论图腾与宗教起源和夏商图腾》,《历史研究》1959年第1期。
[2] 成建正:《试析原始宗教的历史地位》,《史前研究》1983年第2期。
[3] 拉法格:《宗教和资本》,三联书店,1963年。

至于把自己氏族的女始祖传为与某一种动物进行交配而生育了后代子孙的说法，也是很多的。《后汉书》里就记载有这样的故事，大意是说：昔高辛氏与犬戎相斗，不能取胜，遂发出号召说：谁能得犬戎吴将军的头，不仅赏千金，封邑万户，而且把自己的闺女嫁给他。当时，高辛氏只有五彩狗，名叫槃瓠。有一天，他把犬戎吴将军的头衔了回来，高辛氏便把女儿配给槃瓠。槃瓠生子十二人，六男六女，互配为夫妻，子孙繁衍成了槃瓠族。他们的后代都崇拜狗为祖先。类似的故事，还见于一些少数民族的传说，如傈僳族中有的虎氏族就认为他们的祖先是有一个姑娘与虎相遇而生育了后代，西双版纳的傣族，传说他们过去没有男子，只有妇女，她们与狗通婚才生育了后代[1]。

上述传说表明，信仰图腾的民族，都把自己的子孙，看做是来源于某种动物，因此，其氏族的成员声称他们是由那用作氏族名称的动物传下来的，认为他们的远祖是被主宰之神将其以动物变为人的[2]。

对于这种把图腾动物看作自己祖先的意识，在我国，通常是把这种祖先的形象描绘成人兽合体。被奉为我国人类始祖的伏羲氏和女娲氏，古人就把他们传为人蛇合体，人首蛇身的形象。后来的炎帝，也被传为人首牛身，《帝王世纪》：炎帝"人身牛首，长于姜水"。共工氏也传为"人面蛇身"。我国的少数民族，也有把自己的祖先描绘成人兽合体的传说。如纳西族人就认为自己的祖先是半人半猴的[3]，布朗族人认为他们祖先的形象是半人半蛙[4]，阿坎甲绒人的图腾就作"牛身人首"的形象[5]。赫哲族信仰熊图腾，他们的木制祖先偶像既是人的形象，又披熊皮，体现了人与熊的合一[6]。由此可以看出，作为祖先的动物图腾，在我国是以半人半兽的形象广泛流传的。

然而，仰韶彩陶中的动物花纹，形象则很真实。明确，鱼就是鱼，鹿就是鹿，鸟就是鸟，蛙就是蛙，没有半人半兽、人兽合体的形象。至于人面花纹，也多系描绘出人的头部面孔，间或也有一些人面花纹的嘴角两边各画一条鱼，像是口衔双鱼的图案，但也是分别各画出人面和鱼的形象，不属于人鱼合体的图案。因此，这些动物花纹以及人面花纹，显然与我国所流传的半人半兽、人兽合体的图腾意识并不相合。

其次，被认为是自己祖先的图腾崇拜，在世界各民族中，大多数都是对自己的祖先怀着崇敬，或有祈求祖先对自己的氏族加以保护的意识。出于这种意识，人们往往在氏族聚居的村寨前建立图腾柱，上面画着图腾的图像，或在自己家里的房屋内，画图腾标记物，定期举行宗教仪式。美洲的印第安人在自己聚居的村落，就立有图腾柱，易洛魁人在自己活动中心的大房子——长屋，门上都绘制或雕刻有氏族图腾的形象。澳大利亚有的部族也用一些骨头或打磨过的石头制成特别形状的东西，上面画着图腾

---

[1] 宋兆麟：《原始的生育信仰》，《史前研究》1983年创刊号。
[2] 马克思：《摩尔根〈古代社会〉一书摘要》，人民出版社，1972年。
[3] 詹承绪等：《永宁纳西族的婚姻和母系家庭》，上海人民出版社，1980年。
[4] 王树五：《布朗山布朗族的原始宗教》，《中国社会科学》1981年第6期。
[5] 邓廷良：《甲绒与牦牛羌》，《社会科学战线》1981年第2期。
[6] 凌纯声：《松花江下游的赫哲族》，商务印书馆，1940年。

形象，定期举行宗教仪式[1]。澳洲中部阿兰达部落在跳一种图腾舞时，使用赭石粉或炭粉，绘上象征图腾的图案，以表示对祖先的崇敬[2]。这些在村寨前、房屋内供放的图腾，大概都是把它当做祖先的"灵位"，定期举行宗教仪式，以祈求祖先的庇佑。而仰韶彩陶中的动物花纹，都是绘画在日常生活中使用的陶器上面，这显然也不是一种出于对祖先表示敬意，或期祖先保护的崇拜物。

在世界各民族中，也有把图腾标记画在自己身上，或绘画雕刻在自己所使用的器具上，以此表示对祖先的崇拜，或标志自己族的身份的。北美洲印第安人"把自己假想中的祖先的形象（图腾），刻在或画在自己的武器上、自己的木船上、茅舍上，甚至家具上"[3]。"巴西印第安女孩子在身上涂以豹皮花纹，是为了表示她属于以豹为图腾的民族"[4]。加拿大的大不列颠哥伦比亚的海达——印第安人，就常把图腾刻绘在自己的工具或器物之上，美国宾夕法尼亚的印第安人还有把图腾标记作为自己的签名的[5]。我国福建的畲族，以狗为图腾，他们的帽子做有狗头狗尾，他们拄的拐杖也刻有狗头，并且有狗头祖先的画像，节日还得祭祀，祭祀时还得唱狗皇歌[6]。

上述以图腾标记作为自己族的身份表示者都是以一种图腾标记表现的，然而，在仰韶彩陶的动物花纹中，常常是在一件器物上有两种动物花纹出现，如姜寨出土的一件彩陶盆，盆内就画有两条鱼和两只青蛙相对称。还有件彩陶盆内有两条鱼和两个人面花纹相对称。临汝阎村出土的一件彩陶缸，上面画的是一只大鸟，嘴里叼着一尾大鱼，这种表现形式，显然与民族图腾标记的表现形式并不相合。民族调查资料说明，表现族的图腾标记，一般都是绘画或雕刻出被认为是自己祖先的某一种动物，信仰狗图腾的画狗的图腾像，信仰鱼的图腾画鱼的图像，信仰蛇图腾者画蛇的图像，以豹为图腾者绘豹纹，这种表现形式是合情合理的。如果在自己使用的器物上绘画或雕刻两种动物，自然就失去族的图腾标记意义，因此，像仰韶彩陶在一件器物上有两种不同动物出现，显然不属于图腾标记的表现形式。

这里还要说明的一个问题是，原始时代的绘画，不一定都带有宗教迷信的色彩，更不一定带有图腾崇拜的标记。正像现代绘画、雕刻艺术作品一样，有的纯粹是宗教迷信色彩的，有许多则不带有宗教迷信色彩，而是通过绘画、雕刻艺术作品，抒发自己的情感，或赞美事物，原始时代的绘画作品，自然也不例外。事实上也发现有原始绘画所表现的是生产或个人生活经历的内容，在欧洲一些地方发现的洞穴壁画，有的就把动物和猎器画在一起，或画着流血中毒的动物，这种洞画，所表现的显然是狩猎生产的内容，而不是图腾崇拜。普列汉诺夫说到一个老年红种人身上的花纹时，曾引用目睹者的话说："在他的面部、颈部、肩膀、胳臂和两腿上，以及在他的后背和前

---

[1] 沙利·安什林：《宗教的起源》，三联书店，1964年。
[2] 成建正：《试析原始宗教的历史地位》，《史前研究》1983年第2期。
[3] 普列汉诺夫：《论艺术》，三联书店，1974年。
[4] 成建正：《试析原始宗教的历史地位》，《史前研究》1983年第2期。
[5] 汪宁生：《从原始记事到文字发明》，《考古学报》1981年第1期。
[6] 《畲民图腾文化研究》，《历史语言研究所集刊》六册，见许顺湛：《中华远古文化》。

胸上，都画满了他曾经参加过的各种场面、活动和战斗。总之，他的一生都刻划在他的身上了。"[1]看来，这位老年红种人身上所绘的内容，就是他个人的生活经历，而这些内容，也就是他自己生活的"备忘录或纪要"。

根据上述，我们认为仰韶彩陶中的动物花纹，与原始图腾崇拜或图腾标记，并没有多大的联系，主要是以这些动物的形象作为美的装饰。这从彩陶花纹的布局，图案的演变以及绘画的技巧等联系起来看也可以说明这个问题。

仰韶彩陶，施彩的器物主要是盆、钵、壶等饮食器，施彩的部位一般是在器物的上腹、口沿，也有在器物的内壁施彩的，基本上都是在视力所及的部位施彩，至于鼎、罐、釜以及尖底瓶、缸等这些炊、煮之器及水器，多不施彩，这就可以看出，施彩的陶器是有选择的，施彩的部位也有选择，这大概是因为饮食器在生活中是经常的陈列品，施彩可以使人经常感到美的享受。

仰韶彩陶中的动物花纹，有的很明显地演变为图案化的装饰花纹。如半坡类型彩陶的鱼纹，有的是写实性描绘，有的则带有图案化的描绘，这种图案化的鱼纹，后来又演变为对三角形图案，而且演变的线索、规律也非常清楚。鸟纹也有演变，苏秉琦先生就找出了庙底沟类型鸟纹的演变规律：以比较肥大的鸟形图案，发展为细小的鸟形图案，最后演变成由两点、两线组成的图案[2]。这就说明，仰韶彩陶中的动物花纹，基本上是以图案的装饰演变的。

仰韶彩陶花纹，构图的特点是讲究对称。有许多花纹，都是以同样的笔画，组成一组图案，或者以同样的图案在器物的相对部位构成对称的花纹。姜寨出土的彩陶盆，以双鱼、双蛙相对称，就是这种对称构图的一种表现。这样可以增加美观效果，而且选择不同动物对称、衬托，则更有艺术情趣，如姜寨出土的一件彩陶盆，内画两条似乎在游动的小鱼，相对的部位，再画两只显得笨拙而爬行的青蛙，游动的小鱼显得轻松活泼，爬行的青蛙则显得体态蹒跚，两相衬托，具有浓厚的艺术情趣！至于把鱼纹和人面花纹相对，则另有一番情趣，盆内壁画出两条游鱼，再画相对的人面纹，则可以想象，如果盆内盛满清水，盆中则似有二条游动的小鱼，而人面花纹，则像人观鱼的水中倒影。所以，彩陶盆上的所画的动物花纹，有可能正是出于构图的艺术技巧，或更富有艺术情趣而表现出来的。

总之，图腾崇拜，有它特定的观念意识。同时也有它相应的表现形式，要判断仰韶彩陶中的动物花纹是否属于图腾标记，不能脱离图腾崇拜意识观念及其表现形式的联系。从上述种种情况分析，我们认为仰韶彩陶中的动物花纹与原始图腾崇拜并没有联系，而只是作为美观装饰的花纹图案。

（原载《史学论集》，中州古籍出版社，1985年）

---

[1] 普列汉诺夫：《论艺术》，三联书店，1974年。
[2] 苏秉琦：《关于仰韶文化的若干问题》，《考古学报》1965年第1期。

灵宝仰韶文化聚落群
与炎黄有关的历史传说

20 世纪末，在河南灵宝市的考古调查中，发现一批仰韶文化的聚落遗址，主要属仰韶文化中期的庙底沟类型遗址，早期的半坡类型文化遗址很少，晚期的西王村类型文化遗址所占的比例也不多[1]。这一发现，引起考古界的关注。

河南灵宝市为什么在仰韶文化中期会突然形成和出现这么多的聚落？这是值得思考的问题。这个问题，单纯从考古学研究的角度来思考，是难以求得解答的。但是，如果从炎黄时代的历史传说结合起来思考，则可以作出具有一定合理性的解答。本文拟就灵宝仰韶聚落群形成的原因进行探讨。

一、仰韶文化是与炎黄时代对应的考古学文化

探讨灵宝仰韶文化聚落群形成的原因，有必要先将仰韶文化的时代进行探讨，这与探讨灵宝仰韶文化聚落群形成的原因相关。

仰韶文化是新石器时代中期的考古学文化，距今五六千年。这种考古学文化大致与传说时代的炎黄时代相对应。理由是，仰韶文化是分布在中原大地的新石器时代中期文化，炎黄时代则是聚居在中原大地的炎帝和黄帝两大氏族部落分立的时代。仰韶文化在中原大地的分布有两个中心地区，即西部渭水流域境内的关中地区和东部以嵩山为中心的郑洛地区，这两个地区亦是炎帝和黄帝两大部落的发祥地。据此，我们认为，仰韶文化的时代可以说是与炎黄时代对应，仰韶文化则是与炎黄文化对应的考古学文化。下面就此问题作具体分析说明。

仰韶文化分布的地区，主要是中原大地。在河南、陕西、山西、河北境内，都有不少仰韶文化遗址发现。其中，仰韶文化遗址发现最多的是陕西，约两千多处，其次是河南，千余处。在陕西境内发现仰韶文化遗址比较多的是关中地区，河南境内发现仰韶文化遗址比较多的是郑洛地区。这两个地区的仰韶文化遗址，经过发掘的亦比较多，其中有不少比较重要的遗址，都包含有仰韶文化从早到晚的遗存。但是，关中地

---

[1] 杨肇清：《略谈河南灵宝西坡考古新发现及其意义》，《华夏文明的形成与发展》，大象出版社，2003 年。

区和郑洛地区的仰韶文化面貌特征并不完全相同,有一定差异,突出的表现是在陶器的形制和彩陶花纹有别。这些差异,有地区性差异,亦有年代早晚不同的差异。

地区性差异,主要表现在陶器的形制和彩陶花纹上。关中地区的炊具缺少鼎,小口尖底瓶口作杯形口,彩陶花纹比较简单,主要花纹有人面纹、鱼纹和几何形纹,其中人面花纹和鱼纹最具特色。郑洛地区的仰韶陶器,炊具多鼎,有折腹釜形鼎和罐形、盆形鼎,还有釜、灶、小口尖底瓶口多作双唇,彩陶花纹比较繁缛,多用圆点、钩叶和弧线三角组成的花瓣纹,且有白衣彩陶。

年代早晚不同的差异,主要表现在文化类型的划分上。在关中和郑洛地区的仰韶文化,区分出有几种不同的类型,主要有半坡类型、庙底沟类型、史家类型、西王村类型（或称半坡晚期类型）、秦王寨类型（或称大河村类型）等。这几种类型中,以半坡类型的年代最早,属仰韶早期类型,其次为庙底沟类型和史家类型,这两个类型的年代晚于半坡类型,属仰韶中期,年代最晚的是西王村类型和秦王寨类型,属仰韶晚期。这几种类型文化,代表了仰韶文化从早到晚发展的早、中、晚期三个阶段。

在关中和郑洛地区发现的仰韶文化遗址,多包含有早、中、晚期的遗存,有的则不全,或只有早、中期,或只有中、晚期。在比较重要的遗址内,毫无例外地都包含有早、中、晚期遗存。这类遗址,关中地区以西安半坡和临潼姜寨遗址为代表,郑洛地区则以洛阳王湾和郑州大河村遗址为代表。

西安半坡的仰韶文化,最初只区分早、晚两期[1]。后来,严文明先生将半坡遗址的发掘材料,进行了仔细的分期,划分为早、中、晚三期,并认为这三期的划分,代表了关中地区仰韶文化发展的三个阶段[2]。这三个阶段,也就是代表早、中、晚三个阶段和三个类型,即早期属半坡类型,中期属庙底沟类型,晚期属半坡晚期类型。

临潼姜寨的仰韶文化,从早到晚的发展,与半坡遗址相同,亦可分早、中、晚三个阶段。但是,在姜寨遗址的分期中,仰韶文化分四期:一期属半坡类型,二期属史家类型,三期属庙底沟类型,四期属西王村类型[3]。这四期中,史家类型与庙底沟类型的年代相当,属仰韶中期。因此,姜寨的仰韶文化虽分四期,但实际上亦是早、中、晚三个发展阶段。

洛阳王湾遗址的仰韶文化,严文明先生进行过分期,共分二期五段,其中第一期分二段、第二期有三段。各期段的陶器特征,都与相关的文化遗存相对应。其中一期一段的陶器特征与东庄村一期接近,一期二段的陶器特征与庙底沟一期有许多相同之处,二期一至三段的陶器与通常被称为秦王寨类型或大河村类型对应[4]。从王湾遗址的仰韶文化分期和各期段陶器特征的归类看来,王湾的仰韶文化,从早到晚亦可分早、

---

[1] 中国科学院考古研究所等:《西安半坡》,文物出版社,1963年。
[2] 严文明:《半坡仰韶文化的分期与类型问题》,《仰韶文化研究》,文物出版社,1989年。
[3] 半坡博物馆等:《姜寨——新石器时代遗址发掘报告》,文物出版社,1988年。
[4] 严文明:《略论仰韶文化的起源和发展阶段》,《仰韶文化研究》,文物出版社,1989年。

中、晚三个发展阶段，其中一期一段陶器接近东庄村一期，乃属半坡类型文化的仰韶早期遗存，一期二段与庙底沟一期有许多相同之处，乃属仰韶中期，二期一至三段，则与大河村第二期的仰韶文化接近，属仰韶晚期遗存。

郑州大河村遗址的仰韶文化遗存十分丰富，文化堆积在10米以上，分为仰韶文化前三期和仰韶文化四期，共七期。这七期遗存被认为包括了仰韶文化由早到晚发展的全过程。

大河村仰韶文化前三期遗存，是大河村遗址最早的仰韶文化遗存。陶器特征有的很明显地继承了裴李岗文化因素，有的还能在仰韶早期的后冈类型、半坡类型和长葛石固类型中找到相同或相似的因素。

大河村第一期、第二期文化，与庙底沟类型有较多相同因素，属庙底沟类型；大河村三期为秦王寨类型；第四期文化是仰韶与龙山的过渡期，属大河村类型[1]。

从大河村仰韶文化的分期和各期陶器特征的归类看，该遗址的仰韶文化，从早到晚的发展，亦可分早、中、晚三个阶段，其中仰韶前三期是仰韶早期，仰韶一、二期属仰韶中期，仰韶三、四期属仰韶晚期遗存。

关中地区和郑洛地区的仰韶文化，不仅从早到晚，都有早、中、晚三个发展阶段，而且亦各有各的发展源头。关中仰韶文化发展的源头是老官台文化，郑洛地区的仰韶文化发展源头为裴李岗文化，老官台文化和裴李岗文化的年代，距今都有7000年以上。

根据关中和郑洛地区有较多仰韶文化遗址发现，两地的仰韶文化面貌特征又有差异，各有各的特色，亦有从早到晚的发展序列和各有自己的发展来源。因此，我们认为，关中和郑洛地区，是中原大地仰韶文化分布的两个中心区和两个发展系统，可称为西方系统和东方系统。

仰韶文化发展的两个中心区和西方与东方系统，与炎黄两大氏族部落的发祥地传说，基本上是吻合的。

据历史传说，生活在古老中原的黄帝和炎帝似乎是少典氏所生的两兄弟，《国语·晋语》云："昔少典氏娶于有蛟氏，生黄帝、炎帝。黄帝以姬水成，炎帝以姜水成。"实际上，黄帝和炎帝应是从古老的少典氏族和有蛟氏族，这两个互相通婚的氏族中派生的支系氏族，后来发展壮大成两大部落首领。姬水是黄帝部落的发祥地，姜水是炎帝部落的发祥地。

黄帝发祥地的姬水是何地不详，但是黄帝的故地，还有另一种说法。《史记·五帝本纪》云："黄帝者，少典之子，姓公孙，名曰轩辕。"《索隐》皇甫谧云：黄帝"居轩辕之丘，因以为名，又以为号"。《正义》案："黄帝有熊国君，为少典国君之次子，号曰有熊氏。"《索隐》注：黄帝"号有熊者，以其本是有熊国君之子故也。亦号轩辕氏"。《集解》皇甫谧曰："有熊，今河南新郑是也。"从上述记载看来，

---

[1] 郑州市文物考古研究所：《郑州大河村》，科学出版社，2001年。

黄帝居轩辕之丘，受国于有熊，其地在今河南新郑。据此，郑洛地区应是黄帝部落的发祥地。

炎帝部落发祥地的姜水，是渭水流域的一条支流。据此，在渭水流域的关中地区，应是炎帝部落的发祥地。

综上所述，在中原地区分布的仰韶文化，有西部和东部两个中心区和两个发展系统，与历史传说中的炎黄两大部落的发祥地基本相合，这就使我们有理由认为仰韶文化是与炎黄时代对应的考古学文化。

二、庙底沟类型文化是与黄帝时代对应的考古学文化

在灵宝发现的一批仰韶聚落遗址中，大多数都属庙底沟类型文化遗址，即属仰韶中期文化的聚落遗址。炎黄时代，可以说又是前后相承的两个时代。因此，弄清庙底沟类型文化是炎黄时代的哪一个对应的时代，是探讨灵宝仰韶聚落群形成原因的前提。

庙底沟类型文化是20世纪50年代在河南陕县庙底沟遗址发现的仰韶文化遗存确立的。当时，由于庙底沟遗址发现的仰韶文化有别于西安半坡发现的仰韶文化面貌，因此把西安半坡和陕县庙底沟的仰韶文化，分别区分为两种不同的类型，称半坡类型和庙底沟类型。这两个类型的仰韶文化孰早孰晚，考古界曾展开讨论，有人主张半坡类型的年代早，也有人主张庙底沟类型的年代早，还有人认为两者是平行发展的。后来，通过 ^{14}C 年代的测定和半坡类型与庙底沟类型的地层关系发现，证明半坡类型的年代早于庙底沟类型。从 ^{14}C 测定的年代数据看来，以西安半坡遗址下层为代表的半坡类型文化，其年代大致在公元前4900～前4000年之间，庙底沟类型文化的年代，大致在公元前4000～前3500年之间。这样，一般即把半坡类型代表仰韶早期文化，庙底沟类型代表仰韶中期文化。

庙底沟类型文化确立后，在郑洛和关中地区，都有类似庙底沟类型遗存的发现，尤其是在郑洛地区发现的仰韶文化中，几乎都有类似庙底沟类型的遗存。对郑洛地区发现的"庙底沟类型文化"遗存，一般都认为是受陕县庙底沟类型文化的影响而产生相同或相似的文化特征，有人还认为郑洛地区的"庙底沟类型"文化，是庙底沟类型的东方变体。

从现有的考古材料看来，郑洛地区的"庙底沟类型"文化，并不是受庙底沟类型文化影响而产生的相同或相似的特征，亦不是庙底沟类型文化的东方变体。郑洛地区的"庙底沟类型"文化，是承袭本地区仰韶早期文化发展起来的，属于东方系统的仰韶文化。三门峡地区的庙底沟类型文化，应是东方系统的仰韶文化向西扩张或影响的结果。理由如下：

（1）在陕县庙底沟遗址发现的仰韶文化，没有早期的遗存，而在郑洛地区发现的仰韶遗址中，包含有"庙底沟类型"遗存的遗址，均包含有仰韶早期的遗存。如洛阳王湾和郑州大河村仰韶遗址，其文化内涵都有仰韶早期延续至晚期的遗存，其中期阶段的遗存，均属"庙底沟类型"遗存。据此言之，王湾和大河村遗址与庙底沟遗址就有所不同，王湾和大河村的仰韶聚落，是从仰韶早期形成和发展起来的聚落，庙底沟的仰韶聚落，则是从仰韶中期形成和发展起来的，王湾和大河村的"庙底沟类型"文化，是承袭该遗址的仰韶早期文化发展起来的，而庙底沟遗址的庙底沟类型文化，则不是承袭遗址自身的仰韶早期文化发展起来，它具有"外来"因素。

（2）郑洛地区的"庙底沟类型"文化与陕县的庙底沟类型文化，既有相同或相似的面貌特征，亦有较大差异，这可以郑州大河村的仰韶一、二期文化与庙底沟类型文化对比说明。

大河村仰韶一、二期文化，据《郑州大河村》发掘报告的认识是："大河村仰韶文化第一期、第二期与庙底沟类型有较多相同因素，如彩陶中的钩叶纹、花瓣纹、圆点纹和直线纹等，陶器中的曲腹钵、曲腹盆等。因此大河村仰韶文化第一期和第二期应为庙底沟类型。"[1]大河村一、二期文化与庙底沟类型文化具有相同或相似的特征，除上述外，两者的陶器还有折腹釜形鼎、双唇的小口尖底瓶、彩陶的色彩都以黑彩为主，亦有一些红彩，都有白衣彩陶，施彩均为外腹，无内腹施彩的现象，但都有在陶盆的口沿上施彩的作风。

两者的差异，主要表现在大河村一、二期的陶器中，炊具多鼎，既有折腹釜形鼎，还有罐形鼎和盆形鼎，夹砂粗陶罐少。饮食器中有较多的钵，碗少见。彩陶较少，但色彩较多，除黑彩外，还有棕色，且有黄衣彩陶。彩陶中有较多的器物在口沿上施宽带纹。而庙底沟类型文化，炊具中的鼎较少，只有折腹釜形鼎和釜、灶，有较多的夹砂粗陶罐，饮食器则有较多的碗，钵少见。彩陶比较多，花纹繁缛，构图多由圆点、钩叶和弧线三角组成的花瓣纹，口沿施宽带纹少见。

郑洛地区的"庙底沟类型"文化，与陕县境内的庙底沟类型文化面貌特征的差异，有年代不同的差异，亦有地方性差异。年代差异主要表现在郑洛地区的"庙底沟类型"文化，具有年代比较早的特点。如具有庙底沟类型特征的大河村一、二期文化中，一期陶器的炊具，只有折腹釜形鼎和罐形鼎，没有灶，彩陶少，花纹简单，主要在器物口沿上施宽带纹，亦有一些圆点、钩叶和弧线三角纹。二期的陶器，炊具除折腹釜形鼎、罐形鼎外，还出现盆形鼎和灶，彩陶增多，花纹亦比较繁缛，有较多的由圆点、钩叶和弧线三角组成的花瓣纹。从一、二期陶器特征的比较就可看出，二期的陶器，无论是器物种类和彩陶特征都比一期有所发展，一期文化的年代，显然比二期早。而二期文化的年代，与庙底沟类型文化相比，彩陶亦没有庙底沟类型多，其年代亦可能

---

[1] 郑州市文物考古研究所：《郑州大河村》，科学出版社，2001年。

稍早。

郑洛地区的"庙底沟类型"文化与陕县庙底沟类型文化，在发展年代上有早、晚不同的差异，而郑洛地区的"庙底沟类型"文化又具有年代早于庙底沟类型文化的特点。这都足以说明，在陕县庙底沟遗址发现的仰韶中期的庙底沟类型文化，应是东方系统的仰韶文化向西扩张的产物，只是在发展过程中有所变化。

类似庙底沟类型的仰韶中期文化，不仅在东部的郑洛地区有大量发现，而且在其西部的关中地区亦有不少发现。在关中地区发现的"庙底沟类型"文化，情况有所不同，有的遗址只发现极少量的"庙底沟类型"遗存，如西安半坡和临潼姜寨遗址，都只有少量遗存。有的遗址则有较多的"庙底沟类型"遗存发现，如华县泉护村就有较多发现。

关中地区发现的"庙底沟类型"文化，一般认为是受庙底沟类型仰韶文化的影响，但也有人认为关中地区的"庙底沟类型"文化，是继承半坡早期文化发展起来的。以此言之，则庙底沟类型文化，应是受关中地区的"庙底沟类型"文化的影响，而不是后者受前者的影响。

从临潼姜寨和彬县下孟村的发掘材料看来，这两个遗址发现的"庙底沟类型"文化堆积，所出陶器，既有"庙底沟类型"遗存，亦有半坡类型遗存。如姜寨发掘的T198东壁地层，在第2层出的陶器特征与半坡晚期相同，为姜寨的第四期文化；第三层出的陶器，既有"庙底沟类型"遗存，又有半坡类型遗存，为姜寨的第三期文化；第四层的陶器则与半坡类型同，为姜寨一期文化[1]。彬县下孟村的仰韶文化堆积层为第三、四层，出土的陶器既具有半坡类型的特点，如泥质红陶钵、夹砂灰陶罐、细泥黑陶钵、杯形口小口尖底瓶等器，亦有庙底沟类型特点，如敛口钵、泥质红陶罐、宽带纹、彩陶钵、折唇双耳平底瓶等，彩陶花纹亦以钩叶圆点纹为主，亦有宽带纹[2]。

值得注意的是，下孟村的仰韶文化堆积有两层，即第三、四层，这两层堆积，都为"庙底沟类型"堆积，没有半坡类型的堆积层，但含有半坡类型遗存，发现的灰坑，却有"庙底沟类型"和半坡类型之分，如第14号灰坑出土的陶器大部分能复原，器形与纹饰很接近河南陕县庙底沟遗址出的陶器，此坑应属庙底沟类型。而第30、31、32号灰坑出的陶器，其器形的特点均属半坡类型。据此看来，下孟村仰韶遗址文化堆积层很明显属"庙底沟类型"文化层，而发现的灰坑和出土遗物则有半坡类型和"庙底沟类型"遗存，这种现象说明，关中地区的庙底沟类型文化中，包含有半坡类型文化。

根据姜寨和下孟村的发掘材料，在"庙底沟类型"堆积层内都有半坡类型遗存，说明关中地区的"庙底沟类型"文化堆积层并不单纯。这些地区的"庙底沟类型"文化，应该是受陕县庙底沟类型文化的影响。

---

[1] 半坡博物馆等：《姜寨——新石器时代遗址发掘报告》，文物出版社，1988年。
[2] 陕西省社会科学院考古研究所泾水队：《陕西彬县下孟村仰韶文化遗址续掘简报》，《考古》1962年第6期。

仰韶中期，东方系统的仰韶文化向西扩张，进入关中地区，很可能是与黄帝部落兼并炎帝部落有关。据历史传说记载，在氏族社会时期，聚居在中原西部和东部地区的炎黄两大部落的发展过程中，曾发生过部落兼并战争，结果，炎帝部落被黄帝部落兼并。其后，黄帝又兼并了黄河下游的蚩尤部落，从而改变了当时在黄河中下游地区三大部落分立的局面，而归于一统，确立了黄帝时代。仰韶中期，东方系统的仰韶文化，之所以强劲向西扩张和影响，很可能就是由于黄帝与炎帝的战争，黄帝取得了统治地位，形成了强大的势力而推进的。因此，我们认为庙底沟类型文化应是黄帝时代的文化。弄清了庙底沟类型文化的时代问题后，下面我们就对与此相关的灵宝仰韶聚落群形成的原因进行探讨。

三、灵宝仰韶聚落群的形成与炎黄之战相关

20世纪末的考古调查，在灵宝市发现的仰韶文化遗址中，从铸鼎塬的沙河和阳平河流域的200平方公里的范围内，就发现仰韶遗址25处（后来又发现4处共29处），最大的是北阳平遗址，有96万平方米，其次是西坡遗址，面积约40万平方米，还有而积约30万平方米的乔营遗址。小的遗址面积在1万～2万平方米，有的只有数千平方米。在弘农河流域发现遗址30处，大的有70万平方米，中等的有45万平方米，小的5万平方米以下，最小的也有数千平方米。这些仰韶遗址，主要以庙底沟类型遗址为主[1]。在一个县市级范围内，有这么多的庙底沟类型仰韶文化遗址发现，这是河南全省，乃至陕西、山西等地都是罕见的。由此看来，三门峡地区亦是仰韶文化分布的又一个中心区。不过，这一中心区与关中和郑洛的中心区是不能同日而语的，它只是在仰韶中期开始形成和出现的，这与关中和郑洛地区是从仰韶早期开始形成和出现的中心区有所不同。

灵宝铸鼎塬的庙底沟类型聚落遗址，经过发掘的有西坡遗址。它坐落在铸鼎塬上，面积约40万平方米，是一处中型遗址。从2000年10月开始发掘，已经历了5次发掘，发现有大型蓄水池、大灰坑、大型房基和墓地等遗迹，出土有不少遗物。

蓄水池最大的残长30米，宽10米，深平均1米，还有两座面积较小的。大型房基最大的是F105，整个房子占地面积516平方米，实用面积440余平方米，还有F106的面积亦不小，居住面积240平方米。房子均为半地穴式建筑，房基经过夯打，非常坚实，表面抹平并涂朱红色。墓地内揭露出墓葬22座，单人葬，成排分布。墓的形制有大、中、小型之分，大墓有随葬品，有陶器和玉钺，陶器最多的有9件，中型墓随葬品少，小墓无随葬品。这些发现，说明铸鼎塬仰韶聚落遗址的内涵是比较重要的。

---

[1] 杨肇清：《试析灵宝西坡遗址仰韶文化的新发现》，《河南文物考古论集》，大象出版社，2006年。

灵宝为什么会在仰韶文化中期形成和出现这么多的聚居村落，而且在聚落遗址的内涵中，又有大房基和大蓄水池等比较特殊的遗存发现？这可以通过黄帝在此铸鼎的传说，来探求其原因。

灵宝的铸鼎塬，据说是黄帝在此铸造铜鼎的地方。《史记·封禅书》云："黄帝采首山铜，铸鼎于荆山下。"铸鼎塬就是在荆山下，这里仍立有一方石碑，上刻由州刺使撰文，袁滋籀书的《轩辕黄帝铸鼎铭》。黄帝在荆山铸铜鼎，《史记·封禅书》说："作宝鼎三，象天地人。"其实，这三鼎的象征意义，并不在于天、地、人，而在于统治权力。在古人的观念中，铜鼎是统治权力的象征，夏代贡金九牧，铸九鼎，是象征九州归一统。商汤夏灭之后，鼎归于商，商为周所灭，鼎又归于周，这就说明夏代所铸九鼎，是象征国家权力。黄帝作宝鼎三，应该是黄帝打败了炎帝和蚩尤，黄帝部落兼并了炎帝和蚩尤部落之后，使当时在黄河中下游地区形成三足鼎立的三大部落融为一体。黄帝作宝鼎三，应是黄河中下游地区的三大部落归一统的统治权力象征。

从灵宝仰韶聚落群的形成和黄帝在铸鼎塬铸鼎的传说结合起来思考，我们认为仰韶文化中期在灵宝铸鼎塬形成的聚落群，可能与炎黄之战有关。

灵宝地处陕、豫、晋的交界，是中原腹地与关中地区相通的要道，自古就是战略要地。在氏族社会时期，关中和郑洛地区，为炎、黄两大部落对峙，在两大部落的发展进程中，这两大部落出现了兼并战争。发生战争的原因，据《史记·五帝本纪》云："炎帝欲侵陵诸侯，诸侯咸归轩辕。轩辕乃修德振民，治五气，艺五种，抚万民，度四方，教熊罴貔貅䝙虎，以与炎帝战于阪泉之野。三战，然后得其志。"从这段记载看来，当时黄帝是因为看到炎帝的统治势力衰落，因此想兼并炎帝部落，并积极准备兼并战争。后来，经过三次大战，打败了炎帝而终于得其志，实现了对炎帝部落的兼并。黄帝打败炎帝后，又对黄河下游的蚩尤部落进行征伐，与蚩尤战于涿鹿之野，擒杀蚩尤，实现了对蚩尤部落的兼并。黄帝兼并了炎帝和蚩尤部落之后，就使原来在黄河中下游地区三足鼎立的三大部落融为一体，使黄河中下游地区归一统，黄帝亦尊为天子，开创了黄帝时代。

灵宝仰韶聚落群在仰韶中期突然形成，应是由当时的社会成员因群体的迁移而形成的。这种群体的迁移，或因自然灾害，或因战争的原因而迁移。灵宝仰韶聚落群的形成，不可能是自然灾害的原因，很有可能是因炎黄之战，由黄帝部落的成员向西群体迁移而形成的，炎黄之战结束，炎黄两大部落融为一体之后，黄帝部落的成员便就地定居，从而使这一地区又形成了仰韶文化分布的中心区。

（原载《红叶集》，中州古籍出版社，2010年）

黄帝文化与有熊之墟的考古学考察

黄帝是中华民族的人文始祖。黄帝文化指的是黄帝时代所创造发明的文化。有熊之墟是黄帝的故都。考察黄帝文化和有熊之墟，主要是想通过考古学的研究成果，考察与黄帝文化相对应的考古学文化和黄帝故都的所在地。现就从中原地区所发现的新石器时代文化和聚落遗址进行具体分析，以考察与黄帝文化相对应的考古学文化和有熊之墟的问题。

一、与黄帝有关的历史问题考察

考察黄帝文化与有熊之墟。首先必须对与黄帝有关的历史问题进行考察。因为，黄帝不是一位具体的历史人物，而是氏族社会时期的一个部落或部族的代表名称。这部落有它的发祥地，也有它的发展历史，还有许许多多的文化创造发明，因此，要从考古学上考察黄帝文化及有熊之墟的问题，就必须首先对黄帝有关的历史问题进行考察，才有目标和对象。

黄帝部落是氏族社会后期的一支势力强大的氏族部落集团。据文献记载，在氏族社会后期，在黄河中下游地区已形成三大部落集团，其中黄帝和炎帝两大部落集团聚居在黄河中游的中原大地，而在黄河下游地区则是蚩尤部落的聚居地。随着社会的发展，这三大部落集团之间，出现互相兼并，结果，黄帝部落兼并了炎帝和蚩尤部落，使三大部落集团融为一体。黄帝取得了对黄河中下游地区的统治，并都于有熊。由于三大部落集团融为一体，中华民族由此而形成，因此黄帝就成为中华民族的人文始祖。

聚居于中原大地的黄帝部落，据说是从少典氏族中分离出来的支族。《国语·晋语》云："昔少典娶有蛟氏，生黄帝、炎帝，黄帝以姬水成，炎帝以姜水成，成而异德。"据此言之，黄帝与炎帝最初应是从少典氏和有蛟氏这两个相通婚的氏族中分离出来的两个支族。它们分别发迹于姬水和姜水，逐步壮大成两大部落集团。因此，这两大部落集团应同出一源。

黄帝部落发祥地之姬水，史书无考。但是，文献上对黄帝部落的发祥地还有不同的记载，《竹书纪年》云："黄帝轩辕氏，……居有熊。"《史记·五帝本纪》："皇帝者，少典之子，姓公孙，名轩辕。"《集解》徐广曰："号有熊。"《索隐》："有土德之瑞，土色黄，故曰黄帝……号有熊者，以其本是有熊国君之子故也。亦号轩辕氏。"皇甫谧曰："居轩辕之丘，因以为名，又以为号。"有熊之地，《集解》引皇甫谧之说："有熊，今河南新郑是也。"根据这些记载来看，黄帝部落的发祥地，应在以嵩山为中心的河洛地区。

炎帝部落的发祥地之姜水，是渭水的一条支流，据此，渭水流域当是炎帝部落的发祥地。

这两大部落的发展历史，据《春秋命历序》云："炎帝号曰大庭氏，传八世，合五百二十岁。黄帝一曰帝轩辕，传十世，两千五百二十岁。"按此记载，则炎帝部落和皇帝部落的发展历史共有2500多年。其中炎帝部落比黄帝部落的发展历史少2000年，这显然不实。因为炎帝和黄帝部落是平行发展的，只是后来在部落兼并过程中，炎帝部落被黄帝部落所兼并，因此炎帝部落的发展历史应稍短，而黄帝部落的发展历史则稍长，但两者不能相差太悬殊。我们估计，炎帝部落和黄帝部落的发展历史，至少有1000多年之久，其中后者应稍长一些。

氏族社会后期出现氏族部落分立的时期，一般只称炎黄时代。其实，这一历史阶段，在黄河中下游地区就有三大部落集团分立，因此这个时代可以说是部落时代。后来，在部落兼并过程中，黄帝部落兼并了炎帝和蚩尤部落，使三大部落集团融为一体，黄帝取得了对黄河中下游地区的统治，从而进入黄帝时代的历史。

据文献记载，在炎帝和黄帝部落发展时期，出现了许许多多的文化创造发明。最主要的是发明种植农业，而且出现了原始手工业，还出现医药、文字、音乐及绘画艺术的创作。其中手工业方面的创造发明，则包括有制陶、纺织、建筑、冶铜及交通工具，等等。这些创造发明，包括物质文化和精神文化两方面的内容。对于炎帝和黄帝部落所创造发明的文化，一般称之为炎黄文化，而且被视为中华民族文化之源。

从炎帝和黄帝部落的许许多多文化创造发明看来，它反映出当时正处于原始农业和原始手工业的起源和开始进入发展时期，也是文明起源时期。但是，在炎帝和黄帝部落所创造发明的文化中，由炎帝部落所创造发明者少，而由黄帝部落所创造发明的较多，这又反映出炎帝部落是处于原始农业和原始手工业起源阶段，而黄帝部落则是原始农业和原始手工业开始进入发展阶段。这种现象，实际上是把炎帝和黄帝视为是前后相继的人物和两个时代的反映，所谓黄帝的创造发明，实际上是指黄帝时代的创造发明。

我们认为，文献所记载的由炎帝所创造发明的文化，应属于氏族部落文化，这种部落文化亦包括黄帝部落文化在内。至于黄帝所创造发明的文化，则是黄帝时代文化。在黄帝文化中应包括黄帝部落文化和黄帝时代文化两个不同时代的文化。如果把炎、黄文化联系起来，则应当把炎帝和黄帝部落文化与黄帝时代文化加以区分，这才比较符合历史实际。现在，我们就从这一认识出发，从中原地区目前所发现的新石器时代文化中，考察与黄帝文化相对应的考古学文化。

二、关于黄帝文化的考察

目前,在中原地区发现的新石器时代文化中,年代最早的是裴李岗文化、磁山文化和老官台文化。这三种考古学文化的年代,距今为七八千年,属新石器时代早期遗存。裴李岗文化分布中心是在以嵩山为中心的河洛地区,磁山文化主要分布在冀南,而老官台文化则主要分布在渭水流域。这三种考古学文化都属典型的农业文化,但文化内涵并不丰富,有一些手工业。

继裴李岗文化、磁山文化和老官台文化之后发展起来的是仰韶文化,其年代距今为五六千年,属新石器时代中期。仰韶文化在中原大地都有分布,其中心在渭水流域和河洛地区。这类文化遗址内涵比较丰富,面积也比较大,表现出当时的原始农业和原始手工业已进入发展时期。

继仰韶文化之后发展起来的是龙山文化,其年代距今为四五千年,属新石器时代晚期。龙山文化的发展水平比仰韶文化更高,其文化内涵亦相当丰富。

上述三个发展阶段的新石器文化中,其年代从距今七八千年至四五千年。这一年代,可以说已把炎黄时代的历史包括在内。在这三个发展阶段的新石器文化中,一般把仰韶文化作为与炎黄文化相对应的考古学文化,这是有一定道理的。主要有如下二点理由:一是仰韶文化是分布在中原大地的考古学文化,这与炎黄部落的聚居和活动地域基本相合;二是仰韶文化的年代距今为五六千年,这与炎黄时代的历史年代亦大体相合;二是仰韶文化的原始农业和原始手工业已进入发展时期,这与炎黄时代的原始农业和原始手工业亦处于发展阶段相称。

仰韶文化既然被视为与炎黄文化相对应的考古学文化,那么我们就从仰韶文化中,考察炎帝和黄帝部落文化和黄帝时代文化。根据仰韶文化的发展情况看来,我们认为仰韶早期属炎帝和黄帝部落文化,仰韶中期以后进入黄帝时代文化。下面就此作具体分析说明:

仰韶文化分布的中心是渭水流域和河洛地区。在这两个地区内有许多仰韶遗址发现,文化内涵亦比较丰富,而且,各有自己的发展系列,文化特征亦各有自己的特点。

渭水流域的仰韶文化,从早到晚有三种类型。年代最早的是半坡类型,其次为史家类型,年代最晚的是半坡晚期类型(或称西王村类型)。遗址的文化分期上大致有三至四期之分。这些类型或分期,就构成这一地区仰韶文化从早到晚的发展系列。这里的仰韶文化陶器的特点是炊器从早到晚都不见三足鼎,主要使用夹砂罐,彩陶花纹则早期流行鱼纹、人面纹和几何纹形,其中鱼纹由早期的写实性花纹演变为晚期的图案化花纹。

河洛地区的仰韶文化，亦有自己的发展系列和文化特点。这一地区的仰韶文化，以洛阳王湾遗址为代表，从早到晚亦可分三至四期，一脉相承。这里的仰韶陶器，从早到晚的炊器都有不少三足鼎，而且形式多样，既有罐形鼎，亦有折腹釜形鼎。彩陶花纹则以圆点、勾叶和弧线三角构成的花瓣纹为主，而且有白衣彩陶。

由于渭水流域和河洛地区的仰韶文化各有自己的发展系列和文化特点，因此一般把这两地的仰韶文化，视为仰韶文化发展的两个中心和两大系统，其中渭水流域的仰韶文化为西方系统，河洛地区的仰韶文化为东方系统。这两个地区，从文献记载看来，正是炎帝和黄帝部落的发祥地，因此这两大系统的仰韶文化，便可作为与炎帝和黄帝部落相对应的考古学文化，其中西方系统的仰韶文化，属于炎帝部落文化相对应的考古学文化，而东方系统的仰韶文化，则属于与黄帝部落文化相对应的考古学文化。

根据上面的分析，我们认为黄帝文化应是东方系统的仰韶文化。炎帝部落文化，大体是在仰韶早期以前，而黄帝时代文化，则是从仰韶中期开始。这一认识，主要是从如下两方面的情况考虑的。

一是在仰韶文化早、中期之间，墓葬的葬式上出现显著的变化，主要表现仰韶早期墓以单人葬为主，后来出现以多人合葬为主，仰韶中期以后又转变为以单人葬为主。这种变化，无论在西方系统和东方系统的仰韶墓中都存在，只是渭水流域的仰韶墓表现较为突出。产生这种变化的原因，我们认为很可能与氏族制的变革有关，也就是说，仰韶墓早、中期之间在葬式上出现显著变化，很可能是当时的氏族制出现变革的反映。而这种变化，很可能正是反映炎黄时代氏族制的变革。

二是仰韶文化中期，东方系统的仰韶文化不仅伸入渭水流域，而且还对黄河下游地区的大汶口文化亦产生影响，这可以从庙底沟类型文化作说明。

庙底沟类型文化最初发现于陕县庙底沟遗址，其后在河洛地区普遍发现。这类文化的特点是陶器有折腹釜和釜形鼎，彩陶花纹亦以花瓣纹为主，亦有白衣彩陶，应属东方系统仰韶文化。在渭水流域亦发现有庙底沟类型文化，过去一般认为它是继半坡类型文化之后发展起来的又一种类型文化，实际上半坡类型文化与庙底沟类型文化之间并没有直接的渊源关系。地层上两者之间并没有直接相叠的文化堆积层，在器物类型上两者亦没有直接的相承和演变关系，彩陶花纹上两者亦各有自己的作风和特点，因此，我们认为庙底沟类型文化与半坡类型文化并没有直接的渊源关系，它是东方系统的仰韶文化深入于渭水流域而出现的一种文化类型。与此同时，庙底沟类型文化的某些特征，在黄河下游分布的大汶口文化中亦出现，最明显的是大汶口文化陶器纹饰，亦出现类似庙底沟类型文化的彩陶花纹，这当是庙底沟类型文化对大汶口文化产生影响的结果。

为什么东方系统的仰韶文化在仰韶中期深入渭水流域，而且对大汶口文化亦产生影响？我们认为当与黄帝部落兼并了炎帝和蚩尤部落以后，黄帝取得了黄河中下游地区的统治，因此在文化上亦产生强烈影响有关。

根据上面所作的分析，我们认为仰韶中期已进入黄帝时代，东方系统的仰韶中期文化，应是黄帝时代文化。

三、有熊之墟考察

有熊是黄帝之号，《白虎通·爵篇》云："黄帝有天下，号曰有熊。"有熊亦是黄帝之都，《帝王世纪》云："黄帝都有熊。"有熊最初亦是少典氏之国号，《史记·五帝本纪》、《索隐》注：黄帝"号有熊，以其本是有熊国君之子故也"。黄帝是少典之子，少典既有有熊国君之说，由此可知黄帝号有熊和以有熊为都，乃是承袭少典氏之国号而来。据此看来，黄帝都有熊是属于少典氏之故居。有熊之地，据说是在河南新郑。因此，考察有熊之墟，首先应着眼于新郑，从新郑县境寻找黄帝之故都。此外考察有熊之墟，其遗址还必须具备如下一些条件：一是遗址的文化内涵延续历史年代应比较长，因为有熊之墟是从少典氏至黄帝时代之所都，延续的历史年代相当长；二是遗址的文化内涵应比较丰富，而且必须有层次较高的建筑遗址。因为，作为黄帝的故都遗址，乃是政治统治中心，它必然有较高层次建筑的存在。才能体现出它具有统治中心的地位。根据这些条件进行考察，我们认为，在新郑县境内发现的唐户遗址，值得予以重视。

唐户遗址位于新郑县观音寺乡唐户村南的台地上，地处水河和石洞寺河的交汇处，该遗址内含的文化遗存有裴李岗文化、仰韶文化、龙山文化及商周时期文化。其中新石器时代文化包括早、中、晚期遗存，延续的历史年代相当长。

遗址的西北部为裴李岗文化时期的聚落遗址。文化堆积厚约2米。历年出土有石磨盘、磨棒、石铲、石斧、石镰及不少陶器等遗物，属裴李岗文化遗存。

遗址的中部偏北是仰韶时期聚落，文化层厚约3米，有的文化层压在裴李岗文化层上。经调查试掘，发现有房基和墓葬，出土遗物有石器、陶器和骨器。

已发现的房基残迹中，有大量的草拌泥烧土块，还有柱窝以及门道、灶坑、烧土台和不少地面残块。地面残块用细砂、料姜石、小石子和黏土混合筑成，并经火烧，非常坚硬，且平整光滑。

墓葬有土坑墓和瓮棺葬。土坑墓有单人葬，亦有多人二次合葬。瓮棺多用陶瓮、罐、釜充当。

出土的石器有斧、铲、凿、锛、刀、研磨器等。陶器有鼎、釜、罐、瓮、钵、小口尖底瓶、大口尖底缸等。以折腹釜最多。还发现有釜灶连体的遗存。有少量彩陶、有的为白衣彩陶。骨器有锥、针等。还发现有布纹。

遗址的南部为龙山遗址，文化层厚2~4米。出有蛋壳黑陶片和黑色薄胎陶杯[1]。

唐户遗址内含有裴李岗文化、仰韶文化和龙山文化遗存，延续的历史年代相当长，文化内涵丰富，其中最丰富的是仰韶文化。据我参加调查试掘所了解，这个遗址的仰韶文化遗存与洛阳王湾遗址相似，包括仰韶早期至晚期遗存。该遗址内所发现的房基残迹，包括有墙壁和地面残块，数量相当多，尤其是地面残块用砂石和黏土混合筑成，并经火烧成砖红色，平整光滑，非常坚硬，这是仰韶房基地面所少见的，应是高层次的房基建筑遗迹。且离该遗址不远处又有黄帝口的传说。因此我们认为，唐户遗址比较符合有熊之墟的条件，值得予以重视。

（原载《黄河故里志》，中州古籍出版社，2007年）

---

[1] 以上资料引自《河南省文物志选稿》第六辑《唐户遗址》。

炎黄文化与仰韶文化
——在新郑《黄帝故里故都历代文献汇典》
学术研讨会上的发言

新郑是黄帝的故里故都，这在文献上有明确的传说记载。根据这一传说，我想从考古学的研究上，谈谈与黄帝传说相关的问题，题目是《炎黄文化与仰韶文化》。

炎黄文化指的是传说历史时期由炎帝和黄帝所创造发明的文化，包括物质文化和精神文化。由于炎、黄二帝在中华民族的历史上被尊奉为人文始祖，因此炎黄二帝所创造发明的文化，就成为中华民族文化之源，在中华民族文化发展史上，占有重要的地位。

仰韶文化是在中原地区考古发现的新石器时代文化，文化年代距今五六千年。根据仰韶文化的研究成果看来，我们认为似乎可以把它作为与炎黄文化对应的考古学文化。因为在仰韶文化中，有些内容与炎黄历史传说的内容基本上可以对应。比较明显的是，仰韶文化的分布与炎黄部落聚居活动地域，仰韶文化的年代与炎黄的历史年代，仰韶文化的社会性质与炎黄时代的社会性质等，基本上都相对应。这里我想着重谈仰韶文化的分布与炎黄两部落聚居活动地域相对应的问题。

仰韶文化是分布在黄河中游中原大地的新石器时代文化。仰韶文化在中原地区的分布有两个中心地区：一是中原西部的渭水流域；一是中原东部的河洛地区。这两个地区内都有较多的仰韶聚落遗址发现，各遗址发现的文化遗存亦比较丰富。

这两个地区发现的仰韶文化，文化面貌特征有共性，主要表现在都有彩陶，亦有小口尖底瓶、圜底体、曲腹盆等相同或相似的器形，但亦有明显的区别，主要表现在西部地区的仰韶文化，陶器群中缺乏三足鼎之类的炊具，东部仰韶文化的陶器群，都有不少三足鼎，还有釜、灶之类炊具。这两地的仰韶文化亦都有从早到晚的发展序列，在文化分期上都有 3~4 期之分。由于西部和东部地区的仰韶文化面貌特征有别，而且各有自己从早到晚的发展系列，因此，一般把分布在中原大地的仰韶文化，区分为西方系统和东方系统两大系统。分布在渭水流域的仰韶文化称西方系统，分布在河洛地区的仰韶文化称东方系统。

仰韶文化分布的两个中心和发展的两大系统，与炎黄两大部落发祥地的传说基本上是对应的。据传说记载，炎、黄两大氏族部落，是从少典氏族中分离出来的支族，后来发展壮大组成部落的。炎帝部落的发祥地是在中原西部的渭水流域，黄帝部落的发祥地乃中原东部的河洛地区，新郑乃黄帝的故里故都。据此，仰韶文化分布的两个中心地区和发展的两大系统，与炎黄两大部落的聚居发祥地基本上是相对应的。根据这种对应关系，西方系统的仰韶文化，亦可作为与炎帝部落对应的考古学文化，东方系统的仰韶文化，则是与黄帝部落对应的考古学文化。

但是，据传说记载，炎黄两大氏族部落是同步发展壮大的，然而似乎又是两个前后相承具有统治地位的代表人物，炎帝是炎黄时代的前一位具有统治地位的代表人物，黄帝是炎黄时代的后一位具有统治地位的代表人物。在炎帝统治时期为炎帝时代，黄帝统治时期为黄帝时代。这一传说，主要是由于炎黄时代后期，由于社会的发展进步，出现了部落之间的兼并战，炎、黄两大部落在兼并战争中，黄帝部落打败了炎帝部落，实现了对炎帝部落的兼并，取代了炎帝的统治地位。据此看来，炎帝时代实际上是炎、黄两大部落分立的时代，黄帝时代则是炎黄两大部分归一统的时代。因此，仰韶文化作为炎黄文化对应的考古学文化，似乎亦应分为炎、黄部落文化与黄帝时代文化两个阶段。

根据仰韶文化的发展状况，仰韶文化早期阶段，可以视为是两大部落分立时期的部落文化，仰韶文化中、晚期文化，则是炎黄两大部落兼并前后的文化，这时期的仰韶文化，可以作为与黄帝时代对应的文化。

从时代的对应关系看来，仰韶早期可以作为与炎帝时代对应。在仰韶早期阶段，仰韶文化的发展水平，以西方系统的发展水平较高，东方系统的发展水平较低。在渭水流域发现的仰韶文化的聚落遗址中，有不少是从仰韶早期形成发展起来的聚落，遗址的文化内涵亦比较丰富，其代表是半坡类型文化遗址。在河洛地区发现仰韶早期形成发展起来的聚落遗址则比较少，遗址的文化内涵亦不丰富，这种现象就反映出仰韶文化早期，以西方系统的文化比较发达，经济文化上比东方系统仰韶文化占有优势，这种优势，可以视为与炎黄时代前期，炎帝居于统治地位相对应。

但是，到了仰韶中期阶段，东方系统的仰韶文化发展水平显著提高，在河洛地区发现的仰韶聚落遗址中，多数是从仰韶中期形成发展起来的聚落，遗址的文化内涵亦相当丰富，其代表是庙底沟类型文化遗址。这种现象反映出仰韶中期阶段，以东方系统的仰韶文化比较发达，经济文化上比西方系统仰韶文化占有优势。这种优势，可以视为炎黄时代后期，黄帝部落与炎帝部落兼并前后黄帝占有统治地位的黄帝时代对应。

我们认为仰韶中期文化，可以作为与黄帝时代对应文化的理由，除以庙底沟类型为代表的东方系统仰韶文化，在仰韶中期比较发达外，还有一些值得注意的理由。

仰韶中期，以庙底沟类型为代表的东方系统仰韶文化，除了在河洛地区发现外，在渭水流域亦有发现。在渭水流域发现的与庙底沟类型文化类似的遗存，有人认为它是承袭半坡类型文化发展起来的。实际上，渭水流域发现的与庙底沟类型文化类似的遗存，与半坡类型文化在地层堆积上并没相叠压的地层关系，文化特征上也没有前后沿袭的线索，因此，此类文化遗存与半坡类型文化并没有直接的渊源关系，它应该是东方系统的仰韶文化,向西部地区的延伸。这种延伸,很有可能与炎黄两大部落的兼并战争,黄帝实现了对炎帝部落的兼并相关。

值得注意的是,近年在灵宝市铸鼎塬的考古调查中,在约 200 平方公里的范围内,发现仰韶聚落遗址 20 多处,遗址的面积有大、中、小不等,大的遗址面积有几十万平方米,最大的近百万平方米,小的有几万平方米,最小的有几千平方米。经过发掘的遗址都属仰韶中期的庙底沟类型文化遗址,这就是说,铸鼎塬发现的仰韶遗址,基本上都是从仰韶中期形成发展的聚落遗址。为什么铸鼎塬在仰韶文化中期突然出现 20 多座聚落,这当有其特殊的原因,很可能是炎、黄两大部落在兼并战争中,由黄帝部落所建立的聚落群。

铸鼎塬相传是黄帝冶铸铜鼎的地方。黄帝所铸的铜鼎据说有 3 个,它象征天、地、人。其实,铜鼎在古代的象征,最主要的是统治权力的象征,所谓商灭夏,鼎迁于商,就是商王朝消灭夏王朝后,把象征统治权力的铜鼎,迁移至商王室,而夏王朝所铸的铜鼎有 9 个,这是夏王朝把它作为九州归一统的象征。因此,黄帝铸三鼎,应该是黄帝在兼并了炎帝和蚩尤部落后作为黄河中下游地区从三大部落分立的局面,实现归一统的象征。

铸鼎塬有许多仰韶遗址的发现,说明在东方系统仰韶文化分布比较集中的地区,都与黄帝的历史传说相关。这里发现的仰韶聚落遗址,都是在以庙底沟类型文化为代表的仰韶中期形成发展起来的,这又说明仰韶文化中期,大体上与黄帝时代之始相对应。

根据仰韶文化内涵与炎黄历史传说内容有相对应的分析,仰韶文化可作为与炎黄文化相对应的考古学文化。

(原载《黄帝故里故都在新郑——〈黄帝故里故都历代文献汇典〉学术研讨会论文集》,中州古籍出版社,2005 年)

试论豫北冀南地区的仰韶文化

豫北冀南地区是仰韶文化的主要分布区。这一地区的仰韶文化面貌与关中和河洛地区的仰韶文化有所不同,故考古界一般把豫北、冀南视为仰韶文化发展的一个区系。但是,这一地区的仰韶文化又有不同类型之分,各类型文化之间的关系,考古界亦有不同的认识,其发展状况,亦未获得比较清楚的了解。因此,本文拟对上述问题谈谈个人的认识。

一、豫北冀南仰韶文化的基本特点

目前,在豫北发现的仰韶文化有后冈类型和大司空村类型两种。这两种类型的划分,考古界的认识是一致的。

后冈类型文化,早在20世纪30年代就已发现。当时,梁思永先生在后冈遗址发掘,首次揭露出该遗址有小屯殷商文化、龙山文化、仰韶文化相叠的文化层,因而第一次了解到豫北地区有仰韶文化的存在。时至今日,后冈遗址已进行过7次发掘,累计发掘面积已不小,但发现的文化遗存并不丰富,只有几座房基、不多的灰坑和10多座墓葬,获得的陶器、石器、骨器亦不多[1]。后冈遗址仰韶文化遗存的基本面貌是:

房基有长方形和圆形两种,浅竖穴式。长方形房基面积较大,居住面抹草拌泥,中央有柱洞。圆形房基面积小,有门道、柱洞和红烧土面,有的红烧土面上有木板和苇条编织痕迹。

灰坑有圆形、椭圆形两种,底呈锅底形。最大的坑口径有4米,小的2米左右,深1~2米。

墓葬均土坑墓,多单人葬,仰身直肢,亦有一些二次合葬墓,无随葬品。

陶器的特点是以红陶为主,亦有一些灰陶和黑陶。泥质红陶质坚,火候高,夹砂红陶质松,火候低。制法多用泥条盘筑法,经慢轮修整。器表多素面磨光,部分施有线纹、划纹、弦纹、附加堆纹之类简单纹饰。亦有少量彩陶,色彩有紫红、红褐和黑色三种,黑色少见。花纹结构简单,或在陶钵口沿下画一道黑色亮带,或以4~6条短

---

[1] 梁思永:《后冈发掘小记》,《梁思永考古论文集》,科学出版社,1959年;中国科学院考古研究所安阳发掘队:《1958—1959年殷墟发掘简报》,《考古》1961年第2期;中国科学院考古所安阳发掘队:《1971年安阳后冈遗址发掘简报》,《考古》1972年第3期;中国科学院考古所安阳发掘队:《1972年春安阳后冈发掘简报》,《考古》1972年第5期。

线组成一组花纹，或以平行线、斜线组成正倒相间的三角形纹，亦有菱形网纹、宽条曲线纹、同心圆纹、由横竖平行线交叉组成的花纹等。施彩的器物以钵、碗居多。器物种类有鼎、钵、碗、盆、罐、瓶、缸、瓮、器盖等几种，其中钵的口沿多呈红色，有"红顶钵"之称，颇具特色。

大司空村类型文化，则于20世纪50年代初发现于安阳大司空村遗址，其后在大正集老磨冈、鲍家堂、大寒南冈也相继发现这类遗存。这些遗址均只经试掘，文化层均较厚，有的分两层。发现的遗存不多，房基少见，破坏严重，灰坑亦不多，墓葬未发现。陶器特征与后冈类型有别。从老磨冈遗址来看，所出陶器以灰陶为主，次为红陶，还有少量黑陶、白陶，还有一些蛋壳陶。制法以模制为主，手制较少，口沿经慢轮修整。器物种类不多，有钵、盆、罐、杯、瓮、器盖几种，以盆最多见。彩陶较多，色彩有红、赭、黑三色，以前两色为主，黑色较少。花纹结构比较复杂，最常见的是以两个相背的弧线三角、中间夹斜线，并衬以背云纹、圆圈纹、睫毛纹等组成的一宽体花纹，也有口沿下施一道红彩，下饰四组蝶须纹。施彩的器物以红陶盆、钵居多，亦有一些灰陶施彩。

上述两种类型仰韶文化，据目前的调查资料，主要分布在安阳洹河两岸。在安阳以南的新乡地区，至今还未发现这两种类型文化。新乡地区所发现的仰韶文化，则与郑州大河村类型文化接近。由此看来，后冈类型和大司空村类型文化并未向南部地区扩展。

但是，在濮阳地区西水坡发现的仰韶文化，陶器特征则与后冈类型文化接近，说明后冈类型文化在安阳以东地区有所延伸。

冀南地区发现的仰韶文化遗址较多，是河北境内发现仰韶遗址最多的地区。这一地区的仰韶遗址亦多经试掘，发掘规模较大的不多，发现的文化遗存亦不丰富，房基少见，灰坑亦不多，墓葬发现更少。已发现的仰韶文化亦有两种类型，这两类文化有的共存于一处遗址，亦有在不同遗址出现。这两种类型文化的基本面貌，可以磁县下潘汪遗址为代表作具体说明[1]。

在磁县下潘汪遗址发现的仰韶文化遗存，只有部分灰坑遗迹，获得的遗物有部分陶器、石器。出土的陶器可区分为两种类型，称第一类型和第二类型，其中第一类型灰坑有7个，第二类型灰坑有9个。

第一类型灰坑形状以圆筒形居多，亦有喇叭形坑口。陶器特征以灰陶为主，亦有红陶和少量黑陶。红陶中有不少彩陶，灰陶中亦有一些彩陶。彩色多红色或紫红色，亦有一些黑色。施彩主要是在钵、碗、罐的上腹，亦有少数器物在口沿和内壁施彩。花纹多样，结构复杂，有弧线三角、涡纹、圆环纹、雁纹、睫毛纹、"S"纹、蝶须纹、连钩纹、曲线纹、山字纹等10多种。形式比较固定，或两两相向组成弧线三角，或斜

---

[1] 河北省文物管理处：《磁县下潘汪遗址发掘报告》，《考古学报》1975年第1期。

角相错、中间形成半圆形或豆荚形空间。内填圆环纹、涡纹或"S"纹、雁纹、睫毛纹等，有的空间内则不填任何纹饰。亦有部分器物则施拍印或刻划的划纹、线纹、附加堆纹和篮纹。器物种类有盆、碗、杯、罐、瓮、器盖几种，以盆、钵、碗多见。

第二类型的灰坑形状有椭圆形和喇叭形两种。陶器则以红陶为主，亦有少量灰陶和一些黑陶。器表多素面磨光，部分有纹饰，有篮纹、划纹、线纹、刺剔纹、乳钉纹、附加堆纹几种，未见彩陶。器物有钵、碗、盘、壶、灶、釜、甑、豆、盂几种，以钵、碗多见。

综上所述，豫北、冀南地区的仰韶文化遗址，文化层一般都较厚，有的有不同层次之分，但文化内涵都不丰富，房基和墓葬都发现少，灰坑亦不多，远不及关中和河洛地区的仰韶遗址内涵丰富。两地的仰韶文化，并不像关中和河洛地区的仰韶文化那样能比较清楚地作出分期，但在文化类型的划分上，两地都有两种类型之分。在彼此已划分出的两种类型中，陶器特征既有共性，亦有差异。其中豫北的后冈类型和冀南的下潘汪第二类型的差异比较明显和突出，两者所具有的相同或相似特征较少，而在豫北的大司空村和冀南下潘汪第一类型的陶器中，则两者有较多的相同或相似特征，差异较小。

二、文化类型与年代关系

对于豫北、冀南仰韶文化类型的划分，考古界有三种不同的看法。一是把豫北、冀南地区划分的两种类型文化，都视为属后冈类型和大司空村类型，这是比较普遍的看法；二是把豫北、冀南的两种类型文化加以区分，将冀南的两种类型文化视为与后冈类型和大司空村类型不同的文化类型，而将下潘汪第二类型文化归属于南杨庄类型，第一类型文化则归属于百家村类型[1]；三是把冀南下潘汪第二类型文化视为与豫北的后冈类型文化不同的文化类型，称下潘汪类型，而将下潘汪第一类型文化视为与大司空村类型相同的文化类型而归属于大司空村类型[2]。

上述三种观点表面上是对豫北、冀南两地的两种类型文化关系有不同的认识，实际上亦涉及对文化区、系的不同看法。我们认为，探讨豫北、冀南地区仰韶文化不同类型的关系，有横向关系和纵向关系两个方面。横向关系即两地的两种类型之间的关系，纵向关系即同一地的两种类型之间的关系。这里主要探讨豫北、冀南两地不同类型仰韶文化之间的横向关系。

从两地的两种类型文化来看，冀南的下潘汪第二类型文化与豫北的后冈类型文化

---

[1] 河北省文物管理处：《磁县下潘汪遗址发掘报告》，《考古学报》1975年第1期。
[2] 丁清贤：《磁山·下潘汪·大司空村——从下潘汪仰韶文化第二类型的性质谈起》，《史前研究》1983年创刊号。

面貌有较大的区别,两者不宜归属于同一类型。这一区别主要表现在两者的陶器特征上。下潘汪第二类型陶器不见彩陶,器物群中炊具不见鼎,而有灶、釜、甑,还有小口双耳壶及盂之类的器物。而豫北的后冈类型文化陶器则有少量彩陶,器物群中炊具有鼎,而不见灶、釜、甑,且有不少"红顶钵"及小口细长颈鼓腹瓶、大口深腹圜底缸之类颇具特色的器物。不过,这两者的陶器也有一些相同或相似的特征,主要表现在都以红陶为主,有少量灰陶,纹饰上都有划纹、线纹和附加堆纹,尤其是下潘汪第二类型文化中亦有一些"红顶碗"等。但这些相同或相似特征,在两者的文化面貌上并不是主要的,区别是主要的,而且是根本性的。因此把下潘汪第二类型文化归属后冈类型,视为同一种类型文化显然是不合适的。

下潘汪第二类型文化与后冈类型文化既然有区别,那么能否将它归属于南杨庄类型?我认为这也不太合适。南杨庄类型最初发现于冀中的正定南杨庄遗址[1],所出陶器有少量彩陶,且彩陶花纹较复杂,既有与后冈类型相似的花纹,又有与庙底沟、大司空村类型相似的花纹。在器物群中,炊具亦有鼎而无灶、釜,这与下潘汪第二类型文化的陶器不见彩陶,炊具无鼎而有灶、釜亦有根本差别。

至于有人将下潘汪第二类型文化另立一种文化类型的想法,这是比较可取的。但把它称之为下潘汪类型,也不合适。因为下潘汪遗址的仰韶文化有两种类型,若将其中的一种类型文化称下潘汪类型,而将另一种类型文化归属于大司空村类型,这样,下潘汪类型文化之称,就缺乏比较全面的代表性。从现有的资料来看,在冀南地区与下潘汪第二类型文化相同的遗存,在界段营[2]、赵窑[3]、西万年遗址[4]均有发现,其中文化内涵比较单纯的属西万年遗址,它不含其他类型文化。因此,把这类文化遗存称为"西万年类型",或许更具有代表性。

下潘汪第一类型文化与大司空村类型文化的面貌则比较接近。从陶器特征来看,下潘汪第一类型与大司空村类型陶器有不少相同或相似特征,如两者均以灰陶为主,次为红陶,且有不少彩陶。彩绘颜色、花纹结构及作风亦相近。器物种类和某些器物的形制亦相似。由于两者的陶器特征有较多的共性,因此把它们视为同一类型文化,比之将下潘汪第二类型归属后冈类型显然更为合适。但是,下潘汪第二类型文化与大司空村类型文化的陶器特征也有某些差异,主要表现在前者的彩陶比较发达,施彩的器物较多,且器物口沿多施彩,有的在器物内壁亦施彩,后者的彩陶不及前者发达,施彩的器物种类少,且口沿和内壁均不见施彩,花纹结构亦不及前者复杂。此外,两者的器物种类和形制亦不完全相同。在相同或相似的器物中,亦有主次之分。如两者的盆都有直壁折腹和敛口曲腹两种形式,下潘汪第一类型的盆以前一种形式为主,后

---

[1] 河北省文物管理处:《正定南杨庄遗址试掘记》,《中原文物》1981年第1期。
[2] 河北省文物管理处:《磁县界段营发掘简报》,《考古》1974年第6期。
[3] 河北省文物研究所等:《武安赵窑遗址发掘报告》,《考古学报》1992年第3期。
[4] 河北省文物管理处等:《河北武安洺河流域几处遗址的调查》,《考古》1984年第1期。

一种形式较少。大司空村类型的盆,则以后种多见,前一种少见。由于两者之间存在某些差异,尤其是这类遗存最初在邯郸百家村遗址已有发现,已有百家村类型之称,因此我比较赞同把下潘汪第一类型文化归属于百家村类型。

豫北、冀南地区的仰韶文化,各有两种类型之分,说明这一毗连地区并不是仰韶文化发展的一个区、系,应有两个小区、系。这样,它们之间的关系即有一个横向关系问题。这种关系,也就是两地的仰韶文化因地域相连,在发展进程中彼此互有联系、互有影响的关系。在两者互相联系、互相影响过程中,就会产生某些相同或相似的特征,从而在文化面貌上比较接近。

从现有的资料看,豫北、冀南地区的仰韶文化面貌既有区别,又比较接近,具有互有联系、互有影响的横向关系,但其影响有主次之分。在豫北的后冈类型与冀南的西万年类型之间,主要是后冈类型文化对西万年类型文化有较强的影响。因为,目前发现西万年类型文化遗存的遗址已有西万年、下潘汪、界段营、赵窑等遗址,其中,前三个遗址的陶器特征与后冈类型文化有显著区别,有其自身比较浓厚的特色。赵窑遗址的陶器,则既有西万年类型特征,亦有后冈类型特征。例如,在它的器物群中,既有一组器物包括灶、甑、双耳矮罐、盆等,又有鼎、细长颈瓶、大口深腹尖底缸等一组器物。前者是西万年类型陶器中有代表性的器物,后者是后冈类型有代表性的器物,且有少量彩陶亦具后冈类型特征。这种现象,在后冈类型文化中则不见。也就是说,在豫北的后冈类型文化中,根本不见灶、釜、甑、小双耳壶、双耳矮罐一类属西万年类型有代表性的器物,这就说明西万年类型文化受到了后冈类型文化的影响。

在豫北的大司空村类型与冀南的百家村类型文化的关系上,则比较难以分辨两者的影响主次。但也有一些迹象表明,大司空村类型文化很可能吸收了百家村类型的影响,因为冀南的百家村类型彩陶比较发达,花纹结构比较复杂,而大司空村类型的彩陶不及前者发达,花纹结构亦不及前者复杂,因此后者的彩陶有可能是吸收了前者的影响。

至于豫北的后冈类型与大司空村类型的关系,以及冀南的西万年类型与百家村类型的关系,则应当是一纵向关系,两者有文化上的承袭和发展,年代上有早晚之别。

对于豫北、冀南两种类型仰韶文化的年代关系,最初有认为大司空村类型的年代早,后冈类型年代晚[1],后来又有人认为后冈类型年代早,大司空村类型年代晚[2],现在多认为后冈类型年代早。这一认识,只是把豫北、冀南的仰韶文化视为一个区、系两种类型考虑的。若按两个区、系考虑,则两地的两种类型文化之间,亦有年代关系的问题。

---

[1] 唐云明:《试谈豫北冀南仰韶文化的类型与分期》,《考古》1977年第4期。
[2] 杨锡璋:《仰韶文化后冈类型和大司空村类型的相对年代》,《考古》1977年第4期。

从豫北的后冈类型和冀南的西万年类型两种类型的年代关系来看，西万年类型的年代应早于后冈类型。因为，在西万年类型文化中有打制石器，陶器特征亦与磁山文化陶器较接近。例如在西万年遗址的文化遗存，就有不少打制石器，陶器中有盂、支架、小口双耳壶、深腹罐等与磁山文化的同类器物相似，说明这类文化与磁山文化比较接近，其年代当比后冈类型早。但西万年类型文化年代亦有早晚之分。其中西万年遗址的文化遗存年代较早，赵窑遗址的年代较晚，它大致和后冈类型文化年代相当。对于后冈类型文化年代，据 ^{14}C 测定分别有距今 5680±105 年、距今 5520±105 年两个数据[1]，我们估计，西万年类型早期年代当在距今 6040 年以上。

大司空村类型与百家村类型文化年代则大体相当，或许百家村类型年代比大司空村类型稍早。因为在正定南杨庄发现的彩陶中，既有与庙底沟类型相似的花纹，亦有与大司空村彩陶相似的花纹，这种现象表明，类似大司空村类型的彩陶花纹，很可能是在冀南地区较早出现的。至于大司空村类型文化的年代，有人认为与王湾二期文化年代相当。若从彩陶的发展状况来看，大司空村类型比王湾二期文化的彩陶发达，因此其年代应比王湾二期稍早。

三、文化来源与发展状况

豫北、冀南这两地的仰韶文化，年代最早的是西万年类型。我们认为，西万年类型文化的来源应该是磁山文化，因为它与磁山文化有直接的渊源关系。这主要表现在西万年遗址的内涵中，既有西万年类型遗存，亦有磁山文化遗存，其中一区属磁山文化，二区属仰韶文化的"后冈类型"（即西万年类型），这两类文化共存于一个遗址，表明它们很可能有延续关系。

从西万年类型文化特征来看，它亦带有磁山文化特征。如西万年类型文化有不少打制石器，且有打制石铲。磁山文化亦有较多的打制石器，也有打制石铲。磁山文化陶器最有代表性的器物是盂和靴形支架，西万年类型陶器亦有与磁山相似的盂和支架。西万年的小口瓶（TZ①：108），器形与磁山的小口双耳壶相近，圆锥状器足有可能是三足钵残足，在磁山文化中亦有三足钵。直筒杯亦与磁山的同类器相似。此外，在下潘汪第二类型文化中有直壁深腹罐，也与磁山的同类器相似。这两者的石器和陶器特征的相同与相似，亦表明西万年类型文化与磁山文化当有渊源关系。不过，西万年类型文化虽然与磁山文化有渊源关系，但两者的渊源还有一段距离。

豫北的后冈类型文化年代比西万年类型晚，与西万年类型晚期相当。在赵窑遗址中，还发现西万年类型与后冈类型文化共存。因此，后冈类型与西万年类型文化是否

---

[1] 中国科学院考古研究所实验室：《放射性碳素测定年代数据报告（三）》，《考古》1974 年第 5 期。

有渊源关系？我们认为，后冈类型文化和西万年类型文化并没有直接的关系。在西万年类型陶器中有后冈类型特征，应该是西万年类型文化吸收了后冈类型文化因素的结果，并不是后者对前者的承袭。在豫北的后冈类型文化中，不见西万年类型文化特征和因素，就足以说明这一问题。

后冈类型文化的来源，当与豫北的早期新石器文化及裴李岗文化有关。

对于豫北的早期新石器文化，目前已有发现。1979年，在淇县花窝遗址的试掘中，就发现有早期新石器文化遗存。该遗址出土的石器有磨制石器和打制石器两类，其中磨制石器有斧、铲、磨棒，打制石器有尖状器和刮削器。陶器有褐陶、红陶，器类有三足钵、小口双耳壶、罐、盂等。少数器物饰有纹饰，主要有压印纹、锥刺纹、篦纹、划纹等[1]。从石器和陶器特征看，它具有较多的裴李岗文化因素。如石器以磨制为主，也有一些打制石片，陶器有三足钵、小口双耳壶，纹饰有较多的篦纹等，都属裴李岗文化因素。但它又有陶盂，具有磁山文化特征。其文化年代据 ^{14}C 测定距今为 7130 ± 120 年，晚于裴李岗和磁山文化的年代。

花窝遗址的新石器文化有较多裴李岗文化因素，当与裴李岗文化有直接的渊源关系，但它亦带有某些磁山文化特征，是受磁山文化影响的结果。地处豫北的早期新石器文化既与裴李岗文化有渊源关系，则这一地区的后冈类型仰韶文化与裴李岗文化之间，亦当有渊源关系。不过，后冈类型文化面貌与裴李岗文化面貌距离较远，不及花窝的早期新石器文化接近。但后冈类型文化与裴李岗文化的渊源关系亦有一些线索可溯，如裴李岗文化陶器中，炊具以鼎为主，后冈类型陶器的炊具亦以鼎为主，且形制有的和裴李岗文化的鼎相似，由此说明两者之间当有继承关系。

豫北、冀南两地区的仰韶文化有不同的来源，它们的发展线索，还不很明晰。在这两地的两种类型仰韶文化中，年代较早的属后冈类型和西万年类型，年代晚的则属大司空村类型和百家村类型。按这种关系，年代较晚的类型当是年代较早类型的继承者。也就是说，豫北的大司空村类型当是后冈类型的继承者，冀南的百家村类型当是西万年类型的继承者。但是，这种发展、承袭关系不仅在陶器特征上缺乏比较清楚的演变和延续线索，而且在地层关系上亦未获得确凿的证据。它不像关中和河洛地区的仰韶文化那样，不同的类型和年代早晚有别的文化遗存之间，在陶器特征上有比较清楚的发展演变线索，而且在地层关系上有相叠的地层。

在豫北、冀南的两种类型仰韶文化中，陶器特征变化很大，无论在器物群还是彩陶花纹上，都缺乏比较清晰的前后发展和承袭的线索。这两种类型文化，至今亦未发现两者相叠的地层关系，因此，要说明豫北、冀南地区两种类型仰韶文化的发展关系，目前均缺乏依据。

值得注意的是，在豫北、冀南发现的两种类型仰韶文化中，都发现有与龙山文化

---

[1] 安阳地区文管会等：《河南淇县花窝遗址试掘》，《考古》1991年第3期。

相叠的地层关系。如在豫北的后冈遗址，有后冈类型仰韶文化和龙山文化相叠的地层；在大寒南冈遗址，则发现大司空村类型仰韶文化与龙山文化相叠的地层。在冀南的下潘汪和界段营遗址，亦发现第一类型与第二类型仰韶文化与龙山文化相叠的地层。更重要的是，在龙山文化层下压的仰韶文化层，主要的还是属年代较早的仰韶文化类型。如下潘汪遗址龙山文化层下压的仰韶文化层，主要是属第二类型文化层。据T31、T32南壁地层，第三层属龙山文化层，第四层属仰韶文化层，此层"包含物均属仰韶文化第二类型"。而在已发现的7个第一类型灰坑中，则"大多数压在西周层下，只有个别为龙山文化层所压"[1]。

仅从上述地层现象看，豫北、冀南分别存在的两种类型仰韶文化，或有可能与龙山文化存在着承袭关系。但是，这种可能性并不大，因为豫北和冀南地区的龙山文化与当地的两种类型仰韶文化，在陶器特征上都难于找到彼此之间有直接承袭的线索。也就是说，它们并不像关中和河洛地区的仰韶和龙山文化之间那样，已找到了有过渡期特征的遗存。

（原载《中原文物》1998年第2期）

---

[1] 河北省文物管理处：《磁县下潘汪遗址发掘报告》，《考古学报》1975年第1期。

黄河流域母权制倾覆的历史时限

氏族制度的发展，经历了母权制与父权制两个历史阶段，这是世界各民族原始社会氏族制度发展的普遍规律。

我国母权制氏族制度的倾覆与父权制确立的历史，目前学术界尚有不同的认识，比较普遍的说法是，大约"从五千多年起，我国黄河流域和长江流域的一些氏族部落先后进入父系氏族公社时期"[1]。但也有人提出，远在五六千年前中国已进入奴隶社会，并认为太昊、少昊、炎帝、黄帝时期是奴隶制前期[2]。

我国奴隶制的历史，是否在五六千年前开始？对这个问题，不少人是持否定的。我们认为传说时代从太昊到黄帝的社会，并不是奴隶社会，当时的社会性质应是氏族社会。但是在炎帝和黄帝之间，氏族制度的性质则有所不同。具体来说，炎帝以前是母权制，黄帝以后是父权制。黄河流域母权制向父权制的变革，大致发生在炎帝时代后期，在考古文化上相当于仰韶和大汶口文化早期，其历史年代距今约为6000年前后。

一

社会制度的变革，归根结底是由生产力的发展所引起的。

炎帝时代的后期，仰韶和大汶口文化早期，黄河流域的社会生产力已得到一定的发展。

据传说记载，在炎帝以前，黄河流域的经济生产还处于渔猎和采集阶段，人们主要依靠获取天然产品为生。文献记载"上古之世，民食蓏果、蚌蛤"[3]，"庖牺之世，天下多兽，故教民以猎"[4]的传说，大致就是以渔猎和采集为主要生活来源的时代。

炎帝时代，黄河流域开始种植农业。《白虎通义》说："古之人民皆食禽兽肉，至于神农，人民众多，禽兽不足，于是神农因天之时，分地之利，制耒耜，教民耕种。"这些传说所反映的是炎帝前期，由于人口的繁衍、发展，野兽减少，因此单纯依靠渔猎和采集生产，已不能解决人们的生活温饱。于是开始种植农业，增殖农业产品，以获得比较可靠的生活来源。社会生产由此从单纯的渔猎和采集向农业过渡。

---

[1] 郭沫若：《中国史稿》，人民出版社，1976年。
[2] 唐兰：《中国奴隶制的上限在五六千年前》，《大汶口文化讨论文集》，齐鲁书社，1979年。
[3] 韩非子：《五蠹》。
[4] 《尸子》。

炎帝后期，黄河流域又进一步开垦耕地，扩大农业种植面积。文献上有"神农作陶冶斤斧耜耨，以垦草莽"[1]的记载。这时期的农业生产也获得了较大的发展，已经"能殖百谷"。

由于农业的发展，这时期原始手工业生产也开始发展起来，突出的是制陶和纺织。传说"神农耕而作陶"[2]，"神农身亲耕，妻亲织"[3]，"男耕而食，妇织而衣"[4]，就反映出当时制陶和纺织已成为一项重要的生产活动。

上述情况表明，炎帝时代，黄河流域的经济生产，已形成了包括渔猎、采集、农业和手工业等多种经济成分的生产。而且农业耕作和种植面积也有一定的规模，成为当时的重要生产部门和人们的主要经济生活来源，从而也促进了手工业的发展。

关于炎帝时代的历史，延续的时间颇长。据《尸子》："神农氏七十世有天下。"《吕氏春秋·慎势》："神农氏十七世有天下。"《春秋命历序》："炎帝号曰大庭氏，传八世，合五百二十岁。"据以上三种说法估计，至少也经历了几百年的历史。因此，文献上关于炎帝时代的传说，当有前后期之分。

仰韶和大汶口文化早期的经济生产状况和发展水平，大体上与炎帝后期相当。在黄河流域的旧石器时代文化中，主要是渔猎和采集。河南、河北、陕西等地发现的旧石器晚期和细石器文化遗址，一般都包含有不少的野生动物遗骨，未见农业文化因素，说明这个时期原始农业还没有发生，人类是靠渔猎和采集生活。到了距今七八千年的新石器早期，黄河流域的原始农业已经发展起来了。在河南、河北、陕西、甘肃、山东等地都先后发现了这时期的农业文化遗址。当时人们已经开始定居，从事农业生产，耕作已进入锄耕阶段，生产上也已具有一定的水平。

但是，新石器早期，原始农业耕作虽已遍及整个黄河流域，不过，范围虽广，农业村落的分布则不密，耕作面积不大，生产力水平也不高，很明显地显示出原始农业发展的初期阶段。

到了6000年前的仰韶和大汶口文化早期，黄河流域原始农业文化遗址分布比较密集，村落的规模也较大，出土的农业工具数量很多，制作精致，磨光程度较高。与农业生活相关的陶质器皿，出土量也很多，不仅有大量的炊煮、饮食器，而且还出土有大型的缸、罐等储容器，用于储藏粮食的窖穴也有很多发现。由此说明，这时期的农业耕作点比新石器早期又有新的发展，耕作面积和规模也有所扩大，生产水平也有新的提高，储备的粮食增加，原始农业的发展又进入一个新的历史时期。

由于农业的发展，仰韶和大汶口文化时期家畜的饲养也发展起来了。猪、羊的饲养在新石器早期即已出现。仰韶和大汶口文化早期，猪的遗骨则有大量的发现，此外还发现有狗和鸡的遗骨。由此可见，这时期家畜和家禽的饲养已经成为当时人们的重

---

[1]《初学记》引《周书》佚文。
[2]《太平御览》引《周书》佚文。
[3]《吕氏春秋》。
[4]《商君书·画策》。

要经济生产和生活来源之一。

仰韶和大汶口文化时期，黄河流域的原始手工业生产也相继发展起来。这时期的手工业主要有制陶、纺织、制骨、木作、编织等生产部门。

制陶和纺织，在新石器早期文化即已出现。仰韶和大汶口文化早期，不仅陶器和纺轮出土数量很多，还发现有大量的骨器，布纹、席纹的痕迹，在房基内还发现有木板的痕迹。由此说明，当时的手工业已出现了上述几个生产部门，而且具有一定的生产水平和技术水平。

综上所述，仰韶和大汶口文化时期，社会生产已经有农业、渔猎、采集、畜养和手工业五种成分，其中农业已成为重要的生产部门和主要经济生活来源，也有一定的生产力水平。农业的发展对推动社会制度的变革起着重要作用。据民族调查资料分析，我国一些少数民族从母权制向父权的过渡，都"是与初期的原始农业向大面积的刀耕火种农业过渡相一致的"[1]。从黄河流域原始农业的发展情况来看，新石器早期，大致处于原始的初期农业发展阶段，仰韶和大汶口文化早期，已经开始向大面积的农业耕作发展。因此，从农业发展的条件来看，我们认为仰韶和大汶口文化时期，已经具备了从母权制向父权制过渡的条件。

二

炎帝后期，仰韶和大汶口文化早期，黄河流域的经济发展水平和农业发展状况，不仅具备了从母权制向父权制过渡基础和条件，同时也孕育着变革因素。突出的有如下三点：

第一，劳动分工发生了变化。母权制时代，男女的劳动分工是：男子从事狩猎，他们是"森林中的主人"；妇女在家内劳动，她们是"家庭中的主人"[2]。由于农业的发展，人们的经济生活由狩猎和采集转向农业，这时男女的劳动分工，就发生了变化：男子从狩猎生产转到农业生产方面来了，他们担负着开垦耕地，翻地播种等繁重的劳动。妇女则从农业劳动中被排斥，转移到纺织等家务劳动方面来了。这一变化，就使男子在生产中占有主导地位，担负着主要职能。"妇女的家内工作，现在跟男子谋生的劳动比较起来，失掉了它的意义：男性的劳动是至高无上的，而妇女的工作只是毫不足取的附属品了"。正是由于劳动分工发生变化，结果是女性在社会和家庭中的权力和优势地位被男子所代替。因此，父权制取代母权制的根本原因，"纯粹是因为家庭以外的分工不同了"[3]。

---

[1] 陈启新等：《略论拉祜族的母权制及其向父权制的过渡》，《滇西民族史原始社会史论文集》，1979年。
[2] 恩格斯：《家庭、私有制与国家的起源》，人民出版社，1972年。
[3] 恩格斯：《家庭、私有制与国家的起源》，人民出版社，1972年。

炎帝后期，男子在农业生产上已成为主要劳动力。《商君书·画策》："神农之世，男耕而食，妇织而衣"，就反映出当时男女的劳动分工是：男子从事农业，妇女从事纺织，男子在生产中占主导地位。仰韶和大汶口文化早期，从墓葬中随葬的劳动工具情况来看，也表现出男子从事农业等谋生的劳动，妇女从事纺织等家务劳动，而且这种情况在新石器早期墓中即已出现。

在裴李岗和莪沟新石器早期墓中，随葬劳动工具有明显的区分，一种是随葬石斧、铲、镰等农业生产工具和陶器，另一种是随葬石磨盘、磨棒等加工粮食工具和陶器。同时，随葬农业劳动工具的墓，共存的陶器较少，一般只有饮食器，而随葬粮食加工工具的墓，共存的陶器较多，一般都有炊煮器和饮食器。这种现象表明，死者生前的劳动已有不同分工，前者担负着农业生产劳动，后者则担负着加工粮食和炊煮饮食家务劳动。遗憾的是死者尸骨已经腐朽无存，不能作性别上的鉴定。估计担负农业劳动者可能是男子，担负加工粮食者则可能是妇女。

在仰韶和大汶口文化早期墓葬中，随葬工具的情况也有所不同。男性死者，一般多随葬狩猎及农业工具。女性死者，多随葬纺轮。由此可见，仰韶和大汶口文化早期，劳动分工，基本上也是男子从事农业、狩猎等谋生劳动，妇女主要从事纺织等家务劳动，和传说的炎帝后期，"男耕而食，妇织而衣"的分工状况基本相同。这个时期，男子在劳动生产上占有主导地位，必将引起妇女在社会上和家庭上的优势被男子所代替。

第二，商品交换产生。恩格斯说，一旦"产品变成了商品，这就包含着随之而来的全部变革的萌芽"[1]。

传说炎帝后期，已经出了集市贸易和商品交换。《易·系辞》："神农氏作，……日中为市，致天下之民，聚天下之货，交易而退，各得其所。"就是当时进行商品交换的反映。

仰韶和大汶口文化早期，也有进行产品交换的迹象。在西安半坡遗址，出土有23种不同岩石质料的石器。其中除片麻岩、石英岩等7种岩石产于西安附近的临潼、蓝田外，还有玄武岩、辉绿岩、花岗岩等16种岩石，均产于关中以西地区，这就"说明半坡氏族制作石质工具的材料，只有一部分取材于附近地区，大部分由外地输入"[2]。在半坡、临潼姜寨等地出土的陶器，有不少刻划有相同的符号，彩绘的花纹图案和器形也有相同的地方，而这些遗址相距却有数百里地。因此这些陶器有可能就是在交换中得来的产品。此外，在仰韶早期和大汶口文化早期墓中，都发现有随葬的陶器属"冥器"。这种产品，不少人都认为是进行交换的商品。

从上述，炎帝后期、仰韶和大汶口文化早期，不仅有进行产品交换的条件和可能，

---

[1] 恩格斯：《家庭、私有制与国家的起源》，人民出版社，1972年。
[2] 中国科学院考古研究所、陕西省西安半坡博物馆：《西安半坡——原始氏族公社聚落遗址》，文物出版社，1963年。

而且也有交换的信息。这就意味着当时母权制向父权制的变革已经萌芽了。

第三，私有制出现。由母权制向父权制转变的"动力是财富的增加和想把财富转交给子女，即合法的继承人，由婚姻配偶而生的真正的后裔"[1]。因此，父权制家庭，是"以私有制对原始的自然长成的公有制的胜利为基础的第一个家庭形式"[2]。所以，私有制的出现，是促使母权制覆灭的重要因素。

炎帝后期是否存在私有制，无传说记载，但在仰韶和大汶口早期文化中，则表现出当时私有制已经产生。

"真正的私有制只是随着动产的出现才出现的"[3]。因此，最初的私有制是动产的私有，一般来说，动产是指工具、生活用具、装饰品等而言的。这种动产的私有，在新石器早期就出现了。

在裴李岗和莪沟等新石器早期墓中，一般都有随葬品，其中包括劳动工具，陶质生活用具和装饰品。仰韶和大汶口文化早期墓中，也有随葬品，但情况有所不同，一般来说，仰韶早期墓有随葬品的不多，而且主要用陶器和装饰品作随葬，用劳动工具随葬少见。西安半坡发掘的100多座成年死者墓中，有随葬品的仅71座，主要是陶器和装饰品，只有个别墓随葬石质工具，数量少者1件，多者10件。华县元君庙发掘的仰韶早期墓则多有随葬品，种类多为陶器和装饰品，只有少数墓有石斧、骨镞、纺轮。大汶口文化早期墓有随葬品的较多。

随葬品是"在埋葬时开始烧毁和销毁成为私有财产的一切东西，例如家畜、妻子、武器、衣服、装饰品，等等"[4]。也是死者"生前认为最珍贵的物品，都与已死的占有者一起埋葬到坟墓中，以便他在幽冥中能继续使用"[5]。因此，他应当是死者占有财产和私有制出现的一种印记。

私有制的产生，其结果势必引起同母权制的公有制发生矛盾。"同一氏族内部财产差别把利益的一致变为氏族成员的对抗"。"随着财富的增加，一方面给了丈夫在家庭中比妻子更有权势的地位；另一方面又产生了利用这种增强了的地位来为了他们的子女的利益而改变传统的继承制度的意图。不过，当血统按母权制确定的时候，这是不可能的，因此就得废止母权制……"[6]所以，私有制的出现，是母权制倾覆的前奏。

从上述三方面因素的存在，因此有理由认为，炎帝后期，仰韶和大汶口文化早期，氏族内部已发生了权势、利害上的冲突。这种冲突毫无疑问使传统的母权制发生动摇，为父权制所取代。

---

[1] 马克思：《摩尔根〈古代社会〉一书摘要》，人民出版社，1972年。
[2] 恩格斯：《家庭、私有制与国家的起源》，人民出版社，1972年。
[3] 马克思、恩格斯：《德意志意识形态》。
[4] 马克思：《科瓦列夫斯基〈公社土地占有制、其解体的原因、进程和结果〉一书摘要》。
[5] 马克思：《摩尔根〈古代社会〉一书摘要》，人民出版社，1972年。
[6] 恩格斯：《家庭、私有制与国家的起源》，人民出版社，1972年。

三

炎帝后期、仰韶和大汶口文化早期，黄河流域氏族部落的氏族制度，不仅存在着由母权制向父权制转变的因素，同时也存在着变革的表现。

第一，婚姻关系发生变化。传说炎帝时代的婚姻关系是群婚。《庄子·盗跖》说"神农之世，卧则居居，起则于于，民知其母，不知其父"。这种"知母不知父"的现象，就是母权制时代由群婚所带来的结果。到黄帝时代，婚姻关系就不同了。《史记·五帝本纪》："黄帝居轩辕之丘，而娶于西陵之女，是为嫘祖。"这种男子娶妻的婚姻关系，是个体婚的表现。个体婚"是建立在男性的支配权之上，这种支配权的明白目的便是生育出自己无可置疑的父亲的子女"[1]。为了实现这个目的，就必须冲破和改变母权制时代那种以女子娶夫，男子入赘，夫从妻居的制度，而代之男子娶妻，妻从夫居的婚姻关系。所以，炎帝和黄帝时代不同的婚姻关系，说明当时的婚姻制度已发生了根本的变化，而这种变化，正是母权制和父权制的区分。

从群婚转变为个体婚，绝不是一朝一夕所能实现的，其间必有一个发展过程。这个发展过程，当发生在炎帝后期。

从仰韶和大汶口文化早期的埋葬制度的变化来看，似乎也反映出当时婚姻关系正发生变化。仰韶和大汶口文化的埋葬制度，都有共同的特点和变化规律，即从单人葬发展为合葬，再转变为单人葬。早期的单人葬往往是成年死者和小孩分葬，成年死者实行土坑葬，埋葬于氏族公共墓地。小孩实行瓮棺葬，埋葬于居住区附近。后来，实行成年死者与小孩合葬，均埋葬于氏族公共墓地。在早期盛行单人土坑葬的同时，也出现极少数的成年人合葬。这种合葬，一般为同性合葬，后来又由同性合葬发展为异性合葬及男女老少的合葬。如西安半坡的成年死者，多实行单人土坑葬，埋葬于氏族公共墓地。小孩实行瓮棺葬，埋葬于居住区附近。在174座成年死者墓中，只有2座合葬，M39是两个男性合葬，M38是四个女性合葬，均属同性合葬。在华县元君庙发掘的仰韶早期墓，则盛行多人二次迁葬合葬，单人葬较少。这里发掘出51座成年人墓，其中空墓7座，单人葬16座，合葬墓28座。合葬人数少者2人，多者25人。合葬墓中的年龄性别比较复杂，有同性成年合葬，有成年女性与小孩合葬，有成年男性与小孩合葬，也有成年男女和小孩合葬。渭南史家和华阴横阵村发掘的仰韶早期墓，则以多人二次合葬墓为主，单人土坑墓很少，合葬形式是以男女老少一起合葬为主，同性成年合葬只是个别现象。如渭南史家墓地发掘出仰韶早期墓43座，成年单人墓只有3

---

[1] 恩格斯：《家庭、私有制与国家的起源》，人民出版社，1972年。

座，合葬墓达 40 座。其中只有一座是男性合葬，其余均为异性合葬。由此可见，在仰韶早期的埋葬制度中，正发生着变化，其变化的规律是：成年与小孩分葬变为合葬，同性合葬发展为异性合葬。这种变化，在一定程度上就反映出婚姻关系的变化。

研究仰韶文化社会性质的学者，多认为西安半坡的成年死者与小孩分葬和同性合葬的现象，是母系氏族群婚和对偶婚的表现，这是有道理的。"因为氏族是以血缘关系为基础的"，"赖有这种血缘亲属关系，它所联合起来的个人才成为一个氏族"[1]。由于这种血缘关系，凡同一个氏族的成员，死后也埋葬在一起，没有血缘关系的外族成员，是不允许埋葬在本氏族的墓地的。"他们认为把一个亲属的尸骨和一个外人的尸骨混在一起是违反宗教规矩的，因为凡是亲骨肉，彼此的骨肉就应当永远不分离"[2]。所以半坡墓地中的成年与小孩分葬及同性合葬的现象，是符合母权制群婚与对偶婚的婚姻关系的。因为在母系氏族中，父母与子女是分属于两个不同氏族的，死后就不能同葬在一起。但是，像元君庙墓地男女老少合葬在一起的现象，就违背了母系氏族制的基本原则，因为母系氏族父母分属不同氏族，儿童也不为氏族所承认，不算氏族的正式成员，死后不能埋入氏族墓地。所以，元君庙墓地的男女老少合葬已冲破了母系氏族的婚姻制度，但他们又沿袭了传统制度。因为"一方面人们把同氏族的人按照死者的顺序整齐地埋在同一个墓地上，这是符合传统习俗的；另一方面人们却又把近亲血缘的不同辈分、不同性别成年和幼童埋在一起，这又说明旧的传统习俗已被冲破，酝酿着新的社会变革"[3]。由此看来，仰韶早期的埋葬制度，正反映出母权制与父权制的变革和交替。

第二，社会状况也发生变化。传说"神农夫负妇载，以治天下"。社会是"刑政不用而治，甲兵不起而王"。到黄帝时因"神农既没，以强胜弱，以众暴寡，故黄帝内行刀锯，外用兵甲"。这些传说反映出炎帝与黄帝时代两种不同的社会状况：炎帝时夫妇享有同等权力，共治天下，刑政不用而社会得到治理，黄帝时社会动乱，出现了以强胜弱，以众暴寡，不得不依靠武力治理社会。这种状况，前者所反映的大致是炎帝前期的社会现象，也就是母权制时代的社会特征。而"神农既没"，则标志着母权制的覆灭！

从考古资料来看，仰韶和大汶口文化早期以后，商品交换愈加明显，私有制也愈益发展，贫富分化现象也逐步发展，并且在埋葬制度上出现了一对年龄相近的成年男女合葬。由此表明，当时的社会，私有制在发展和分化，一夫一妻的婚姻制度已经确立，父权制已经取代了母权制。

综上所述，黄河流域氏族制度的发展，大致可以把炎帝与黄帝时代划一界限。前

---

[1] 恩格斯：《家庭、私有制与国家的起源》，人民出版社，1972 年。
[2] 摩尔根：《古代社会》，生活·读书·新知三联书店，1957 年。
[3] 苏秉琦：《关于仰韶文化的若干问题》，《考古学报》1965 年第 2 期。

者为母权制，后者为父权制。在考古学文化上仰韶和大汶口文化早期以前的社会性质为母权制，以后为父权制。母权制与父权制的交替则在炎帝后期，仰韶和大汶口文化早期，历史年代为距今 6000 年前后。

（原载《史学月刊》1986 年第 4 期）

漫谈龙文化的几个问题

龙是中华民族祖先，受某种文化意识的支配而创造出来的一种文化形态。龙作为一种文化形态，又具有某种神奇的魅力，吸引着历代人都对它产生信仰和崇拜，而且这种文化形态，自古至今都备受炎黄子孙的喜爱，由此而通过各种艺术形式，极力表现和赞美龙，编织出各种丰富多彩的龙文化，且经久不衰，使龙文化又成为中华民族的传统文化之一。现在，我想就龙文化的有关问题，谈谈自己的感受，主要谈三点。

一、龙文化的创造

在历史文献中，龙似乎被认为是自然界存在的一种生物，有的文献记载说："龙，生于水……"，"深山大泽，实生龙蛇"，有不少文献则有见龙之说，或见之于深山，或见之于湖海，这些记载，就说明古人的心目中，曾经有人把龙视为自然界中存在的一种生物。其实，龙在自然界中是不存在的，这种兽首蛇身的龙，实际上是中华民族祖先虚拟出来的一种生物形象，是一种文化形态的创造。

这种文化形态是怎样创造出来的？前人已作过探究。就文化创造的规律而言，一种文化形态的创造，当有依托的原型，龙的创造原型，据前人的探究，有几种不同的说法。

有人说，龙的原型是蛇。其理由是：龙的形象，"不拘它局部像马也好，像狗也好，或像鱼、像鸟、像鹿也好，它的主干部分和基本形象却是蛇"。

也有人说，龙的原型来自于雷电的形象。"龙之为物，果何指夫？曰指夫雷电的形象也。春分至秋分之间，阳气用事，阴气干之，则激晃，其声为雷，其光为电，其形为龙，龙之为言隆也，谓诎折隆穹也。故龙常见于发电之时，雷电龙三位一体也"。

还有人说，龙的原型来源于人类日常生活中关系最密切的猪。主要认为，"文献记载和考古发掘资料都已证明，猪是祭祀常物，这固然是由于古人视猪为'水畜'，在祈天、求雨、防洪涝的祭祀活动中，自然就选择它作为沟通人神间的信物，从而出现了被神化的猪种种传说，其中就有作为雷雨之神的传说。从实际生活中的猪形象，向超现实的龙形象演化过程中正是从原始农业和原始信仰的发达为其历史背景的"。

亦有人说，龙是"游牧民族、农业民族生产的需要而对天象观察的想象物"。"龙的原型来自于春天的自然景观——蛰雷闪电的勾曲之状，蠢动的冬虫，勾曲萌芽的草木，三月始现的雨后彩虹，等等"。"其中虹是龙的最直接的原型，因为虹有美丽、具体可视形象"。

在上述种种说法中，我们比较赞同龙的创造原型是蛇一说。从种种现象分析，龙的原型是蛇，才能得到比较合理的解释。

龙的形象，在历史长河中，是不断变化的。变化最大的在龙首，或马首，或猪首，或狗首，或鹿首的形象，龙的身躯则变化不大，基本上均为蛇躯、鳞身，只是后来在腹部添加一双爪。在这一变化过程中，最初的龙形象是马首蛇身，所谓"世俗画龙之状，马首蛇尾"，就大体说明了这个问题。其后，龙的形象演化成"角似鹿，头似驼，眼似鬼，项似蛇，腹似蜃、鳞似鲤，爪似鹰，掌似虎，身似牛"，这样结构复杂的形象，是在历史长河中，经过许多艺术家们出于某种文化意识和某种想象而不断添加笔画的。在这一变化过程中，龙的身躯并未作多大的改变，一直延续，这说明蛇当是龙的创造原型。

从历史传说看来，龙也是直接从蛇演变来的。据历史传说记载，龙的传说，最早与伏羲氏有关，《帝王世纪》云："太昊帝庖（伏）羲氏风姓也，……蛇身人首有圣德。""女娲氏亦风姓也，承庖羲制度，亦蛇身人首"。这一记载是把伏羲和女娲都描绘成"蛇身人首"的形象，但后来又有文献把伏羲说成龙身，《鲁灵光殿赋》曰："伏羲鳞身，女娲蛇躯。"李善注引《玄中记》："伏羲龙身，女娲蛇躯。"由此看来，与龙相关的伏羲氏，其龙身是从蛇身演变来的，也就是说，伏羲的人龙合体形象，是从人蛇合体的形象直接转变来的。

伏羲氏从人蛇合体转变为人龙合体的形象，大概与伏羲的发祥地有关。因为，在历史传说中，伏羲的发祥地是在雷泽，"大迹出雷泽，华胥履之，生宓（伏）羲"。而雷泽之地，则有神，"雷泽有神，龙身人头"。或说"雷泽中有雷神，龙身人头"。既然雷泽有龙身人头之神，而伏羲又是华胥在雷泽感应而生的，那么伏羲自然就成为"龙身人头"的化身，因此，伏羲氏从"蛇身人首"变为"龙身人头"，当由此而来。至于龙之声，则当是从雷声的转音，因为雷和龙声相近，由于伏羲发祥于雷泽，而雷泽又有雷神，因此，龙之音可能就是由雷之声转变来的。

上述情况说明，龙的创造原型，从其形象的变化和历史传说看来，应当是蛇。龙首从人头演变为兽首，最后又演变成结构复杂的形象，是经过历代艺术家们出于某种文化意识而刻划出来的，其目的，大概是使龙的形象更加完美从而体现更加丰富的文化内涵。

龙文化最早出现于新石器时代。在新石器文化中，已发现一些龙的文化遗存，年代最早形象比较真实的龙，则是在河南濮阳西水坡仰韶遗址发现的贝嵌龙。在这个遗址中发现的贝嵌龙，是用贝壳铺嵌的，共发现三组：

一组发现于M45墓葬内。该墓共清理出四具尸骨，正中一具尸骨是一壮年男性，仰身直肢，头南脚北，当是墓主，余三具尸骨则分别埋于墓室附近，有人说是殉葬人。

在墓主人的两侧，分别用贝壳铺嵌出一龙一虎的形象，左右对称。龙居右，身长1.78米，曲身拱背，作昂首奔跃之状。虎居左，身长1.39米，头尾下垂，作行走状。另外二组则发现于灰坑和灰层中，其一铺嵌一龙一虎一鹿形象，龙虎为一躯鹿卧于虎背，其二则铺嵌龙、虎、人形象各一，人骑于龙项，虎居龙的北边。这些贝嵌龙的发现，说明龙文化早在6000年左右的历史年代就出现了，因为濮阳西水坡仰韶文化属后冈类型遗存，其年代大致在6000年左右。

龙文化不仅在中原新石器文化中有发现，在北方地区的新石器时代中亦有发现。这一地区的红山文化，就出有一些玉雕龙。如在辽宁喀左县东山嘴发现的大型祭坛遗址，就出有璜形玉饰，两端各雕一龙首，身饰瓦形沟纹。在牛河梁积石冢中，亦发现有猪龙形玉饰，作兽首形，体蜷曲如环。

从这些考古资料说明，龙文化在距今五六千年左右的时间内，在中原和北方地区都有发现，其中以中原地区出现的年代较早，由此看来，中原地区应是龙文化的发祥地。

二、龙的文化意识

龙作为一种文化形态，和其他文化形态有所不同，主要是它隐含着令人信仰和崇拜的种种文化意识。

作为一种文化形态的龙，它所隐含的文化意识，最重要的是图腾文化意识。在历史传说中，伏羲氏被描成人龙合体，龙身人头的形象，就是图腾文化意识的具体表现。因为，在图腾时代，每一个氏族，都把某一种动物视为自己的祖先，这种动物与该氏族有血缘关系，故而把这种动物作为该氏族的名称和标记，而被作为氏族名称和标记的动物，即为该氏族的图腾。由于伏羲发祥于雷泽，而雷泽中又有神，龙身人头，华胥氏感应而生伏羲，故伏羲就成为"龙身人头"的化身，两者之间就有血缘关系，因此，伏羲氏的人龙合体就体现了图腾文化意识。而且在文献上还说到伏羲氏以龙为标记，"太昊氏（伏羲）以龙纪，故为龙师而龙名"，这就清楚地说明，龙是伏羲氏的图腾。所以，龙的创造来源于图腾文化意识，同时它也隐含着图腾文化意识。

在汉代画像石刻中，就出现有表现图腾文化意识的作品。其中，在南阳地区发现的汉代画像石中，有的刻有蛇体鳞身人首的形象，这是表现伏羲"龙身人头"的意识，有的则刻有两条蛇身人首，两尾相交的形象，这是表现伏羲和女娲结为夫妻，繁衍出中华民族子孙的文化意识。这些画像，可以说就是后人对龙所具有的图腾文化意识的体现。

在龙的文化意识中，不仅有图腾文化意识，还有神的意识、祥瑞意识和帝王意识，等等。

龙被赋予神的意识出现较早。所谓"雷泽中有神，龙身人头"，就是把龙视为神，这种神是为雷神，即：雷泽中有雷神，龙身人头之说。由于龙是雷神，因此后来又引申为主司雨水之神，这种意识，大概是在种植农业成为主要生产活动和生活来源之后产生的，因为种植农业与天气的变化有密切的关系，风调雨顺，可以保证农业生产获得好收成，旱涝灾害，则会造成农业生产的歉收，这一自然现象的变化，人们往往误认为是神的作用，因此产生对自然神的崇拜。当天气变化出现下雨之前，天空中的云气，往往会凝聚成一定的形状，有的则凝聚成龙的形象。与此同时，还会出现电闪雷鸣，人们把这些现象结合起来，就误认为下雨是龙神所起的作用。所谓"龙，合而成体，散而成章，乘云气而养乎阴阳"，就反映出人们把龙与天空中的云气相连系，同时，也反映出龙被认为是主司雨水之神的意识。

其后，龙作为主司雨水之神又引申为水神。这种意识，可能是受战国时期把龙说成是变化莫测的神物意识的影响而产生的，《管子·水地篇》云："龙生于水，被五色而游，故神。欲小则化如蚕蠋，欲大则藏于天下，欲上则凌于云气，欲下则入于深渊。"《说文》则曰：龙"春分而登天，秋分而潜渊"。既然龙生于水，春分而登天，秋分而潜渊，那么，上天就成为雨神，潜渊自成为水神，即海中的龙王了。

到了汉代，龙又被奉为东方神主。这种意识，是把苍龙、白虎、朱雀、玄武，分别奉东、西、南、北四方之神，它来源于天文中的四象，即古人把天上的星宿分为二十八宿，按星的分布，又把二十八宿归为东南西北各七宿，东方的角、亢、氐、房、心、尾、箕七宿，形像龙，故称苍龙，四种意识就是从四象意识直接演变来的。四象意识在汉以前就有了，湖北随县曾侯乙墓中出土的一件漆棺盖上，就画有龙虎形象的图案，四周还写有二十八宿的名称，这说明四象意识最晚在战国时就有了。四神意识则在汉代有比较突出的表现，在汉代画像石中就刻有四神像，铜镜上也多铸有四神花纹，这就说明四神意识在汉代有较大影响。在濮阳西水坡发现的贝嵌龙、虎形象，有人则认为它反映出四象意识，暗示出"古人关于苍龙白虎观念，即二十八宿的认识，至迟在6000年前已相当成熟了"，它是"迄今为止我国古代'左青龙而右白虎'观念的最早实物例证"。

此外，龙还有神兽意识。文献上有黄帝乘龙升天的记载，《史记·封禅书》云："黄帝采首山铜，铸鼎于荆山下，鼎既成，有龙垂胡须迎黄帝，黄帝上骑，群臣后宫从上者七十余人，龙乃上去。"这就是黄帝乘龙的一例。这种意识的产生，大概是与龙被描绘成"乘云气"、"凌于云气"之说的影响有关，既然龙有乘云的神通，自然就成为神人升天的理想交通工具。在古代绘画中，有不少作品就画有人骑龙乘云气升天图，就是表现这一文化意识的。在濮阳西水坡发现的贝嵌龙中，有一组人骑龙项的形象，可能就是表现这种文化意识。

龙的祥瑞意识也很浓。这大概是因为龙被认为有神的属性，因此自古以来，人们便把龙视为吉祥物，这样，人们便在自己所使用的生活用品上，或在自己身上佩戴的装饰品上，雕刻龙的形象，希冀在日常生活中获得吉祥如意，免受灾祸的侵患，考古所发现的古代玉雕龙佩饰，就是含有这一文化意识。而这种文化意识，在新石器时代就出现了，红山文化中就出现有玉雕龙佩饰。濮阳西水坡M45墓葬中出现的贝嵌龙、虎形象，很可能亦带有避邪的意识。

龙被赋予帝王意识，是在封建社会时期出现的。主要表现在封建皇帝把自己打扮成龙的化身，自命为真龙天子，而子孙们则获得龙子龙孙之称。因此封建皇帝始有龙的象征。在历史文献中，黄帝也被人们打扮成龙的化身，说黄帝即有龙的象征，如"轩辕，黄龙体"，黄帝"生日角龙颜，有景云之瑞"，黄帝"龙颜有圣德"，等等，就是描绘黄帝象征龙之说。但是，这种意识，只是由于黄帝被奉为中华民族的人文始祖，因此古人居于图腾意识而把黄帝描绘成有龙的象征，这和封建皇帝自命为真龙天子的意识是不同的。

由于龙是封建皇帝的象征，因此，在皇帝的日常生活中，处处都有龙的装饰。不仅皇帝的身体称龙体，容颜称龙颜，而且皇宫上有龙的雕塑，生活用具有龙的花纹，服装则绣有龙的图案，称龙袍，于是，龙的形象成为封建皇帝的专利"商标"，从唐代开始，就不准臣民使用龙的形象。但是，尽管如此，龙文化并没有受到禁锢而成为封建皇帝的专利产品，民间的龙文化，仍然很活跃。

如上所述，龙作为一种文化形态，在历史上已被赋予种种神圣而美好的文化意识，因此历代人对龙都有很深的信仰和崇拜，其中最深刻的是图腾文化意识和祥瑞意识，帝王意识在一定的历史阶段亦很有影响。正因为龙被赋予神圣而美好的文化意识，所以历代人都通过不同的艺术形式，或绘画，或雕塑，或编织以表现龙和赞美龙，或用文字编造出许多有关龙的故事，从而创造出来丰富多彩的龙文化，使之成为中华民族的传统文化之一，大放光彩！

但是，任何事物都具有两面性。龙的文化意识。在历史长河中，既有神圣美好的正面意识，亦有负面的怪异意识，也就是说，龙在赞美声中亦有贬斥。孔夫子就不把龙视之为神物。而是把它斥之为怪，说："木石之怪曰夔、罔两，水之怪曰龙、罔象。"亦有把龙并不认为是祥瑞的象征，而是把它看作灾异的征兆，所谓"三苗将亡，天雨血，夏有冰，地坼及泉，青龙生于庙，日夜出，昼不出"之说，就是把龙视为出现社会灾难前的一种不良征兆。至于民间出现的骂龙、贬龙之事亦不鲜见，突出的是遇到自然灾害，或久旱不雨，或出现洪涝灾害之时，人民群众则咒骂为恶龙作祟，把心中的忧虑和怨恨，泻在龙的身上。当封建皇帝窃取龙的图腾意识，把自己打扮成龙的化身，自命为"真龙天子"，而且梦想龙传龙一代一代世袭专制统治时，人民群众对此不满的情绪，也通过某种方式进行贬谪，传说龙生九子不成龙的故事，就是对封建皇帝梦想的一种讽刺。

龙文化虽然有正负两面的意识，但其主流则是神圣美好的正面意识，贬谪的是负面意识并没有影响正面意识，因为图腾意识和祥瑞意识，在人民群众的文化意识中是根深蒂固的。尤其是在日常生活中，人民群众都把龙文化的祥瑞意识加以表现，在节日喜庆的活动中玩龙舞、结龙灯、挂龙彩，以示祥瑞，庆贺社会繁和天下升平，同时也抒发内心的喜悦和欢乐心情。

三、龙的文化功能

任何一种文化，都有它的社会功能。一定的文化形态，亦往往以其自身的特点，在有形或无形之中，通过一定的方式和途径，影响人们的思维观念，影响社会生活，以发挥其作用。龙作为一种文化形态，不仅和其他文化形态一样，有其内在的功能，而且它还具有与其他文化形态所不同的特点，这就是，它具有比较强烈的而且独特的功能，影响人们的思维观念，在社会生活中发挥其特殊的作用。

龙的文化功能，最突出的是它所具有的凝聚功能，即它具有一种强烈的凝聚力和向心力，这种功能是其他文化形态所不具备的。龙之所以有强烈的凝聚力和向心力，主要是由于它被注入了神圣的图腾文化意识，因为，在历史传说中，龙与伏羲氏有血缘关系，伏羲是龙的化身，"龙身人头"，而"龙身人头"的伏羲，又与"蛇身人头"的女娲氏结为夫妻，从而繁衍出我们伟大的中华民族。于是，龙在中华民族的文化意识中是神圣的，并对龙产生信仰和崇拜，而且成为中华民族的象征，中华民族的子孙，也就有了"龙的传人"之称。在中华民族的子孙中，有了"龙的传人"的文化意识，就使亿万人的心理上产生一致性和一体化的观念，这就是龙的凝聚功能在无形中产生的影响和作用。

正因为龙有强烈的凝聚功能，所以在封建社会，就被封建皇帝和统治阶级所利用，为其政治目的服务。因为，封建皇帝自命为"真龙天子"，把自己打扮成龙的化身，其目的是利用龙被注入的图腾文化意识，把人民群众对龙的信仰和崇拜，转而成为对自己的信仰和崇拜，以提高自己的威望，同时还可以误导人民群众认为，真龙天子所占据的至高无上的统治地位，是天意之所在，因而心甘情愿接受封建皇帝世袭统治。因此，千百年来，封建皇帝和统治阶级利用这一文化意识，作为加强和巩固其统治地位的工具。当龙的图腾文化意识被封建统治阶级所利用，作为中华民族象征的龙，又成为封建皇帝的代名词和象征，在龙的文化意识中，又渗进权力和专制的不良意识，从而使龙的神圣和美好意识，蒙上一层阴影，暗淡了它应有的光彩。自封建统治被推翻之后，龙的权力和专制意识，亦随之消除，被蒙在龙身上的一层阴影消失，重新焕发出它的光辉。

在龙的文化功能中，还包含有一种影响人们思维观念的精神功能，这是从龙的形象中表现出来的，由于龙的形象被刻成庄严肃穆，威武雄壮，有奔腾飞跃之姿，磅礴之势，因此具有一种威武不屈，奔腾无畏的精神，这种精神或称之为龙的精神。在社会生活中，龙的精神，可以激发人们树立坚忍不拔、不屈不挠、奋发向上、无所畏惧、敢于拼搏的意志，向各种困难作斗争，追求自己理想和信念的实现。

龙被作为祥瑞的象征，因此无形中又产生出平抑人们心理状态的精神功能。当人们把龙的形象，刻画在自己随身佩戴的装饰品上，或生活用品上，在人们的思想观念中，似乎就可以起到避免邪气的侵袭和免灾得福的作用，这样，在生活中，就消除了一定的畏惧意识，心理上产生平衡，壮大了一定的胆量，去从事某些使人们感到有所害怕的社会活动。

此外，在龙的文化功能中，也有其他文化形态所具有的记录功能。龙文化的记录功能，主要是记录其自身的历史和价值，历史上遗留下来许许多多的龙文化遗物，或雕刻、或绘画的艺术作品，其本身就记录了龙文化的起源和它的发展历史和背景，也记录了历代艺术家们创作龙文化的智慧和艺术表现形式的演进，濮阳西水坡发现的贝嵌龙，就记录了仰韶文化时期，人们就有了龙的意识，并创作出古老的一种贝嵌龙文化，这为研究龙文化的起源，留下了珍贵的实物资料，同时亦为研究古代四象意识的产生，留下一份可资参考的资料。红山文化中发现的玉饰龙雕，即记录了龙的雕刻艺术，最迟在距今5000年时已产生，同时亦记录了龙作为祥瑞的象征意识，在距今5000年左右的阶段已经出现。在汉代画像石中出现的蛇身人头两尾相交的形象，就记录了龙的图腾意识在汉代就深入人心。

由于龙文化具有特殊的功能，即它所具有的凝聚力和向心力，因此有必要对龙文化进行宣扬，加深人们对龙是中华民族象征的认识，使海内外华人都深深懂得自己是龙的传人，使龙文化发挥出更大的民族团结的精神力量。

（原载《龙文化与中华民族学术讨论会文集》，中州古籍出版社，2000年）

略论郑州地区的龙山文化

河南境内的龙山文化遗存,早在20世纪30年代初就已发现。最初在河南发现的龙山文化属晚期遗存,是在安阳后冈发现的,故被称为"后冈期"龙山文化,后来又有人提出"后冈二期文化","河南龙山文化"之称。50年代中,在陕县庙底沟又发现"庙底沟二期"文化,其文化面貌既带有仰韶文化特征,亦带有河南龙山文化特征,具有仰韶向河南龙山过渡的特点,故一般把它作为河南龙山早期文化代表,至此,龙山文化的早晚期遗存,在河南均被发现。

郑州地区发现的龙山遗址不少。有的已作了发掘。对郑州地区的龙山文化,目前还未有人作全面系统的研究,因此,本文拟对这一地区的龙山文化面貌作初步考察,并对它的来龙去脉予以探索。

一、郑州地区的龙山文化面貌

郑州地区所发现的龙山文化遗址,已进行过发掘的不多,且发掘规模也不大,因此,每一处遗址所发现的龙山文化遗存都不丰富,有的遗址发现的遗物较多,而遗迹的发现均少。

已作过发掘的遗址主要有二里岗、旮旯王、牛砦、马庄、大河村、点军台以及荥阳河王遗址等。这些遗址的文化内涵分三类:一类是内含仰韶文化和龙山文化遗存;二类则内含龙山文化和商代文化遗存;三类则含单纯的龙山文化。在前一类遗址中,有的还发现有商代遗存。在这些遗址的龙山文化层内,发现的遗迹主要是窖穴和灰坑,也有一些墓葬,房基则在个别遗址中发现残迹。出土的遗物主要有陶器、石器、骨器、蚌器,有的遗址还出有玉器。陶器种类不少,有鼎、鬲、甗、斝、甑、罐、鬶、盉、壶、尊、罍、簋、盆、钵、碗、杯、豆、器盖、瓮等十余种。这些器类,并不是每个遗址都有出,有的遗址的种类较多,有的则少。石器主要有斧、铲、镰、锛、凿之类的农业和手工业工具。骨器多装饰品。其中,龙山早期遗存发现很少,晚期遗存有较多发现。早、晚期的文化内涵和文化面貌特征的差别很大。

郑州地区发现的龙山早期文化,目前只有大河村遗址有发现。该遗址的文化内涵,主要是仰韶文化和龙山文化,但也发现有商代灰坑。发掘所得的仰韶文化和龙山文化遗存,已进行了系统的分期,主要依据陶器特征和地层关系,分为六期:一、二、三期属仰韶文化；四期定属为仰韶向龙山的"过渡期"；五、六期为龙山文化，其中又将第六期定属为典型的河南龙山文化[1]。这六期之分，依陶器特征的变化是合理的，但第四期的陶器，具有比较浓厚的仰韶文化特征，虽然也有一些龙山陶器特征，但不多，因此似乎可以把它归入仰韶的晚期。第五期的陶器，则与仰韶陶器有较明显的变化，但还不具备河南龙山文化特点。因此，我们把大河村第四、五期文化合并，作为与洛阳王湾二期文化同期之遗存和郑州地区龙山早期文化的代表。

大河村四、五期文化中，陶器都有龙山文化特征，但以第五期的陶器表现较明显，因此郑州地区的龙山早期，虽然可包括第四、五期遗存，但以第五期为主。这期文化的基本特征是，窖穴的形状多为袋状坑，亦有一些不规则形坑。墓葬有土坑墓和灰坑葬两类，都无随葬品，土坑墓的人骨架仰身直肢，有的缺下肢骨，灰坑葬屈肢。陶器以灰陶为主，次为红陶，并有一些白陶。纹饰以绳纹为主，附加堆纹、弦纹、条纹为次。器物种类有鼎、钵、碗、罐、甑、盆、壶、缸等。这些特征既与仰韶文化有别，亦与典型的河南龙山文化有别。其中，陶器纹饰以绳纹为主，有条纹和附加堆纹。器形有折腹盆等，则具有河南龙山文化陶器特征，折腹盆的形制类似于河南龙山典型器之一的双腹盆。

龙山晚期遗存则有较多的发现。已发现的龙山晚期文化有大河村的第六期文化、点军台第四期文化，以及旮旯王、牛砦、马庄、河王遗址的龙山文化。在这些龙山遗址中，都发现有窖穴、灰坑，有的还发现有墓葬，获得的遗物有石器、陶器、骨器、蚌器和玉器，其中玉器只在个别遗址有发现。

郑州地区的龙山晚期文化面貌，都具有典型河南龙山文化特征。窖穴形状多袋状坑，也有一些椭圆形和不规则形坑。墓亦有土坑墓和灰坑葬两类，都无随葬品。陶器均以灰陶为主，或有白陶，或有黑陶，纹饰均有绳纹、方格纹、篮纹、器物种类较多，有鼎、甗、斝、鬲、鬹、罐、甑、钵、碗、盆、壶、盉、罍、簋、豆、盘、缸、瓮、器盖等，形制多属河南龙山的典型器，亦有一些器物的形制，在其他地区的龙山晚期陶器中所未见。

郑州地区的龙山晚期遗存，各遗址间的文化面貌特征也不完全相同，或多或少地都存在差别，尤其在陶器特征上表现明显。具体来说，有的遗址所出陶器，种类较多，器物形制亦有较多属河南龙山的典型器物，有的遗址所出的陶器种类少，河南龙山的典型器也较少，因此，每个遗址的陶器特征，似乎都有一定的特点。为了说明这个问题，我们将几个主要遗址的陶器特征进行具体的比较分析。

在大河村第六期文化中，陶器以灰陶为主，红陶少，还有少量白陶。纹饰以绳纹为主，次为方格纹、篮纹。器物种类有鬲、甗、斝、罐、盘、瓮几种，属河南龙山的典型器有袋足瓶、平底空足斝、小口高领双耳瓮、圈足盘、方格纹罐。这期文化的特

---

[1] 郑州市博物馆：《郑州大河村遗址发掘报告》，《考古学报》1979年第3期。

点是陶器种类发现较少，有白陶而未见黑陶，且有较多的鬲足出土。

点军台遗址的文化内涵包括仰韶和龙山文化，文化分期共分四期，一、二、三期属仰韶文化，第四期属龙山晚期文化。在第四期文化中，陶器以灰陶为主，其他不详。纹饰有绳纹、方格纹、篮纹。器物种类有鼎、甗、鬶、甑、钵、碗、盆、壶、杯、罐、豆、盘、瓮等，属河南龙山的典型器有甗、鬶、双腹盆、单耳杯，小口高领双耳瓮、高柄豆、方格纹罐、圈足盘。但它未见河南龙山的典型器平底空足斝，且有较多器物的形制，和其他地区的龙山陶器不同，这是其特点[1]。

旮旯王遗址的内涵有龙山文化和商代文化。龙山文化的陶器以灰陶为主，有少量黑陶。纹饰有方格纹、篮纹、绳纹。器物种类较多，有鼎、甗、鬶、斝、甑、罐、钵、碗、豆、杯、尊、瓮等，河南龙山的典型器有甗、平底空足斝、高柄豆、鬶、单耳杯。其特点是斝的出土数量多，单耳杯有直筒腹和圆腹二式，豆有浅盘平底大粗把镂孔，双腹盆和小口高领双耳瓮则未见，尊的出现也是其特点[2]。

牛砦遗址内涵为单纯的龙山文化。陶器亦以灰陶为主，亦在少量黑陶。纹饰以方格纹为主，次为篮纹，绳纹。器物种类有鼎、甗、罐、甑、鬶、碗、盆、豆、簋、斝、盉、瓮等，河南龙山的典型器有甗、鬶、高柄豆、方格纹罐。其特点是有褐陶，鼎的数量多，形式多样，缺少斝、双腹盆、单耳杯、小口高领瓮等类河南龙山典型器。这里出有簋、罍之类器物亦具特色[3]。

马庄遗址内涵亦为单纯的龙山文化。陶器亦以灰陶为主，还有黑陶、白陶、棕陶。纹饰以绳纹为主。器物种类有鼎、甗、鬶、甑、斝、罐、盉、壶、碗、盘、豆、杯、簋、瓮、觚形器等。属河南龙山的典型器有甗、斝、鬶、单耳杯、高柄豆、圈足盘等。特点是陶质比较复杂，有白陶和棕陶，器形缺少双腹盆和小口高领瓮，亦有壶、簋之类器物，尤其是觚形器在其他遗址中则未见[4]。

如上所述，郑州地区的龙山晚期遗址，文化面貌具有一定的复杂性。具体的表现是各遗址的陶器特征，既有共性，也有一定的差异，共性表现在陶质都以灰陶为主，纹饰都流行绳纹、方格纹、篮纹，器物的形制都有河南龙山文化的典型器，比较普遍的是有甗、鬶、斝、单耳杯、高柄豆之类器物。差别是有的遗址有白陶而无黑陶，有的则有黑陶而无白陶，有的还有褐陶或棕陶。纹饰有的以绳纹为主，方格纹、篮纹为次，有的则以方格纹为主，篮纹、绳纹为次。河南龙山的典型器物则有的遗址较多，有的遗址则较少，在各遗址中所见的河南龙山典型器物中，器形也有一定的差异，比较少见的典型器则有小口高领瓮、双腹盆、圈足盘几种。有的器物则在其他地区的龙山晚期陶器中未见，因此，郑州地区的龙山晚期遗存，当属典型的河南龙山文化，但

---

[1] 郑州市博物馆：《荥阳点军台遗址 1980 年发掘报告》，《中原文物》1982 年第 4 期。
[2] 河南省文物工作队一队：《郑州旮旯王遗址发掘报告》，《考古学报》1958 年第 3 期。
[3] 河南省文物工作队一队：《郑州牛砦龙山遗址发掘报告》，《考古学报》1958 年第 4 期。
[4] 郑州市博物馆：《郑州马庄遗址发掘简报》，《中原文物》1982 年第 4 期。

亦有其一定的自身特点。

二、郑州与其他地区龙山文化面貌的同异

郑州地区的龙山文化，不仅各遗址之间的面貌特征有一定的差别，而且与河南各地的龙山文化面貌特征也有差别，尤其是郑州地区的龙山早期，和其他地区的龙山早期文化面貌差别更为明显突出，彼此之间存在的相同或相似特征很少，而在晚期龙山遗存中，文化面貌的差异则比较少，彼此之间存在的相同或相似特征较多。

龙山早期文化在河南的发展还不普遍，已发现龙山早期遗存的地区，除郑州外还有豫西和豫北地区，豫东地区尚未发现。郑州地区的龙山早期遗存，主要是大河村的第四、五期文化，在点军台遗址也存在一些龙山早期的文化因素。豫西地区的龙山早期遗存发现较多，"庙底沟二期"和洛阳"王湾二期"文化，都属龙山早期的代表。豫北地区的龙山早期遗存也发现不多，主要以汤阴白营遗址的龙山早期文化为代表。在各地所发现的龙山早期遗存中，虽然在分期上有不同的说法，但共同的特点就是它们都属介于仰韶晚期和龙山晚期之间的遗存，即它们既带有仰韶文化某些特征，又带有河南龙山文化某些特征。大河村第四、五期文化实际上与"庙底沟二期"和"王湾二期"相当，因为后者都有早、晚两段之分，而豫北白营的龙山早期，则与大河村的第五期文化和"庙底沟二期"、"王湾二期"文化的晚段相当。

这三个地区的龙山早期文化面貌，差异很大，可以说是各有各的特色，这主要在陶器特征上表现出来。例如，大河村第四、五期陶器与"庙底沟二期"、"王湾二期"陶器，虽然有共同的特点，即都带有仰韶晚期和河南龙山陶器特征，但它们所具有的龙山陶器特征，却有很大差异。大河村四、五期陶器所表现的龙山文化特征，主要是陶器以灰陶为主，有一些白陶，纹饰则以绳纹为主，有较多的附加堆纹，并出现有篮纹，器物也有一些类似河南龙山陶器的形制，其中有折腹盆即类似河南龙山的双腹盆，后者的形制可能是前者的演变。而在"庙底沟二期"和"王湾二期"陶器中，虽然亦以灰陶为主，但有黑陶而无白陶，纹饰则有绳纹、方格纹、篮纹，亦有较多的附加堆纹，类似河南龙山的典型器中，"庙底沟二期"有斝和单耳杯，"王湾二期"则有高柄豆和方格纹罐。豫北的白营龙山早期陶器，亦以灰陶为主，也有黑陶而无白陶，纹饰亦有绳纹、方格纹、篮纹和附加堆纹。类似河南龙山的器物亦有斝和方格纹罐，罐形鼎的形制也接近于河南龙山的同类鼎[1]。通过比较，就可以清楚地看出，郑州、豫西、豫北三地区的龙山早期陶器特征差异很大，相同或相似的特征很少，在作风上各有各的特色，这就说明它们之间的文化面貌有根本的区别。

---

[1] 安阳地区文管会：《河南汤阴白营龙山文化遗址》，《考古》1980年第3期。

龙山晚期文化在河南各地都有发现。已发现龙山晚期遗存较多的地区，除郑州、豫西、豫北地区外，还有豫东地区。这些地区所发现的龙山晚期遗存，文化面貌都不尽相同，彼此都有一定差异，据此而被划定为几种不同的文化类型。其中豫西地区所划定的类型较多，有"三里桥类型"、"王湾类型"、"煤山类型"之称，而豫北和豫东所划定的类型较少，前者有"白营类型"之称，后者则有"王油坊类型"之称，郑州地区的龙山晚期文化，目前则尚未确立有类型。

在上述几种类型中，有个别类型的年代稍晚，其余类型的文化年代则大体相当。其中豫西的"煤山类型"年代较晚，"三里桥类型"、"王湾类型"和豫北的"白营类型"、"豫东的王油坊类型"文化年代则相当。因此，在上述类型中，"煤山类型"可作为年代类型的代表，其余当属地方类型。但是，河南各地目前所发现的龙山晚期文化，目前虽有几种不同类型之称，然亦有人只把它确定为三种类型，其中豫西地区的龙山晚期文化只划定为一种类型，称"王湾类型"，豫北地区的龙山晚期文化，则称"大寒类型"，豫东地区的龙山晚期文化，亦称"王油坊类型"[1]，这三种类型的划分，显然是作为地方类型的代表。

对于郑州地区的龙山晚期文化，至今还未有人提出立类型之说，也未有人论定它属上述类型中的哪一种类型，只是有的同志把它和王湾类型挂靠。究其原因，恐怕与郑州地区的龙山晚期文化面貌比较复杂有关。因为，这一地区的龙山晚期遗存，文化面貌既有与豫西地区龙山晚期文化相似的特征，又有与豫北和豫东地区龙山晚期文化相似的特征，同时亦有一定的自身特色，所以在文化类型的研究上被忽视。现在，我们把郑州地区龙山晚期文化面貌的复杂性，与各地区的龙山晚期文化作一比较分析说明。

在郑州和豫西地区的龙山晚期文化中，文化面貌特征的共性与差异，可以从遗迹和陶器的比较来说明。

这两地区发现的遗迹主要是窖穴和墓葬。窖穴的形状，都多属圆形袋状坑，也有一些椭圆形和不规则形坑，两者大体相同。两者的墓葬亦都有土坑墓和灰坑葬，土坑墓的葬式多仰身直肢，有的肢体残缺，灰坑葬多屈肢，这也基本相同。不同的是，郑州地区的龙山晚期墓均未见有随葬品，而豫西地区的龙山晚期墓有的则有随葬品，在洛阳矬李遗址发现的M3，就随葬陶器2件，其中陶豆1件和单把罐1件，还有蚌壳数枚[2]。

郑州和豫西地区的龙山晚期陶器，都以灰陶为主，亦有少量黑陶。纹饰亦都有绳纹、方格纹、篮纹。器物种类和器形有的也相同或相似，都有平底空足斝、鬲、双腹盆、单耳杯、高柄豆、圈足盘、小口高领双耳瓮、方格纹罐之类属河南龙山的典型器，亦有鼎、盉之类器物。其差异是：郑州龙山晚期陶器除灰陶、黑陶外，还有白陶，棕、褐陶，豫西则无白陶和棕、褐陶；前者的纹饰多以绳纹为主，方格纹、篮纹为次，后

---

[1] 李仰松：《从河南龙山文化的几个类型谈夏文化的若干问题》，《中国考古学会第一次年会论文集·1979》，文物出版社，1980年。

[2] 洛阳市博物馆：《洛阳矬李遗址发掘简报》，《考古》1978年第1期。

者则多以方格纹为主，篮纹、绳纹为次，器物种类则前者多，后者少，前者的鼎、甗多见，且有的遗址出土数量多，后者则出土数量少，尤其是甗，在郑州各遗址普遍有出，而豫西则罕见，只在洛阳小潘沟遗址发现一件甗的袋足（原称鬲）[1]，且郑州还有鬲、尊、簋、罍、觚形器之类器物，而豫西则未见出。上述情况说明，郑州和豫西的龙山晚期遗存，文化面貌有较多的相同或相似特征，亦有明显的差异。

郑州和豫北地区龙山晚期文化面貌的同异，主要以汤阴白营龙山晚期陶器特征进行比较说明。这两地的陶器亦以灰陶为主，有少量黑陶。纹饰亦流行绳纹、方格纹、篮纹，器物种类和形制亦有一些相同或相似之器，主要有平底空足斝、甗、鬶、双腹盆、单耳杯、圈足盘、方格纹罐和鬲、鼎。差别是郑州龙山晚期陶器还有白陶，白营不见，前者的纹饰以绳纹或方格纹为主，后者则以篮纹为主，器形则白营未见高柄豆、小口高领双耳瓮之类河南龙山的典型器，亦未见尊、簋、罍、粗把镂孔豆、觚形器之类器物，且同属河南龙山的典型器中，亦有一些器物的形制有较大差别，如白营的鬶和郑州龙山的同类器形就有较大差别。因此，从陶器特征的对比说明，郑州和豫北地区的龙山晚期文化面貌，既有明显的共性，又有一定差异。

郑州和豫东地区龙山晚期文化面貌的同异，则以王油坊类型的陶器特征作说明。王油坊类型陶器，亦以灰陶为主，也有黑陶，纹饰亦流行方格纹、篮纹、绳纹，器物种类和形制亦有较多的鼎、甗，还有单耳杯、高柄豆、也有壶[2]，这与郑州龙山晚期陶器基本相同。但王坊类型陶器中不见的白陶，纹饰以方格纹、篮纹为主，器形不见鬲、斝、鬶、双腹盆、圈足盘、小口高领瓮，以及尊、簋、罍、觚形器等类器物，这与郑州龙山晚期陶器有别，这说明豫东龙山晚期文化面貌，与郑州地区差别较大。

通过上面所作的比较分析说明，郑州地区的龙山文化面貌，与河南各地的龙山文化，既有相同或相似的一面，又有差别的一面，其中早期龙山文化面貌差别较大，晚期龙山文化面貌差别较小。在晚期龙山文化中，与豫西和豫北地区有较多的共同特征，差别较小，与豫东地区的晚期龙山文化相比，则共同的特征较少，不同的特征较多。郑州和豫西地区的龙山晚期文化，陶器特征的共性，主要表现在彼此都有较多的相同或相似的器形，最根本的区别是前者有鬲，且有较多的甗、斝，后者无鬲，甗、斝较少，尤其是甗罕见。郑州和豫北、豫东地区的龙山晚期文化，陶器特征的共性最根本的是有较多的甗，尤其是豫北龙山晚期陶器亦有较多的斝，且亦有鬲。区别是同属河南龙山的典型器较少。

综上所述，郑州地区的龙山文化特点是早期文化面貌与各地的差异较大，晚期文化面貌则与各地的差异较小，有较多的共同特征。这一地区的龙山晚期文化面貌，与其他地区有较多的共同特征，这说明，在龙山晚期阶段，郑州与各地的文化联系和交流加强，因而互相产生影响，并在文化面貌上产生共同特征。这种现象的产生与郑州

---

[1] 洛阳市博物馆：《孟津小潘沟遗址试掘简报》，《考古》1978年第4期。
[2] 中国社会科学院考古研究所洛阳工作队：《1977年河南永城王油坊遗址发掘概况》，《考古》1978年第1期。

的地理位置有关，由于它地处豫中，便于和各地区进行文化上的联系与交流，因此在文化面貌上产生了与各地龙山文化相同或相似的特征。

鉴于郑州地区的龙山文化面貌，与豫西的王湾类型和豫北的白营类型、豫东的王油坊类型都有一定的区别，且有自身的特点，因此有必要把郑州地区的龙山文化确定为一种类型，与豫西、豫北和豫东地区的三种类型加以区分，这种类型可称"旮旯王类型"。

三、郑州龙山文化的来龙去脉

河南龙山文化的来源，当承袭于仰韶文化，河南龙山文化的发展去向，则应当是晚于它的另一种考古学文化，这是不容置疑的。但是，在河南境内发现的仰韶文化，各地区的文化面貌特征并不完全相同，都有区别，因此被划分为几种不同的类型，其中，豫西地区的仰韶文化有庙底沟和王湾两种类型，豫北地区亦有后冈类型和大司空村类型两种，郑州地区的仰韶文化，则有秦王寨类型（或称大河村类型）之称，豫东地区的仰韶文化遗存发现少，故未划分类型。此外，在豫西南的仰韶文化，亦划分出有下王岗类型。因此，河南境内的仰韶文化遗存，目前所划分的类型就有六种。河南龙山文化也划分有几种不同的类型，大家的认识比较一致的是五种类型，加上郑州地区亦确立一种类型的话，则有六种类型，继河南龙山文化之后的考古学文化，也有不同类型之分，其中豫西地区是二里头文化，郑州地区则有南关外期和洛达庙期（或称南关外型和洛达庙型）文化，豫北地区则有辉卫型文化，而豫东地区则为岳石文化。由此看来，从大前提而言，河南龙山文化是继承河南境内的仰韶文化而发展起来的，它的发展去向，则应当是晚于它的考古学文化。但是，由于仰韶文化和河南龙山文化都有不同类型之分，而晚于河南龙山文化的考古学文化也不是一种文化，因此，河南龙山文化发展的源流，显然不是一条直线的，而是有分支的，即一种类型的龙山文化，当与某种类型的仰韶文化，和晚于龙山的某种考古学文化有更直接的源流关系。根据这一认识，现在我们就对河南龙山文化的几种不同类型，分别探索其发展的源流。

豫西地区的龙山文化，目前划分的类型有三种类型和一种类型之说。按三种类型说，则三里桥类型和王湾类型的年代相当，煤山类型的年代较晚。从发展关系来看，煤山类型与王湾类型有直接的渊源关系，而王湾类型龙山文化，又直接继承王湾类型仰韶文化而发展起来的。这一发展线索，既有地层关系的依据，而且在陶器特征上也有明显的演变关系。在洛阳王湾遗址，就发现了龙山文化与仰韶文化直接相叠的地层，陶器特征亦有一脉相承的发展线索，这就证明王湾类型龙山文化直接来源于王湾类型仰韶文化。煤山类型龙山文化则上承王湾类型龙山文化，下接二里头文化，这种关系亦有地层关系和文化面貌特征的发展演变线索可证明，在临汝煤山和洛阳矬李遗址，都发现三者相叠的地层和文化特征相延续的关系，因此，煤山类型文化被认为是河南龙山文化与二里头文化之间的"过渡期"遗存。根据这一线索，豫西地区龙山文化发展的来龙去脉，主要以王湾类型龙山文化为主体，上承王湾类型仰韶文化，下接二里头文化。

豫北地区的白营类型龙山文化，也应该是来源于当地的仰韶文化。但是，这一地区的仰韶文化有后冈类型和大司空村类型两种，在这两种类型中，一般认为后冈类型属仰韶早期，大司空村类型属仰韶晚期遗存，以此言之，则白营类型龙山文化应承袭大司空类型仰韶文化。然而，在地层上，后冈类型仰韶和大司空村类型仰韶文化，至今未发现两者相叠的地层关系，白营类型龙山文化，也未发现与大司空村类型仰韶相叠的地层关系，反之，后冈类型仰韶文化和河南龙山文化，则发现有直接相叠的地层关系，在安阳后冈遗址就发现这一地层。由此看来，豫北地区的龙山文化来源，究竟是直接来自大司空村类型，还是后冈类型仰韶文化，目前还不能作出结论。至于它的发展去向则有可能是辉卫型文化，不过两者之间在年代上尚有缺环。

郑州地区的龙山文化，当来源于大河村类型仰韶文化，这已经有地层关系和文化特征的承袭关系证明。在大河村和点军台遗址，都发现两者相叠的地层，且这两个遗址的仰韶文化和龙山文化面貌，亦有一脉相承的延续性。至于它的发展去向，目前的线索虽还不十分明确，但大体上已可看出一定的迹象。

在郑州地区目前所发现的晚于河南龙山文化的考古学文化，有南关外型和洛达庙型两类文化。这两类文化的年代相当于二里头文化的晚期，但文化面貌有所不同，洛达庙型的陶器特征与二里头晚期陶器相似，因此它被归属于二里头文化，而南关外型的陶器特征，则接近豫北的辉卫型文化。对于二里头文化的性质，有人把它定属为夏文化，而辉卫型文化的性质则定属为先商文化，因此，郑州地区目前发现的河南龙山文化之后的南关外型和洛达庙型文化，是两种不同性质的文化。

郑州地区的龙山文化发展去向，在这两种不同性质的文化中，究竟与哪一种文化有直接的源流关系？从地层关系看来，洛达庙型文化与郑州的龙山文化，目前尚未发现两者相叠的地层，而南关外型文化和郑州的龙山文化，则发现有相叠的地层，在二里岗遗址和旮旯王遗址，都发现有这一地层关系。从陶器特征来看，南关外型陶器有较多的鬲、甗之类炊具，在郑州龙山晚期陶器中，亦有鬲、甗，尤其是甗多见，而洛达庙型陶器则少甗。根据地层关系和陶器特征看来，郑州龙山文化的发展去向，似乎与南关外型文化有直接的关系。但是，郑州龙山文化与南关外型文化的年代并不直接衔接，相距有一段距离，这有待于新的发掘资料和文化分期的深入研究之后，才能对两者的源流关系进一步弄清。

（原载《中原文物》1994年第4期）

如何评估夏文化探索取得的进展

夏文化探索是中国古史研究中的重要课题,从 20 世纪 30 年代开始,史学家即根据当时考古发掘所得的资料,对夏文化问题进行探索。但是,由于当时考古发掘资料尚少,只是一种尝试。50~60 的年代,考古发掘资料已趋丰富,因此考古界亦着手进行夏文化探索,但未广泛深入展开。进入 70 年代以后,中原地区考古学文化从新石器到青铜时代的发展谱系已基本建立,夏文化探索的条件基本成熟,因此考古界便掀起探索研究的高潮。时至今日,夏文化探索可以说已取得不可忽视的进展。但是,对夏文化探索所取得的进展,考古界虽然多数人都肯定,亦有人提出异议,对此,笔者拟谈谈个人的认识。

一

夏文化探索在我国古史研究中有着十分重要的意义。因为,夏代历史属传说时代的历史,文献资料很少,故自古以来对夏代历史就有"文献不足征"之感叹!因此,这段历史在我国历史的发展上,似乎就有若明若暗朦胧不清之感,国外学者有人甚至还极力否定这段历史的存在。为解决这段历史问题,随着我国考古事业的发展,就有必要进行夏文化探索,以明确夏代历史。

进行夏文化探索,这是史学和考古学界义不容辞的责任。但是,探索夏文化必须依靠考古发掘资料才能达到目的,没有考古学研究的成果,探索夏文化就成为空谈,不会有什么结果。这一课题的研究,最根本的就是要从考古发现的考古学文化中进行识别,依据文献中有关夏代历史的记载和某一种考古学文化内涵特征结合起来作系统的研究和论证,以确定其属夏文化的性质。因此,夏文化探索,可以说是考古界应担负起更重要的责任。

我国的考古研究,是从 20 世纪 20 年代开始的。1921 年,瑞典人安特生在河南渑池发现仰韶文化,30 年代又在山东和河南发现龙山文化,尤其是在河南安阳后冈遗址的发掘,发现仰韶、龙山和殷文化相叠的地层,由此得知仰韶文化和龙山文化时代均早于殷文化。于是,有的史学家即开始进行夏文化探索。30~40 年代,史学界即有人提出仰韶文化、龙山文化是夏文化之说,由于当时考古发掘资料很少,进行夏文化探索的条件尚不成熟,因此这些观点,只是对夏文化探索所作的一种尝试之见。到了 50~

60年代考古发掘资料增多，而且有新的发现，最重要的是在郑州发现一种早于安阳殷文化的商代二里岗期文化，和在偃师发现的一种早于二里岗期文化年代的二里头文化。据此，考古界亦开始对夏文化进行探索，有的学者便提出二里头文化是夏文化之说，但并作充分的论证，因此，这一观点在当时并未展开广泛的讨论。

至70年代后期，考古界对夏文化探索深入展开。1976年，河南省文物工作队为了寻找夏代都邑遗址在登封王城岗进行发掘，发现一龙山期"小城堡"，由于王城岗"小城堡"的发现，1977年考古界即在登封县召开了夏文化探索的学术讨论会，会上，大家对夏文化问题展开了热烈的讨论，纷纷发表意见。当时对夏文化的认识归纳起来有三说：一说二里头文化是夏文化（包括二里头一至四期）；二说二里头一、二期和河南龙山文化是夏文化；三说二里头一、二期文化是夏文化，三、四期文化则是早商文化。会后，大家还纷纷发表论文，进一步阐述自己的认识，深入探索，而且对不同的意见也展开讨论，使夏文化探索形成一个高潮。在讨论过程中，主要是对二里头文化的性质上有分歧，主张二里头文化是夏文化者，认为二里头文化是一种性质的文化，不能把它区分为两种不同性质的文化，主张二里头一、二期文化是夏文化，三、四期文化是早商文化者，则强调二里头一、二期和三、四期文化有明显区别。有的还把夏、商文化的界线，从二里头文化的一、二期之间，或从二里头文化的三、四期之间划分，或说二里头一期文化是夏文化，二、三、四期文化均属早商文化，或说二里头一、二、三期文化是夏文化，四期文化则是早商文化。总之，二里头文化的性质是争论的焦点，但基本一致的意见都认为二里头早期文化是夏文化。这一共识，可以说就是夏文化探索所取得的不可忽视的进展，某些分歧意见的存在，则说明夏文化问题，并没有获得最终解决，还需要进一步展开研究讨论，这就是目前对夏文化探索的基本评估。

然而，对目前夏文化探索所取得的进展，有的学者则不以为然，认为现在大家对夏文化所发表的观点："无非是由于各自从传说的纪年来同考古学的发现相比附，只能属于假说的范畴，至少从考古上还没有找到具体的论证，也就难于肯定什么是夏文化。"目前的考古发现，"尚无法肯定夏文化的具体性质，在没有发现文字一类的实证之前，很难确定什么是夏文化"，结论是夏文化的探索"虽然有些文献记载可供参考，但还需从考古学上去寻找证据，否则无论如何讨论，也将无法解决问题的实质"[1]。按上述意见言之，则二十多年来考古界所进行的夏文化探索研究，并未取得任何进展，而只是空谈，毫无意义。探索夏文化的唯一途径，在于寻找文字一类的实证，找不到文字的实证，就不可能解决夏文化问题，亦无必要再进行白费笔墨和口舌的讨论，这些意见，客观上是对夏文化探索所取得的进展作了否定，而且对今后的探索研究，似乎亦没有必要进行了。

我们认为，探索夏文化的目的，是为了解决夏代的历史问题，明确夏代历史的存在，这不能动摇。但是要找到文字的实证，才被认为是认识了夏文化，解决了夏代的

---

[1] 安志敏：《试论中国的早期铜器》，《考古》1993年第12期。

历史问题，这恐怕是一难题，因为夏代是介于氏族社会与文明时代之间的一个历史阶段，还没有文字，因此要找到夏代的文字，证实夏文化，明确夏代历史，这是不切合实际的要求。从实际出发的话，夏文化探索，应该是根据文献记载，结合考古学发现的某一种考古学文化，从文化年代上进行科学分析研究，确定这一文化年代是处于夏纪年，同时又从文化内涵、文化特征上进行分析研究，论定这一文化内涵、特征，和文献所记载的夏代历史特征相符，从而确定它是夏文化，再通过学术界的广泛讨论取得共识，这样夏文化探索，也可以说是基本上达到了目的。

二

目前进行夏文化探索，从考古发掘的资料来看，条件已基本成熟，这主要是文献记载的夏族活动地域和夏王朝建都所在地之一的河南豫西地区，已经发现有丰富的新石器时代和青铜时代的文化遗存，从新石器时代到青铜时代的考古学文化发展谱系，亦基本明确，在这一发展谱系的考古学文化中，文化年代，自然包括了夏纪年，有了这些考古资料的基础，开展夏文化探索的条件，基本上就具备了，现在进行夏文化探索，主要是从夏人活动区域内目前所发现的考古学文化发展谱系中，识别出哪一种文化应该是夏文化的问题。

在近几年进行的探索中，人们对夏文化的认识，提出了几种不同的观点：或认为河南龙山文化和二里头文化早期是夏文化；或认为二里头文化是夏文化；或认为二里头文化早期是夏文化，晚期则是早商文化。在这些观点中，既有共识，亦有歧见，共识是大家都肯定二里头早期文化是夏文化，分歧意见主要是对二里头文化的性质认识不同。主张二里头文化是夏文化说者，认为二里头文化的早、晚（一至四期）都属同一性质的考古学文化，而主河南龙山文化和二里头早期文化是夏文化说者，则把二里头文化从二、三期之间划分成两种不同性质的文化：一、二期定属夏文化，三、四期则定属早商文化。因此，对二里头文化的性质、问题便围绕夏文化的探索而展开了一场热烈的争论。

从目前对夏文化探索的研究看来，主二里头文化是夏文化说，有其扎实的基础。邹衡先生在探索夏文化时，提出了一条逻辑公式："要在考古学上区分夏、商文化，应该从文化年代的分析入手，必须先确定何者属商年，何者属夏年。而要区分商年和夏年，目前只有一条途径是比较可行的，即首先要解决的是关于成汤居亳的地望问题。我们认为，只有确定了成汤建国的所在，才有可能进一步探索先商文化、早商文化，从而最后确定何者为夏文化。"[1]根据这一逻辑，他对郑州二里岗期商代文化，进一

---

[1] 邹衡：《西亳与桐宫考辨》，《纪念北京大学考古专业三十周年论文集》，文物出版社，1990年。

步作了深入系统的研究，把分布在安阳、郑州和豫北、冀南地区的商文化遗存，作了系统的分期，编排出商文化的发展谱系，并以安阳晚商文化为基点，确定郑州二里岗期文化属早商文化，并论定郑州商城乃成汤都亳。在此基础上，将年代早于二里岗期的南关外期商文化，以及分布在豫北、冀南地区的商文化，则定属先商文化，分布在豫西地区的二里头文化的年代亦早于二里岗时期文化，其文化年代自然就属夏年。这一系列的研究，就是从文化年代的分析入手，解决了早商文化和成汤建都的所在地之后，而探索先商文化和夏文化的。

在确定了二里头文化的年代属夏年的基础上，他还对二里岗期早商文化和二里头文化作了具体的分析，阐明了它们之间既有区别而又有相同的特点，指出："早商文化已具备了很多新的特点。这些新的特点首先是因为商代文化吸收了夏文化的因素所造成的，即所谓'殷因于夏礼'的结果，因此早商文化与夏文化有了更多的共同点，甚至不易区分。尽管如此，早商文化毕竟仍然保持了先商文化的某些特点，同时对夏文化也经过了一番扬弃，已经不是夏文化原来的面貌了。"[1]

这一系列观点的提出，从而否定了以前认为二里岗期商文化是中商文化，郑州商城乃仲丁之隞都，二里头文化是早商文化，二里头遗址是汤都西亳的观点，由此而在考古界引起一场大争论。争论的焦点是郑州商城是亳都还是隞都，二里头文化究竟是两种不同性质的考古学文化，还是一种性质的考古学文化，二里头遗址是汤都西亳还是夏都的问题。这场争论，既是对二里岗期商文化的年代，以及郑州商城的性质进一步深入研究的问题，亦是对夏文化展开深入讨论的问题。对前一个问题的争论，虽然是直接对郑州二里岗期商文化年代，以及郑州商城性质的讨论，实际上也涉及夏文化的讨论，因为反对二里岗期商文化属早商文化，郑州商城是汤都亳说，除了维护二里岗期商文化属中商文化，郑州商城属仲丁之隞都的观点外，亦有维护二里头三、四期文化属早商文化，二里头是西亳说之目的。而对二里头文化性质的讨论，则直接涉及对夏文化的认识，同时亦涉及二里岗时期商文化的年代，以及郑州商城的性质重新认识的问题。因此这两个问题争论是互相联系不能分割的。

在这两种对立的观点展开讨论中，有的同志还对郑州商文化的来源作了比较具体的分析，指出郑州商文化和二里头文化的内涵，都有两类文化因素：一类是属于平民阶层的文化遗存，包括一般的小房基、随葬陶器墓，以及石器、陶器、骨器之类的生产工具和生活用品；一类则属于奴隶主统治阶级的文化遗存，包括宫殿建筑、随葬铜器墓，以及青铜器、玉器、漆器之类的珍贵品。前一类文化遗存带有族属的性质，而后一类文化遗存则带有政治色彩的性质，在这两类文化遗存中，文化特征在前一类遗存中表现出有较大区别，如郑州商文化和二里头文化中的小房子在建筑形式结构上，以及陶器墓中随葬陶器的数量、种类组合都有显著区别。陶器特征亦有很大差异，主

---

[1] 邹衡：《试论夏文化》，《夏商周考古学论文集》，文物出版社，1980年。

要表现在二里头文化中最具特色的器物在郑州商文化陶器中不见。二里头文化和陶器带有某些商文化特征，是受先商文化影响产生的。后一类文化特征，则表现出有明显的共性，如郑州商文化和二里头文化中的宫殿建筑形式结构、铜器墓的葬制，以及青铜器特征都基本相似。根据这些现象，因此认为前一类文化遗存在文化特征上表现出的显著区别，主要是表现两者的文化习惯不同，而且彼此之间也没有传统关系，这当是族属性质不同的表现。后一类文化特征相似，则表现出两者之间有文化相承的关系，这种关系，则应是"殷因于夏礼"的体现[1]。这一分析，既是对郑州商文化来源的探讨，然亦说明郑州商文化与二里头文化是两种性质不同的文化。

当这两种对立的观点正展开深入讨论时，商代考古又有新发现。最重要的是在偃师尸乡沟又发现一座商代城址，这对郑州二里岗期商文化的年代和郑州商城的性质，以及对二里头文化和该遗址的性质讨论，又增添了新资料。

在偃师尸乡沟发现的商代城址，其年代和郑州商城相当，亦属二里岗期城址。该城址四周有夯土城墙，城址内亦发现有宫殿建筑基址，面积比郑州商城稍小，文化内涵亦不如郑州商城丰富。对这座城址的性质，有的学者根据文献上有"尸乡，殷汤所都"的记载，认定它属汤都西亳，而有的学者则根据文献"尸乡南有亳阪，东有城，太甲所放处也"之说，断言它即早商的桐宫。这两种说法虽然对偃师商城的性质存在着不同的认识，但对其年代肯定属早商。这样，偃师商城的发现，就使人们对二里岗期商文化的年代，就有了更清楚的认识，同时对二里头遗址西亳说和二里头三、四期文化是早商文化说亦是一大冲击。于是，原力主二里头三、四期文化属早商文化，二里头遗址是西亳说的学者，有的即放弃了原有的观点，进而承认二里头文化是夏文化。因此，偃师商城的发现，在一定程度上证明二里岗期文化属早商文化，二里头文化是夏文化的观点是正确的。

总观目前的夏文化探索，考古界虽然并未取得一致的认识，但提出的不同观点，经过展开争论，加上新的考古资料被发现，提供了新的证据，说明二里头文化是夏文化的确定，在研究方法上是科学的，因此其说已获得更多的学者所赞同。

三

根据目前对夏文化问题的讨论情况看来，考古界的认识虽然还不尽相同，仍然存在有分歧意见，但以豫西地区目前发现的考古学文化中，我认为只有把二里头文化定属夏文化，才具备条件。

有的学者把河南龙山文化和二里头一、二期文化定属夏文化，这不具备条件。这

---

[1] 陈旭：《郑州商文化渊源试析》，《中州学刊》1990年第1期。

不仅有文化年代不合的问题，而且在河南龙山文化和二里头一、二期文化内涵中，亦缺乏与夏代历史特点相符的条件。

众所周知，根据文献记载，夏代已建立了奴隶制国家，已有阶级矛盾和阶级对抗。这一历史特点，在河南龙山文化和二里头一、二期文化内涵中，并没有充分地体现出来。就目前的考古挖掘资料而言，河南龙山文化和二里头一、二期文化内涵，最重要的发现是在登封王城岗遗址发现一座"小城堡"和一块青铜器残片，其他文化遗存基本上仍与新石器时代文化无异。在二里头一、二期文化中，最重要的发现亦只有小铜刀。这样的文化内涵，根本体现不出当时已建立了国家政权，也说明不了当时的社会性质已进入阶级社会，和已进入文明时代的历史，这和夏代历史特点是不相合的。

二里头文化内涵则很明显地具有文明时代历史的特点。在二里头文化中，已发现一座年代最早的一组布局有序的宫殿建筑基址，宫殿基址有高大的夯土台基，有殿堂、廊庑、庭院、大门组成的建筑群。而且还出土有迄今在我国境内发现的一群年代最早的青铜器。包括礼器、兵器、工具和装饰品四类，其中礼器种类有爵、斝、鼎，兵器则有戈、戚、镞。这一部分文化因素的出现，就标志着二里头文化时期已经出现了国家政权。布局有序的宫殿建筑群，当是奴隶主阶级进行政治统治的中心，而兵器则是维护国家政权的工具。

在二里头文化中，还发现有不同类型和级别的墓葬。分三类，一类墓室较大。有棺，棺面有髹漆，墓底有狗坑，随葬品很丰富，一般都有青铜器、玉器、漆器和一组陶器。随葬的青铜器有礼器爵、兵器戈、戚，有的还有镶嵌绿松石的圆铜片。玉器有圭、钺和装饰品。漆器有豆、盒。陶器有爵、盉、盆、罐等。第二类墓墓室较小，亦有随葬品，但无棺。随葬品均为陶器，为日常生活中使用的饮具和饮食器皿，数量有多寡的差别，少者几件，多者十余件。第三类墓无随葬品，有的且无墓坑，埋入灰层或灰坑中，或身首分离，或有捆绑的迹象，或肢体残缺。这类文化因素则清楚地表现出二里头文化时期的社会，已存在阶级的和阶级矛盾，第一类墓的墓主，生前的身份地位显然是奴隶主阶级，第二类墓的墓主，生前的身份当是平民，而第三类墓的死者，一般都认为是奴隶。

此外，在二里头文化中，一批包括礼器、兵器、工具和装饰品在内的青铜器，从铸造技术工艺水平和种类、数量看来，都具有早期青铜器特点。这是在我国境内目前所发现的最可靠的一批年代最早的青铜器，因此它的出现表明二里头文化已处于青铜时代初期，历史已进入文明时代。

如上所述，二里头文化的特点基本上和夏代历史特点相符，这是在我国境所发现的商文化之前的任何一种考古学文化特点所不能相比的。不过，二里头文化所具有的这些特点，是出现在晚期，这是否亦与夏代历史特点相符？我认为亦相合。

夏代历史是处在氏族社会向文明时代过渡时期，夏禹之后，虽然开创了传子世袭制，建立了国家政权，但并不巩固。先是有夏启与伯益为了争夺继承权的斗争，后又有后羿与寒浞之乱,到了太康之后,夏王朝的政权才基本巩固。因此,夏代奴隶制可以说是在夏代后期才发展起来的。所以,二里头文化晚期具有明显的阶级社会和文明历史的特征,基本上是符合夏代历史实际的。

二里头文化既然具有初期阶级社会和国家建立特征,而且这一文化的年代亦处在夏纪年之内,文化分布中心亦在文献所载的夏人活动区域内,因此,把二里头文化定属夏文化,最具备条件。现在,有不少学者对确定二里头文化是夏文化之说持有共识,正是依据文献上有关夏代历史的记载,和对郑州商文化以及二里头文化进行比较全面的综合研究基础上认识的。

根据上述情况,夏文化探索经过几十年历史学界和考古界的共同努力,已经取得了不可忽视的进展。现在,要进一步探索夏文化,应当对前一时期的研究,进行科学的总结,明确考古的研究方向,在进一步获得新的考古资料基础上,继续展开深入的讨论,以达到目的。

(原载《河南文物考古论集》,河南人民出版社,1996年)

第三部分

中国古代文明研究及其他

中国古代文明的发展状况与特点

在世界古代文明的发展进程中，不同地区和不同民族之间，既有共同的规律，亦有不同的特点。中国是世界文明古国之一，在中国古代文明的发展进程中，自然亦不例外。对于中国古代文明的发展状况，本文拟根据考古资料、结合历史传说记载，谈谈我们的认识。

一

古代文明历史，有一个从起源到诞生的发展过程。对于中国古代文明的起源问题，过去只是依据历史传说记载进行研究，因而认定黄河中游的中原大地是中国古代文明的发祥地，这种认识，概言之即为中国古代文明起源一元论观点。

依历史传说记载看来，中国古代文明起源一元论观点是无可非议的。因为，在历史传说记载中，中原地区是一条主线，有关中国古代历史的传说，多出自中原，其他地区的历史事件，则很少记载。在历史传说记载中，中原是炎、黄两大部落集团的聚居地，亦是我国原始农业和手工业的发源地，尤其是具有文明时代的种种文化因素，如青铜器、城堡、文字、阶级和国家等，无一不是在中原大地首先出现的，而且中国的文明历史，亦是在中原大地诞生的。由此看来，中原无疑是中国古代文明的发祥地。

但是，20世纪30年代以来，在全国各地广泛地开展考古发掘，取得了大批新石器时代和青铜时代的考古资料。通过对这些考古资料进行深入研究，学者们对中国古代文明的起源问题，产生了新的认识。现在，有不少学者都认为，中国古代文明起源并不是一元的，而应该是多元的。这一认识的转变，主要是从考古学的角度进行研究的结果。

今天，对中国古代文明起源的研究，必须依靠新石器时代考古资料。因为，文明时代的历史，是以氏族社会的解体诞生的，漫长的氏族社会时期，也就是古代文明起源和发展的时期。新石器时代正处于氏族社会历史阶段，因此亦是古代文明起源和发展的阶段，故考古发掘所得的新石器时代物质文化遗存，自然就成为研究古代文明起源和发展的重要资料。

目前，在我国境内考古发掘出的新石器时代文化资料，已基本上具备研究中国古代文明起源和发展所必需的资料。最主要的是，在我国境内发现的新石器时代文化，已有早、中、晚三个发展阶段的遗存，文化年代的延续很长，距今约七八千年至五六千年。且这三个阶段的新石器文化内涵，亦有丰富程度的不同，发展水平有显著差别，从中已可比较清楚地看出中国古代文明起源和发展进程的轨迹。

新石器早期文化，目前发现不多。这一阶段的文化遗址，已发现的有聚落遗址和墓地，但数量很少。遗址内涵亦不丰富，发展水平不高，房基发现较少，墓葬较多。获得的遗物主要有磨制的农业生产工具和日常生活中使用的陶质器皿，亦有一些骨器，并发现有猪骨。从这些遗存看来。当时的农业生产已有一定的发展基础，原始手工业亦开始发展，家畜饲养亦已出现，人们已经过着以农业为主的定居生活，为中国古代文明起源奠定了基础。

古代文明起源，必须立足于一定的经济基础，这个基础，当是原始农业的发展。世界文明古国，都有发达的原始农业，就足以说明这个问题。原始农业的发展，不仅使人类获得了比较稳定而可靠的生活来源，得以过着稳定的定居生活，而且还促进原始手工业和家畜饲养的发展。由于人类有了稳定而可靠的农业定居生活，也就有了从事原始手工业生产和饲养家畜的条件和可能，使生产门路扩大，亦使人们的生活条件和生活水平得以改善和提高。当原始农业、手工业生产和家畜饲养业都提高到一定水平时，人们创造的社会产品和财富就日渐增多，积累亦随之增加，于是，在人们的头脑中，便萌生起对社会财富的追求和贪欲，产生私有观念，天长日久，氏族成员间占有的社会财富出现差别，便产生贫富分化，进而导致阶级出现。有了阶级，就必然会有矛盾，而矛盾的深化，便会发生阶级对抗，从而催化国家的诞生和文明时代的到来。因此，原始农业的发展，既促进原始经济文化的发展，又推动社会历史的进步，应该是古代文明起源和发展的经济基础。

在我国的新石器早期文化中，由于原始农业已有一定的发展，手工业、家畜饲养亦已出现，这样的经济条件，自然已具备文明起源的基础。

到了新石器中期，经济文化的发展已有较高的水平。这时期的农业聚落遗址发现相当多，面积亦较大，文化内涵丰富。遗址内的房基、墓葬均有大批发现。获得的器物中，既有大量以石器为主的农业和手工业工具，亦有一些陶质和骨质工具，还有大批陶器、骨器之类的生活用品。发现的家畜中有猪、狗两类遗骨。这些文化遗存，清楚地表明当时的经济生产，已具有较高的发展水平。值得注意的是，这时期的陶器，普遍出现彩陶，色彩有黑、红两色，有的还施白衣，花纹图案有简有繁。这说明当时已出现了原始艺术的创作。有的遗址出土的陶器上还刻有各种形状的符号，这些刻符，多认为是文字起源的标志。在个别遗址内，还出有一些小件铜器，说明金属冶铸技术已经发明。这时期的墓葬，葬式有明显的不同，随葬品亦有一定差别，反映出贫富差别开始出现，阶级已经萌芽。上述种种文化因素表明，新石器时代中期阶段，由于经济生产已有一定发展水平，因此，社会亦孕育着文明因素。

新石器晚期阶段，经济文化的发展水平更高。这时期的农业聚落遗址发现更多，内涵更加丰富。从出土的遗物看来，当时的原始农业生产，已有较高的水平，主要表现在陶器中出现有不少酒器，这说明当时已有较多剩余粮食用来酿酒。原始手工业的生产水平亦有提高，这主要表现在劳动工具加工精细，产品的种类和数量都有明显增多。家畜饲养亦有发展，发现的遗骨有猪、狗、牛、羊、鸡等，可谓六畜俱全。更重要的是，这时期的文化遗存中，已出现有一些青铜器，说明青铜冶铸技术已经发明。而且还发现几座城址，说明城市已出现。墓葬中则出现有大、中、小型墓，随葬品的种类和数量悬殊，这反映出阶级的出现。上述种种因素表明，新石器晚期阶段，已经出现文明的曙光，社会历史已接近文明时代的门槛了。

从我国新石器文化经历的三个发展阶段，大体上可以看出中国古代文明发展进程的轨迹是：新石器早期的文化发展水平还不高，但原始农业和手工业已有一定的发展，为文明起源奠定了经济基础；新石器时代中期，原始农业和手工业已具有较高的发展水平，在此基础上，已孕育着文明的因素；新石器时代晚期，原始农业和手工业的发展水平更高，因此迎来了文明的曙光。

但是，中国新石器文化的发展，并不是一条直线。因为，中国幅员辽阔，地理环境又千差万别，所以，在中国新石器文化的发展过程中，是由若干个文化区域构成的。

根据现有的考古资料，在我国境内发现的新石器文化，不同地区之间的发展进程和发展水平都不相同，文化面貌特征亦有很大差异。根据这些情况，我国著名考古学家苏秉琦先生早在1981年就提出了文化区、系划分的论述，认为"依各地区文化内涵的差异和特点，它们的发展道路（阶段性和规律性）及其源流等方面，可以划分的区域当不下十块之多"。并分别列举出陕豫晋邻境地区，山东及邻省一部分地区，湖北和邻近地区，长江下游地区，以鄱阳湖—珠江三角洲为中轴的南方地区，以长城地带为重心的北方地区[1]等六大区域的新石器文化发展线索，并作了具体的论述。现在，我们着重把新石器文化最丰富的黄河流域、长江流域和北方地区的新石器文化发展序列，作具体的说明。

黄河流域新石器文化的发展，一般分为三区。一是中游地区，已知的新石器文化有裴李岗、磁山和老官台文化，仰韶文化，龙山文化（包括陕西龙山和河南龙山）发展序列。二是上游地区，已知的有马家窑文化和齐家文化发展序列。三是下游地区，已知的有北辛文化，大汶口文化，山东龙山文化发展序列。

长江流域新石器文化的发展，目前则有两大区之分。一是中游地区，已知的有大溪文化和屈家岭文化，湖北龙山文化（或称青龙泉三期文化）发展序列。二是下游地区，已知的有河姆渡文化，马家浜文化，良渚文化发展序列。

北方地区的新石器文化，目前未进行分区。已知的有新乐文化，红山文化，小河

---

[1] 苏秉琦：《关于考古学文化的区系类型问题》，《考古学论述选集》，文物出版社，1984年。

沿类型文化发展序列。

上述各文化区的新石器文化，多有早、中、晚三个阶段的遗存，只有个别区域尚缺早期阶段遗存，但近年长江中游地区，已发现有相当于早期阶段的遗存，只是文化年代尚待进一步论定。在各区的新石器文化中，发展状况虽不尽相同，但早期阶段的原始农业，都有一定的发展基础，亦有一些手工业、家畜业出现。中、晚期阶段，原始农业、手工业都已进入发展阶段，发展水平逐步提高，而且不同程度都出现有文明的因素，显示出即将步入文明时代的历史。

根据我国新石器时代考古发掘资料和文化分区研究的成果，在近年研究中国古代文明起源的学者中，有不少人都认为，中国古代文明起源应该是多元的，而不是一元的。

二

中国古代文明起源是多元的，在发展过程中，各地区的发展进程和发展水平亦不平衡。

根据现有的考古资料，中原地区的新石器文化，发展的年代较早，发展进程也较快。

中原地区目前发现的新石器文化，年代最早的是裴李岗、磁山和老官台文化，^{14}C测定的年代，距今约七八千年，属新石器早期的晚段遗存。这时期的文明发展水平还比较低，遗址发现不多，面积也小，文化内涵亦不丰富。发现的遗迹有房基、灰坑、墓葬，遗物主要是石器和陶器，也有一些骨器，其中包括农业劳动工具和日常生活用具，还发现一些猪骨。在磁山文化中，还发现许多窖穴，窖穴内都有大量腐朽谷物堆积。从这些遗存中，可以看出当时的农业生产已有一定的发展基础，亦有一定的手工业，家畜饲养出现，人们已经过着比较安定的定居生活。

值得注意的是，在裴李岗文化墓葬中，多数墓者有随葬品。有随葬品的墓，主要随葬石器和陶器，包括农业劳动工具和生活用具两类，个别亦有装饰品。劳动工具包括生产工具斧、铲、镰之类农业耕作和收割工具，以及石磨盘、磨棒之类粮食加工工具，生活用具主要是炊具和饮食器。数量少者1件，多者20余件。男女两性墓的随葬品有一定区别，男性墓随葬的主要是生产工具，生活用的陶器较少，女性墓随葬的主要是粮食加工工具，同时随葬的陶器亦较多。上述现象反映当时已有私人占有生产工具和生活用具之类财产，男女两性间的劳动，亦有一定分工，男子主要从事农业生产，女子主要从事粮食加工之类的家务劳动[1]。

中原地区的新石器文化，继裴李岗、磁山和老官台文化之后是仰韶文化，其年代

---

[1] 李友谋、薛文灿：《裴李岗文化》，中州古籍出版社，1992年。

距今五六千年，应属新石器时代中期遗存。仰韶文化的发展水平相当高，农业聚落遗址发现不少，面积大，文化内涵很丰富；遗址内有大量房基、灰坑和大批墓葬发现；出土的遗物有众多的农业，手工业和渔猎工具，还有大批陶器，也有不少骨器；获得的家畜遗骨则有猪、狗两种。生产工具中，既有石器，亦有陶器和骨器，加工比较精细；生活用的陶器，则有炊具、饮食器、储容器等，种类繁多，形式多样。从这些遗存看来，原始农业和手工业生产，都具有较高的发展水平，家畜饲养也有发展。

在仰韶陶器中，有不少彩陶。色彩以黑彩为主，也有一些红彩，有的还在施彩之前在陶器表面施白色陶衣；花纹多种多样，有几何形纹、人面纹、动物花纹、植物花瓣纹等，颇具美观，这表明当时已出现艺术创作。亦有不少陶器上刻有各种符号，形状有几十种。这些刻符的出现，多认为它反映出文字起源，亦有人认为，"刻符已属文字……它有基本固定的形、音、义，和商周甲骨文、金文属一个系统，即象形文字系统"[1]。在陕西临潼姜寨仰韶一期文化中，则发现两件小铜器，一为圆铜片，一为管状器，经有关部门鉴定属黄铜。这一发现，说明仰韶早期已发明金属冶铸技术。在仰韶墓葬中，葬式以仰身直肢为主，也有些屈肢葬和俯身葬，还发现有割体葬，随葬品亦有多、少的差别。这些现象，则反映出仰韶文化时期，阶级已经萌芽。上述种种文化现象，表明仰韶时期的社会已经孕育着文明因素。

中原新石器文化，继仰韶文化之后是龙山文化（包括河南龙山和陕西龙山），其年代距今约四五千年，一般定属新石器晚期遗存。这一文化发展水平更高，聚落遗址发现更多，面积也大，内涵亦很丰富。从已发现的文化遗存看来，原始农业、手工业和家畜饲养的发展水平都有明显提高，突出的是，这一时期的陶器出现有酒器，说明当时的农业生产水平很高，已出现有较多剩余粮食用来酿酒。该时期获得的陶器种类和数量较多，质量也较高，这表明手工业亦有新的发展。出土的家畜遗骨，则有猪、狗、牛、羊、鸡几种，说明在当时的家畜饲养，已六畜俱全。

在河南龙山文化中，还发现有青铜器，其中登封王城岗遗址出有一件青铜器残片[2]，临汝煤山遗址则发现有铜渣以及粘有铜液的坩埚片[3]。在安阳后冈、登封王城岗、淮阳平粮台、郾城郝家台则发现龙山期城址，有夯土墙基。在山西临汾陶寺，则发现龙山期墓地，挖出的墓葬有大、中、小型三种。大墓有棺，随葬品相当丰富，有玉器、石器、陶器、木漆器等，多达一二百件；中型墓随葬品少，一般只有 10 余件；小墓则无随葬品。在其他龙山文化遗址中，则发现有灰坑葬，或人畜同埋，或人骨重叠，或身首分离。上述文化因素表明龙山文化时期青铜器和城堡已经出现，阶级已经产生，文明曙光已呈现在中原大地，它预示着这一地区的氏族社会已行将解体，文明时代的历史即将来临。

---

[1] 王志俊：《关中地区仰韶文化刻符综述》，《考古与文物》1980 年第 3 期。
[2] 河南省文物研究所等：《登封王城岗遗址的发掘》，《文物》1983 年第 6 期。
[3] 洛阳文物工作队等：《河南临汝煤山遗址发掘报告》，《考古学报》1982 年第 4 期。

中原地区的裴李岗、磁山和老官台文化，是目前在我国境内发现的新石器文化中，年代较早的农业文化，其他地区虽也发现有新石器早期的农业文化，但文化内涵都没有裴李岗文化丰富，文化内涵较丰富的，则年代较晚，如长江下游的河姆渡文化，年代只有七千年左右。因此，中原新石器文化的发展年代是比较早的，与仰韶早期文化年代相当以及类似发展水平的新石器遗存，在其他地区目前还少见，这说明中原新石器文化发展进程较快。尤其是冶金术的发明、文字起源、阶级的萌芽，亦是中原出现的年代较早。这就是说，在中国古代文明的发展进程中，中原地区的步伐亦是较快的。

但是，中原新石器文化的发展水平，在一定的发展阶段上，则不比其他地区的发展水平高。例如，长江下游的河姆渡文化，其年代稍晚于中原的裴李岗、磁山和老官台文化。但发展水平则相当高，其房屋建筑，采用了榫卯结合的木结构技术，出土的遗物，则有雕刻精细的玉器、象牙器和骨器，这些工艺水平是中原新石器文化无可比拟的。这种状况，在距今5000年左右的新石器中、晚期之间，表现更为明显。

这一历史阶段的新石器文化，在黄河上游地区有马家窑文化，下游地区则是大汶口文化，长江中游地区是大溪文化和屈家岭文化，下游是马家浜文化，北方地区是红山文化，而中原地区则为仰韶晚期和庙底沟二期文化。这些文化的发展水平差距明显，尤其是中原仰韶晚期和庙底沟二期文化的发展水平，都比其他地区诸文化的发展水平低。

在黄河上游的马家窑文化中，有许多精美的彩陶，花纹繁缛，制作技术很高。且发现有青铜器，其中甘肃东乡林遗址出有一件铜刀，短柄长刃，由两块合范铸成，永登蒋家坪亦出有一件铜刀，已残[1]。这两件铜刀，经有关部门鉴定属锡青铜，这是目前我国发现年代最早的青铜器遗存。马家窑文化墓葬，则出现有不同类型，大墓随葬品达近百件，如青海柳湾564号墓，随葬品就有95件[2]。中、小型墓的随葬品，或只有10余件，或一无所有，这种差别，表现出阶级已经出现。

在黄河下游的大汶口文化中，也出有不少精美的陶器，其中白陶和"蛋壳黑陶"胎质细腻，薄而坚硬，是陶器中之精品。亦有雕刻精美的玉器、象牙器和骨雕，如大汶口墓葬出土的大玉铲、透雕象牙梳和花瓣纹象牙筒、镶嵌绿松石的骨雕筒等，其工艺水平之高无与伦比。墓葬亦有大、中、小型之分，大墓有结构复杂的葬具，随葬品有精美的玉器、象牙器及各类陶器，石器近百件，还随葬有猪头[3]；中型墓的随葬品则有二三十件；小墓只有几件或无。这种差别，亦表现出阶级的出现。此外，大汶口文化对中原仰韶晚期和庙底沟二期文化有一定影响，在仰韶晚期和庙底沟二期文化中出现有大汶口文化类型墓，亦有大汶口文化特征的陶器。

长江中游的屈家岭文化，亦有精美的陶器，其中胎薄质坚的"蛋壳彩陶"是屈家

---

[1] 甘肃省博物馆：《甘肃文物考古工作三十年》，《文物考古工作三十年》，文物出版社，1979年。
[2] 青海省文物管理处考古队等：《青海柳湾——乐都柳湾原始社会墓地》，文物出版社，1984年。
[3] 山东省文物管理处等：《大汶口——新石器时代墓葬发掘报告》，文物出版社，1974年。

岭文化制陶技术具有很高水平的代表。尤其是在屈家岭文化中，还发现我国新石器时代年代最早的城址，共发现5座，规模都不小。此外，屈家岭文化对中原文化亦有较大影响。在汉水以北的河南南阳地区，就发现屈家岭文化取代仰韶晚期文化，成为该地区新石器文化发展的主流这一现象，而在郑州大河村和禹县谷水河仰韶遗址中，都发现有屈家岭文化因素。

在北方地区的红山文化中，则发现有众多的玉器，多出于墓葬，凡有随葬品的墓，几乎都有玉器。已发现的玉器种类很多，有璧、璜、环、珠、坠、钺、龙、猪、鸟、龟、鸮等，很有特色。更重要的是在红山文化中还发现有大型建筑，包括祭坛、女神庙、积石冢和金字塔式建筑。大型祭坛发现于辽宁省喀左县东山嘴，有一组石砌的建筑群，中心是一大型石砌方形基址，前后两端及两侧，则是形状不同的石砌基址，在基址内还发现有陶塑人像[1]。女神庙、积石冢[2]和金字塔式[3]建筑，均发现于辽宁凌源和建平县交界的牛河梁。女神庙有一单室和多室建筑基址，中心殿堂墙壁上施有彩绘，基址内挖出不少陶塑人像。积石冢是用石块垒筑的墓室，冢冢相连，形状各不相同，冢内埋葬死者有单人葬，亦有合葬，随葬品有多少的差别。金字塔式建筑是一座夯筑的土丘，外包巨石砌成圆形，直径约60米，高约25米，其建筑规模之大，堪与埃及金字塔相比。这些大型建筑的发现，"说明了我国早在五千年前已经产生了根植于公社、又凌驾于公社之上的高一级的社会组织形式"[4]。

上述诸文化的发展水平，归纳起来，有如下一些共同特点：一是原始手工业的技术水平高，或陶器制作有高超的技术工艺，或较早地发明青铜冶铸技术，或玉器、象牙器、骨器雕刻技术工艺精湛；二是兴建有规模宏大的建筑物，或营建有城墙，或营建有大型祭坛和金字塔式建筑；三是墓葬有不同类型之分，表现出当时的社会已出现阶级；四是对中原文化有一定影响。在上述特点中，前三点文化因素已呈现出文明曙光，这是中原仰韶晚期和庙底沟二期文化中所不见的。在中原新石器文化中，出现这些因素，是在龙山文化阶段，如青铜器、城址，以及墓葬中表现出阶级的出现，都发现于河南龙山文化。据此看来，到了新石器时代晚期，中原新石器文化的发展水平，才能与上述诸文化相比。

中原新石器文化的发展水平，虽然在某一发展阶段上，比其他地区的发展水平低，但决不能因此而忽视中原地区在中国古代文明发展进程中所占有的地位。

从现有的考古资料看来，中原地区的新石器文化，不仅发展年代较早，发展进程也较快，而且对其他地区的新石器文化产生较大影响，这在裴李岗、磁山文化、仰韶文化和河南龙山文化中都有表现。

---

[1] 郭大顺：《辽宁喀左县东山嘴红山文化建筑群址发掘简报》，《文物》1984年第11期。
[2] 辽宁省文物考古研究所：《辽宁牛河梁红山文化"女神庙"与积石冢群发掘简报》，《文物》1986年第8期。
[3] 魏运亨等：《红山文化遗址又发现五千年前金字塔式建筑》，《中国文物报》1990年2月8日。
[4] 苏秉琦：《辽西古文化古城古国》，《文物》1986年第8期。

裴李岗和磁山文化的影响，突出的表现在对东方的青莲岗文化和大汶口文化的影响。有人认为，青莲岗文化中有不少与磁山和裴李岗文化相同或相似的因素和特征，"青莲岗文化中有许多钵形鼎，其形制与磁山文化的钵形鼎非常接近；有些腹部较深的鼎则与裴李岗M5：4号鼎相近"。"青莲岗文化中有较多的豆，看来磁山文化的这一因素也是由青莲岗文化继承下来的。青莲岗文化中的圜底钵和小口双耳壶，也很接近磁山文化的同类器物"[1]。这两种不同地区不同文化之间存在相同或相似的因素和特征，说明裴李岗和磁山文化对青莲岗文化有影响，因为后者的文化年代晚。在裴李岗文化晚期的贾湖类型墓葬中，有不少墓都随葬有獐牙和龟甲，龟甲腹内则装有形状不同、大小有别的石子，这种葬俗，在大汶口文化早期墓中也不少见。由此看来，大汶口早期墓的葬俗，与贾湖类型墓的葬俗有渊源关系，前者当吸收了后者的影响。

此外，裴李岗和磁山文化对北方地区的新乐文化，亦有一定的影响。因为，裴李岗和磁山文化的陶器都饰有折线（或称之字形）篦纹，而在辽宁沈阳新乐遗址下层出土的陶器上，亦饰有这类篦纹，且该层出的陶器有直筒罐，形制亦与裴李岗和磁山文化的筒状深腹罐相似，而这一文化的年代亦晚于裴李岗和磁山文化。由此看来，新乐文化具有的裴李岗和磁山文化特征，亦可能是受它的影响而产生的。

仰韶文化产生的影响就更加广泛和强烈，主要涉及马家窑文化、大汶口文化、大溪文化和红山文化。

黄河上游的马家窑文化，与仰韶庙底沟类型文化有直接的渊源关系，这有地层关系证明。1957年，在甘肃临洮马家窑遗址，第一次发现马家窑文化层叠压在仰韶庙底沟类型文化层之上的地层。1962年在甘肃武山县石岭下遗址，又发现在马家窑文化层下，庙底沟类型文化层上，还有一层文化层，内含遗存既有马家窑文化特征，又有庙底沟类型文化特征，因此被定为中介层。这两个地层资料，证明马家窑文化是承袭庙底沟类型仰韶文化发展起来的。因此有人曾经把马家窑文化视为仰韶晚期的一支地方类型文化，这说明，仰韶文化对马家窑文化有直接的影响。

仰韶文化对黄河下游的大汶口文化产生的影响，主要从两方面的因素表现出来。一是在大汶口文化的早期墓中，出现有一些一次合葬和二次合葬墓，合葬人数少者2人，多者20余人，其中二次合葬墓是仰韶早期流行的一种葬俗，最早在裴李岗文化晚期的贾湖墓中出现。因此，大汶口文化的二次合葬墓，很可能是受仰韶早期葬俗的影响。二是大汶口文化中期的陶器，亦有一些白衣彩陶，花纹亦有花瓣纹，这种作风，是仰韶庙底沟类型彩陶最为流行的作风。因此，大汶口文化的彩陶作风，很明显是受庙底沟彩陶作风所影响的结果。

长江中游的大溪文化，亦受仰韶文化的影响。因为，在大溪文化的陶器中，有一些器物的器形，如敛口钵、折沿盆、小口直领罐、夆口瓮等，与仰韶文化的同类器物

---

[1] 严文明：《黄河流域新石器早期文化的新发现》，《考古》1979年第1期。

相似；彩陶花纹中，亦有一些由圆点、三角组成的花瓣纹。这些相似特征，说明大溪文化吸收了仰韶文化的影响。

北方地区的红山文化吸收仰韶文化的影响也很明显。有人就指出，"红山文化与仰韶文化亦有联系，在某种程度上也受到仰韶文化的影响，如'红顶碗'式的陶钵，与仰韶文化后冈类型的陶钵相似，彩陶中的平行线纹、平行斜线组成的三角形纹也与后冈类型同类彩陶相似，有凸饰的圆腹罐，和半坡遗址的有凸饰的尖底罐也类似"[1]。

上述情况说明，仰韶文化产生的影响相当广泛，东、西部地区和南、北方的新石器文化，都不同程度地吸收了仰韶文化的影响。至于河南龙山文化的影响，这里就不再详述了。

中原新石器文化对其他地区的新石器文化有比较强烈的影响，这是其他地区所不具备的。由此说明，中原地区的新石器文化，在发展过程中占有主导地位。这种地位，主要是由于这一地区的新石器文化发展年代较早，发展进程也较快，且其地理位置又居天下之中所决定的。

中原新石器文化的发展既然占有主导地位，这就表明，在中国古代文明的发展进程中，中原地区也应该占有主导地位。事实也确实如此，因为，从历史传说和考古发掘资料都表明，中原是最先跨进文明时代的地区。

依历史传说记载，我国第一个奴隶制王朝是聚居在中原大地的夏部族建立的。根据现有的考古资料，我国最早的青铜时代文化遗存，也出现在中原大地，这就是在河南偃师发现的二里头文化。

二里头文化是承袭河南龙山文化而发展起来，又与河南龙山文化有区别的一种考古学文化。在二里头文化中，发现有宫殿建筑基址和不同类型的墓葬，获得的遗物中，亦有部分青铜器和玉器等珍贵品。宫殿基址有高大的夯土台基，其上发现有殿堂、廊庑、大门建筑基址。墓葬则有三种：一为随葬青铜器、玉器墓，有棺；二为只随葬一定数量的陶器墓，无棺；三为无随葬品墓和灰坑葬。获得的青铜器有礼器爵、斝，兵器戈、戚和工具，装饰品等。这些遗存的发现，说明二里头文化时期已有国家政权，社会已存在阶级，历史已进入文明时代。因为宫殿基址当是奴隶主贵族生活和统治的场所，是国家诞生的标志。随葬青铜器的墓主，当是奴隶主贵族；而随葬陶器的墓主，当是平民；无随葬品的墓，应是奴隶。而获得的青铜器也有一定数量，因此，二里头文化无疑已属青铜时代的遗存。

相当二里头文化年代的考古学文化，在其他地区亦有发现。在山东地区发现的岳石文化和燕山南北发现的夏家店下层文化，其年代就与二里头文化相当，但这些文化，至今还未发现有与二里头文化相同的内涵，因此，二里头文化是目前在我国境内发现年代最早的青铜时代文化。由于二里头文化的内涵、分布范围、文化年代与夏王朝相

---

[1] 中国社会科学院考古研究所：《新中国的考古发现和研究》，文物出版社，1984年。

关的历史基本相同，因此，学术界比较普遍地认为二里头文化的性质属夏文化。

二里头文化的发现，说明中原地区最早进入青铜时代，这与历史传说、记载基本相合。但是，在文献上还有夏代已有万国诸侯之说。《左传》哀公七年："禹会诸侯于涂山，执玉帛者万国。"从这里又反映出在夏王朝建立之时，我国各地亦建立起不少诸侯国，而且也反映出中国古代文明起源是多元的问题。不过，"禹会诸侯于涂山"，则说明在"万国诸侯"中，中原的夏王朝是受尊崇的拥戴的，这似乎享有盟主的地位，不然的话，夏禹是不可能有会万国诸侯于涂山之举的。

根据以上现象，我们认为，中国古代文明起源是多元的，但在文明的发展进程中，中原地区则占有中心地位。如是言之，则中国古代文明的发展状况，就具有三方面的特点：一是中国古代文明起源应该是多元的；二是在中国古代文明发展过程中，各地的发展进程和发展水平不平衡；三是中原地区在中国古代文明的发展进程中，占有中心地位。

（原载《中原文物》1996年第1期）

仰韶文化与中国古代文明

一

古代文明起源与形成，归根结底，是以物质文化和精神文化的发展为基础的。由于物质文化和精神文化的发展，从而推动社会的进步，使人类社会的历史脱离野蛮时代，进入文明时代。

在物质文化的发展中，原始农业的发展是根本。原始农业的发展，之所以与古代文明的形成有因果关系，主要是因为原始农业的发展，不仅促进了原始手工业和家畜饲养业等物质文化的发展，同时也促进了精神文化的发展，从而推动社会的不断进步，出现文明社会。

在原始农业还没有出现之前，人类的经济生活主要依靠采集和渔猎为生，这种攫取经济是很不稳定的，亦没有可靠的生活保障。当原始农业出现和发展起来之后，人类就有了可靠的生活保障。在此基础上，发展手工业以及家畜饲养业，也就有了条件。当原始农业、手工业和家畜饲养业都相继发展起来后，人类的物质生活不断提高，因此在精神生活上，亦提出了新的要求，从而促进了精神文化的发展。

在原始农业、手工业、家畜饲养业相继得到一定的发展之后，人类所创造的社会财富就日渐丰富，社会财富的积累亦逐渐增多，在人们的头脑中，便萌生出对社会财富的追求和对物质的贪欲。氏族首领受这种思想观念的支配，往往就利用自己所掌握的权力，想方设法化公为私，占有社会财富。一旦社会财富被私人所占有，氏族社会的公有制便遭到破坏，私有制便产生，进而导致阶级的产生。一旦阶级和阶级矛盾在氏族社会中出现，人类社会的历史，便开始向文明时代跨进了，文明社会即将到来。

在仰韶文化分布的中原地区，原始农业的出现较早，发展亦较快。这一地区的原始农业在距今七八千年前的新石器时代早期已有一定的发展基础，主要表现在当时的农业村落已经形成，人们的生产活动和生活来源已以农业为主，并且过着比较稳定的定居生活，这可以从裴李岗文化来说明。

目前在河南各地发现的裴李岗文化遗址约有百余处。裴李岗文化遗址的面积不大，一般只有1万～2万平方米，大的也只有5万平方米。遗址内的文化堆积有一定的厚度，一般的文化堆积层在1米上下，最厚的达2米。经过发掘的遗址，有居住遗迹和墓地，出土有日常生活中使用的劳动生产工具和生活用具。已发现的居住遗迹主要是房基和灰坑。墓地内发现的墓葬，少的有几十座，多的有几百座。在出土的遗物中，无一例外都有农业劳动生产工具，包括石斧、石铲、石镰之类的农业生产和收割工具，以及石磨盘、磨棒之类的谷物加工工具，亦有与农业生活相适应的陶质器皿，包括鼎、罐、壶、钵、碗、盆、勺之类的炊具和饮食器皿。尤其是在舞阳贾湖遗址，还发现有炭化栽培稻遗存[1]。在新郑沙窝李则发现有可能是粟的遗存[2]。

裴李岗文化应是新石器时代早期的农业文化。当时的农业已有一定的发展基础，农业生产已成为主要的经济生产活动和主要生活来源，并开始过着比较安定的定居生活，农业定居村落开始形成。但是，这一时期的农业生产水平还不高。主要表现在聚落遗址发现少，面积也不大，内涵亦不丰富。说明当时的农业耕作面积小，生产规模不大。

仰韶文化时期的农业则相当发达。主要表现在仰韶文化的农业定居村落发现多，面积大，内涵丰富，出土的农业劳动生产工具以及与农业生活相适应的用具相当多，并且还有不少农作物遗存发现。仰韶文化遗址在中原大地约有四五千处，其中在裴李岗文化分布区内发现的仰韶文化遗址就有几百处。各遗址的面积差距较大，小的一般在10万平方米以下，大的有几十万平方米，最大的达百万平方米以上。遗址内的文化堆积层厚，一般为2~3米。

在仰韶文化遗址内，多有房基发现。发现房基数量最多的是陕西西安半坡遗址和临潼姜寨遗址，其中西安半坡的发掘面积为1万平方米，发现房基40多座[3]；姜寨的发掘面积为1.7万平方米，发现房基134座[4]。墓地内清理的墓葬也不少，在西安半坡清理各类墓葬200多座，在姜寨清理的各类墓葬则有400多座。

仰韶文化遗址出土的农业生产工具和与农业生活相适应的生活用具，无论是数量和种类都相当多。各遗址都有不少农业工具出土，种类包括石斧、石铲、石锄、石刀、石磨盘、磨棒等生产工具和谷物加工工具，还有骨铲和大量的陶刀等工具。与农业生活相适应的陶质器皿出土数量更多，种类包括鼎、釜、灶、甑、罐、钵、碗、盆、壶、瓶、杯、盘、豆、缸、瓮等炊具、饮食器、水器和容器四大类。

仰韶文化遗址中发现的农作物遗存则有粟、黍、高粱等，还发现有蔬菜种子。在西安半坡遗址，就发现有粟和菜种遗存；姜寨遗址则发现有粟和黍两类粮食作物遗存；河南郑州大河村遗址则发现有高粱遗存。

上述发现，说明当时的农业定居村落已有很大发展，农业耕作面积扩大，生产水平亦有显著的提高，当时的定居生活已非常稳定。

仰韶文化时期农业的发展，定居生活的稳定，还必将促进手工业和家畜饲养业的

---

[1] 河南省文物考古研究所：《舞阳贾湖》（上卷），科学出版社，1999年。
[2] 中国社会科学院考古研究所河南一队：《河南新郑沙窝李新石器时代遗址》，《考古》1983年第12期。
[3] 中国科学院考古研究所、陕西省西安半坡博物馆：《西安半坡——原始氏族公社聚落遗址》，文物出版社，1963年。
[4] 半坡博物馆等：《姜寨——新石器时代遗址发掘报告》，文物出版社，1988年。

发展，推动社会的进步。因此，仰韶文化农业的发展就为古代文明的起源与形成奠定了坚实的物质基础，并创造了良好的条件。

二

仰韶文化的手工业和家畜饲养，也是在裴李岗文化基础上发展起来的。但是，与裴李岗文化时期相比，仰韶文化时期的手工业生产规模扩大，技术水平提高，产品比较丰富，并出现有新的生产部门。家畜饲养的品种增多，生产水平亦有较大的提高。

仰韶文化时期的手工业，大体有制陶、制石、制骨、木作、纺织、编织等几种生产活动，而且金属冶铸已出现。这些手工业生产，多是从裴李岗文化时期就出现和发展起来的，有一些可能是在仰韶文化时期出现的。

制陶手工业在裴李岗文化时期已出现，并有一定的发展基础。在裴李岗文化遗址中，都有一定数量的陶器出土，主要是红陶，亦有一些灰陶和黑陶。制法均为手制，采用了泥条盘筑法。胎质松软，火候不高，质量低。器物种类少，形制简单，器体较小，主要有鼎、罐、壶、钵、碗、盆、勺之类的炊具和饮食器皿，大型的缸、瓮之类容器未见。多数器物不施纹饰，只有少数器物施有简单的纹饰，常见的有划纹、篦纹、指甲纹、坑点纹和压印的乳钉纹。有的遗址还发现有体积很小的陶窑。

从裴李岗文化陶器的发现情况看来，当时的制陶技术已被人们所掌握，并具有一定的生产水平。但技术工艺水平并不高，所制陶器质量差，器物种类少，形制简单，工艺粗糙，生产规模并不大。

到了仰韶文化时期，制陶手工业已有很大的发展。这时期的陶器，在各遗址都有大量出土，主要是红陶，亦有灰陶和黑陶。制法亦以手制为主，普遍采用了泥条盘筑法，而且出现了慢轮加工技术。陶器的质量高，胎质坚硬，火候高。器物种类既有生活用具，又有生产工具，而且还有大量的葬具，其中生活用具的种类繁多，制作工艺水平高，器物精美。

生活用具的种类有鼎、釜、灶、甑、罐、钵、碗、盆、盘、杯、豆、壶、瓶、缸、瓮等10余种，包括炊具、饮食器、水器和容器四大类。各种器物都有不同的形式，而且变化大，器物制作精美，器形规整，器表平整光滑。多数器物施有纹饰，其中有彩绘的花纹，亦有刻划和压印的各种纹饰。

生产工具主要有陶拍、陶垫、陶刀、陶锉和纺轮等，葬具有"瓮棺"。早期的"瓮棺"多用生活用具充当，晚期的则多为专门烧制的。在河南汝州洪山庙遗址发现的大型合葬墓，内埋瓮棺136个，都是专门烧制的大口缸。由此看来，烧制瓮棺已成为制陶的重要部分[1]。

根据仰韶文化陶器的发现情况看来，当时的制陶手工业与裴李岗文化时期相比，不仅在生产规模上扩大，生产水平有很大提高，而且在技术、工艺水平上亦有很大的进步。

仰韶文化的制石手工业，也是在裴李岗文化的基础上进一步发展的。

裴李岗文化的石制品，主要有斧、铲、镰、磨盘、磨棒之类农业工具，也有一些锛、凿、杵之类的手工业工具。这些石制品加工精细，多数都通体磨光，器形规整。从这些石制品来看，当时的制石技术，已具有一定的水平。

仰韶文化的石制品，则有大量发现，例如在西安半坡遗址发现的石制品就有几百件。石制品种类也比较多，有斧、铲、锄、刀、磨盘、杵、锛、凿、砺石、纺轮、石球、石矛、石镞和网坠等农业、手工业和渔猎工具。由此看来，仰韶文化的制石手工业，与裴李岗文化相比亦有较大的发展。

制骨手工业也是在裴李岗文化的基础上发展的。在裴李岗文化中，就出土有不少的骨制品，但各遗址出土的骨制品数量有所不同，多数遗址很少，只有骨镞、骨笄、骨锥几种。个别遗址出土的骨制品则相当多。如舞阳贾湖遗址，就出有许多骨制品，有生活用品，还有手工业及渔猎工具，种类包括骨簪、骨锥、骨针、骨镞、鱼镖、骨矛、骨镞等，甚至还出有几件骨笛。这些骨制品的出土，说明裴李岗文化时期的制骨手工业亦有一定的基础。

仰韶文化的骨制品有较多的发现，在西安半坡遗址出土的骨制品就有几百件。这时期的骨制品种类有骨铲、骨凿、骨匕、骨刀、骨针、骨锥、骨镞、鱼钩、鱼镖、鱼叉、骨笄、骨珠、骨管等，包括生活用具、生产工具和装饰品等。由此可以看出，仰韶时期的制骨手工业亦有较大的发展。

仰韶时期的木作手工业也比裴李岗文化时期发达。在裴李岗文化中，木作工具发现较少，但已有木作手工业的存在。到了仰韶文化时期，木作工具出土较多，各遗址几乎都有木作工具发现。尤其是仰韶文化时期发现的房屋建筑遗迹多，面积大，有的房屋还是平地起建的，墙壁使用了木骨泥墙。这些均说明仰韶文化时期的木作业亦有较大的发展。

纺织手工业出现于裴李岗文化时期，到了仰韶文化时期又有所发展。在裴李岗文化遗址中就有一些用陶片加工的纺轮出土，密县莪沟遗址就出有这类纺轮[2]，贾湖遗址亦有一些纺轮出土，甚至在陶器上还发现布纹，由此显示出裴李岗文化时期就已出现纺织手工业。

在仰韶文化遗址中，纺轮发现更多，其中有用陶片加工的，亦有专门烧制的陶纺

---

[1] 河南省文物考古研究所：《汝州洪山庙》，中州古籍出版社，1995年。
[2] 河南省博物馆：《河南密县莪沟北岗新石器时代遗址发掘报告》，《河南文博通讯》1979年第3期。

轮，还有石纺轮。布纹的发现也较多，在西安半坡的陶器底部，就发现印有布纹，粗细均有。临潼姜寨出土的陶器，亦同样发现印有布纹。大量纺轮的出土和不少布纹的发现，说明仰韶文化时期，纺织手工业已经发展起来。

编织手工业在仰韶文化中也已出现。在仰韶文化的陶器中，有的印有绳纹和篮纹。在彩绘花纹中，还见有网纹，并发现有网坠。尤其是在西安半坡出土的陶器上，发现有较多的编织花纹。此外，在郑州大河村遗址发现的房基内，发现有苇席纺织物遗迹。

值得指出的是，在仰韶文化时期，铜金属的冶铸已经出现。在陕西临潼姜寨遗址，就出有两件铜器，其中一件是铜片，另一件是铜管状物。这两件铜器，经北京科技大学冶金史研究室鉴定属黄铜，是冶炼方法比较原始的产品。这一发现表明，仰韶文化时期，铜金属的冶铸已经出现。

家畜饲养也是在裴李岗文化时期出现，仰韶文化时期发展起来的。在裴李岗文化中，就有猪、狗之类的家畜遗骨发现，其中猪骨在不少遗址中都有出土。在裴李岗遗址，除出有猪骨外，还发现有陶塑的猪头。狗骨在贾湖遗址有发现，共发现10个埋狗坑，内埋有完整的狗骨架。这说明裴李岗文化时期家畜饲养已经出现。

仰韶文化时期的家畜遗骨有较多的出土，主要是猪、羊、狗骨，有的遗址还出土有鸡骨，还发现有养畜的圈栏和场所。西安半坡遗址就发现不少猪、羊、狗的遗骨，在居住区内，还发现两个长条形建筑遗址，据推测可能是畜栏。临潼姜寨遗址亦有不少猪、羊、狗骨发现，也发现有畜栏，还发现两处牲畜夜宿场。这些情况说明，仰韶文化时期的家畜饲养业已相当发达。

根据仰韶文化时期手工业和家畜饲养业的发展状况来看，当时所创造的社会财富已经比较丰富。社会财富的积累必然会激发人们对社会财富的追求和贪欲，从而促使私有制的产生。因此，仰韶文化手工业和家畜饲养业的发展，必将推动古代文明起源与形成的进程。

三

仰韶文化时期，随着物质文化的发展，精神文化亦相应地得到发展。当时的精神文化产品，据考古资料所见，主要有绘画、雕塑和记事的刻符等。

彩绘在仰韶文化中常见，主要见于陶器上。仰韶文化陶器，有不少施有彩绘花纹，使用的颜色主要是黑色，亦有红色、白色和棕色。多以单色绘图，有的亦使用了复彩。有的在施彩之前，在陶器表面先施一层白色陶衣。彩绘的花纹图案多种多样，有简有繁，主要有人面花纹、动物花纹、植物花纹和几何形花纹四大类。构图线条有粗有细，匀称流畅，布局有序，协调对称。

人面花纹是用简单的笔画，画出人的面部形象，以横线和竖线勾画出眼、耳、口、鼻，有的嘴角边各含一条小鱼，有的两耳边亦画有一条小鱼，有的头上画有三角形发髻。

动物花纹有鱼纹、鹿纹、鸟纹和蛙纹。其中鱼纹有写实性和图案化形象两种，鹿纹、鸟纹、蛙纹均为简单的笔画，勾画出其形象。

植物花纹最主要的是用圆点、勾叶和弧线三角组成的花瓣图案，花纹繁缛，并且多有白色陶衣衬底，比较美观。

几何形花纹也较普遍。主要以直线、斜线、波折线组成各种不同的花纹，变化复杂多样。

在仰韶文化的彩绘作品中，河南临汝阎村遗址出土的一件陶缸上所绘的"鹳鱼石斧图"，画有一鸟、一鱼和一石斧。鹳鸟肥胖健壮，神态娴静自然，灰白色，嘴叨一条大鱼。石斧横缚于木柄上，木柄竖立在一方框上，棕色。这幅画构图新颖，是仰韶文化彩绘图案中仅见的一幅画面最大的作品。

雕塑品在仰韶文化中也不少。仰韶文化遗址出土的大量陶质生活器皿，本身就是很好的陶塑品，其形制和式样既实用又美观。有的陶器形制别致，如宝鸡北首岭出土的一件船形壶、郑州大河村出土的一件仰韶双连壶，既是日常生活中的实用品，又是颇具美感的观赏品。尤其是在陕西华县太平庄仰韶文化遗址出土的一件鹰鼎，器身塑成一只站立的鸮鹰，身躯健壮，粗腿利爪，两眼圆睁，虎视眈眈，气势凶悍，形象生动逼真，是一件很好的艺术品。

除了生活中使用的陶塑器皿外，仰韶文化时期也有作为装饰的雕塑品。在陕西西安半坡和临潼姜寨遗址出土的陶器中，就有不少陶塑的鸟、兽和人头。在陕县庙底沟出土的仰韶文化陶器中，则发现有陶塑的壁虎[1]。

刻符以西安半坡和临潼姜寨遗址发现较多。在西安半坡出土的仰韶文化陶器上，发现的刻划符号就有30多种。临潼姜寨出土的陶器，有百余件亦有刻符，也有三四十种符号。这些刻符，肯定不是无缘无故刻在陶器上的，它们或者是记事的标记，或者是传递某种文化信息。

仰韶文化彩绘和雕塑艺术取得的成就，以及刻符的出现，说明当时在物质文化的发展基础上，精神文化亦有一定的发展，同时也反映出当时人们的爱美思想和审美情趣。

四

由于仰韶文化时期的农业、手工业和家畜饲养业发展，以及精神文化的发展，从而使当时的社会亦获得进步。

---

[1] 中国科学院考古研究所：《庙底沟与三里桥》，科学出版社，1959年。

仰韶文化时期社会的进步，主要表现在如下几个方面。

其一，当时的社会已进入父权制社会。

从仰韶文化墓葬的埋葬制度看来，早晚期有很大变化。早期墓以单人葬为主，中期则以多人二次葬为主，晚期又以单人葬为主。在临潼姜寨发现的仰韶文化墓葬中，第一期发现土坑墓174座，基本上都是单人葬，只有2座双人合葬；第二期的土坑墓191座，绝大多数是多人二次合葬；第三期只发现一些零散的单人葬。在郑州大河村发现的仰韶文化晚期墓，则都是单人葬。仰韶文化时期埋葬制度的变化，在一定程度上反映了社会制度的变化。

在姜寨一期发现的两座合葬墓中，有一座是母子合葬墓，一座为父子合葬。母子合葬的葬制，反映出母权制氏族社会的婚姻关系，即群婚和对偶婚。而父子合葬，则说明子女已确立了生身的父亲，它所反映的婚姻关系是一夫一妻制，它是父权制氏族社会制度的反映。

姜寨二期的多人二次合葬墓，既有同性合葬，又有异性合葬。这两种合葬墓中，前者反映了母权制社会的葬制，后者则反映了父权制社会的葬制。但是，在多人合葬墓中，同性合葬很少见，异性合葬是主要的。

根据仰韶文化埋葬制度的变化及其所反映的社会制度，似乎可以这样认为：在仰韶文化早期阶段，氏族已经从母权制向父权制过渡，父权已经萌芽；中期阶段，父权制已逐步确立，仍存在母权制残余；晚期阶段，母权制已被废除。

其二，财产私有化、贫富差别已经比较明显。关于财产私有和贫富差别的问题，可以说在裴李岗文化时期就已出现。因为在裴李岗文化墓葬中，各墓的随葬品就有差别。有的墓无随葬品，多数墓有随葬品。有随葬品的墓，随葬器物的种类和数量也有差别。随葬品的差别，反映出私人占有财产的差别。

到了仰韶文化时期，财产私有和贫富差别更加明显。在姜寨二期发现的191座土坑墓中，有随葬品的为149座。主要是随葬陶器，少者1件，一般的2～5件，最多的为32件，有的墓还随葬有骨珠或玉石耳坠之类装饰品。

这种贫富差别，在房屋建筑上也有明显的表现。在仰韶文化的房基中，房子的建筑方法、结构和面积都有所不同。有的房子是半地穴式建筑，面积窄小、结构简陋；有的房子则是地面建筑，面积大，结构讲究。如西安半坡发现的仰韶文化房子，多数为半地穴式建筑，少数为地面建筑，面积小者在10平方米左右，大的在20平方米以上，有的达30多平方米。墙壁有的为草拌泥墙，有的为木骨泥墙；居住面有的垫红烧土，有的铺有一层木板。姜寨发现的房子，有地穴式、半地穴式和地面建筑三种，面积小的仅4～5平方米，一般多在15平方米左右，中型的为30～40平方米，大的在70平方米以上。墙壁和地面结构亦有所不同。在郑州大河村发现的仰韶文化房子，则有单间和套间之分，套间房以两间居多，最多的是四间相套。尤其是四间的套房，墙壁为木骨泥墙，并经火烧，既坚固又可防潮。地面有的铺细砂，有的上敷一层白灰硬面再用火烧，平整光滑。

从仰韶文化墓葬的随葬品和房屋建筑的差别来看，仰韶文化时期的财产私有和贫富差别应该是比较明显的。

其三，文字和铜金属冶铸已起源。在仰韶文化中出现的许多刻符，很有可能是文字起源的标志。有人把这些刻符分两类：一类是数字，一类是单字。"数字刻符可能是表示陶器标号次序或种类"，"单字刻符可能是器物所有者或器物制造者的符号"。并认为这些刻符是我国文字的原始形态，是中国文字的起源[1]。有人甚至肯定"刻符已属文字，它是古汉字的起源，已有基本固定的形、音、义，和商周甲骨文、金文属一个系统，即象形文字系统"[2]。而铜金属冶铸的起源，则可以从姜寨遗址发现的两件黄铜片作标志。

总之，根据仰韶文化农业、手工业、家畜饲养业和精神文化的发展状况，以及社会的进步等综合来看，我们认为，仰韶文化时期，古代文明已经起源，并正处于形成的发展进程中，经过龙山文化的发展阶段，到二里头文化时期，中国古代文明最终形成，我国的历史进入文明时代。因此，仰韶文化在我国古代文明的发展进程中，无疑占有极为重要的地位。

（原载《中原文物》2002 年第 3 期）

---

[1] 陈炜湛：《汉字起源试论》，《中山大学学报》1978 年第 1 期。
[2] 王志俊：《关中地区仰韶文化刻划符号综述》，《考古与文物》1980 年第 3 期。

河洛地区在我国古代文明发展进程中的地位

河洛地区地处中原腹地。这里有广阔的平原，地面覆盖着很厚的第四纪黄土，土质肥沃。境内河流纵横交错，水源充足，气候温和。这优越的地理环境，很适合人类生息繁衍，故在远古时代，中华民族的先民就生息在这一地区，开发丰富的自然资源，创造自己的文化和谱写自己的历史。经过先民们的辛勤劳动，使这一地区的原始经济文化，比较早地得到发展，从而使这一地区的社会，也比较早地进入文明时代，因此，河洛地区在我国古代文明历史的发展进程中，无疑占有其重要的地位。下面就具体地论述这一问题。

一

据历史的传说记载，最早在河洛地区聚居和开发这一地区自然资源的先民，是少典氏及其后裔黄帝部落。《史记·五帝本纪》云："黄帝者，少典之子，姓公孙名轩辕。"《国语·晋语》则云："昔少典氏娶于有蛟氏，生黄帝、炎帝。"从这些传说记载看来，黄帝和炎帝都是少典氏的后裔，少典氏乃黄帝和炎帝的祖族。

关于少典氏和黄帝部落的聚居地，史籍上没有直接的传说记载。不过，《史记·五帝本纪·集解》说到"黄帝"号有熊。《索隐》注：黄帝"号有熊者，以其本是有熊国君之子故也，亦号轩辕氏"。据此言之，黄帝号有熊，是因袭其先祖少典氏国君之号而来，因此，有熊之号，既是黄帝之号，亦是少典氏之号。有熊之号的来历，传说为地名或都邑之名，《竹书纪年》云："黄帝轩辕氏，居有熊。""黄帝受国于熊，居轩辕之丘，因以为号"。《白虎通》亦云："黄帝有天下，号曰有熊氏。"有熊之地，据《帝王世纪》："黄帝都有熊，今河南新郑是也。"新郑既然是少典氏和黄帝部的都邑，则河洛地区自然是少典氏和黄帝部落的聚居地。

少典氏的历史，史无传说，黄帝的历史则有较多的传说记载。《史记·五帝本纪》云：黄帝"生而神灵，弱而能言，幼而徇齐，长而敦敏，成而聪明"。作为氏族部落首领，他曾经率领诸侯，败炎帝、擒蚩尤，吞并了当时在黄河中、下游地区的两大氏族部落集团，使黄河流域第一次归于一统，中华民族由此而开始形成。他还顺应社会发展的规律，废除了母系氏族制，确立了父系制社会。由于黄帝开创了黄河流域的一统局面，中华民族形成，父系制的确立，因而又促进了原始经济文化的发展，使之出现了许多的文化发明创造，由此而奠定了中华文明历史的基础。

黄帝战炎帝、蚩尤，是一场旷日持久的战争。当时，黄河中、下游地区，已形成三大氏族部落集团分立对峙的局面，其中，在中游地区的中原大地，有炎帝和黄帝部落，炎帝居西部地区，黄帝部落居东部河洛地区，下游则是蚩尤部落的聚居地。由于生产力的发展，社会的进步，各种社会矛盾的产生，因而导致这三大氏族部落集团之间爆发了一场旷日持久的战争。这场战争的经过，《史记·五帝本纪》作了简单的叙述。

这场战争的起因，据说是由于"神农氏衰，诸侯相侵伐，暴虐百姓，而神农氏弗能征"。在这种形势下，"於是轩辕乃习用干戈，以征不享"，结果"诸侯咸来宾从"，黄帝获得诸侯的拥护。面对这种局面，炎帝乃"欲侵陵诸侯，诸侯咸归轩辕"，炎帝亦得不到诸侯的拥护。由于人心所向，大势所趋，黄帝又进一步积聚力量。"轩辕乃修德振民，治五气，艺五种，抚万民，度四方，教熊罴貔貅䝙虎，以与炎帝战于阪泉之野。三战然后得其志"。黄帝打败了炎帝部落之后，又东征蚩尤部落，原因是蚩尤恃其势力之强，企图与黄帝抗衡。由于"蚩尤作乱，不用帝命"，于是"黄帝乃徵师诸侯，与蚩尤战于琢鹿之野，遂擒杀蚩尤，而诸侯咸尊轩辕为天子"。黄帝在这场旷日持久的战争中获得了胜利。

黄帝与炎帝、蚩尤之战的实质，是部落之间的兼并战争。黄帝取得战争的胜利，也就实现了对炎帝、蚩尤部落集团的兼并，结束了黄河中下游三大部落集团分立对峙的局面。从此，黄河流域归于一统，三大部落集团融合成一体，形成了华夏族，成为中华民族的主体。

在三大部落集团之间的兼并战争中，黄帝取得了胜利，这自然是得益于各氏族组织的拥护，而且与当时这一部落聚居地的经济、文化的发展有关。也就是说，黄帝在战争中取得胜利，既是黄帝的主要功绩，也与河洛地区的经济文化发展，有密切的关系，这是取得战争胜利的基础。当黄帝吞并了炎帝和蚩尤两大部落集团之后，即"受国于有熊"，河洛地区也就成为氏族社会的政治中心。

黄帝与炎帝、蚩尤之战的胜利，不仅使黄河流域归于一统，中华民族大家庭的形成，而且也结束了母系氏族社会的历史，父系氏族社会宣告确立。因为，从传说记载看来，在黄帝之前的社会，是属于母系氏族社会，而黄帝时代的社会，则属父亲氏族社会。因此，父系社会的确立，可以说是在黄帝取得一统天下之后开始的。

黄帝之前的历史，传说为"神农时代"。这个时代，也就是黄河中下游地区还处于三大部落分立的时期。所谓神农时代，亦即炎帝时代，因为神农和炎帝，自汉以来多认为是同一人物，只是称谓有别，因此后人有炎帝神农氏之称。而神农时代的社会形态，则属于母系氏族社会，当时的社会状况，有传说记载可以说明。

《商君书·画策》中，对神农和黄帝时代的社会状况，作了简单的对比描述："神农之世，男耕而食，妇织而衣，刑政不用而治，甲兵不起而王。神农既没，以强胜弱，以众暴寡。故黄帝作为君臣上下之义，父子兄弟之礼，夫妇配匹之合。内行刀锯，外用甲兵。"这段话，虽然是描述神农时代和黄帝时代社会状况的不同，实际上也反映出社会形态的不同。

神农时代"男耕而食，妇织而衣，刑政不用而治，甲兵不起而王"，是氏族社会前期的社会状况，也就是母系氏族社会时期的社会特点。因为，在氏族社会前期，由于生产力低下，经济生产还不发达，氏族成员只有在氏族内过集体生活，才能赖以生存，因此在氏族内共同劳动，共同消费。生活资料也不丰富，没有财产私有，因此也没有根本的利害冲突。社会的治理是依靠氏族的习惯制度进行约束，因此没有刑政。氏族首领的产生，则是通过民主选举，没有以武力相争的现象。因此神农时代的社会状况，正具有氏族社会前期的特点。

最足以说明神农时代社会形态的是《庄子·盗跖篇》中说的一段话："神农之世，卧则居居，起则于于。民知其母，不知其父，与麋鹿共处，耕而食，织而衣，无相害之心。"其中的"民知其母，不知其父"，反映出当时的婚姻关系是一种对偶群婚。在群婚条件下生育的子女，就是知其母而不知其父。子女不知父，故世系只能依母系计算。这就充分说明神农时代的社会形态是属于母系氏族社会。

黄帝时代的社会状况也清楚地表明属父系。"以强胜弱，以众暴寡"，说明当时的社会已经存在依势欺压的现象，这表现出当时已经出现有阶级和阶级矛盾。"内行刀锯，外用甲兵"，也反映出社会矛盾的复杂，因此，在治理社会中，对内则使用了刑治的手段，对外则使用武力解决矛盾。这些社会现象，是氏族社会后期出现的特点。因为，在氏族社会后期，由于社会生产力水平的提高，原始农业和手工业已有一定的发展基础，家畜的饲养也已经成为重要的生产活动，因此，人们创造的社会财富由此而逐渐丰富。在这基础上，不但私有制产生，而且也出现了贫富差别和阶级，社会矛盾便随之而复杂。为解决社会矛盾，社会的治理就不得不使用刑政和武力。至于"黄帝作为君臣上下之义，父子兄弟之礼，夫妇配匹之合"，则反映出当时已存在等级关系。而且父子兄弟和夫妻关系亦已明确，这种现象，则十分清楚地反映出当时的社会已属父系氏族社会。因为夫妻明确，说明当时的婚姻关系已经脱离了群婚，已实行了个体婚制。由于夫妻关系明确，其生育的子女则不但知母，而且亦知其父，子女知其父，世系则依父亲的血统计算，这就是父系氏族社会的最基本特征。

氏族社会从母系转变为父系，这是社会发展的规律和历史发展的必然。黄帝改变氏族社会的性质，废除了传统的母系制，确立了父系制，既顺应了社会发展的必然规律，同时对促进原始经济文化的发展，亦产生影响。故黄帝时代就出现许多发明创造，其中最重要的是铜金属冶铸技术的发明，舟车的创造，文字的创造，音乐绘画艺术的创造，星历的创立等。因而使河洛地区的经济文化进入新的发展阶段，为步入文明时代历史打下了坚实的基础。

铜金属的冶铸，在黄帝之前还没有出现的传说，黄帝时代始有铸铜的传说记载。《史记·封禅书》："黄帝采首山之铜，铸鼎于荆山之下。"《吕氏春秋·古乐》："黄帝又命伶伦与荣将铸十二钟以和五音。"这些记载表明，黄帝时代不仅已经出现铜金属的冶铸，而且还取得了一定的水平。舟车的创造，则始于黄帝时代，《易·系辞》中说到舟的制造："刳木为舟，剡木为楫。舟楫之利，以济不通。致远以利天下。"而在《拾遗记》中则说到舟的创制是在黄帝时代，"轩辕变乘桴以造舟楫"。车的发明，《古史考》云："黄帝作车，引重致远。"

文字的创造，也是黄帝出现的。在黄帝之前还没有文字出现之说，只有结绳记事，《易·系辞》："上古结绳而治，后世圣人易之以书契，百官以治，万民以察。"到了黄帝时代始作文字，《世本》："仓颉作书。"作书之说，即是文字的创造，而作书的仓颉，则是黄帝的史官。所以，《说文解字·叙》云："黄帝之史仓颉，见鸟兽蹄迒之迹，知分理之可相别异也，初造书契。"《春秋元命苞》亦云："仓帝史皇氏名颉，……创文字，天为雨粟，鬼为夜哭，龙乃潜藏。"

黄帝时代作音乐绘画之说，有《世本》："伶伦造磬"、"夷作鼓"，"黄帝乐名咸池"。《吕氏春秋·古乐》："黄帝又命伶伦与荣将铸十二钟以和五音。"《世本》："史皇作图，图为画物象也。"张澍粹注引《易通卦验》："轩辕子苗龙，为画之祖。"

黄帝时代观察天象，作星历之说，见于《世本》："黄帝使羲和占月，常仪占月，臾区占星气，伶伦造律吕，大挠作甲子，隶首作算数，容成综此六术而著《调历》也。"《史记·历书》："盖黄帝考定星历，建立五行，起消息，正润余，于是有天地神祇之宫，是谓五官。"

上述几项发明创造，只是黄帝时代所发明创造的许多文化中的重要部分，也可以说是当时所发明的文化核心。这些文化被发明创造出来，既表示出黄帝时代文化水准的提高，亦显求出当时的原始经济文化获得了重大成就，而这些成就又必将进一步促进生产的发展。

由于黄帝时代中华民族开始形成，父系制的确立，经济生产和文化的发展，这不仅为中华文明历史奠定了发展基础，而且也开始向文明历史迈进。也就是说，河洛地区在黄帝时代的经济文化发展水平，已经为进入历史的文明时代打下了基础，并开始向文明时代迈进。

黄帝时代河洛地区经济文化发展水平之高，还表现在这一地区是"河图"、"洛书"的发源地。"河图"据说是由龙马负之出于黄河，"洛书"则是由神龟负之出于洛水，故又称"龙图"、"龟书"，它的出现，历史悠久。《拾遗记》云："伏羲为上古，观文于天，察理于地……是于图书著其迹，河洛表其文"，就是说伏羲作八卦时，已以"河图"、"洛书"为基础。这种文化概念，内含着两方面的意义：其一是"河图"、"洛书"的出现，被认为是显示天意，古代帝王圣贤受图书即被认为是受天命的征兆；其二是图书不亦被作为古代帝王圣贤思想行为的准则。所谓"盖河洛写天意，符谶述圣心"[1]，"河出图，洛出书，圣人则之"[2]。就是这一意义的表述和体现，因此在中国文化史上颇有影响。

黄帝得天下之后，就有受图书之说。《竹书纪年》："黄帝东巡过洛，修坛沉璧，受龙图于河，龟书于洛。"由此看来。"河图"、"洛书"当出于洛水入黄河的交汇处。从黄帝之后，直至夏、商、周三代帝王，都有受图书之说，因此，河洛地区在古代文明历史上，还是帝王圣贤受天命的圣地。这就表明这一地区在我国古代文明的发展进程中，占有极其重要的地位。

二

河洛地区，不仅从传说记载上，反映出它在古代文明起源上占有重要地位，而且从考古资料上也显示出这一地区的原始经济文化比较发达，是中国古代文明起源的重要地区。

河洛地区的原始经济文化，具有发展年代早，发展水平高，而且对周围地区的原始文化又有强烈影响的特点，这一地区目前发现的新石器时代文化，年代最早的是裴李岗文化，其次是仰韶文化，最晚的是河南龙山文化，其后则是属于文明时代的二里头文化。这一发展系列，基本上对这一地区古代文明的发展进程，勾画出比较明晰的线索。

裴李岗文化是新石器时代早期遗存，年代距今约七八千年，这是以河洛地区为中心分布的一种考古学文化。已发现的遗址有几十处，包括聚落遗址和墓地。聚落遗址的面积不大，文化内涵也不很丰富，文化堆积层有一定的厚度，延续的历史较长。墓地有大有小，大的墓地已清理有上百座墓，小的有几十座。

聚落遗址内发现有为数不多的房基、陶窑，较多的灰坑。已获得的遗物有石器、陶器、骨器及部分动物遗骨。石器主要是农业劳动工具，包括斧、铲、镰、磨盘、磨棒等，陶器有鼎、罐、壶、钵、碗等之类生活器皿。骨器较少，有锥之类的器物。动物遗骨中有猪骨，可能是家畜。这些遗存的发现表明，裴李岗文化时期的农业已有一定的发展基础，农业生产已成为主要生产活动和人们的主要生活来源，而且有比较稳定的定居生活。在此基础上，原始手工业和家畜的饲养亦已出现，尤其是制陶还具有一定的技术水平和生产水平。

裴李岗文化分布的中心是在河洛地区，尤其在新郑、密县、巩义市有较多遗址发

---

[1] 《艺文类聚》卷五一。
[2] 《易·系辞》。

现。这一文化，虽然从遗址发现的数量还不多，文化内涵也并不丰富，遗迹、遗物少等说明发展水平还不高，但已具备了发展的基础。而类似裴李岗文化那样年代早，文化遗存也较多的新石器早期文化，在其他地区目前可以说尚未发现，由此表明，河洛地区的新石器文化发展年代比其他地区早。

仰韶文化在河洛地区有许多发现，已发现的遗址有 200 处以上。因此，河洛地区是仰韶文化分布的中心之一。这一文化已有相当高的发展水平，遗址的面积大，内涵丰富，房基、陶窑、灰坑等遗迹都有不少发现。已获得的遗物有大批石器、陶器、骨器和家畜遗骨。其中石器包括农业和手工业工具，陶器除包括日常生活中的炊煮饮食器皿外，还有水器、储容器、工具和葬具等。陶器的制作技术和工艺水平也比较高，器物规整，有的还经过慢轮加工修整，胎质坚硬、火候高。有不少饮食器皿，表面施彩绘花纹，主要是由圆点、勾叶、弧线三角组成的花卉纹等。花纹比较繁缛，布局对称协调。彩色以黑为主，也有红彩，有的还施白色陶衣。在临汝阎村仰韶遗址出土的一件陶缸上，腹部则画有一只水鸟，口衔一条小鱼，其旁又画一柄石斧，竖立在一方框上。这一画面，有人称之"鹳鱼石斧图"[1]。这些彩绘，既美观，又有艺术效果，可以说已属原始绘画艺术作品。这些情况，说明仰韶文化时期河洛地区经济文化的发展，已有相当高的水平。

仰韶文化延续的历史比较长，年代早的距今约 6000 年，晚的距今约 4000 年，延续近 2000 年。

仰韶文化所处的历史阶段，一般认为与炎黄时代相当。因此有人即把仰韶文化作为与炎黄时代相对应的考古学文化。从仰韶文化的分布看来，中心是在陕西的渭水流域和河南的河洛地区，而文化面貌特征则两地亦有别。最突出的是，渭水流域的仰韶文化，陶器中的炊具没有鼎，彩绘花纹则以鱼纹、人面纹、几何形纹为特色。河洛地区的仰韶文化，陶器中都以鼎为主要炊具。彩绘花纹则以圆点、勾叶、弧线三角组成的花卉纹，有的还施白色陶衣。由于渭水流域和河洛地区的仰韶文化特征各具自身的地方特色，似乎可以把它们作为仰韶文化的两大支系，结合传说记载，炎帝的发祥地在中原西部地区，黄帝的发祥地则在东部地区。因此，我们认为河洛地区的仰韶文化似乎可以把它作为与黄帝部落相对应的考古学文化，渭水流域的仰韶文化，则是与炎帝相对应的考古学文化。

相当于仰韶文化年代的新石器遗存，在其他地区亦有发现，但发现的遗址还不多，发展水平不及仰韶文化。因此，在五六千年左右的历史时期，中原地区的经济文化发展水平也比其他地区高。

河南龙山文化阶段，河洛地区的经济文化更为发达。这一时期的遗址发现更多，文化内涵也更丰富。从已发现的文化遗存看来，这一历史阶段，河洛地区的农业、手

---

[1] 张绍文：《原始艺术的瑰宝——记仰韶文化彩陶上的〈鹳鱼石斧图〉》，《中原文物》1981 年第 1 期。

工业及家畜的饲养都有较大的发展。农业发展的标志，主要表现在生产工具的制作更加精细，表明生产力水平有所提高，而且陶器中出现有许多大型的缸、瓮之类储容器和一批酒器，这表时当时生产的粮食已有较多的剩余作储备或用来酿酒。手工业发展的主要表现是生产门类扩大和技术水平提高，在登封王城岗遗址发现有一块青铜器残片[1]，临汝煤山遗址还发现有铸铜的残渣，说明青铜冶铸已经出现。陶器的制作则主要采用轮制，有的还采用模制，说明技术水平提高。家畜饲养的发展，主要表现发现的家畜遗骨已六畜俱全。由于生产的发展，河南龙山文化阶段已出现阶级和阶级矛盾的迹象，主要表现在保卫生命财产的设施——城墙已经出现，在登封县告成镇就发现一座龙山文化的小城堡[2]。其次，在河南龙山文化墓葬中也发现有被砍杀和在灰坑内重叠埋葬的人骨架。这种迹象，似乎也是阶级矛盾的牺牲。

河洛地区的新石器文化，从裴李岗文化到河南龙山文化的发展时期，可以说也就是文明起源的发展进程。在这个发展进程中，仰韶文化的早期阶段，似乎是氏族社会发生变革时期，而在仰韶文化的中期阶段，则已经确立父系制，这可以从墓葬的葬式演变来说明。

仰韶早期墓的葬式，既有单人一次葬，也有多人二次合葬。而且年代较早的墓，以单人葬为主，合葬墓少，合葬的人数也比较少。一般为2～4人，且基本只是同性合葬。年代较晚的墓，则以合葬为主，单人葬少，合葬人数也多，少者2人，多者几十人，既有同性合葬，也有异性合葬。而仰韶文化中晚期墓葬，则基本上是单人一次葬，个别墓出现双人合葬，合葬者的年龄相当，且是异性，很可能是夫妻合葬。因此，仰韶早期墓葬式的复杂，反映出当时的社会正处于变革之中[3]。而仰韶文化的中晚期遗存大体上与黄帝时代相当。夫妻合葬墓的出现，表明当时已确立了父系制。

河洛地区的新石器文化，不仅发展年代早，发展快，水平高，而且对周围地区的新石器文化也产生较大影响。裴李岗文化就对河北地区的磁山文化有较大影响，对陕西境内的老官台文化也有一定的影响。例如，裴李岗文化石器中最具特色的带足石磨盘，陶器中最具特色的小口双耳壶、三足钵等器物，在磁山文化中有见，而且陶器纹饰上最具特征的篦纹，在磁山文化中亦有见，这表明了磁山文化受裴李岗文化的影响。老官台文化的陶器也出现有小口圆腹壶、三足钵，因此有人也认为老官台文化受裴李岗文化一定的影响。至于仰韶文化所产生的影响就更大，黄河上游的马家窑文化和下游的大汶口文化都带有仰韶文化中期，即庙底沟类型文化的特征，长江中游的大溪文化和屈家岭文化，也有一些庙底沟类型文化特征，由此说明这些地区的新石器文化，吸收了中原仰韶文化的影响。值得注意的是，在马家窑文化、大汶口文化，以及大溪文化、屈家岭文化中出现的仰韶文化特征，主要是属河洛地区的仰韶文化特征，尤其

---

[1] 河南省文物考古研究所等：《登封王城岗与阳城》，文物出版社，1992年。
[2] 河南省文物考古研究所等：《登封王城岗与阳城》，文物出版社，1992年。
[3] 李友谋：《黄河流域母权制倾覆的历史时限》，《史学月刊》1986年第4期。

在彩陶花纹上表现更为明显。根据现有的考古资料，我们认为河洛地区的仰韶文化从中期开始产生较大影响，向西进入渭水流域和甘青地区，对马家窑文化产生影响，向东则影响大汶口文化，向南则深入汉水流域，对屈家岭文化产生影响。到了晚期阶段，河洛地区的仰韶文化，也吸收了大汶口文化和屈家岭文化因素，在郑州大河村仰韶晚期陶器中，就出有某些与大汶口和屈家岭文化类似的器物。

由于河洛地区的新石器文化对周围地区的新石器文化有较大影响。说明这一地区在古代文明的发展进程中，就占有其重要地位。

三

河洛地区不仅从历史的传说记载和考古学的研究成果，都说明它在中国古代文明的发展进程中，占有重要地位，而且中国的历史文明，也是从这一地区开始诞生的。

中国的历史，依传说记载诞生于夏代。由于夏代已建立了我国历史上第一个奴隶制国家，因此它便成为我国历史进入文明时代的开始，而这个奴隶制国家，其国都即建立在河洛地区。《国语·周语》云："昔夏之兴也，融降于崇上"，"昔伊洛竭而夏亡，河竭而商亡"。这里说到夏王朝兴起之地的崇山即嵩山，《太平御览·嵩山》条引韦昭注："崇，嵩字古通用。夏都阳城，嵩山在焉。"据此言之，夏王朝建立时的国都，和覆灭时的国都，可以说都在河洛地区，这一地区应是我国历史文明的诞生地，或者说为华夏文明的发祥地。

从考古学研究的成果看来，中国的文明历史，也是在河洛地区首先诞生的。在河南偃师县的二里头遗址，就发现我国最早的文明时代遗存。

二里头遗址的面积很大，文化内涵也十分丰富。经过多年的发掘，在二里头遗址已发现有宫殿建筑基址、铸铜作坊遗迹以及大批房基、墓葬、窖穴等遗迹，出土遗物则有青铜器、玉器、漆器、石器、陶器、骨器等。

宫殿基址已发掘两座[1]。它有高大的夯土台基，在台基上面发现有四阿重屋形式的殿堂建筑，还有廊庑、庭院、大门组成的一组布局有序的建筑群。在二号宫殿基址内，还发现有围墙，在中心殿堂的后面，又发现一座大墓。夯土台基南北长72.8米，东西宽58米。这类宫殿建筑基址，当是奴隶主阶级政权机构的标志。

墓葬有三类：一类墓室较大，有棺、椁，随葬品有青铜器、玉器、漆器之类珍贵品，也有部分陶器。二类墓室小，无棺、椁，随葬品只有陶器、石器，数量种类不等。三类墓无随葬品，而且有的人骨架或埋在灰层、灰坑内，或手腕相交，或躯肢弯曲，

---

[1] 中国科学院考古研究所二里头工作队：《河南偃师二里头早商宫殿遗址发掘简报》，《考古》1974年第4期；中国社会科学院考古研究所二里头队：《河南偃师二里头二号宫殿遗址》，《考古》1983年第3期。

或身首异处，或只有头骨，或似捆绑后埋入的。这三类墓很明显地表现出当时的社会已经存在阶级和阶级矛盾，第一类墓的主人，生前的身份地位，当是奴隶主阶级，第二类墓的墓主当是自由民，第三类墓主，则很可能是奴隶。

二里头发现的青铜器数量还不多。种类有容器，兵器、工具、装饰品四类，其中容器只有爵等，兵器有戈、戚、镞，工具有刀、锥、凿等，装饰品有圆牌形饰、铜饰上镶嵌有绿松石，工艺精美。玉器有刀、璋、戈、钺、铲、版、琮、玦、筒等之类礼器和佩饰。漆器有盒、豆等生活用具。这些珍贵器当是奴隶主阶级所拥有的遗物。此外，二里头还发现有石磬之类乐器，陶器上还有不少刻符，有的刻符已接近文字。

由于二里头遗址有宫殿基址，铸铜作坊遗迹，随葬青铜器墓葬，以及青铜器、玉器、漆器等重要文化遗存的发现，而且阶级的存在也表现明显，因此可以肯定它是属文明时代的文化遗存。

二里头遗址的文化年代，介于河南龙山文化与郑州二里岗商代文化之间，文化特征既与河南龙山文化有别，亦与郑州商代二里岗期文化有别。根据二里头文化年代及文化特征与河南龙山文化和郑州商代二里岗期文化有别的特点，因此学术界多认为二里头文化属夏文化，二里头遗址亦为夏代都邑遗址。

目前，与二里头文化年代相当的文化遗存，在我国其他地区亦有发现。如东部地区的山东境内，就有岳石文化，燕山南北则有夏家店文化，南方地区亦同样有这一历史阶段的遗存。但是，在这些地区所发现的与二里头文化年代相当的遗存中，都还未发现像二里头文化那样具有鲜明的文明时代特征的重要遗迹、遗物，这说明二里头文化是我国境内目前所发现的一种年代最早的文明时代考古学文化，它的发现，就从考古学上证明，河洛地区是中国历史文明诞生最早的地区。这与历史传说记载相合。

（原载《洛汭与河图洛书》，河南科学技术出版社，1996年）

我国原始社会的农业

我国不仅有发达的原始农业，同时也是世界上农业发生最早的国家之一。新中国成立以来，我国考古工作者，在祖国辽阔的国土上，发现的原始农业文化遗址数以千计。尤其是近年来在河北省的武安县和河南省的新郑县，先后发现七八千年的新石器早期文化遗址，从而把我国农业的历史，推到同世界上农业发生最早的国家大致相同的历史年代。被认为是世界上最早发生农业的西亚，目前发现最早的农业文化，其年代大致也在公元前六七千年。

由于我国幅员辽阔，地理条件和气候条件都比较复杂，因此，我国原始农业的发生和发展也是复杂的。

一、我国原始农业的发生

我国原始农业的发生，据古史的传说记载，始于炎帝氏族。由于炎帝"始作耒耜，教民耕种，其德浓厚如神，故称神农氏"（《礼含文嘉》）。炎帝的后裔继续发展原始农业，到烈山氏之时，当时的农业已经"能殖百谷"，因此，烈山氏之子柱自夏代以后，就被人们奉为稷神以祀之。

我国的原始农业，既然传说是由炎帝及其后裔开创的，那么炎帝氏族是在什么地方首先开创农业的种植？

据《国语·晋语》说：炎帝是"以姜水成"。姜水是渭河的一条支流，据此看来，炎帝氏族聚居和活动的范围，应当就在渭水流域的关中平原一带，这样，传说中的我国农业开创的地点，也应当就在这些地方了。

渭水流域的关中平原，确实有很好的农业耕作的地理条件。这里河流纵横密布，土质肥沃。由于河流的冲刷，沿河两岸形成了许许多多平坦而适于农耕的台地，今天，在这些台地上面，仍然保存着许多原始农业村落遗址。这里发现的农业文化，最早的距今大约有7000年。由此可知，远古时候，这里的原始农业是相当发达的。不过，我国原始农业是否从这里首先发生，目前没有可靠的证据足以说明。

我国农业的历史，估计至少要有10000年。山西怀仁县鹅毛口发现的新石器时代初期的制石遗址，就发现有磨制的石斧和打制的半月形石镰[1]，这些工具的出现，说明当时已有农业文化的一些因素。

我国典型的农业文化，据目前的考古资料，最早的属于新石器早期，其历史年代，距今约七八千年。

新石器早期的农业文化，目前只发现于黄河中游和长江下游。

黄河流域新石器早期农业文化遗址，年代最早的是河南新郑发现的裴李岗遗址。裴李岗遗址出土的农业工具，有砍伐用的石斧，翻土松土用的石铲，收割用的石镰，还有加工粮食用的石磨盘和磨棒。此外，还出土有大量的陶器，并且还发现有房基、灰坑、陶窑和墓葬[2]，出土的这些遗物、遗迹，表明这类文化遗址，是当时建立的农业村落。裴李岗文化的年代，据 ^{14}C 测定，距今约 9300～7300 年。

比裴李岗的年代略晚的是河北武安县发现的磁山遗址。这个遗址也出土有石斧、石铲和石磨盘等农业工具，也发现有房基、窖穴，也有大量的陶器。在窖穴的底部，还发现有腐朽的粮食和成堆的猪骨[3]，这也是一处农业村落。磁山遗址的年代，大约为距今 7300 年。

再就是 1977 年在陕西宝鸡发掘的北首岭下层遗址，年代距今约 7100±140 年[4]。这个遗址也出土有比较多的磨制石斧、石铲和骨铲等农业工具，也有不少的陶器。

长江流域的新石器早期农业文化，以浙江余姚发现的河姆渡遗址[5]为代表。

河姆渡遗址发现有木结构的"干栏式"房屋建筑。也发现有大量的陶器、石器、骨器、木器和玉器等生活用具和生产工具。农业工具主要有石斧、骨耜和木铲，其中骨耜最具特色，它是用偶蹄类哺乳动物的肩胛骨制成的，其形状是顶端穿有横向的长方形銎，脊椎缘的中部琢磨出平整的纵向浅槽，槽下部两侧凿有平行的长圆孔，刃部有的是双齿，有的近于平刃。这种骨耜在其他新石器文化中是不多见的。

河姆渡遗址还发现有大量的已经炭化的稻壳和已腐朽的稻秆，稻壳经浙江省博物馆自然组的鉴定，认为是属亚种中晚期水稻。遗址的年代，据 ^{14}C 测定，距今为 6960±100 年。

从上面所说的情况看，我国的原始农业，到七八千年新石器时代早期时已进入典型的锄耕农业，也已建立起农业村落，不过，这时期的农业文化，目前发现不多，据调查，裴李岗文化遗址约发现三四十处，磁山文化遗址还不多，同北首岭下层年代相当的也只有陕西李家村和老官台等几处。由此看来，早期农业文化的分布还不是广泛的。

---

[1] 贾兰坡等：《山西怀仁鹅毛口石器制造场遗址》，《考古学报》1978 年第 2 期。
[2] 开封地区文物管理委员会等：《河南新郑裴李岗新石器时代遗址》，《考古》1978 年第 2 期；开封地区文物管理委员会等：《裴李岗遗址一九七八年发掘简报》，《考古》1979 年第 3 期。
[3] 邯郸市文物保管所等：《河北磁山新石器遗址试掘》，《考古》1972 年第 6 期。
[4] 中国社会科学院考古研究所宝鸡工作队：《一九七七年宝鸡北首岭遗址发掘简报》，《考古》1979 年第 2 期。
[5] 浙江省文物管理委员会等：《河姆渡遗址第一期发掘报告》，《考古学报》1978 年第 1 期。

二、原始农业的发展

我国原始农业的发展，约在新石器时代中期，历史时间是距今7000～5000年，这时期的农业文化是相当发达的。

这时期的农业文化，分布非常广泛，农业耕作区域大大扩展。

新石器中期的农业文化，黄河流域上游有马家窑文化，中游有仰韶文化，沿海有大汶口文化、青莲岗文化。长江上游有大溪文化，中游有屈家岭文化，下游有马家浜文化。东北、内蒙古的中、南部，也分布有仰韶文化、红山文化等。

新石器中期文化，经调查发现的遗址数量是相当多的，尤其是仰韶遗址，分布非常密集，范围也大，一般都在十万平方米左右，有的遗址面积竟达百万平方米以上。说明当时的原始农业村落的规模是相当可观的，有的甚至比现在的农业村庄范围还大。

新石器中期的文化遗址，普遍都发现有比较多的房基、窖穴、墓葬、陶窑等遗迹，出土有大量的农业生产工具和生活用具。

农业工具多为石器，其次也有骨器。种类各地及各个文化的情况有所不同。一般主要有石斧、石锄、石铲、石刀和骨铲等。这时期的石器都磨光，一般制作都比较精致。打制石器在个别遗址中也还存在，但数量不多，多数遗址未发现打制石器。有的石斧、石铲、石刀还经过钻孔。

种植的农业作物，发现有粟、高粱、稻，此外还有蔬菜种子。

新石器时代中期的农业生产水平，从一些迹象表明，已达到一定的高度。具体表现为：

物质文化相当发达，精神文化也已经发展起来。有大量的陶器等生活用品，同时也有众多的骨器、玉器等装饰品。彩绘、雕刻、陶塑等文化艺术发展起来了。

这时期的原始手工业出现并发展起来。突出的有制石、制玉、制骨、制陶、纺织、编织、制皮等。

养猪业也发展了。各文化遗址，都有不少猪骨发现，有的甚至用猪头作随葬。猪的发展与农业的发展有密切和直接的关系。

用于储藏粮食的窖穴和大型的陶器也有不少的发现。有的遗址窖穴密集。

综上所述，新石器中期是我国原始农业发展时期。农业耕作范围扩大，农业村落发展，生产工具的制作有所改进，生产力也有所提高，原始手工业、家畜业、人们的精神文化，由于农业的发展也相应地发展起来。人们生产的粮食，已有所储备。

到新石器时代晚期，我国的原始农业又有新的发展，其历史时间约为距今5000～4000年。

这时期的农业耕作区域比中期又有所扩展，有的是从中期文化的基础上发展起新的物质文化。黄河流域上游继马家窑文化发展起齐家文化，中游由仰韶文化发展起陕西龙山文化和河南龙山文化，沿海由大汶口文化发展起山东龙山文化。长江流域，下游由马家浜文化发展起良渚文化，中游由屈家岭文化发展起青龙泉三期文化。东北、内蒙古的中南部也发展起有龙山文化。华南地区，这时期也发现了典型的农业文化，即近年来在广东曲江发现的石峡文化。

这些新发展起来的文化，比新石器中期文化的分布更为广泛。

新石器晚期的农业工具，制作上比中期有所改进，磨制更为精致，钻孔石器更加多，出土的数量更丰富。打制石器完全消失。出现了新的工具种类，黄河流域的龙山文化发现有木耒，长江流域的良渚文化则出现了"三角形石犁"和耘田器。工具的改进，种类的增加，表明当时的生产力有所提高。

这时期中原的龙山文化发现有水井。水井的出现，虽然主要是为人们取饮用之水，但对农业生产也有利，可以用来灌溉农作物。据文献记载，我国原始社会晚期，已经有兴修水利之举。共工氏就曾"壅防百川，堕高堙庳"。实际就是修筑堤坝，把高地挖低，洼地填高，以利于农业灌溉的水利兴修。

这时期的农业作物，除了粮食作物的种植之外，还种植花生、芝麻、蚕豆、甜瓜[1]等经济作物。

由于生产工具的改进，新的农业工具出现，提高了生产力的水平。因此当时的农业生产水平也有明显的提高。具体表现为：

手工业生产已经有出现分工的迹象，尤其是制陶业，由于陶器生产采用了轮制，生产量大大增加，因此可能成为独立的手工业生产部门。

家畜业有进一步的发展，不少的灰坑发现整具猪骨埋在里面。

储藏粮食的窖穴发现更多，更加密集，容积更大，积存粮食的大型陶缸、陶瓮也有相当多的发现，说明人们储备和积存的粮食增加。

值得注意的是，这时期的陶器，出现一批酒器，其中有鬶、盉、斝、杯等。酒器的出现，说明人们已经把粮食用来酿酒，这是前所未有的，因此它是农业生产有所发展，粮食生产有所剩余的标志。

我国的原始农业，从距今七八千年进入锄耕农业，到原始社会末期，经过几千年的发展，虽然是缓慢的，但却推动着人类社会不断前进。

到原始社会晚期，我国的原始农业，除了草原、山区、沙漠和高寒地带以外，几乎遍及，只不过有些地区的农业耕作范围，不像中原那样广泛。例如，华南地区的沿海居民，新石器时代晚期大多数仍然是以捕捞、渔猎为主的经济生活。但是，从距今4000多年起，这个地区确实发展起了典型的农业文化。石峡遗址出土了不少的农业工具，同时还发现有稻谷，就是一个证明。

我国的原始农业，应该说黄河流域是比较早出现和发展起来的，对周围地区的原

---

[1] 浙江省文物管理委员会：《吴兴钱山漾遗址第一、二次发掘报告》，《考古学报》1960年第2期。

始农业起到了一定的影响作用。仰韶文化发展的范围是相当广泛的，西部进入甘、青地区，南部伸入江汉平原，北部发展到内蒙古、东北的中南部，从这里可以看出，中原的原始农业起着重要作用。

总之，我国的原始农业，到原始社会末期已经奠定了古代农业的基础。在辽阔的祖国大地上，到处都建立了农业村落，它有如繁星点点，既点缀着祖国美好的河山，又闪耀出光辉的曙光，照亮着我们伟大的民族进入历史的文明时代。

三、我国原始农业的特点

我国的原始农业，同世界上发生农业最早的国家，有一些相同的情况。

世界上发生农业最早的西亚地区，据研究环境考古学的巴泽尔认为：最初的一批农业村落，不是建立在两河流域的沼泽地带，也不是建立在原生的草地，而是在扎格罗斯山脉南麓和地中海东岸的新月形地带，这是一个接近草地和沼泽地的亚热带森林区。因为在原始技术条件下，开辟树木并不茂密的森林边沿地区，比起开垦草地和沼泽地要容易一些[1]。

我国目前发现最早的裴李岗和磁山文化遗址，其村落是建立在嵩山和太行山东麓的平原丘陵岗地上。这里是黄河下游巨大冲积扇的顶端。由于地处山麓，在农业未充分发生以前一定有森林的覆盖[2]。当时华北地区的气候，竺可桢同志根据对物候的研究，推定仰韶文化时期的年平均温度，大部分时间要比现在高2℃，一月份温度比现在高3～5℃[3]。如果说，西亚最早的农业村落是建立在新月形地带亚热带森林区，那么我国目前发现最早的裴李岗、磁山原始农业村落也接近于建立在亚热带森林区。

两河流域最早的一批农业村落，北部建立于哈孙纳文化ⅠB层，年代为公元前5301±208年，南部苏美尔则建立于阿里·库什期，年代为公元前6500～前6000年[4]。我国目前最早的农业村落，其年代距今约9000～7000年。

上述情况，说明我国原始农业发生的地理条件、气候条件以及历史时间大致是相同的。

但是，我国原始农业的发生和发展，又有自己的特点。

西亚的原始锄耕农业，是旱田农业，两河流域北部种植小麦和双穗大麦，还有少量的红小麦，南部是大麦和小麦。我国的情况则不同。

我国原始锄耕农业的一个特点，就是南北的耕作有水田农业和旱田农业之分。具体来说，黄河流域是旱田农业，长江流域以及江南的广大地区是水田农业。

---

[1] 严文明：《黄河流域新石器时代早期文化的新发现》，《考古》1979年第1期。
[2] 严文明：《黄河流域新石器时代早期文化的新发现》，《考古》1979年第1期。
[3] 竺可桢：《中国近五千年来气候变迁的初步研究》，《考古学报》1972年第1期。
[4] 孔令平：《西亚农耕的起源》，《历史研究》1979年第6期。

黄河流域的原始农业，种植的作物，据考古发现的资料，主要有粟和高粱两种。粟的发现较多，磁山新石器早期文化遗址发现的腐朽粮食，据鉴定是粟。此外，陕西西安半坡仰韶文化遗址，也发现不少的粟壳，尤其是第115号窖穴，所藏的粟壳，竟达数斗之多[1]。宝鸡北首岭、华县泉护村以及山西万荣荆村的仰韶文化遗址，也发现粟的遗迹。高粱发现不多，仅在郑州大河村仰韶文化遗址有所见到。由于粟和高粱都具有耐旱的特性，自生能力比较强，因此适合于旱田种植。这两种作物，直到近代，仍然是黄河流域的主要粮食作物之一。

早期农业，多是旱田农业。西亚早期农业，种的是旱田作物，我国黄河流域早期的原始农业，种的也是旱田作物。从民族学的资料来看，近代一些少数民族原始的刀耕火种农业，种的也是旱田作物，我国独龙族的情况就是如此。一位曾经到过独龙河地区的清朝官员，对独龙族的原始农业耕作情况，曾经作过这样的叙述："江尾虽间有（俅）牛，并不用之耕田，农器亦无犁、锄，所种之地，唯以刀伐木，纵火焚烧，用竹锥地成眼，点种苞谷，若种荞麦、稗、黍等类，则只撒种于地，用竹帚扫匀，听其自生自实，名为刀耕火种，无不成熟。今年种此，明年种彼，将住房之左右前后地土分年种完，则将房屋弃之也，另结庐居，另坎地点。其已种之地，须荒十年、八年，必候其草木畅茂，方行复坎复种。"[2]可见，独龙族的刀耕火种，轮荒耕作农业，所种之苞谷、荞麦、稗、黍等类的粮食，都是旱田作物。

黄河流域的原始农业，也可能有过最原始的刀耕火种阶段。古史传说中的烈山氏，有人认为就是纵火烧山种地的意思[3]。可见，刀耕火种农业，是与旱田农业相联系的。

黄河流域的原始农业，有没有水田农业？这个问题，过去研究我国原始农业历史的中外学者，有许多人都认为黄河流域的仰韶文化时期，就有了人工栽培的稻谷，其根据是因为安特生发掘河南渑池仰韶村的新石器遗址时，曾经得到一块陶片，据说陶片上面遗存有谷壳的痕迹，后来经爱德华和舒贝尔格二人的鉴定认为是稻谷由此而被引用[4]。其实这个资料是不可靠的。大家知道，仰韶遗址所包含的文化内容是相当复杂的，其中有仰韶、龙山和东周等不同时代的文化遗存，安特生对仰韶遗址的发掘是不科学的，他把不同时代的文化遗存全部混淆，一律视为仰韶文化之遗物，因此，这块陶片的时代性值得存疑。

据目前可靠的资料，黄河流域种植水稻，约在商代。郑州白家庄商代墓葬，曾经发现有稻壳的痕迹[5]，殷墟出土的甲骨卜辞，亦有稻的记载，据此，黄河流域的水田农业，可能在商代才出现。

长江流域的水田农业，是从新石器早期开始的，河姆渡遗址就发现有大量的稻，

---

[1] 西安半坡博物馆：《西安半坡》，文物出版社，1982年。
[2] 夏瑚：《怒、求边隘详情》，转引黄崇岳：《从出土文物看我国原始农业》，《中国农业科学》1979年第2期。
[3] 郭沫若：《中国史稿》，人民出版社，1976年。
[4] 杨建芳：《仰韶文化的几个问题》，《考古》1962年第5期。
[5] 许顺湛：《灿烂的郑州商代文化》，河南人民出版社，1957年。

其后吴兴钱山漾、杭州水田畈以及江苏吴县草鞋山下层等良渚文化遗址，都发现有稻谷。长江上游的大溪文化，中游的屈家岭文化，也都有稻的发现，广东的石峡文化，也同样发现稻的遗物，这就证明，江南广大地区，从新石器早期到晚期，都是以种植水稻为主。

对于旱田农业和水田农业的关系，国外学者，有认为旱田农业比水田农业进步，其论点是："农业在干燥的森林地带的发展，是复杂得多，困难得多的，可是一旦克服了一切困难之后，这种旱田农业就比水田农业更为进步，终对大多数人提供主要的食物来源"[1]。这种看法，是片面的。

我们知道，原始农业，是从采集经济过渡而来的，水田与旱田作物，都是从野生植物经人工栽培而成。转入农耕以后，水田与旱田的耕作，主要根据作物的习性并选择与之适合的生长环境来决定下种的，本身并不存在进步与否的问题。就耕作而论，水田比旱田更为复杂，作物的生长，要求经常保持一定的水量，要进行排灌的管理，土地要平整，耕作也要细，才能有所收成。旱田农业的耕作，一般都是比较简单的，耕作无需过细，播种以后可以任其自生自实，管理上也没有水田农业复杂。所以把旱田农业看成比水田农业进步，是缺乏根据的。

我国原始农业的另一个特点，就是农耕问题。我国原始农耕，可以说从新石器早期的裴李岗农业文化起，到原始社会的末期，都是以锄耕农业为特征。

学术界有一种流行的看法，认为原始社会的农耕，母系氏族社会是以锄耕农业为特征，父系氏族社会是以犁耕农业为特征。

我国原始农业的农耕情况，并非如此。

考古发现我国原始农业工具，是相当丰富的。黄河流域的农业工具，从新石器早期到晚期，常见的农业工具种类基本上都是斧、锄、铲、镰、刀等几种。其中农耕工具主要锄、铲类。这些工具，各地的形制有所不同，但种类基本上没有什么变化。龙山文化早期发现有木耒，也是一种挖土的工具。

长江流域和江南的农业工具，比较复杂。新石器早期河姆渡文化的农业工具，主要是骨耜，这种骨耜从它的形制来看，可以肯定是挖土用的。屈家岭文化使用的农耕工具主要是锄和石铲。良渚文化也多用石斧和石铲。广东石峡文化农耕工具，则以石镢为主。

总之，无论是黄河流域还是长江流域，乃至江南、沿海、东北等地的原始社会诸文化中，目前考古发现的农耕工具，都属于挖土用的锄、铲类的工具，到目前为止，并未发现一件可靠的犁，因此，犁耕农业在我国的原始农业中，可以说是不存在的。

---

[1] 柯斯文：《原始文化史纲》，人民出版社，1955年。

四、结　语

原始农业的发生，对人类的生存和发展，有着十分重大的意义。

在原始农业没有发生之前，人类的生活来源，只是利用自然，从自然界猎取野生动物，或采集野生植物的果实来果腹、充饥。所谓"食草木之实，鸟兽之肉，饮其血，茹其毛"，就是原始农业没有发生之前的人类经济生活写照。

人类单纯地利用自然，而获得生活来源，是十分被动，而且是靠不住的。赖狩猎为生，并不可靠，一方面是猎获野生动物，并不是一件容易的事，另一方面，动物的繁殖，也受自然的限制，人类发展了，野生动物满足不了人类的需要，就是说"人民众多，禽兽不足"，"以为行虫走兽，难以养民"。于是神农"乃求可食之物，尝百草之实，察酸苦之味，教民种五谷"。至于靠野生植物为生，也同样受自然的限制。野生植物果实，时兴时衰，时有时无，也是靠不住的。

原始农业发生以后，人类从自然界的奴役中解脱出来，依靠自己的劳动来种植农业，充分利用土地资源，增殖天然产品，以获得稳定而又可靠的物质生活来源。因此，农业的发明，是人类历史上第一次获得的伟大创举。

原始农业的发展，对促进人类社会的发展，又是一个巨大的动力。

我国是世界文明古国之一。我国之所以比较早地从野蛮时代跨进历史的文明，最重要的原因，就是因为我国有发达的原始农业。

古代的巴比伦之所以较早地进入历史的文明时代，正是由于它地处幼发拉底河和底格里斯河流域，发展了最早的原始农业。

古代埃及也是因为它处在尼罗河流域，有一个比较优越的农业生产条件，发展了原始农业。

古代的印度，同样也是因为它处在印度河上游和恒河流域，因而发展了原始农业。

我国的黄河流域，它所以成为我国文明的摇篮，其原因也是因为黄河流域有发达的原始农业文化。

因此，人类历史文明的出现，应该归功于原始农业的发明和发展。

（原载《史学月刊》1981 年第 5 期）

中原地区新石器时代农业聚落的形成与发展

农业聚落，指的是人类以农业经济生产和生活为基础而建立的聚居村落，新石器时代是农业聚落形成并逐步进入发展的历史时期。新石器时代的农业聚落，是氏族成员的聚居活动场所，也是氏族社会的经济文化载体。农业聚落的形成和发展，对推动氏族社会经济文化的发展和推动社会的进步，起着重要作用。中原地区是我国新石器时代农业聚落形成最早的地区，也是发展最快的地区，又是中国古代文明的发祥地，因此，研究中原地区新石器时代农业聚落的形成和发展过程，对探索中国古代文明的起源和形成是有意义的。

一

农业聚落的形成，是在人类发明种植农业之后，经济生产和生活从狩猎和采集经济生产和生活，转入以农业经济生产和生活为主之后出现的。

在种植农业还没有发明之前，人类的经济生产和生活是单纯以从狩猎和采集经济生产谋取生活来源的。我国历史传说"古之人，皆食禽兽肉"[1]，"民人食肉饮血，衣皮毛"[2]就是反映人类在种植农业还没有发明之前的经济生产和生活状态。在这种生产条件下，人类不得不终日出没于森林之间，栖身于自然山洞过着流动性的生活。

种植农业发明之后，人类的经济生产和生活，便从狩猎和采集，转向以农业经济生产为主，通过种植农业作物，增殖农业产品，谋取生活来源，从而获得比较可靠的生活保障，在这种情况下，人类为了从事农业生产，便选择适宜种植农业的地点，营建定居的房屋，以便进行农业生产，天长日久，定居点人口繁衍，聚居的规模逐步扩大，便形成了农业聚居村落。

人类发明种植农业，是在新石器时代早期距今10000年前后。但是，农业聚落的形成，并不是随着种植农业的发明就出现，而是经过一定的历史年代之后才出现的。

---

[1] 班固：《白虎通义·号》。
[2] 陆贾：《新语·道基》。

因为，种植农业发明之后，人类对农业作物的种植只是"园艺农业"，农作物的种植有限，种植面积亦很小，农业生产不能解决人类的生活需求，生活来源还要依靠渔猎和采集生产。只有在农业种植经过一定历史年代的实践之后，人类积累起一定的生产经验，认识到农业生产基本上可以保证生活需求，人类才会从渔猎、采集经济生产，转向主要从事农业生产，建立农业定居点，从而形成农业聚落。

农业聚落的形成，标志着人类社会的经济生产，已经脱离了单纯从事渔猎和采集经济生产的历史，转向以农业生产为主，也标志着农业生产已经成为人类赖以生存的物质生活来源，开始过着安定的定居生活。从此，人类在定居的农业聚落内，安居乐业，从事农业生产、手工业生产和饲养家畜，成为有多种成分的经济生产活动，为人类社会的历史，掀开了新的一页。

新石器时代农业聚落的形成和发展，与氏族社会的氏族组织有密切的关系。在氏族社会，人们是聚族而居的。当种植农业发明后，人们为了从事农业生产，是以血缘家庭为单位，选择适于农业种植的地点建立定居点，开垦农地，进行农业生产。随着定居生活的稳定，人口繁衍，在定居点的基础上，便形成聚居的村落。聚落的形成，也是氏族组织的形成，在一个聚落内聚居的人群，都是具有同一血统的成员。因此，一个农业聚落，实际上亦是一个氏族单位，也是一个社会基层单位。

氏族成员聚居在聚落内，共同劳动，共同生活，共同创造社会财富和创造文化，为促进人类社会历史的进步而努力。

农业聚落的发展，包括聚落规模的扩大和聚落数量的增多，这两个方面的发展，也与人口的繁衍、氏族组织的扩大密切相关。一个农业聚落规模的扩大，与该聚落的成员增多、氏族组织的扩大相关。规模小的聚落，聚居的氏族成员少，氏族组织单位亦比较小；规模大的聚落，聚居的氏族成员较多，氏族组织单位亦较大。聚落的增多，是一个聚落内人口的不断增多，氏族组织扩大而造成分离的结果。当一个聚落居住的氏族成员不断增多，氏族组织不断扩大时，部分氏族成员便由此而分离出来，另选新的、适于农业种植的地点，建立定居点，开垦农地，进行农业生产，经过一段时间后，便又形成新的聚落，使聚落数量不断增多。

新石器时代农业聚落的形成和发展，对推动氏族社会的经济和文化发展，起着重要作用。由于农业聚落的形成，氏族成员过着稳定的定居生活，不再终日为谋取生活来源而奔波，这样就有更多的时间和精力发展生产，除从事农业生产外，还可以从事手工业生产和饲养家畜。还可以创造其他文化产品，丰富自己的生活内容。

原始手工业的发展，可以说是随着农业聚落的形成而启动的。当人类的经济生产和生活，从渔猎和采集转向以农业为主时，经济生产和生活就发生了根本的变化，为适应农业生产和生活的需求，这便促进了原始手工业发展的启动。

人类为了从事农业生产，就必须制作农业劳动生产工具，这就促使人类改变旧石器时代以简单的加工方法，加工渔猎工具的传统，制作农业劳动生产工具。而农业工具的制作，不仅加工精细，种类亦比较复杂，有用于砍伐、开辟农地的工具，用于翻土的耕作工具，也有用于收割谷物的工具。这些工具，都必须根据其不同的用途，而制作出适合其用途的形制，这些工具的用料，既有石材，亦有骨料，以石材为主。这样，为了制作农业劳动生产工具，也就促进了制石和制骨手工业的发展。

为了从事农业生产，人类还必须选择适于农业种植的地点，建立定居点，营建房屋，以便开垦农地，进行农业生产，这又促进木作手工业的出现。

为了适应农业生活的需要，人类又必须制作与农业生活相关的各种用具，其中最为重要的是炊煮饮食器皿，这又促进制陶手工业的出现。

陶器的发明，是与农业生活密切相关的。据考古材料，最早出现的陶器，是与农业生活密切相关的炊煮饮食器皿。但是，当种植农业发明后，人类对谷物的食用加工，并没有使用陶器，而是用石板加工。据我国的历史传说，神农氏发明农业后，食用谷物就是用石板加工的，所谓"神农时，民食谷，释米加烧石上而食之"，就是把谷物放在烧热的石板上加工成熟食。到了黄帝时，才用陶器加工谷物来食用，所谓"黄帝作釜、甑"，"黄帝始蒸谷为饭，烹谷为粥"[1]，就是用陶器作炊具，把谷物加工成饭、粥食用。由此证明，陶器的发明和制陶手工业的出现，是为适应农业生活的需求促进的。

家畜的饲养，也是随着农业聚落的建立和形成而出现的。由于农业聚落的建立和形成，人类过着安定的定居生活，从而便有条件驯养和饲养家畜。最初饲养的家畜是猪、狗。在新石器时代早期遗址中，比较普遍地发现有猪、狗之类家畜遗骨，数量虽不多，但是可证明在聚落形成过程中饲养的家畜是猪、狗。

农业聚落的形成和发展，除推动氏族社会经济的发展外，亦同时推动精神文化的发展。由于人类建立了聚居村落，过着安定的定居生活，既有条件发展经济生产，也有条件发展其他文化产品，以丰富自己的生活内容。最先创作的是与农业生活相关的艺术品。例如，人类为了制作农业生活使用的陶质器皿，就必须设计出用途不同的器物形制，这就成为陶塑艺术品，在陶器表面还装饰一些花纹，这就是装饰艺术的出现。

总之，新石器时代的农业聚落，既是氏族社会氏族成员的聚居活动场所，也是氏族社会的经济文化载体。农业聚落的形成和发展，对推动氏族社会经济文化的发展和推动社会的进步都起着重要作用。中原地区的农业聚落，在距今七八千年的新石器时代早期已经形成，到了距今五六千年的新石器时代中期，已经进入到非常成熟的历史阶段，到了距今四五千年的新石器时代晚期又有进一步的发展。在新石器晚期阶段，中原地区的农业聚落已星罗棋布，氏族林立，经济文化的发展水平更高，氏族社会已行将解体，文明时代的曙光已经呈现。

---

[1] 谯周：《古史考》。

二

据现有的考古资料，中原地区的农业聚落，在距今七八千年的新石器时代早期晚段已经形成。代表这一历史时期的农业聚落，是裴李岗文化遗址、磁山文化遗址和老官台文化遗址。这些聚落遗址，是目前在中原地区考古发现年代最早，并具有十分典型的新石器时代特征的农业聚落遗址。

裴李岗文化，因最初发现于河南新郑裴李岗遗址而得名。据调查，在河南中部和西、南、北部地区都有分布[1]。磁山文化因最初发现于河北武安磁山遗址而得名[2]，主要分布于河北南部。老官台文化因最初发现于陕西华具老官台遗址而得名[3]，主要分布在秦岭南北，渭河及汉水上游。这些考古学文化，都包含有鲜明的农业文化因素，其聚落遗址，也是十分典型的农业聚落遗址。

上述聚落遗址，目前发现的数量很少，其中以裴李岗文化遗址发现较多一些，约百余处，其分布亦寥若晨星。多数遗址的规模都不大，面积很小，只有个别年代较晚的遗址规模较大。各遗址的文化内涵亦不丰富，有房基、灰坑、墓葬和陶窑等遗迹。获得的遗物有石、骨、陶等劳动生产工具和生活用具。劳动工具主要是农业工具，包括石斧、石铲、石镰、石刀等，用于开辟农田的砍伐、翻土松地的耕作和收割谷物。也有一些手工业工具，包括石凿、石锛等。有的遗址出土有猪、狗等家畜遗骨，有的遗址则发现有炭化稻和粟等谷物。现以裴李岗文化遗址为代表作具体的说明：

裴李岗文化的年代，可分早、晚两期。据长葛石固遗址发现的裴李岗文化遗存，依地层关系和陶器特征的变化作出的分期有四期。其中一、二期的陶器特征比较接近，差别不大[4]，三、四期的陶器特征比较接近，差别小，二、三期的陶器特征差别比较明显，变化较大。因此，可以从二、三期分界，把一、二期归属于早期，三、四期归属于晚期。

根据这一分期，目前发现的裴李岗文化的农业聚落遗址，有的在裴李岗文化早期开始形成，如新郑裴李岗、沙窝李[5]和密县莪沟[6]等遗址。这些遗址发现的裴李岗文化，陶器特征接近于石固一、二期，因此应属早期遗存。有的在裴李岗文化晚期开始形成，如贾湖遗址发现的裴李岗文化，陶器特征接近于石固二、三期，因此应属晚期。上述遗址的文化堆积都只有裴李岗文化层，没有后续的文化层，这说明，这些聚落形

---

[1] 开封地区文物管理委员会等：《裴李岗遗址一九七八年发掘简报》，《考古》1979年第3期。
[2] 河北省文物管理处等：《河北武安磁山遗址》，《考古学报》1981年第3期。
[3] 张忠培：《关于老官台文化的几个问题》，《中国北方考古文集》，文物出版社，1990年。
[4] 河南省文物研究所：《长葛石固遗址发掘报告》，《华夏考古》1987年第1期。
[5] 中国社会科学院考古研究所河南一队：《河南新郑沙窝李新石器时代遗址》，《考古》1983年第12期。
[6] 河南省博物馆等：《密县莪沟北岗新石器时代遗址发掘报告》，《河南文博通讯》1979年第3期。

成后，经过一定时间的发展，聚居的氏族组织可能因某种原因而迁移，聚落由此成为废墟。也有如石固遗址的聚落，从裴李岗文化早期开始形成，一直延续至裴李岗文化晚期至仰韶文化早期。

在裴李岗文化早期形成的农业聚落中，规模都不大，村落的面积小。如裴李岗遗址的面积为 2 万平方米，沙窝李遗址的面积为 1 万平方米，莪沟遗址的面积有 8000 平方米。

这些遗址的文化内涵亦不丰富，发现的文化遗存不多。如裴李岗遗址的发掘面积近 2700 平方米，发现的文化遗存只有 22 个灰坑、114 座墓葬和 1 座陶窑等遗迹。出土的遗物也只有少量的劳动生产工具和生活用具，包括石器、骨器和陶器。劳动工具主要是石器，常见的有农业工具，种类有石斧、石铲、石镰和石磨盘、磨棒等，包括用于开辟农地和耕作、收割工具以及加工谷物的工具。手工业工具少见，有一些石凿出土。生活用具主要是陶器，种类有鼎、罐、壶、钵、碗、勺几种，包括炊具和饮食器皿，此外还发现一些家畜包括猪、狗的遗骨。再如莪沟遗址的发掘面积约 2800 平方米，发现的文化遗存只有 6 座房基、44 个灰坑和 68 座墓葬等遗迹，出土的遗物亦只有少量的石、骨、陶等劳动工具和生活用具，也有一些家畜遗骨。

裴李岗文化晚期形成的农业聚落规模则比较大，如贾湖遗址的面积有 5.5 万平方米。该遗址的文化内涵亦比较丰富，发现的文化遗存亦较多，在约 2358 平方米的发掘面积中，发现的遗迹有房基 45 座，灰坑、窖穴 370 个，墓葬 349 座，陶窑 9 个，出土的遗物有大量的石器、骨器和陶器等劳动生产工具和生活用具。劳动工具包括农业、手工业和渔猎工具，其中农业工具的种类有石斧、石铲、石镰、石刀和石磨盘、磨棒等，手工业工具有石锛、石凿、石纺轮和研磨器等，渔猎工具有石镞、石球、石矛、石弹丸和骨镞、骨矛、鱼镖等。生活用具主要是陶器，有不少鼎、甑、罐、壶、钵、碗、盆、杯、勺和器盖等炊具和饮食器皿，还有一些较大型的缸、罐等储容器，而且各类器物的形制多样。家畜遗骨也有较多发现。还发现有大量炭化稻遗存，其中有野生稻，亦有栽培稻。此外，还发现有大量野生动物的遗骨[1]。

裴李岗文化的农业聚落遗址，无论是早期或晚期遗址内发现的房基，都没有一定的布局。但是，在聚落遗址内发现的墓地，有的则在墓坑的分布上，表现出有一定的布局。比如，在裴李岗遗址的墓地内，共揭露出 114 座墓，墓坑的分布，很明显地表现出有三个墓群之分[2]。每个墓群都有比较集中的墓葬，而整个墓地的墓坑方向则基本相同，大致为南北向。这种现象说明裴李岗遗址的墓地，当是一个氏族的公共墓地，因此在埋葬氏族成员死者时，选择墓坑方向是按氏族内的共同信仰选择的。墓地内有不同墓群之分，则是氏族内有不同的家族或支族，不同家族或支族的氏族成员死后则

---

[1] 河南省文物考古研究所：《舞阳贾湖》，科学出版社，1999 年。
[2] 李友谋：《裴李岗文化》，文物出版社，2003 年。

埋葬在家族或支族的墓群内。

根据各遗址发现的文化遗存看来，裴李岗文化聚落内聚居的氏族成员主要从事农业生产活动，兼有手工业、渔猎和饲养家畜等生产活动，人们的生活来源主要依靠农业，渔猎只是辅助性的生活来源，已过着比较稳定的定居生活。但是，在早期聚落中，渔猎经济所占的比例很小，在裴李岗、沙窝李和新密莪沟遗址，渔猎工具少见，出土的野生动物遗骨亦很少。晚期聚落中，渔猎经济所占比例较大，贾湖遗址就有较多的渔猎工具和野生动物遗骨出土。

在手工业生产中，大致有制石、制陶、木作、制骨等项目，各项手工业的技术水平则以制石的技术水平较高，制陶的技术水平较低。

裴李岗文化的制石技术水平是相当高的。目前发现的制石手工业产品，包括农业、手工业和渔猎工具。各类工具加工精细，技术水平相当高，都是根据各类工具的用途不同而加工出适合其用途的形制。如农业工具中的石斧形制厚重，刃部较宽，两面磨刃，利于砍伐。石铲的形制扁薄，铲面较宽，适于翻土、松土耕作。石镰的形制作弯月形，刃部都加工有细小的三角形锯齿状刃，利于谷物的收割。石磨盘则选用砂岩，加工出又长又宽且厚的盘面，底部还加工有四条对称的短柱形足，使之放在地面上不易移动，比较稳固，便于谷物的加工。在这些工具中，以石镰的加工最为精细，表现出的技术水平是相当高的。

制陶技术水平总的来说并不高，但年代早、晚有所不同。早期的制陶，无论是生产水平和技术水平都比较低，如早期的裴李岗、沙窝李和莪沟等遗址发现的陶器都比较少，器物种类也不多，只有几种炊具和饮食器皿，没有较大的储容器之类的缸、瓮，质量亦很低，胎质松软，火候不高，各类器物的形制简单，制作工艺粗糙。晚期的制陶技术和生产水平都有显著的提高，如裴李岗文化晚期的聚落，舞阳贾湖遗址出土的陶器数量相当多，器物种类也比较多，不仅有炊具和饮食器皿，还有较大型的缸、瓮之类储容器皿。胎质比较坚硬，火候高。各类器物形式多样，变化大，制作工艺水平亦比较高。

裴李岗文化的农业聚落，聚居的氏族成员除从事各种经济生产，过着比较稳定的定居生活外，亦有一定的文化生活，并且有了原始信仰。

在裴李岗文化的聚落遗址中，有一些装饰品发现，其中有绿松石饰、骨饰和牙饰等。在贾湖遗址和汝州中山寨遗址，还出土有骨笛，其中贾湖遗址出土25支，是用丹顶鹤的尺骨制作的，骨管上钻有音孔，或五、六、七、八孔不等，由此构成吹奏乐器。这些发现，说明裴李岗文化聚落内聚居的氏族成员，已经有一定的文化生活，甚至已经会制作乐器。这意味着已有唱歌、跳舞的娱乐生活。

在裴李岗文化遗址发现的墓葬，多数墓都有随葬品，随葬的器物主要有石器和陶器，包括劳动生产工具和生活用具两类。这些随葬品，是死者生前个人使用的物品，在他死后，人们便把它"都与已死的占有者一起殉葬到坟墓中，以便他在幽冥中能继续使用"[1]。因此，墓葬中使用随葬品，这就清楚地表明，当时的氏族成员，已存在灵魂不灭的观念和信仰。

综上所述，中原地区新石器时代的农业聚落，在距今七八千年的新石器时代早期晚段，已经形成，但聚落的规模还不大，考古发现的聚落遗址也不多，其分布寥若晨星。这一历史时期的农业聚落，聚居的氏族成员，主要从事农业生产，同时亦从事渔猎、手工业及饲养家畜等生产活动，人们的生活来源主要依靠农业，已过着比较稳定的定居生活。氏族成员在聚落内，除获得比较可靠的物质生活来源外，还有一定的文化生活，而且还有原始信仰。

但是，这一历史时期的农业聚落，其经济、文化的发展水平还很低。尽管如此，由于氏族成员的生产活动已以农业为主，并且出现了手工业生产和家畜的饲养，这就为古代文明的起源，奠定了基础。

三

中原地区新石器时代的农业聚落，到距今五六千年的新石器时代中期，已相当发展，这一时期的农业聚落遗址是仰韶文化遗址。

仰韶文化遗址在中原大地的分布，可以说是星罗棋布。现今在河南、陕西、河北和山西等地发现的仰韶文化遗址约几千处，最多的是陕西，其次是河南。

仰韶文化遗址的面积有大、中、小之分。大的遗址面积有百万平方米，中等的遗址面积有几十万平方米，小的遗址面积为1万～2万平方米，一般的在1万平方米以下。例如，在河南灵宝铸鼎塬的考古调查中，在沙河和阳平河流域约200平方公里的范围内，发现仰韶文化遗址25处，最大的是北阳平遗址，面积约96万平方米，中等的有西坡遗址，面积约40万平方米，乔营遗址面积约32万平方米，小的遗址面积约1万～2万平方米，有的只有数千平方米。类似的情况，还有弘农河的仰韶文化遗址[2]。

从中原地区发现的仰韶文化遗址数量之多和遗址的面积之大来看，新石器时代中期，在中原大地已经氏族林立，有的氏族组织发展的规模亦相当大，像几十万乃至上百万平方米的聚落，聚居的氏族成员是相当多的，氏族组织的规模亦是相当大的。

仰韶文化遗址的年代，有早、晚之分。有的遗址的文化堆积，有新石器早期的文化层和仰韶文化层，这类聚落，是从新石器时代早期形成，延续至仰韶的聚落。多数

---

[1] 马克思：《摩尔根〈古代社会〉一书摘要》，人民出版社，1972年。
[2] 杨肇清：《略谈河南灵宝考古新发现及其重要意义》，《华夏文明的形成发展》，大象出版社，2003年。

遗址的文化堆积只有仰韶文化层，但仰韶文化遗存的年代有早、中、晚期之分，因此，这类仰韶文化聚落的形成亦有早、中、晚三期之分。早期形成的聚落，遗址的文化内涵为西安半坡类型的文化特征，或含有半坡类型、庙底沟类型和西王村类型文化特征的从早到晚的遗存。中期形成的聚落，遗址的内涵则没有半坡类型的早期遗存，有庙底沟类型和西王村类型遗存。晚期形成的聚落，则只有秦王寨或西王村类型的遗存。不同时期形成的仰韶文化聚落，在河南灵宝铸鼎塬的考古调查中都有发现。

1999年，河南省文物考古研究所和中国社科院考古研究所等单位，对灵宝铸鼎塬及其周围进行了考古调查，发现不少仰韶文化遗址，在这些遗址中，含有仰韶早期遗存的有13个，含有中期遗存的有18个，含有晚期遗存的有8个[1]，这说明，在灵宝铸鼎塬发现的，比较多而且比较集中的仰韶聚落遗址，其聚落的形成有早、中、晚三个时期。

仰韶文化的聚落遗址在中原大地的分布，有两个中心区。第一个中心区是陕西关中渭水流域，第二个中心区是河南郑洛地区，这两个地区都有较多的仰韶文化遗址发现，其分布较密。这两个地区的仰韶文化，都包含有早、中、晚期的遗存，彼此都有自己的发展系列，文化面貌特征也有明显的区别。但是，仰韶早期的聚落遗址和文化遗存，在渭水流域有较多的发现，郑洛地区目前的发现还比较少。至于仰韶中、晚期的聚落遗址，在渭水流域和郑洛地区都有不少发现。

在仰韶文化的聚落遗址中，有的聚落已形成一定的布局。例如在陕西西安半坡、临潼姜寨发现的仰韶遗址，就有居住区、墓地和烧陶区之分。在居住区外，有一条大壕沟环绕，壕沟外是墓地和烧陶区。居住区内有较多的房基发现，还发现有畜栏。房子布局有序，其中半坡聚落遗址的居住区中心有一座面积达百平方米以上的大房子，周围分布中、小房子，房门都朝向大房子[2]。姜寨聚落的居住区中央则有一广场，广场四周分布有5个房屋群，每群有房子20座以上，其中亦有一座大房子，房门都朝向广场。不过，像这样有一定布局的聚落遗址还不多见[3]。

仰韶文化聚落内的房屋建筑，技术水平比新石器时代早期有很大提高，建筑结构复杂。建筑方式有半地穴式，亦有地面建筑。形状有圆形、方形和长方形三种，面积大小不等，小的房子面积只有几平方米，大的有70~80平方米，最大的在百平方米以上，一般的在20~40平方米之间。多单间，亦有连间房。墙的结构有泥墙和木骨泥墙，有的木骨泥墙经火烧，有防潮的作用。地面都经过铺垫，个别房子的地面还铺有木板。总的说来，仰韶聚落内的房屋建筑，有的简陋，有的建筑结构复杂讲究。在郑州大河村发现的仰韶晚期房子，就是建筑结构复杂讲究的房子。

---

[1] 河南省文物考古研究所等：《河南灵宝铸鼎塬及其周围考古调查报告》，《华夏考古》1999年第3期。
[2] 中国科学院考古研究所等：《西安半坡——原始氏族公社聚落遗址》，文物出版社，1963年。
[3] 西安半坡博物馆等：《姜寨——新石器时代遗址发掘报告》，文物出版社，1988年。

郑州大河村仰韶遗址第三、四期的遗存中，发现不少房基，有半地穴和地面建筑两种。半地穴式少，地面建筑多。在第三期发现的地面建筑房基16座，其中F1～F4是四间相连的套房，其中有2间的面积较大，另2间的面积小，房内设有土台放置生活用具，房墙为木骨泥墙，但经火烧。地面亦经火烧，呈砖红色，既坚硬，又具防潮保暖的作用[1]。

仰韶文化聚落内的房屋建筑，有半地穴式和地面建筑的差别，也有面积的大小、单间和套间、结构简陋和复杂讲究的差别，这反映出新石器时代中期，聚居在中原大地的氏族成员，在居住生活条件上，已经出现差别。

仰韶文化聚落遗址发现的墓葬，埋葬制度亦表现比较复杂。每一个聚落遗址发现的墓地，墓坑方向有的大体相同，有的则不相同。死者有的是一次葬，有的是二次迁葬合葬，有的则使用"瓮棺葬"。一次葬多为单人葬，亦有少数合葬，合葬人数2人或4人，有同性合葬，亦有异性合葬，有成年人的合葬，亦有成年人与小孩的合葬。二次迁葬合葬，主要是多人合葬，合葬人数少者几人，多者几十人，一般的有十几人，亦有同性合葬或异性合葬，也有小孩与中、少年和老年人的合葬。这些差别，在一定程度上反映出埋葬年代的不同。如仰韶早期的墓，主要是单人一次葬，二次迁葬墓少。年代稍晚的墓，则二次迁葬合葬墓多，单人墓少。到了仰韶晚期又以单人一次葬为主，亦有少数合葬墓。再如，仰韶早期的墓，有同性合葬墓，到了仰韶晚期，则出现有双人的异性合葬墓。

仰韶文化聚落内的墓葬，在埋葬制度上因年代早晚而出现的变化，或许是氏族制度变革的反映。早期墓的埋葬制度比较复杂，可能是氏族制度正从母系向父系转变的反映；晚期墓葬出现双人异性合葬，则可能是父系氏族制度开始确立的反映。因为双人异性合葬墓，有可能是夫妻合葬，而这种葬制是父系氏族社会才有可能出现的。

仰韶文化聚落的经济、文化发展水平也比较高。主要表现是仰韶遗址的内涵丰富，各遗址都有丰富的文化遗存发现。当时的经济、文化的发展，突出的是手工业，尤其是制陶手工业的发展最为突出。

仰韶聚落遗址的发掘，都有大量陶器出土，不仅有许多生活用具，包括炊具、饮食器、储容器、水器等，还有不少陶质劳动工具和大量的"瓮棺"。生活用具的种类和形制都很多，其中炊具的种类就有灶、釜、鼎、甑、罐等，而且形式多样，还有盆、钵、碗、盘、豆、壶、杯、尖底瓶、缸、瓮、器盖等饮食和储容器皿。陶器的质量亦相当高，胎质坚硬，火候高，吸水性弱。各类器物的造型精美，工艺精细，有不少器物，都施彩绘，有的器物还有陶塑的动物装饰，具有良好的美观效果。有的遗址还有不少陶窑发现。这种情况表明，仰韶文化聚落的制陶手工业，不仅生产规模较大，技

---

[1] 郑州市文物考古研究所：《郑州大河村》，科学出版社，2001年。

术工艺水平也相当高。

仰韶文化聚落，在物质文化的发展取得成就的同时，精神文化亦有所发展。突出的是出现彩绘、陶塑和刻划符号等精神文化产品，其载体主要是陶器。

当时的彩绘有红、黑两色，彩绘的花纹有人面花纹，动物花纹，包括鱼纹、鸟纹、蛙纹、鹿纹几种，还有植物花纹和几何形纹等。有的花纹繁缛，有的简单，构图对称。在河南汝州阎村仰韶遗址出土的一件陶缸上，彩绘出一幅"鹳鱼石斧图"，上画一只鹳，口叼一条大鱼，旁画一柄石斧[1]，可以说是一幅很有意境的原始画。陶塑主要有人物和动物塑品，其中动物塑品主要作生活用具的附饰，如器盖的钮件和把手，塑成某种动物形象。也有把生活用具塑成动物形象的。刻符在西安半坡和临潼姜寨仰韶遗址都有发现，其中半坡的刻符有50多种[2]，姜寨的刻符有30多种[3]。这些刻符具有记事或传递信息的意义，它的出现，或许是象征文字的起源。

根据仰韶文化农业聚落和氏族组织的概况，经济文化的发展水平，以及人们在居住房屋上出现的差别，埋葬制度的变化等综合考察，新石器时代中期，中原地区的古代文明已经起源。

到了距今四五千年的新石器时代晚期龙山文化时代，中原地区的农业聚落，又有进一步的发展。

龙山文化遗址在中原地区的分布更广泛，发现的遗址更多，有的遗址规模更大，达200多万平方米。这样的聚落遗址，聚居的很可能已不是具有同一血统的氏族单位，有可能是具有不同血统关系的氏族单位。

龙山文化的聚落与仰韶聚落相比，突出的变化有三：一是城址出现，二是铜金属出现，三是有的墓葬出现等级差别。

城址在河南、山西两地有发现。河南发现的有登封王城岗城址[4]、安阳后冈城址[5]，辉县孟庄城址[6]、淮阳平粮台城址[7]、郾城郝家台城址[8]等。山西发现的有襄汾陶寺城址[9]。这些城址，以陶寺城址的面积最大，其面积达280万平方米，其次是王城岗城址，面积有30万平方米，最小的是平粮台城址，面积约3万多平方米。

铜金属亦在河南和山西两地有发现。其中河南登封王城岗龙山遗址发现一块铜器残片，重35克，属青铜[10]。临汝煤山龙山遗址发现炼铜的坩埚残片[11]，内壁粘有

---

[1] 临汝县文化馆：《临汝阎村新石器时代遗址调查》，《中原文物》1981年第1期。
[2] 中国科学院考古研究所等：《西安半坡——原始氏族公社聚落遗址》，文物出版社，1963年。
[3] 西安半坡博物馆等：《姜寨——新石器时代遗址发掘报告》，文物出版社，1988年。
[4] 北京大学考古文博学院：《河南登封市王城岗城址2002、2004年发掘简报》，《考古》2006年第9期。
[5] 中国社会科学院考古研究所安阳工作队：《1979年安阳后冈遗址发掘简报》，《考古学报》1985年第1期。
[6] 河南省文物考古研究所：《河南辉县市孟庄龙山文化遗址发掘简报》，《考古》2000年第3期。
[7] 河南省文物研究所等：《河南淮阳平粮台龙山文化城址试掘简报》，《文物》1983年第3期。
[8] 河南省文物研究所：《郾城郝家台遗址的发掘》，《华夏考古》1992年第3期。
[9] 何驽等：《黄河流域史前最大城址进一步探明》，《中国文物报》2002年2月8日。
[10] 李先登：《王城岗遗址出土的铜器残片及其他》，《文物》1984年第11期。
[11] 中国社会科学院考古研究所河南一队：《河南临汝煤山遗址发掘报告》，《考古学报》1982年第4期。

铜液，经化验属红铜。

不同等级的墓葬发现于山西陶寺墓地。陶寺墓地的面积约3万平方米，据1983年公布的发掘材料，在揭露面积1084平方米范围内，发现墓葬637座，发掘405座，发现大墓6座，中型墓四五十座，其余为小墓。大墓有棺，随葬品丰富，如M3015出土各类随葬品178件，有陶、木、石、骨等质的器物，还有猪骨架一具。中型墓有的亦有棺，随葬品以玉石器为主，数量多者10余件。小墓没有葬具，很少有随葬品，有的不超过3件骨饰[1]。这些不同等级的墓葬说明龙山文化的聚落，已有阶级的存在。

城址、铜金属和阶级，是古代文明的基本要素，龙山文化聚落有这些古代文明要素的存在，说明中原地区距今四五千年前，已行将进入文明时代了。

（原载《河南博物院建院80周年论文集》，大象出版社，2007年）

---

[1] 中国社会科学院考古研究所山西工作队等：《1978—1980年山西襄汾陶寺墓地发掘简报》，《考古》1983年第1期。

中原地区原始农业发展状况及其意义

中原大地地处黄河中游。这一地区，地面覆盖着很厚的第四纪黄土，土质肥沃，境内河流交错，水源充足，气候温和，地理环境很适于农业耕作，因此它是我国原始农业种植出现较早，而且发展较快和比较发达的地区。依历史传说记载，中原大地是我国原始农业的起源地。从考古资料看来，中原地区的原始农业在距今七八千年的新石器时代早期已有一定的发展基础，至距今四五千年的新石器时代晚期已相当发达。因此，中原大地的原始农业在我国农业发展史上，无疑占有极其重要的地位，这对推动中华民族较早地进入文明时代的历史，亦具有重大意义。

一

中原大地的原始农业，据历史传说记载出现于炎、黄时代。据说，在远古时代，聚居在中原大地的炎帝和黄帝氏族部落，已经从事农业生产，过着农业定居生活。其中炎帝是农业的发明者，而黄帝则进一步扩大农业种植，发展农业生产。

炎帝发明农业的事迹，有不少传说记载。其号神农，是始创农业耕作工具和种植农业作物的先驱者。如《逸周书》云："神农之时，天雨粟，神农遂耕而种之，作陶冶斤斧，为耒耜，耨以垦草莽，然后五谷与助，百果藏实。"《白虎通义》云："古之人皆食禽兽肉，至于神农，人民众多，禽兽不足，于是神农因天之时，分地之利，制耒耜，教民耕种。"《管子·轻重篇》曰："神农作种五谷于淇山之阳，九州之人乃知食谷。"《帝王世纪》：神农时"始教天下种谷"。《新语·道基》：上古"民人食肉饮血，衣皮毛，至于神农，以为行虫走兽难以养民，乃求可食之物，尝百草之实，察酸苦之味，教民食五谷"。这些记载，都是说神农氏创制农业耕作工具，开始教民种五谷，以获得食物。由于炎帝"教民耕种，神而化之，使民宜之，故谓之神农也"。

黄帝时代推广农业种植，进一步发展农业生产的事迹亦有一些记载。《黄帝内传》云："黄帝升为天子，地献草木，述耕种之利，因之以广耕种。"《史记·五帝本纪》云：黄帝时已"时播百谷"。

从上述种种传说记载看来，中原地区的原始农业在炎帝时代已经出现，到黄帝时代已有一定的发展基础。而从实际情况看来，中原地区的原始农业，在炎帝时代已进入锄耕农业阶段，已创造出耒耜之类的农业耕作工具，因此它不是最原始的农业，而且农业生产已成为人们的主要食物来源。到了黄帝时代又进一步推广农业种植，扩大耕作面积和农业作物的种植。当时的原始农业，可以说已步入发展的阶段。

从考古发掘资料看来，中原大地的原始农业，在距今七八千年的新石器时代早期已有一定的发展基础，至距今五六千年的新石器时代中期已进入全面发展，到距今四五千年的新石器时代晚期，中原大地的原始农业已相当发达。

目前，在中原大地的考古发掘中，已发现有距今七八千年新石器时代早期的农业文化。主要有裴李岗文化、磁山文化和老官台文化。在这三种考古学文化中，都发现有农业聚落遗址，并获得不少农业耕作工具和与农业生活相关的各种用具，在有的遗址内还发现谷物。

裴李岗文化最初发现于河南新郑县裴李岗遗址[1]。这类文化主要分布在河南境内，目前已发现的聚落遗址约有六七十处，有的遗址内还发现有墓地。年代最早的在距今8000年左右，晚的亦有7000多年。年代较早的遗址，面积不大，文化内涵还不丰富，遗址内发现的房基不多，只有几座，墓地内发现的墓葬较多，少者几十座，多者百余座。出土的遗物主要有石斧、石铲、石镰、石磨盘和磨棒之类的农业劳动工具，以及与农业生活密切相关的陶质生活用具，包括鼎、罐、壶、钵、勺之类的炊具和饮食器皿。年代较晚的遗址如舞阳贾湖遗址，则面积较大，文化内涵丰富。遗址内发现的房基和墓葬亦较多，其中房基有几十座，墓葬则有几百座。获得的农业劳动工具和与农业生活密切相关的用具亦较多，而且还发现有不少人工栽种的水稻作物遗存[2]。

磁山文化最初发现于河北武安磁山遗址。目前这类遗址发现还不多，文化分布中心在河北南部地区。磁山遗址的面积较大，文化内涵较丰富，发现有一些房基和大量窖穴。出土遗物亦有石斧、石铲、石镰、石磨盘和磨棒等农业劳动工具，以及较多的陶器，包括陶盂、支架、罐、壶、钵、碗等与农业生活密切相关的炊具和饮食器皿。在不少长方形窖穴的底部，还保存有腐朽的谷物遗存[3]，有的堆积颇厚，经鉴定为粟。这一文化的年代为距今约7000年，与裴李岗文化晚期年代相当。

老官台文化分布在陕西境内，已发现的遗址亦不多，文化内涵不甚丰富。遗址内发现有一些房基、灰坑和墓葬。出土遗物有石斧、石铲和石刀之类的农业劳动工具，亦有与农业生活密切相关的炊具和饮食器等陶器。这一文化的年代与磁山文化的年代相当，距今亦有7000年以上。

在中原地区目前所发现上述三种新石器早期文化，其共同点都有聚居的村落遗址，有一定数量的农业劳动工具和与农业生活密切相关的陶器，包括炊具和饮食器出土，

---

[1] 开封地区文管会、新郑县文管会、郑州大学考古专业：《裴李岗遗址一九七八年发掘简报》，《考古》1979年第3期。

[2] 河南省文物研究所：《舞阳贾湖遗址的试掘》，《华夏考古》1988年第2期；河南省文物研究所：《河南舞阳贾湖新石器时代遗址第二至六次发掘简报》，《文物》1989年第1期。

[3] 河北省文物管理处等：《河北武安磁山遗址》，《考古学报》1981年第3期。

有的遗址还发现有粮食遗存。这就是说，在这三种新石器早期文化中，都含有农业因素，是典型的农业文化。从这些农业因素看来，当时的农业已进入锄耕农业阶段，从耕作到收割的农业劳动工具俱全，而且有石磨盘和磨棒之类谷物加工工具。这表明当时的原始农业已具有一定的发展基础，农业生产已成为主要生产活动和人们的主要生活来源，氏族成员已过着较为安定的定居生活。当时种植的粮食作物，已有旱地作物和水田作物，前者为粟，后者为水稻，其中北部地区主要种粟，南部地区种水稻。从事农业生产劳动的主要是男子，而妇女则主要从事加工粮食之类的家务劳动。因为在裴李岗文化中，已发现相当数量的墓葬，多数墓都有随葬品，包括劳动工具和生活用具两类。其中男性墓随葬的劳动工具，多为石斧、石铲、石镰之类的农业生产工具，女性墓随葬的劳动工具，则主要是石磨盘、磨棒之类的粮食加工工具，这种现象说明，在裴李岗文化中，已表现出男女两性间的劳动似有所分工，男子主要从事农业生产，妇女则主要担负粮食加工等家务劳动。

距今七八千年的新石器时代早期，中原大地的原始农业，虽然已具有一定的发展基础，但农业耕作的面积和发展规模并不大。这主要表现在当时的农业聚落遗址发现还不多，面积也较小，文化内涵亦不甚丰富。这就说明当时的农业耕作，发展规模有限，农业聚落亦少，农业文化并不很发展。从这三种农业文化目前的发掘资料看来，其发展水平亦不平衡，其中裴李岗文化的年代较早，文化内涵亦较丰富，发现的遗址多一些。尤其是农业劳动工具包括石斧、石铲、石镰和石磨盘、磨棒的加工制作十分精细，多通体磨光，石镰的刃部还加工有细密的三角形齿刃。而磁山文化和老官台文化的年代都较晚，目前发现的聚落遗址少，文化内涵亦不甚丰富，尤其是农业劳动工具加工制作粗糙，而且有较多的打制石器。这些现象表明，裴李岗文化的农业，似乎比磁山文化和老官台文化的农业出现较早，耕作亦比较进步，生产水平也较高一些。

由于七八千年新石器早期阶段，中原大地的原始农业已有一定的发展基础，人们已过着农业定居生活，因此使原始手工业和家畜饲养亦开始发展起来。在裴李岗文化、磁山文化和老官台文化中，都有不少陶器，亦有一些骨器出土，这说明当时的原始手工业包括制陶和制骨已开始发展起来。在裴李岗文化和磁山文化中，都发现有猪骨，尤其是在磁山遗址出土的猪骨还不少，经鉴定属家猪，这说明当时的养猪亦已出现。

综上所述，中原大地是我国原始农业出现较早的地区。据历史传说记载，中原是我国农业的起源地，依考古资料看来，中原地区在距今七八千年的新石器时代早期，原始农业已有一定的发展基础，当时的农业生产，已成为一项主要生产活动和人们的主要生活来源，氏族成员已过着农业定居生活，聚居村落亦已形成，原始手工业及家畜饲养亦随之而发展起来。但是，这时期的原始农业，耕作规模很小，生产水平不高，出现的聚居村落很少，分布稀疏，聚落遗址的文化内涵不丰富，农业文化并不发达。这些情况都表现出具有早期农业性质。

二

中原大地的原始农业，是在距今五六千年的新石器时代进入全面发展时期。这一时期，在中原大地基本上到处都有农业聚居村落分布，有的村落面积相当大，遗址内有很厚的文化堆积层，文化内涵丰富。在村落遗址内，一般都有房基、灰坑和窖穴、墓葬的发现，亦有较多的农业劳动工具及与农业生活密切的各种生活用具出土。在有些遗址内发现的房基和墓葬相当多，而且房基和墓葬有一定的布局，发现的农业作物亦较多，不仅有粮食作物，而且还有菜种的发现。这些情况反映出当时在中原大地，农业村落林立，耕作面积和农业种植规模亦比较大，生产水平较高，农业文化已比较发展，定居生活相当稳定。迨至距今四五千年的新石器时代晚期，又出现不少新的农业聚居村落，而且出现城址。聚落遗址的文化内涵更加丰富，农业文化亦更加发达，由此表现出当时的原始农业已处于发达阶段。上述情况，可以从仰韶文化和龙山文化的发展作具体说明。

仰韶文化是中原大地继裴李岗文化、磁山文化和老官台文化之后，发展起来的新石器时代中期文化，其年代从早到晚为距今 6000～5000 年。

在中原大地，到处几乎都有仰韶文化分布。目前，考古调查发现的仰韶文化遗址数量很多，在陕西、河南、山西、河北发现的仰韶文化遗址，至少有上千处以上。遗址的面积有大有小，大的遗址面积达 10 万平方米以上，有的几十万平方米，个别遗址的面积达百万平方米以上，小的遗址面积在 10 万平方米以下。经过发掘的遗址，一般都有较厚的文化堆积层，文化内涵丰富，一般都有房基、窖穴、墓葬发现。出土的农业劳动工具较多，包括石斧、石铲、石刀、石磨盘、磨棒等，而且还出少量的骨铲。亦有较多的与农业生活密切相关的各类用具出土，主要有陶器和骨器，其中陶器种类繁多，有鼎、釜、灶、甑、罐、钵、盆、碗、豆、壶、瓶、杯、缸、瓮等炊具、饮食器和储容器皿，且这些器物多体大，在有的遗址内还发现粮食和菜种遗存。仰韶文化的发展水平，最具有代表性的是在陕西西安发现的半坡遗址和临潼发现的姜寨遗址。

西安半坡和临潼姜寨仰韶遗址的文化堆积层很厚，内涵内富，有相当多的房基、窖穴、墓葬发现，出土的遗物多。内含的文化遗存包括仰韶早期至晚期，文化分期有四期之分。遗址内发现的房基、墓葬集中，显示出村落已形成一定的布局。在西安半坡发现的各类房基 77 座，各类墓葬 250 多座[1]。临潼姜寨发现的房基、墓葬更多，仅第一期文化的各类房基就有 130 多座，各类墓葬 380 座[2]。在这两处遗址内，都有

---

[1] 中国科学院考古研究所等：《西安半坡——原始氏族公社聚落遗址》，文物出版社，1963 年。
[2] 半坡博物馆等：《姜寨——新石器时代遗址发掘报告》，文物出版社，1988 年。

大批遗物出土，而且还发现有农作物遗存，其中半坡遗址发现的农作物有粮食和菜种，姜寨遗址发现有粮食。半坡遗址发现的粮食是小米，有许多小米皮壳发现，仅第115号窖穴内发现的小米皮壳就达数斗之多。在第38号房子上出土的一件陶罐内，则发现有菜种，经鉴定属芥菜或白菜种子。姜寨遗址发现的粮食作物是黍，在ZHT36第四层出土的两件相扣的陶钵内，就装有半钵黍粒。仰韶文化时期的农作物，除半坡和姜寨遗址有发现外，其他遗址亦有发现，例如，在河南郑州大河村遗址就发现有高粱。

根据仰韶文化在中原大地有广泛分布，发现的农业聚落遗址多，面积大，文化堆积层厚，内涵丰富，文化发展等情况说明，中原大地的原始农业，在距今五六千年的新石器时代中期，已进入全面发展。氏族成员的农业定居生活已相当稳定，在聚落内安居乐业，世代绵延。

龙山文化是中原大地继仰韶文化后发展起来的新石器晚期文化，年代距今为四五千年。中原地区的龙山文化，由于不同地区的文化遗存，面貌特征有一定差别，因此有陕西龙山文化和河南龙山文化之分。

龙山文化的聚落遗址比仰韶遗址有更多的发现。目前，在河南境内发现的龙山遗址，有的包含仰韶文化遗存，即下层堆积属仰韶文化，上层堆积属龙山文化，这类遗址，当是从仰韶文化时期形成的聚落遗址，一直延续至龙山文化时期。有的遗址，则包含单纯的龙山文化遗存，这类遗址，当是从龙山文化时期形成的聚落遗址。后一类遗址的发现，说明龙山文化阶段，中原大地的农业村落，又有新的出现和发展，这就标志着当时的原始农业、耕作规模和种植面积，比仰韶文化时期又有新的扩展。

龙山文化的农业，生产水平亦比仰韶文化时期有进一步提高。突出的表现有三点：一是农业劳动生产工具的加工制作有所改进，石斧多体厚重，这有利于砍伐，石铲多体宽而薄、刃锋利，这有利于翻土，尤其是石铲和石刀之类工具体部多钻孔，这有利于安装木柄时使铲体与木柄捆绑得更加结实，所有这些改进，总的都有利于提高劳动生产效率。二是龙山遗址出土的陶器中，有较多大型缸、瓮之类储容器，这类器物可作储存粮食之用，它有较多的发现，这表明当时生产的粮食储存较多。三是龙山文化陶器中，出有不少的酒器，这说明当时的粮食生产，已有剩余粮食用来酿酒。根据上述情况，可以看出距今四五千年的新石器时代晚期，中原地区的原始农业已相当发达。

由于中原地区从距今6000年左右的历史阶段，原始农业逐步进入全面发展，生产水平不断地提高，使氏族成员的定居生活日益稳定，因而亦推动原始手工业和家畜饲养随之发展起来。根据现有的考古发掘资料，距今五六千年的历史阶段，中原地区广泛分布的仰韶文化，既是原始农业进入全面发展时期，亦是原始手工业和家畜饲养进入发展时期。主要表现在仰韶遗址有一批原始手工业工具及其产品出土，亦有较多的家畜遗骨发现。

仰韶遗址出土的原始手工业工具，主要有石锛、石凿之类木作工具，砺石之类制骨工具，陶拍、陶垫之类制陶工具，纺轮之类纺织工具等，其产品则有大批石器、陶器、骨器等。从这些遗物看来，当时的原始手工业已有制石、制陶、制骨、木作、纺织、编织等，而且还出现冶铜。其中制石、制陶、制骨手工业最发达，有大批遗物出土。纺织手工业亦较发展，在仰韶遗址均有大量陶纺轮出土，亦有少量石纺轮，而且在陶器底部还发现有布纹，是制作陶器时用布垫底留下的痕迹。编织手工业的存在，主要表现在陶器上印有编织花纹，以及房基内发现有编织的苇席痕迹。其中在半坡陶器上印的编织花纹多样，据此可以看出当时的编织技巧已有较高的水平，有多种编织法。冶铜的出现，主要表现在临潼姜寨遗址的第一期文化中发现有一些小件铜器，一件黄铜片和一件管状器。

在仰韶遗址中发现的家畜遗骨，常见的有猪、狗、羊遗骨，说明此类家畜已成为当时饲养的主要家畜。在西安半坡和临潼姜寨遗址，还发现有饲养家畜的圈栏。这些资料就说明仰韶文化的家畜饲养有新的发展。

到了距今四五千年的龙山文化阶段，中原地区的原始手工业和家畜饲养，又有进一步的发展。突出的表现是当时的手工业工具及其产品出土更多，质量亦有明显提高，家畜遗骨的出土量亦增多，种类亦有增加。

对于龙山文化原始手工业的发展，可以冶铜一例作代表进行说明。在龙山遗址中发现冶铜遗迹较多，其中在河南登封王城岗遗址发现一件青铜片[1]。在临汝煤山遗址则发现有铸铜坩埚残片，且内壁还粘有固化铜液，经鉴定属黄铜[2]。在山西襄汾陶寺遗址，则发现有一件铜铃，属红铜[3]。这些铸铜遗迹、遗物有较多的发现，不仅说明龙山文化的冶铜手工业已取得新的发展，而且对说明当时的原始手工业有进一步的发展具有一定的代表性。

龙山文化中的家畜遗骨，发现的种类已有猪、狗、牛、羊、鸡几种家畜。据此看来，到新石器时代晚期，中原大地饲养的家畜，基本上已六畜俱全。

三

中原地区的原始农业，依据现有的考古资料，是在距今七八千年的新石器时代早期已有一定的发展基础，到距今四五千年的新石器时代晚期，已相当发达，这在我国农业发展史上，无疑占有极其重要的地位。因为，在我国其他地区，虽然亦发现有新石器时代早期至晚期的原始农业文化，但从现有的考古资料看，中原地区的原始农业，发展的年代较早，发展亦较快，像裴李岗、磁山和老官台文化这样具有一定发展基础

---

[1] 河南省文物研究所等：《登封王城岗遗址的发掘》，《文物》1983年第3期。
[2] 中国社会科学院考古研究所河南二队：《河南临汝煤山遗址发掘报告》，《考古学报》1982年第4期。
[3] 中国社会科学院考古研究所山西工作队：《山西襄汾陶寺遗址首次发现铜器》，《考古》1984年第2期。

的农业文化，在其他地区少见，像仰韶文化和龙山文化这样发展的农业文化，农业聚落遗址发现多的情况，在其他地区亦少见。

中原地区原始农业的发展，不仅解决了中华民族祖先的生活来源和民族发展的根本问题，而且还促进原始手工业和家畜饲养的发展，并推动中华民族的历史，较早地跨入文明时代，因此具有重大而深远的意义。

原始农业的发展，首先是解决了人类赖以生存和发展的生活来源问题。在原始农业没有出现以前，人类的物质生活，主要依靠打猎、捕鱼和采集、挖掘野生植物的果实、根块充饥。这种生活来源，是从大自然中获取现成的天然产品，仰赖大自然的恩赐而得来的，受大自然所制约，并不可靠。在出现自然灾害时，人类就面临挨饥受饿，当人口不断繁衍以后，大自然所提供的现成产品，亦可能不能满足人口繁衍而增长的需求。我国历史传说中，有"人民众多，禽兽不足"，"行虫走兽难以养民"的记载，就是远古时代人们获取大自然的现成产品为生，所面临的严重问题。当原始农业种植发明之后，这种完全仰赖大自然的恩赐为生的局面就得到改变，从此，人类即充分利用土地资源，通过种植农作物，不断地增殖农产品以获得生活来源，使生活来源有了可靠保证，从而解决了人类赖以生存和发展的根本问题。

其次，原始农业的发展，促进了原始手工业与家畜饲养的发展。由于原始农业种植的出现和生产的发展，人类的生活环境亦随之改变，从过去终日出没于森林之中，到处奔波谋取生活资料，生活环境游移不定，转变为农业定居生活，这就为发展原始手工业和家畜饲养创造了条件。

原始手工业的发展，可以说是随着农业种植的出现和定居生活的开始而启动的。为了从事农业种植，人类就必须加工制作农业劳动生产工具和营建定居的房屋，为了与农业生活相适应，又必须创造与农业生活所必需的各种生活用具，这便启动人类加工制作各种手工业产品，成为发展原始手工业的开端。当农业生产日益发展，定居生活日趋稳定，人们的生活需要和要求亦日益提高，为了满足生活要求从而又促使人类不断创造出更多的手工业产品和提高产品的质量，从而又扩大了手工业生产门路和提高技术水平，使原始手工业进一步发展起来。在考古发掘资料中可以看到，新石器时代早、中、晚期文化中，原始农业的发展程度不同，手工业的发展程度亦不同，早期阶段的原始农业还不很发展，手工业亦不发展，遗址内含的手工业工具及其产品都较少，中晚期的原始农业发展，出土的手工业工具及其产品亦增多，质量亦提高就说明问题。

至于家畜的饲养，则可能在原始农业有一定发展基础，定居生活较为稳定的基础上出现的。随着原始农业生产水平的提高，定居生活的日趋稳定，家畜的饲养才得以逐步发展。对此，考古资料亦同样得到证明。

再者，原始农业的发展，对推动人类社会的历史步入文明时代亦具有很重要的意义。这是因为，由于原始农业的发展，人们有了稳定的定居生活，使之有条件发展原始手工业生产和家畜饲养，从而有了多种生产经营。当这些生产日益发展起来，人们所创造的社会财富即日益增多，社会财富的积累亦日渐增加，这不仅使人类的物质生活日益丰富，精神文明亦日渐提高。在社会财富日渐丰富的刺激下，在人们的思想中，便滋生对社会财富的贪求，产生占有社会财富的行为，一旦社会财富出现私人占有，原始公有制便遭破坏，久而久之，又出现社会财富占有的不均，导致贫富分化和阶级产生，迎来文明时代的历史。总观世界文明古国，无论是巴比伦、埃及、印度和中国，无一例外都有发达的原始农业，这就说明原始农业对推动人类社会的历史，从野蛮时代步入文明时代的意义。

中国的文明时代，据历史传说记载诞生于夏代，而夏代奴隶制王朝是由聚居在中原大地的夏部族建立的。

考古发掘资料亦表明，中原地区亦较早地进入文明时代，在这一地区已发现我国最早的文明时代文化遗存，这就是在河南偃师二里头遗址发现的二里头文化。在二里头文化晚期遗存中，已发现有宫殿建筑基址、铸铜遗迹，随葬青铜器墓，及部分青铜器、玉器、漆器等重要遗迹、遗物，由此显示出二里头文化是属于我国文明时代早期文化。

在二里头遗址发现的宫殿建筑基址已不止一座。这类建筑基址的特点是，它有高大的夯土台基，台基上发现有大殿堂、廊庑、庭院和大门组成的建筑群[1]，这样的建筑群，当是奴隶主贵族生活和活动的场所，亦具有国家政权所在地的象征。

青铜器墓亦发现几座。此类墓有棺，亦有较多的随葬品，包括青铜器、玉器、漆器、陶器等。其中保存较好的ⅣM2墓，墓内有漆棺，随葬品有铜爵2件、铜刀2件，玉器有圭、钺，漆器有盒、豆及雕花残漆器等，陶器则有匜、爵、盆等。这类墓的死者，生前当是奴隶主贵族。

二里头遗址出土的青铜器，已包括有礼器、兵器、工具和装饰品几种，礼器有爵、鼎等，兵器有戈、戚、镞，工具有刀、凿、锥、鱼钩，装饰品有圆牌铜器等，其中圆牌铜器器边和器体中间，镶嵌有不同形状的绿松石饰，制作十分精美。这些铜器的发现，说明当时的青铜冶铸也有一定水平，亦表明当时已进入青铜时代。

二里头文化是继河南龙山文化之后而发展起来的一种考古学文化，其分布中心是豫西和晋南地区。这些地区正是历史传说为夏人聚居活动地区，其文化年代亦与夏纪年相当。因此，二里头文化的发现，与历史传说夏代奴隶制王朝的建立是基本吻合的。它的发现说明，中原地区当是中国文明时代历史的诞生地，而这一地区之所以较早地跨入文明时代历史，当与其原始农业的发达相关。

（原载《农业考古》1998年第3期）

---

[1] 中国科学院考古研究所二里头工作队：《河南偃师二里头早商宫殿遗址发掘简报》，《考古》1974年第4期。

我国的原始手工业

一

在漫长的原始社会，人类的物质生产有农业和手工业两个主要部门。从某种意义来说，人类的物质生产活动，可以说是从手工业领域里首先发生的。人类最初是从古猿演变而来的，人和猿的区别之一是能不能从事劳动，而劳动又是从制造工具开始的，人类是会制造工具的动物，而猿只会使用工具，绝不会制造工具，这个问题，恩格斯已经说过。他说："没有一只猿手曾经制造过一把哪怕是最粗笨的石刀。"[1]因此，创造工具，是人类从事物质生产的起点，而工具的制造则属于手工业范围，所以，把人类物质生产的起点确定在手工业上，应该说是合理的。

我国的原始手工业生产，不仅有悠久的历史，而且也取得了伟大的成就。从目前的考古资料来看，我国的原始手工业，开始于旧石器时代，发展于新石器时代，到了新石器晚期，手工业生产已初具规模，其中某些手工业生产部门（如制陶业），则有可能已从农业中分离出来，成为独立的手工业生产部门。

从手工业的发展情况来看，新石器早期是手工业兴起的时期。由于农业的发明，人类开始走向定居生活，因此为手工业的兴起创造了必要的条件。这时期的手工业生产门路还不多，生产规模也很小。新石器中期以后，手工业生产的范围逐步扩大，生产水平也逐步发展，加上手工业者经过长期的生产实践，积累了丰富经验，因此技术水平也有了相当的提高，手工业品的质量也因技术水平的提高而提高，甚至在某些手工业项目如制骨、制玉方面还出现了精致的工艺品。到了新石器晚期，金属冶铸开始出现，一个新的手工业生产部门逐步兴起。由于金属冶铸业的产生，使社会生产力发生了质的变化，从石器时代而进入铜石并用时代，至此，我国的原始手工业生产，开始进入一个新的历史时期，各种手工业生产部门进一步从农业中分离出来，生产也进一步获得发展，从而创造了人类的物质文明时代。

---

[1] 恩格斯：《劳动在从猿到人转变过程中的作用》，《马克思、恩格斯选集》（第三卷），人民出版社，1972年。

二

我国的原始手工业，大致有制石、制骨、制陶、制皮、纺织、木作、编织、金属冶铸等八个生产部门。

制石，是原始手工业首先发生的一个部门。人类用两手打制出来的极其粗笨的石器，就是这类手工业产品的最原始形态。我国目前发现的最原始的石器，是"元谋人"所使用的砍砸器，其次是"蓝田人"和"北京人"所使用的石器。"蓝田人"使用的石器，在制作上虽然还带有较多的原始性，但已经表现出有一定的进步性，因为石器的种类较多，有砍砸器、刮削器、尖状器和石核、石片等。石器的制作，部分已表现出有第二步加工的迹象，有打制和修制的某种程序，而且也表现出有一物多用的性状。"北京人"使用的石器，也有砍砸器、石核、石片等。这些石器，大多以砾石为原料，制作上也运用了比较熟练的技术，因用途的不同而加工出不同类型的石器。不过，上述早期人类的石器，大多数都是拣取自然石块来加工制作的，一般都是就地取材，就地加工，还没有固定的场所。到了旧石器晚期和新石器初期，人类制作石器进入一个新的阶段，开始有了固定的场所。考古发现的旧石器时代的石器制造场有两处，是1973年在内蒙古呼和浩特市东郊大窑村和前乃莫板村附近发现的，这两处石器制造场都发现有大量的石核、砍砸器、尖状器、刮削器、石球和石斧等[1]。新石器时代初期的石器制造场则发现于山西怀仁县鹅毛口和广东南海西樵山。鹅毛口制石场发现有大量的石核、各种石片以及砍砸器、尖状器和各种刮削器，此外还发现有不少石斧、石锄、石镰、石锤等[2]。鹅毛口石器的特点是打破了传统的以拣取自然石块为原料的习惯，开始了从原生地层中开采原料的做法，同时也出现了制作石锄、石镰等与农业有关的新型工具，加工上也采用了磨制方法。这些特点说明，旧石器晚期和新石器初期，石器制作技术又有较大进步。

新石器时代是石器制作上发生"革命"的时期，这时期的石器制作以磨光石器为主，种类上传统的砍砸器、尖状器、刮削器、细石器等以狩猎、采集经济为特征的工具，逐步为石斧、石锄、石铲、石镰或刀、石磨盘和石锛、石凿等以农业和手工业经济为特征的工具所代替。这种状况，基本上贯穿了整个新石器时代，只是到新石器时代晚期，钻孔石器才逐步发展起来。

我国石器制作手工业的发展水平是不平衡的。"新石器革命"的进程，从目前的资料来看以中原为早，东南沿海与江南地区略晚。裴李岗、磁山文化的石器，制作已

---

[1] 内蒙古博物馆等：《呼和浩特市东郊旧石器时代石器制造场发掘报告》，《文物》1977年第5期。
[2] 贾兰坡等：《山西怀仁县鹅毛口石器制造场遗址》，《考古学报》1975年第2期。

相当精致，多通体磨光，农业工具种类基本齐全。常见的斧、铲、镰以及磨盘等农业工具，在裴李岗文化中已经具备。从技术水平来说，东方沿海的大汶口文化的石器，比中原仰韶文化石器制作精细，加工也比较工整，棱角清晰，有的石器经磨制以后甚至还进行抛光处理，这是中原所不见的。值得注意的是，江南和沿海地区的制石手工业，除了具有较高的制石技术水平之外，同时还有玉器的加工制作。因此，玉器的制作是江南和沿海地区制石手工业方面的一个新发展。

江南和沿海地区发现的新石器时期的玉器，数量不少。江南较早的河姆渡文化，即出土有不少的玉器，种类有玉管、玉珠、玉玦等，玉质较差，制作粗糙具有原始玉器的特征[1]。到了良渚文化，江南玉器的制作大为发展，常见的有玉璧、玉玦、瑗、璜、镯、管、珠、坠、琮等装饰品，这些玉器制作精致，可以说都是经过精雕细镂而成。江苏吴县草鞋山良渚文化出土的玉琮、玉璧，上面还有刻镂精细的花纹，其中有一件玉琮上刻八组饕餮纹[2]。山东大汶口文化常见的玉器有玉环、笄、玦、瑗、璜、指环等装饰品，在大汶口M10出土的一件墨绿色玉铲和M117出土的一件淡黄色玉铲[3]，足以代表当时玉器加工制作工艺的最高水平，是不可多得的珍品！

玉石的质料，比普通岩石的质料坚硬，因此，玉器的加工制作比一般石器的加工制作技术难度较大，一件完美的玉器，不仅需要细致的琢磨，同时还需要精心的雕刻，因此它是技术水平与艺术水平的结晶。由此看来，江南和沿海地区的制石手工业技术水平比中原是要高的。

制骨手工业的发生也较早。旧石器晚期的"山顶洞人"已知道用鹿角和鹿的下颌骨加以磨光制成骨、角器，同时也知道用动物的骨骼磨制骨针和装饰品，这大概就是制骨手工业的开始。到了新石器时期，人们即大量利用动物骨骼为原料，加工制作生产工具和生活用品。骨制的生产工具，用于狩猎、捕鱼、采集等生产方面的有矛和镞，以镞为多，其次有鱼镖、叉、鱼钩、网梭等，用于农业方面的有耜、铲、鹿角锄等，用于手工业生产方面的有凿、锥、匕等，用于文化生活方面的有针、刀、簪、笄、珠等。此外还有骨雕制品，山东大汶口文化就出土有骨雕筒，说明骨器的用途广泛。

江南和沿海的制骨业，技术水平也是比较高的，突出地表现是在象牙雕刻方面。早在7000年前，江南的河姆渡遗址就出土象牙雕刻器物20余件，其中以蝶形器最多，一般正面制作较粗，背面常有精致的雕刻，以凤鸟形象牙匕状器为当时的艺术精品[4]。山东大汶口文化的牙雕，更为精致，大汶口出土的一件透雕象牙筒，筒身周围布满剔透的花瓣纹样[5]。这件象牙筒，也是我国原始艺术中的珍品。

牙雕是在制骨基础上发展起来的工艺。当时在没有金属工具的情况下，要雕镂出

---

[1] 浙江省文物管理委员会等：《河姆渡遗址第一期发掘报告》，《考古学报》1978年第1期。
[2] 南京博物院：《吴县草鞋山遗址》，《文物资料丛刊（3）》，文物出版社，1980年。
[3] 山东省文物管理处等：《大汶口——新石器时代墓葬发掘报告》，文物出版社，1971年。
[4] 中国考古学会：《中国考古学会第一次年会论文集·1979》，文物出版社，1980年。
[5] 山东省文物管理处等：《大汶口——新石器时代墓葬发掘报告》，文物出版社，1971年。

像大汶口出土的如此精美的象牙筒，并不是一件容易的事。通过这些牙雕，充分地表现出我国原始雕刻艺术家们，不仅富有创造才能，同时也具有坚忍不拔的创造精神。

制陶是原始手工业中的主要部门，也是最发达的一个生产部门。制陶业的发生，一般说是在原始农业的发明之后。据古代传说，我国的制陶业发生于神农之世，"神农耕而作陶"，这也说明制陶业发生于原始农业出现之后。

考古发现的我国最早的陶器，是在新石器早期文化中出现的。1977年江苏溧水县白马公社回峰山神仙洞的发掘，在与最后鬣狗所在的土层内获得一块泥质红陶片。神仙洞遗存的绝对年代，^{14}C测定距今为11200 ± 1000年[1]，因此，这块陶片是目前我国考古发掘所见年代最早的陶器，不过，这块陶片的可靠性如何，目前正作进一步的鉴定。年代比神仙洞稍晚的陶器，则发现于江西万年县仙人洞下层，仙人洞下层遗址，是以打制石器和陶器共存的文化，所出的陶器多为陶片，仅复原一件陶罐，年代据^{14}C测定为8000年左右。新石器时代早期的陶器资料，可供我们比较全面地得到认识和研究的，是近年来在河南新郑县发掘的裴李岗和河北武安县磁山发掘的实物资料，这两个遗址出土的陶器相当丰富，完整的器物不少，计有鼎、罐、壶、钵、碗、瓢等几种。磁山还出土有盂、盘和器座，其年代距今也在七八千年左右。这些资料对研究我国制陶业的发生与发展，都具有十分重要的意义。

裴李岗新石器早期的陶器，具有一定的原始性。它以红陶为主，其次也有极少数的灰陶，陶质较差，火候低，器物都是手制，种类简单，这些都是原始的特征。但是它又不具有最原始的形态，因为这些陶器已有泥质和夹砂陶之分，技术上也已经初步掌握了选料、淘洗、制坯、造型以及使用陶窑以控制烧陶的温度等比较成熟的技术，也懂得了用还原焰烧制灰陶，这些情况充分说明裴李岗的陶器已脱离了最原始状态，从出土数量之多也说明当时的生产已有一定的发展水平。由此推论，我国制陶业的历史，距今至少也有八九千年。

新石器时代中、晚期是原始制陶业的发展时期，这时期的制陶业，在黄河流域、长江流域以及华南、长城以北的广大地区都相继发展起来了。仰韶文化的陶器已经从手制的基础上逐步发展为轮制，器物烧成的温度也较高，质量较好，造型规整，种类也增多，生产规模扩大。到了龙山文化时期，轮制技术发展，并出现了模制或轮模合制的陶器，所产的陶器以黑、灰陶为主，大型器物增多，生产规模进一步扩大。其中以薄胎、器表漆黑发亮而精美的"蛋壳黑陶"，代表了这时期制陶技术上的最高水平。

陶器的发明是人类物质生产方面获得的一项重大成就，也是人类用物理和化学的方法改变物质性能的第一次实践所获得的成果。陶器的发明标志着人类物质生产方面的发明创造又取得了巨大的进步，它具有划时代的意义。

纺织是关系到人类穿衣的根本问题，也是一项重要的生产活动。在纺织业没有发生之前，人类只是"食禽兽肉，而衣其皮，知蔽前而未知蔽后"（《五经异义》）。

---

[1]《江苏文物考古工作三十年》，见《文物考古工作三十年》，文物出版社，1979年。

在旧石器时代晚期的"山顶洞人"文化里，即发现有制作精细的骨针，这有可能就是用来缝制兽皮以蔽体的工具。新石器早期文化遗址开始发现纺轮，不过数量还不多，仅在莪沟和磁山遗址发现8个，均用陶片加工而成。到了仰韶文化时期，用陶片加工制作的纺轮大量出现，并且也出现了专门烧制的陶质以及石质的纺轮，说明这时期的纺织业已初步发展。这时期纺织业，不仅发现大量捻线的纺轮，同时也发现布纹的痕迹，这种布纹在半坡仰韶文化和山东大汶口文化陶器的底部是常常可以见到的。有人推测，仰韶文化时期的纺织，已经使用了布机，因为在我国近代一些少数民族中，有一种原始布机——腰机。这种腰机的织布方法是把经线前端捻在木桩上，后边系在腰间的卷布轴上，并以分经棍将单、偶经线分成上下两层，经面上置一综杆，其中许多绳套分别系在底经的纱线上，织布时用左手向上提拉综杆，经底上升，与分面经交叉，这时用右手向左边投梭引纬，用机刀击纬，然后放下综杆，再由左向右投梭引纬，依此类推，穿梭而织[1]。腰机所织的布，幅面很窄。在西安半坡和华县泉护村仰韶遗址出土的陶器上，所印的布痕，每平方厘米有经纬线各十根左右，由此可知，这种布幅同少数民族的原始织机的布幅相仿。仰韶和大汶口文化发现的布纹，一般认为是麻布，是采用野生纤维捻线织成的。到了新石器时代晚期，纺织纤维的利用更为广泛，不仅用麻，而且用丝。江苏吴县草鞋山下层文化，发现三块野生葛纤维的织物残片，浙江吴兴钱山漾良渚文化层不仅发现有苎麻织成的平纹细麻布，同时还发现有不少的丝织品、绢片、丝带、丝线[2]。这一发现，使我们有理由推测，原始社会晚期，我国已经发明缫丝业。

纺织业的发生，最初可能是从结网捕鱼的实践中得到启示的。《淮南子·氾论训》中说："伯余之初作衣也，緂麻索缕，手经指挂，其成犹网罗。"由此可见最初的布如同渔网那样疏朗。从传说的记载来看，织网发生于伏羲氏之时，"古者庖牺氏之王天下也，……做结绳而为网罟，以佃以渔"。而织布则发生于神农之世，"神农身亲耕，妻亲织"。这样的时间顺序，也大致符合经济生活的发展程序。

木器的制作，是伴随人类的定居而兴起的一项手工业。由于人类定居生活的需要，因此出现了房屋的建筑、农业工具的制作以及生活用具的制作等。这些需要，势必推动木作业的兴起。

考古发现的木作遗迹、遗物，是在新石器早期文化中出现。裴李岗和磁山文化，都发现有半地穴式的房屋建筑，这种房屋，无疑是由简单的木结构构成。河姆渡文化则发现有复杂的木结构建筑房屋，使用了大量圆木、枋木木桩，打在沼泽地上作为基础，上架梁架以承托地板，然后再立木柱，架梁，构成"干栏式"木结构建筑。木结构上使用了榫卯相交的技术[3]。这种用榫卯相交组成构件的技术，具有相当高的水平。

---

[1] 中国历史博物馆：《简明中国历史图册》，天津人民美术出版社，1978年。
[2] 浙江省文物管理委员会：《吴兴钱山漾遗址第一、二次发掘报告》，《考古学报》1960年第2期。
[3] 浙江省文物管理委员会等：《河姆渡遗址第一期发掘报告》，《考古学报》1978年第1期。

至于生产、生活中使用的木器，在河姆渡文化中也有发现，其中有木铲、木耜、木槌、矛、匕、器柄、碗等多种。木工工具则有斧、锛、凿之类。河姆渡遗址发现的木器，是我国目前考古发现最早而又最丰富的实物资料，它对我们研究我国木器制作业的历史和发展状况都提供了重要的依据。

编织业的发生，大概也是在人类定居生活开始以后。考古发掘所见的编织物痕迹是在仰韶文化时期。半坡出土的陶器，有不少器物的底部发现有簟席、草席和芦席的印痕，其编织的方法大致可分为斜纹编织法、缠结编织法、绞缠法及棋盘格式间格纹编织法几种[1]。从印痕的情况来看，席篾大小均匀、经纬纹理齐整，说明当时的编织技术已相当成熟。

竹编在钱山漾遗址共出土200多件，由于这些编织物均埋在水面以下的黏湿土中，清理困难，估计出土量只占四分之一。所出的竹编有竹席、篓、篮、箅、谷箩、刀箝、簸箕等。其编织方法有一经一纬、二经二纬的人字纹，密纬疏经的十字纹、梅花眼、菱形花格等[2]。蔑条细薄均匀，编织紧密，充分显示出我国原始编织工艺的精良。

金属冶铸是原始社会末期出现的一项重要手工业，这一手工业的出现对推动社会生产力的发展，起着巨大的作用。考古发现金属冶铸的迹象，是在新石器晚期的龙山文化遗址中，河北唐山大城山龙山遗址发现过两件铜牌[3]，临汝煤山龙山遗址也发现有冶铜的坩埚残片，山东龙山文化的个别遗址，也发现过小件铜器。比龙山文化年代略晚的黄河上游的齐家文化，发现铜器的数量更多。1957~1959年在甘肃武威皇娘娘台齐家文化遗址发掘，获得23件铜器，其中有刀、凿、环以及铜片、铜渣等[4]，1978年的发掘又获得铜器7件，有刀、锥和钻头[5]。1959年在永靖大何庄齐家文化遗址也发现1件铜匕和铜片[6]，秦魏家遗址也发现有铜锥、环、泡和斧形器。

但是，对上述资料的时代问题，认识上还存在一些争议，如大城山出土的铜牌，有人认为是晚于龙山文化之遗物，而齐家文化也晚于中原龙山文化，其下限接近于商代，所出的铜器也有可能受商代文化的影响。虽然如此，一般还认为，夏商时期的青铜文化是在龙山文化的基础上发展起来的。因此，龙山文化时期出现金属冶铸技术，似无疑问。

---

[1] 陕西省半坡博物馆：《中国原始社会》，文物出版社，1977年。
[2] 浙江省文物管理委员会：《吴兴钱山漾遗址第一、二次发掘报告》，《考古学报》1960年第2期。
[3] 河北省文物管理委员会：《河北唐山市大城山遗址发掘报告》，《考古学报》1959年第3期。
[4] 甘肃省博物馆：《武威皇娘娘台遗址发掘报告》，《考古学报》1960年第2期。
[5] 甘肃省博物馆：《武威皇娘娘台第四次发掘报告》，《考古学报》1978年第4期。
[6] 中国科学院考古研究所甘肃工作队：《甘肃永靖大何庄遗址发掘报告》，《考古学报》1974年第2期。

三

物质生产，是人类生存的第一个前提，马克思和恩格斯在他们合写的《德意志意识形态》一书中，曾经这样说过：人类生存的第一个前提就是"人们为了能够'创造历史'，必须能够生活。但是为了生活，首先就需要衣、食、住以及其他东西。因此第一个历史活动就是生产满足这些需要的资料即生产物质生活本身"。

原始农业和手工业，是原始社会人类物质生产中最重要的两个方面。农业生产，是人类经济生活中的重要来源，是生活中最根本的需要；手工业生产，则是人类生活中的衣和住这两个方面的主要依靠。这两方面的生产，差不多占据着当时人类生活中的大部分物质需要。

原始农业和手工业生产，两者之间的关系是有机联系，互相影响、互相促进的。发展农业，需要手工业的支持，因为手工业的发展，可以提高生产力，从而推动农业生产的发展，发展手工业又需要农业生产发展的物质基础和条件，两者相辅相成。

人类从事经济生产活动，确实离不开手工业。旧石器时代，如果没有原始石器的加工制作，人类也就谈不上狩猎、捕鱼、采集等生产活动，至少将会遇到很大的困难。新石器时代，如果没有制石、制骨和木作业的生产基础，也谈不上有农业生产的活动，因为从事农业生产，首先也必须要有农业工具。

发展经济生产，也需要手工业发展的条件，因为劳动工具是生产力的因素之一，工具制作的改进与提高，又是生产力提高的标志。旧石器时代晚期，由于弓箭的发明，使狩猎经济生产进入一个新的阶段。因此，恩格斯对弓箭的发明作了很高的估价，他说："弓矢对于蒙昧时代，正如铁剑对于野蛮时代及枪炮对于文明时代一样，乃是决定性的武器。"[1] 同时把弓箭的发明作为蒙昧时代的高级阶段的开始。到了新石器时代，由于农业的发明，石器的加工制作，出现了磨制石器，"新石器革命"带来了"农业的革命"。后来磨制石器不断改进，磨光技术逐步精细，石器种类也逐渐增加，穿孔石器也逐步发展。这些，在一定程度上提高了社会生产力，使各种经济生产都得到发展，因而出现了仰韶文化的经济繁荣时期。新石器晚期，由于金属冶铸这一新的手工业部门产生，社会生产力发生了质的变化，出现了新的因素，因此进一步推动生产的发展，社会产品占有不均的现象也逐渐发展，阶级因之出现，终于迎来了历史文明的曙光。

但是，手工业的发展，又不能脱离农业。原始手工业的兴起，是以原始农业的发

---

[1] 恩格斯：《家庭、私有制和国家的起源》，人民出版社，1972年。

生为前提的。从目前的考古资料看，原始手工业的兴起基本上都是出现在原始农业的发生并有一定的生产基础之后。木作业之所以在新石器早期发展起来，是由于农业的发生，人类为了从事农业生产而建立农业村落，于是房屋的建筑、木质工具和生活用具的制作就成为当时人们生产、生活的必需品。制陶业的产生，同样也是这种情况，由于人类的定居生活，而且农业生产又成为人们经济生活的主要来源，因此，人们就需要有与这种生活相适应的用具。正如恩格斯所说："在许多地方，或者甚至在一切地方，陶器都是由于用黏土涂在编制或木制的容器上而发生的，目的在使其耐火，因此，不久之后，人们便发现成型的黏土，不要内部的容器也可以用于这个目的。"[1]陶器就是在这种情况下发明的。

原始手工业的兴起以原始农业的发生为前提，原始手工业生产的发展，也是以农业的发展为条件的。由于农业的发展，人们的社会生活内容日益丰富，于是对各种手工业制品提出了更多和更高的要求，这就为增加手工业生产的门路，扩大手工业产品的用途，发展生产创造了条件。如早期陶器产品基本上只限于人们日常生活中的炊煮、饮食方面的器类，裴李岗、磁山文化出土的鼎、罐、壶、钵、碗、瓢等都属于饮食方面的器皿。仰韶文化时期，由于农业的发展，陶器生产的用途也有所扩大，除了炊煮、饮食器皿外，增加了容器、储器和葬具。半坡出土的陶罐，里面就发现有储存粮食和芥菜种子的情况。同时也用大量的陶器作"瓮棺"，并使用陶器作生产工具。山东大汶口文化、龙山文化时期，陶器生产的种类又增加了鬶、瓠、杯等酒器，说明当时由于农业的发展，有剩余的粮食用来酿酒。大型的陶缸、陶瓮大量增加。

任何一种物质生产的发明创造，都将造福于人类，造福于社会。人们对这些发明创造者往往都给予一定的荣誉，以表示对他的崇敬。燧人氏就是因为他"钻燧取火，以化腥臊，而民悦之，使王天下"（《韩非子·五蠹》）；神农氏也是因为他"始作耒耜，教民耕种，其德浓厚如神，故称神农氏"（《礼含文嘉》）。在古代的传说中，每一项发明创造，几乎都把它归之于氏族首领，大概就是人们对这些发明创造者所寄予的一种敬意的表示。

无论是原始农业或手工业生产，在氏族社会前期，事实上也都是氏族首领亲身参加的。"神农耕而作陶"，"神农身亲耕，妻亲织"，"舜自耕稼陶渔以至为帝"，都说明这个问题。然而，到了原始社会末期，手工业者在氏族内部，似乎就有了一种较为特殊的政治权利。《夏书·胤征》说到"工执艺事以谏"的话，说明当时的手工业者已经以特定的手工业成员的资格，参与到氏族中的政治议事。同时也表明这些手工业者已经获得一定的特殊的政治权利。

原始手工业者之所以获得特殊的政治权利，可能与这些人在当时具有比较优裕的

---

[1] 恩格斯：《家庭、私有制和国家的起源》，人民出版社，1972年。

经济地位有关。从考古发掘的资料来看，原始社会晚期，社会产品的占有明显不均，这时期的墓葬，随葬品有的多达百件，其中包括各种陶器、石器、玉器、骨器、象牙雕器等珍贵品，有的只有几件陶器、石器。而随葬品多的，往往都有手工业工具。这就表明，他们生前往往就是手工业生产者。这些手工业生产者所处的经济地位是比一般氏族成员优裕的，经济地位的优越，必然在政治上也居于优越的地位。因此，他们参与氏族中的政治议事，"执艺事以谏"，也就成为可能的了。

总之，我国的原始手工业，不仅有悠久的历史，而且也具有发达的水平和精湛的技术。原始手工业的发展，不仅为我们民族创造了丰富多彩的物质文化，同时也为人类物质文化的发展作出了伟大贡献。毛泽东主席曾经说过，"在中华民族的开化史上，有素称发达的农业和手工业"。这段话，实际上是为我国原始手工业的发展及其对我们民族的进步所作的贡献作了科学的总结。

（原载《史学月刊》1983年第1期）

我国原始艺术的成就

毛泽东主席说："中国是世界文明发达最早的国家之一。"[1]在中华民族的开化史上，我们民族的祖先，造就了发达的物质文明和精神文明，为我们今天的科学文化打下了坚实的基础。这里，我想着重介绍和论述我国原始艺术所取得的光辉成就，从一斑而窥见我国人民从远古时候起，在创造人类的物质财富和精神财富方面所作的贡献，并借以提高我们的民族自信心，发扬民族的光荣传统，从而为繁荣我国的文化艺术，建设社会主义的精神文明，提供一份历史借鉴。

我国的原始艺术，在许多方面都有卓越的成就，其中在绘画、雕塑、舞乐方面，所取得的成就就更为突出。

一

彩绘是我国原始艺术中一枝绚丽的花朵，在我国原始艺术中，彩绘艺术是最杰出的成就之一。

我国的原始彩绘艺术作品，有极其丰富的遗存。考古发掘的新石器时代物质文化，诸如中原的仰韶文化，东方沿海的大汶口文化，甘青地区的马家窑文化，长江流域的大溪文化、屈家岭文化、河姆渡文化，以及东北、内蒙古的红山文化所出的陶器，普遍都有彩绘的花纹图案。因此，彩陶就成为我国宝贵的原始彩绘艺术遗产。

新石器时代的彩绘，用色有黑、红、白、紫、黄、棕、赭几种颜色，布色一般多用单彩，或黑或红，进行构图，也有用复彩，即用两种以上颜色构图。有不少还用白色作衬底，以突出美观的效果。色彩的颜料考古也有发现，在大汶口文化墓葬中，曾发现有赤铁矿碎块，人们多认为就是制色的颜料。在西安半坡仰韶文化遗址，则发现有制色的工具，在三个石块上发现有研磨的小圆窝，其中有二个圆窝内还留存有红色的痕迹，推断这石块上的圆窝，就是用于研磨赤铁矿粉末作色料的。

陶器上的彩绘，是作为一种美观的艺术装饰。画彩的陶器，一般是盆、碗、钵之类的饮食器皿和瓶、壶、瓮之类的储容器，鼎、釜、甑、罐之类的炊煮器是不画彩的。施彩的部位，多为器表的上腹或器物的口沿，也有内壁画彩的。由此可以看出，人们

---

[1] 毛泽东：《中国革命和中国共产党》，《毛泽东选集》（第二卷），人民出版社，1967年。

对陶器的施彩是有选择的，主要着重于饮食器和视力所及的部位。

我国原始彩绘艺术装饰，画面构图，题材内容极为丰富。以类分，有人面花纹、动物花纹、植物花纹、编织花纹以及天文、昆虫、水波和几何形花纹几大类。

人面花纹是以墨色线条勾出人的头部脸庞和眼、耳、口、鼻器官，额门和下颌加色彩填突。一般是以一人面花纹为一组图案，或者在一件器物上画四组花纹图案，两组为人面纹相对称，另两组以鱼纹或其他图案相对称。这种纹饰主要见于半坡仰韶文化。

动物花纹有鱼纹、鹿纹、鸟纹、蛙纹四种。鱼纹有写实性和形象性图案化两种，写实性鱼纹构图比较简单，主要以墨线画出鱼的轮廓，身上布以较密的交叉线条以表现其鳞纹。图案化鱼纹构图比较复杂细致，先以墨线画出鱼的图案，再以墨色填实。这种图案化鱼纹在构图上有单体鱼和复体鱼二式。单体鱼是以一鱼为一组图案，一般是头、身、尾、鳍俱全，也有无鳍的，鱼身各部的比例大体相称。复体鱼是由两条以上平行相叠的鱼构图，或鱼头相连、身尾分开，或二鱼平行相叠，只画一个鱼头，形式多样。鹿纹用墨色构图，图案简单，一般只画形象，长颈短尾，脑后以直线画两角。鸟纹也是用墨色构图，形体细小，长嘴长尾。蛙纹是以较粗的墨线画出蛙身，背部布以墨色圆点，以表现蛙身上的疙瘩，有头无颈，前爪前伸，后爪收缩，作爬行姿态。这些动物花纹，多见于半坡和庙底沟仰韶文化。

植物花纹有树木、花草、禾束等几种。较多的是以圆点、勾叶、弧线三角墨色线条，组成变体的花卉、花蕾、根蔓、花叶等。这些花纹，在各地彩陶均有所见。

编织花纹，主要是模仿编织物的纹样，加以图案化而作为美的装饰。主要有网纹、菱形纹、席纹、回纹几种，这些花纹在各地彩陶中均有所见。

天文图案有太阳、月亮、星座、日晖等几种，主要见于郑州大河村仰韶彩陶。

昆虫类花纹比较少见，其中有毛虫、甲虫几种。

水波纹是以墨线勾画出水的波浪、旋涡、浪花，这类花纹在马家窑文化彩陶中比较多见。

几何形花纹是以平行线条、斜线、竖线、曲线、弧线、圆点和角组成各种几何形图案。这种图案，在各地的彩陶中，都是常见的，西安半坡彩陶的几何形图案，据统计就有46种。

这几类花纹图案，虽然在构图上有简有繁，画面有粗有精，但形象基本真实，神态亦较生动。人面花纹，一般都画成圆胖的脸形，垂直的鼻梁，闭合的眼睛，张开的嘴巴，高高的发髻，有的在两耳部各画一条对称的小鱼，嘴角边两侧各衔一条小鱼，很富有艺术情趣。鱼的形态，有的舒鳍展尾、张口游动，娴静自如；有的则张目闭嘴，似乎在前行觅食；有的则睁目露齿，怒目相视，状似临敌。鹿的形态有昂首奔驰，也有缓步行走，有俯首就食，也有停止睨视。鸟有静止啄食，也有展翅欲飞。这些不同的动物图像，所表现出来的不同神态，说明当时的艺术"画师"在构图时基本上都能抓住动物的本质。

植物花纹的图案，也很富于形象。如所画的树木是以一条垂直的粗线条表现树干，两边各伸出四条支线，象征树的枝杈，表现出自然生长的情景。有的植物的枝叶苍劲挺拔向上，有的则似随风飘摇，倒伏垂地。尤其是花卉图案，有的像含苞待放，有的则为盛开的花朵，画面给人以一种生意盎然之感。

有些图案的布局也很巧妙，别具匠心。如西安半坡出土一件陶盆，盆内近底处画四只奔跑的鹿，如果把画面和圆盆结合起来加以联想，这四只鹿就好像是奔驰在湖边的草地。临潼姜寨出土一件陶盆，盆内画两只缩颈大腹的青蛙，和青蛙相对的部位又画两条游动的小鱼。蛙的形态似乎是在蹒跚地爬行，小鱼游动的姿态，则显得轻窕活泼，两相衬托对比，使人观之不能不觉得别有情趣。半坡出土的一件陶盆，盆内底部画有两个对称的人面花纹，相对的部位又画两条游动的小鱼，如果盆内盛满清水，两条小鱼就像在水中游动，而人面花纹却像人观鱼的水中倒映。宝鸡北首岭出土一件陶壶，造型像一条小船，腹中部画网纹，像是捕鱼拉网的影照。半坡出土的一件细颈陶瓶，环绕腹部画有四层连折线组成的图案，像是绵延起伏的山峦，而同细颈瓶口结合起来看，则瓶颈俨然似一凸起的山峰。可见，这些布局巧妙的图案，都有一定的艺术意境。

总观我国原始彩绘，色彩浓淡适宜、黑白分明；线条粗细疏密、匀称流畅；构图对比调和、变化统一；布局均衡合理、协调美观。整个画面，给人以一种严谨、规整、自然、美观，无轻重悬殊、杂乱无章之感，达到了较高的艺术水平。

我国新石器时代的彩绘艺术，在创作出众多的图案花纹装饰的基础上，也创作出一些具有绘画艺术的作品。1959年在陕西宝鸡北首岭出土的一件细颈陶瓶，上画一只水鸟，嘴衔一条小鱼[1]，构成一幅水鸟衔鱼图，实为绘画雏形。1981年，在河南临汝阎村仰韶遗址出土一件陶缸，上画一鸟一鱼和一柄石斧[2]，构成一幅鹳鱼石斧图，就更有绘画艺术的风韵。鹳鱼石斧图画于陶缸的外壁上腹，全画通高37、宽44厘米，用棕、白两种颜色，左画一只身驱健壮，肥润丰满的鹳鸟，长嘴短尾，引颈直立，嘴上叼着一尾大鱼，神态娴静自然。鹳鸟通身以白色填实，全身灰白，眼睛用棕黑色勾画出一只圆睁的大眼，突出而有神。所叼的大鱼，是用棕色勾出鱼的轮廓，内填白色。右边则以棕色勾画出一柄直立的石斧，石斧横缚于木柄上端，木柄下端画一个方框，表示斧插立于座上。这是迄今为止在我国新石器时代所发现的一幅最大的绘画作品。

这幅鹳鱼石斧图，构图新颖。一柄石斧，自身即标明了作画的时代。丰满肥润的鹳鸟，捕捉到一尾大鱼及画面表现出来的娴静自然的神态，又非常合理协调地刻划出鸟的内心状态。画面的布局也基本协调，比例适当，赋彩合理。有人认为南齐画家谢

---

[1] 考古所宝鸡发掘队：《陕西宝鸡新石器遗址发掘纪要》，《考古》1959年第5期。
[2] 临汝文化馆：《临汝阎村新石器时代遗址调查》，《中原文物》1981年第1期；张绍文：《原始艺术的瑰宝——记仰韶文化彩陶上的〈鹳鱼石斧图〉》，《中原文物》1981年第1期。

赫创立的绘画创作的六条理论法则，"气韵生动，骨法用笔，应物写形，随类赋彩，经营位置，转移摸写"，在这幅画中已经有所体现[1]。因此这幅鹳鸟石斧图可以说是我国最早的一幅比较完美的绘画作品。

鹳鸟石斧图的发现有较大的艺术价值和历史价值，不仅是研究我国绘画史的珍贵资料，同时也是研究我国原始劳动生产工具安装、使用的真迹。

二

雕塑也是我国原始艺术中的一颗璀璨夺目的明珠。考古发掘的我国原始雕塑艺术品也是十分丰富的，目前所发现的原始雕塑艺术品有陶塑、陶雕、木雕、骨雕、牙雕、玉雕和石雕几种。这些雕刻品，在技巧上已采用了立体雕、浮雕、透雕和刻花几种手法。

陶塑和陶雕，保存下来的实物最为丰富。原始时代作为人们日常生活中使用的陶器，本身就是陶塑品，其中有好多造型优美、协调匀称、式样新颖、美观大方的器皿，就具有一定的艺术性，此类作品，也可以说是一种比较成功的陶塑艺术作品。

具有艺术魅力的人物和动物陶塑、陶雕，也有不少的发现。此类陶塑品，在7000年前的新石器时代早期文化中开始出现。新石器时代早期的裴李岗文化遗址，就发现有两件猪和羊的陶塑，莪沟遗址也发现一件人头陶塑，在陕西宝鸡北首岭下层文化遗存中，也发现一件陶塑人像，在辽宁沈阳新乐遗址下层则出土二件兽形陶塑。

早期的人物和动物陶塑，基本上都是用手捏成简单的形象，并略加雕饰，然后加以烧制而成。塑工虽然简单粗糙，但形象基本真实。裴李岗遗址出土的陶猪，只捏塑出头部形象，状貌是两耳直竖，短嘴微张，并用线条刻划出鼻孔和眼睛，羊是用泥条捏塑出头部和简单的身躯，两角直竖，嘴前伸[2]。莪沟遗址出土的人头陶塑，为一头部正面塑像，形象是偏头平顶方脸，深目宽鼻，两眉脊相连[3]。北首岭出土的陶人像，头部残缺，仅存身躯的上半部，双手置于腹下，并刻划有明显的手指[4]。新乐遗址出土的兽形陶塑，一似猪头形象，似狗头形象[5]。

这些早期陶塑品，无论是人物或动物，均仅具有简单的形象，并不生动，艺术水平还不高，原始的特征明显。然而在7000年前的陶塑动物作品中，也有形象比较真实

---

[1] 临汝文化馆：《临汝阎村新石器时代遗址调查》，《中原文物》1981年第1期；张绍文：《原始艺术的瑰宝——记仰韶文化彩陶上的〈鹳鱼石斧图〉》，《中原文物》1981年第1期。
[2] 开封地区文物管理委员会等：《裴李岗遗址一九七八年发掘简报》，《考古》1979年第3期。
[3] 河南省博物馆、密县文化馆：《河南省密县莪沟北岗新石器时代遗址发掘报告》，《河南文博通讯》1979年第3期。
[4] 中国社会科学院考古研究所宝鸡工作队：《一九七七年宝鸡北首岭遗址发掘简报》，《考古》1979年第2期。
[5] 《沈阳新乐遗址第三次发掘主要收获》，《新乐遗址学术讨论会文集》，1983年。

生动，艺术水平较高的，如河姆渡遗址出土的陶塑动物，就具有较高的艺术水平。这个遗址发现的动物陶塑种类较多，其中有猪、羊、狗以及鸟禽、虫、豸之类小动物，基本上都是捏塑出全形。

猪的形象是身躯肥壮，头肥大下伸，拱嘴，大腹垂地，作缓慢挪动身躯的表情；羊的形象也肥壮丰实，尤其臀部更显得丰满，头前伸；狗作卧地小憩之姿；鱼是用夸张的艺术手法，捏塑成大嘴大眼，两鳍外张塑成翅膀状。这些作品，不仅形象真实，而且艺术意境明确，有生动感。很明显，猪的形象，意在表现其笨窘之态；羊的塑造，主要突出材部的肥壮之势，表情温驯，使人见而生爱；狗作卧地小憩，意在表现其静态；鱼的两鳍作成翅膀状，则可能是意在表现其跃越之势。至于鸟、禽、虫、豸之类的小动物，作品的艺术意境、生动之姿就更为鲜明，如蜥蜴作缘墙攀附，小燕作凌空飞翔，等等[1]。

如上述，河姆渡遗址出土的各种动物陶塑，基本上都能抓住各种动物的本质特点，加以艺术的表现，因此神态自若、姿势各异。

仰韶文化时期的陶塑，有不少是属于生活器皿上的附饰。如在器盖的钮件或把手上，捏塑出动物和人的形象。在西安半坡，出土三件鸟形陶塑，均为器盖上的钮件，作鸟首，头颈俱全，形像鸽子，周身饰锥刺纹，以表现鸟的羽毛；兽形陶塑一件，属器盖上的把手，头作兽形，尾作鸟尾；人头塑像一件，扁头方脸，大耳高鼻，眼睛深凹，耳根上还钻有作佩戴耳坠的小孔。在庙底沟遗址，则发现有陶塑壁虎，形象逼真，多黏附于陶器口沿下方，像潜伏在陶器上等待捕捉食物之势。这些作为陶器附件的雕塑，很明显是作为一种艺术上的点缀。

仰韶时期的陶器，也有人物雕像。在扶风姜西村仰韶遗址出土一件陶片，上有人面半浮雕像，五官俱全，长耳朵，鼻梁垂直高凸，大嘴微露，眼向下斜[2]。青海乐都柳湾马家窑文化墓葬出土一件陶壶，腹部表面也有一浅浮雕裸体人像，作坐姿，双手置于腹部，腹下性器官显露，为一男性，面部器官作大耳朵，高鼻梁，小眼睛，神情不甚舒展[3]。这是我国目前所发现的一件最完整的，也是比较成功的原始浮雕陶人像。

仰韶文化的动物陶塑，最成功的作品是陕西华县太平庄出土的一件鹰鼎[4]。全器塑成一只站立的雄鹰，身躯健壮，钩嘴利喙，两眼圆睁，虎视眈眈，粗腿利爪，气魄强悍凶动，栩栩如生。在大汶口文化遗址，则发现有陶塑的猪鬹和狗鬹[5]。胶县三里河出土的猪鬹，塑成一只趴伏在地的猪，狗鬹则塑成昂首挺立。大汶口出土的猪鬹，则塑成一只肥大的猪，四足短尾，两耳直立，张嘴拱鼻。这些作品，虽不及太平庄所

---

[1] 吴玉贤：《河姆渡的原始艺术》，《文物》1982年第7期。
[2] 陕西省半坡博物馆：《中国原始社会》，文物出版社，1977年。
[3] 青海省文物管理处等：《青海乐都柳湾原始社会墓葬第一次发掘的初步收获》，《文物》1976年第1期。
[4] 黄河水库考古队华县队：《陕西华县柳子镇第二次发掘的主要收获》，《考古》1965年第11期。
[5] 昌潍地区艺术馆考古研究所山东队：《山东胶县三里河遗址发掘简报》，《考古》1977年第4期。

出的鹰鼎真实、生动有神，然亦可谓比较成功的佳作。

木雕工艺品留存的资料不多，这是因为木质物难以保存，故考古发掘所获甚少。尽管如此，在个别地区的新石器文化遗址，仍有所得。在辽宁沈阳新乐遗址，就发现有一件7000年前的木雕工艺品，它是经火烧炭化后保存下来的，这件木雕是由一根细木棒雕刻出一种鸟形动物，尖嘴而有翅爪，身上还刻有菱形纹饰[1]，刻工精细，刀法流杨。这是我国目前考古所得的一件年代最早的木雕艺术品。此外，在河姆渡遗址出土的木器中，有的也雕刻有装饰花纹，刻工也非常细致，这是木雕工艺中又一种形式。

骨雕发现的实物较多。在雕刻手法上有刻花和浮雕、透雕三种。河姆渡遗址出土的骨笄、骨匕，上面多刻有精细的花纹、或几何形花纹、或鸟纹，其中有一件骨匕，中部上刻两组双鸟纹图案，每组图案中心先刻一线条圆圈，左右两边分刻一对称的鸟首，大嘴勾喙，脖颈外伸，上有背翼，下有利爪，两端则分层细刻几周斜线条组成的图案，刻工非常精细[2]。在山东大汶口墓地，则出土有不少的骨雕筒，它是用大动物的肢骨，经过整修雕刻成为一种有装饰工艺的用品。骨筒的形状有三角形、圆筒形、扁圆形三种，表面整修打磨光滑，上面阳刻式剔地起突刻弦纹数周，其中有三件三角形骨雕筒在弦纹带之间各镶嵌有松绿石圆饼五个[3]。这种雕刻与镶嵌工艺结合的运用，是我国原始雕刻艺术中又一新的创举。人像骨雕，也有发现，1982年在陕西西乡县何家湾仰韶遗址的一个窖穴内，挖出一件完整的骨雕人头像[4]，是用动物的肢骨整修磨制成人的头颈，然后采用浮雕的手法雕刻出人的面部器官，粗眉大眼，眼球突出，高鼻梁，小嘴巴，神度端庄，估计当时还雕刻有身躯。这是目前所发现的唯一的一件骨雕人像，是难得的艺术珍品。

牙雕在我国原始雕刻中，具有最高的工艺水平，各种雕刻物都无与伦比。在河姆渡遗址出土一件象牙质雕刻小盅，整体刻成外圆内方，平沿圜底，外壁表面细刻有蚕纹。还有一件蝶形器，是用象牙磨制，外形扁平如蝶，表面精刻一组双鸟纹图案。图案中心是五个大小相套的同心圆，外沿边上上半部刻火焰图案，两侧分别刻一对称的小鸟，鸟嘴锐利、圆眼伸脖。五件象牙匕是采用立体雕的手法雕刻成鸟形，匕柄雕出鸟的身躯，匕身作鸟尾，小身大尾，身上两侧和背部还刻有细密的短线，表示鸟的双翼和背羽[5]。像这样设计精工、构图复杂、刻工细腻的牙雕，在原始时代无疑是雕刻艺术中的奇迹。

在大汶口墓葬中也发现有象牙雕，其中有象牙雕筒、牙梳和牙琮。这些牙雕，都是透雕作品。象牙筒是用象牙外皮制成，周身剔地雕刻出有规则而又连续的花瓣纹，

---

[1] 曲瑞琦：《试论新乐文化》，《新乐遗址学术讨论会文集》，沈阳市文物管理办公室，1983年。
[2] 吴玉贤：《河姆渡的原始艺术》，《文物》1982年第7期。
[3] 山东省文物管理处、济南市博物馆：《大汶口——新石器时代墓葬发掘报告》，文物出版社，1974年。
[4] 魏京武、杨亚长：《我国最早的骨雕人头像》，《考古与文物》1982年第5期。
[5] 吴玉贤：《河姆渡的原始艺术》，《文物》1982年第7期。

象牙梳表面则透雕出"S"形花纹图案[1]，和河姆渡的牙雕相比，又是一种新的艺术风格。

玉雕多作为装饰品中的佩饰，其中有玉璧、玉琮、玉管等，均透雕而成。但是，在这些玉饰上也有刻花的，江苏吴县草鞋山良渚文化遗址出土的玉琮、玉璧，上面就刻有精细的花纹，其中有一件玉琮，上刻八组饕餮纹[2]。东北的红山文化墓葬出土的玉饰，则多雕刻成动物，其中有玉龟、玉鸟、玉鸮、玉蝉、玉虎、玉龙、玉猪、玉狗等几种，形象逼真，神态生动。这些珍贵的玉雕群，也展示出我国北方原始雕刻艺术的高度水平。

石雕考古发现不多，在甘肃永昌县鸳鸯池新石器遗址发现一件石雕人头像[3]，石质为白云石，面部椭圆形，口鼻和双眼是用白色小骨珠和黑色粘胶黏结在石面上构成，形象双眼圆睁，口大张。这种以雕刻和胶粘相结合的新工艺又是雕刻艺术中的新创造。

我国原始雕塑艺术，概括起来，具有优美的造型，真实的形象，手法多样，设计奇巧，刻工精细，刀法流畅，并取得了很好的艺术效果。

三

我国远古先民，不仅创作出丰富的、优美的彩绘和精湛的雕塑艺术作品，同时还创作了自己的原始舞乐。

有关我国原始舞乐的创作，文献传说有所记载。《山海经·大荒西经》云："帝俊有子八人，是始为歌舞。"《吕氏春秋》说："昔黄帝令伶伦造律"，黄帝又命伶伦与荣将铸十二钟以和五音，大致就记述了我国舞乐创作的时间表。至于原始舞乐之遗迹，在考古上也有发现。1973年秋，在青海省大通县上孙家寨马家窑文化墓葬出土一件彩陶盆，内壁画有三组舞蹈图案，每组五人，共15人。每个人的身材苗条匀称，头上各画有一条发辫，分别手拉手，排成一行整齐的队列[4]。从画面看，她们都是一群年轻的女子，正在迈出轻快的步伐，翩翩起舞。她们双腿微迈，脸部都朝着同一个方向，头上的发辫则向左摆动。生动地描绘出这群年轻女子正在欢快地跳集体舞。这一舞蹈画面，真实地记录了我国原始舞蹈的一种表演形式、队列和舞姿动作，实在是不可多得的原始艺术遗作。

原始乐器在河姆渡遗址和仰韶文化遗址均有出土。河姆渡遗址出土有不少木筒和骨哨，木筒表面有的还经过髹漆，有人认为这是一种打击乐器。仰韶遗址则发现有陶

---

[1] 山东省文物管理处、济南市博物馆：《大汶口——新石器时代墓葬发掘报告》，文物出版社，1974年。
[2] 南京博物院：《吴县草鞋山遗址》，《文物资料丛刊（3）》，文物出版社，1980年。
[3] 甘肃省博物馆文物工作队：《永昌鸳鸯池新石器墓地的发掘》，《考古》1974年第5期。
[4] 青海省文物管理处考古队：《青海大通县上孙家寨出土的舞蹈纹彩陶盆》，《文物》1978年第3期。

埙，西安半坡出土两件一音孔的陶埙，山西万荣荆村和太原义井遗址则各出一件二音孔的陶埙。据我国著名音乐学家吕骥用音叉测得的音和用闪光测音机测定的结果，证明西安半坡陶埙的音阶与我们现代五声音阶中的小三度音程接近，尤其是万荣荆村和太原义井两地出土的陶埙，全闭音几乎完全相同，荆村陶埙所发出的三个音构成两个音程，一个完全五度和一个小三度，义井陶埙发出的三个音也构成两个音程，一个小三度和一个完全四度，这两个陶埙所发出的音合并起来正好构成五声音阶，和我们今天应用的五声音阶完全相同[1]。从陶埙的测定可以看出远在五六千年前，我国先民就能用简单的陶件，创造出为我们今天所习用的五声音阶乐器，这不能不使我们为之赞叹！

总之，通过这些原始艺术作品的发现，及其所体现的我国原始艺术的辉煌成就，使我们更深刻地感受到，中华民族的远古祖先，不仅是热爱劳动而且也善于劳动。中华民族不愧是一个勤劳勇敢、天资聪慧的民族。

回顾历史，可以激发我们的民族自强精神，树立民族的自豪感和自信心。尤其在今天进行社会主义四化建设的伟大历史使命中，我们更需要激发民族的自信心，从而把我们的国家建设成高度物质文明和精神文明的国家。目前，我们正在进行社会主义的物质文明和精神文明的建设，却有人还存在一种妄自菲薄，看不起自己民族的自卑心理，认为"中国这也不行，那也不行"。这是对我们民族历史无知的一种表现。从我国原始艺术的成就，可以充分证明，中华民族完全有自立于世界民族之林的能力。在遥远的古代，中华民族的祖先就以自己的实践，创造出举世瞩目的物质文明和精神文明，在今天，有着光荣传统的我国人民，也完全有能力把我们的国家建设成具有高度物质文明和精神文明的伟大的社会主义国家。

[原载《郑州大学学报》（哲学社会科学版）1984年第1期]

---

[1] 吕骥：《从原始氏族社会到殷代的几种陶埙探索我国五声音阶的形成年代》，《文物》1978年第10期。

妯娌新石器时代遗址的布局与文化特征

妯娌遗址地处半山区，属新石器时代的山地聚落遗址。遗址的面积并不大，约1万平方米。文化堆积层不厚，内涵单纯，但发现的文化遗存还比较丰富。文化面貌特征鲜明并具有一定的特色，而且可以进行文化分期。因此，妯娌遗址可以说是伊洛地区新石器时代晚期聚落遗址中具有代表性的重要遗址。

一、妯娌新石器时代聚落遗址布局与特征

妯娌聚落遗址包括居住遗址和墓地，两者之间有一定的距离，在居住遗址与墓地之间基本上是一空白地带。居住遗址中有比较集中和一定数量的房基发现，发现的灰坑则相当多且比较集中，还发现有壕沟。灰坑有一定的布局，即居住遗址的中间地带有一条壕沟相隔，壕沟以东为房基的分布区，壕沟以西主要为圆形窖穴的分布区，还发现有几个埋有许多石料和石器成品、半成品的坑，这说明壕沟以西可能还有加工制作石器的场所。墓地内发现的墓葬比较多，分布集中，墓坑方向和死者头向基本一致。出土的遗物有大量的石器、陶器，亦有少量骨器，包括生产工具和生活用具两类。其中在F12房基内出土一件大型石璧，在H153出土3件形制比较特殊的陶器，这3件陶器暂称"铙形器"。"铙形器"是在伊洛地区其他新石器遗址中所未见到的，这很可能是礼器。

妯娌新石器时代聚落遗址的文化内涵比较单纯，基本上是属仰韶晚期与龙山早期遗存，与严文明先生分期的洛阳王湾遗址第二期文化的年代相当[1]。文化面貌特征，既与王湾二期文化有一定差异，亦有相同或相似的特征，这主要是从房屋的建筑方式和结构、墓葬的葬制以及陶器特征上表现出来的。

妯娌遗址发现的房基在建筑方式和结构上与洛阳王湾遗址二期的房基不同。这里

---

[1] 严文明：《略论仰韶文化的起源和发展阶段》，收入《纪念北京大学考古专业三十周年论文集》，文物出版社，1996年。严文明先生于此文把洛阳王湾遗址的龙山文化（王湾三期文化）之前的新石器文化分为二期六段，其中王湾一期文化分为一期一段和一期二段，王湾二期文化分为二期一段、二期二段、二期三段、二期四段。本报告在讨论妯娌遗址诸期遗存与王湾遗址的对应关系时，所言之王湾二期文化及王湾二期的各段，均从严文明先生的这一分期。严文明先生于此文言王湾二期文化即《洛阳王湾遗址发掘简报》（《考古》1961年第4期）中王湾二期文化，而与《洛阳王湾》一书（北京大学出版社，2002年）中图八之王湾遗址新石器时代第二期文化并不完全对应（可能是印刷的差错），于此特作说明，以下不一一作注。

发现的房基较多，房屋均为半地穴式建筑，平面多呈圆形，面积有大有小，大的房子直径4米左右，小的直径为2米多。地面用粗砂铺垫，平整坚实。有的房基内有灶坑，有的房子入口处设有土台阶。洛阳王湾第二期文化发现的房基则不多，只发现几处残破的居住面，其结构是一种近似三合土的白灰面，居住面有柱洞，有的居住面附近埋有红烧土块。洛阳王湾二期文化的这种房子很有可能是平地起建。

妯娌的墓葬与王湾二期墓葬的葬制，既有一定的共性，也有一定的差异。两者的共性是绝大多数都是长方形竖穴土坑墓，也有少数灰坑葬。有的墓坑有二层台，有棺，主要实行单人葬，绝大多数墓都无随葬品，有一些墓的死者随葬有骨簪。差异是妯娌遗址发现的墓葬较多，墓的形制有大、中、小型之分，墓坑方向与死者头向基本一致，有个别合葬墓，无瓮棺葬，葬式多为仰身直肢，未发现俯身葬，随葬品未见陶器，个别死者手上佩戴有象牙镯。王湾二期文化发现的墓葬较少，墓坑大小没有多大差别，方向和死者头向不一，有少数俯身葬，还有一些瓮棺葬，有的墓主头骨涂朱，有的墓则随葬有陶器。

妯娌遗址陶器和洛阳王湾遗址第二期文化陶器特征的共性是：两者都有灰陶、褐陶、红陶和黑陶，其中褐、灰陶较多，红、黑陶较少，亦有一些彩陶；纹饰都以附加堆纹为主，还有绳纹、弦纹、篮纹和一些方格纹，素面陶所占比例较大。彩陶有黑、红两色，以黑彩为主。器物种类都有鼎、罐、瓮、缸、钵、碗、盆、豆、杯等，有不少器物的形制作风亦基本相同或相似，如两者都有罐形扁足鼎、折沿深腹平底罐、带流罐、敛口钵、深腹盆、折腹盆等，亦有口沿下饰一周由平行线和网格纹构成的彩陶罐。

不同的是：妯娌遗址出土的陶器，炊器以罐为主，鼎较少，饮食器中钵、碗较多，形式多样，并出现有很具特色的"铙形器"；王湾二期文化陶器的鼎则比较多，形式多样，钵、碗较少，型式亦比较简单。

妯娌遗址的文化面貌特征与洛阳王湾遗址第二期文化有不少相同与相似的共性，说明妯娌遗址的文化发展年代与王湾第二期文化年代大体相同，均处于仰韶文化向龙山文化过渡阶段。两者之间存在的差异，则说明妯娌遗址的文化在发展过程中，亦形成有其自身的某些特点。

类似妯娌遗址的文化遗存，在小浪底库区内的某些遗址中也有发现。其中新安的马河遗址[1]、麻峪遗址[2]都发现有与妯娌遗址类似的遗存。

在新安马河遗址发现的新石器时代中有仰韶文化和龙山文化两个发展阶段的遗存，其中在仰韶文化的分期中，第二期文化的陶器特征就基本上与妯娌遗址的陶器相同，此期陶器的陶质、陶色、纹饰和器物种类、形制都很接近妯娌遗址的陶器，其中

---

[1] 马河遗址发掘报告收入《黄河小浪底水库考古报告（一）》，中州古籍出版社，1999年。
[2] 麻峪遗址发掘报告收入《黄河小浪底水库考古报告（一）》，中州古籍出版社，1999年。

折沿深腹平底及流行附加堆纹的作风以及口沿下饰一周由平行线和网格纹构成宽带彩陶罐的作风，与妯娌的同类器物几乎没有差别。

值得注意的是，在小浪底库区内发现的仰韶晚期与龙山早期阶段的文化遗存，其文化面貌特征很明显地分两类：一类和洛阳王湾第二期文化接近，这包括孟津妯娌遗址的遗存、新安马河遗址仰韶二期遗存、麻峪仰韶二期遗存等；另一类则和陕县庙底沟二期文化面貌特征接近，这类遗存主要有济源长泉、留庄的庙底沟二期遗存和新安冢子坪及西沃遗址[1]的庙底沟二期遗存。由此看来，在小浪底库区内是王湾二期文化和庙底沟二期文化交错分布的范围。

二、妯娌遗址诸期陶器的变化与年代

妯娌遗址的新石器文化，虽然在文化堆积层上没有不同层次之分，但有不少灰坑之间有相互打破关系，有打破关系的灰坑内出土的陶器特征亦有所不同，因此，我们根据灰坑的打破关系及各灰坑所出陶器的不同和变化，将妯娌遗址的文化遗存进行了分期，共分三期。各期陶器以及典型器物的形制都有一定的变化。

各期陶器的变化是：

第一期陶器中，夹砂陶以褐陶为主，次为灰陶，有少量红陶和黑陶。泥质陶亦以褐陶居多，次为红陶，有少量灰陶和黑陶，以素面陶居多。有纹饰者较少，纹饰以绳纹和附加堆纹为主，还有弦纹、划纹和压印纹。有较多的彩陶，彩陶基本上都是泥质红陶，施彩的器物主要有罐、钵，色彩有黑、红两色，以黑色为主，有一些白衣彩陶，亦有一些红衣黑彩。彩绘花纹有弧形三角、网纹、叶状纹、圆点纹、平行线纹、条纹等。

器物种类和式样较少。种类有鼎、罐、瓮、缸、钵、碗、盆、豆、杯、小口尖底瓶、器盖等。其中鼎的数量不多，均为罐形鼎，窄折沿，唇内缘多呈内勾式样。罐类器计有折沿罐、彩陶罐、小罐、小口高领罐、带嘴罐等，其中夹砂折沿罐流行折肩作风；B型泥质折沿罐流行卷沿作风；彩陶罐的形制同于B型泥质折沿罐；小罐数量很少且为小口圆唇鼓腹；小口高领罐为矮领溜肩；带嘴罐均作微敛口深腹盆状，一侧有管状流，管状流的底部与器壁之间的转折明显。大口瓮数量较多，分为厚圆唇的大口瓮和唇外侧有花边装饰的大口瓮，形制均作敛口圆肩。缸作敛口方圆唇，腹壁微鼓。钵分为A型的彩陶小钵、B型的敛口彩陶大钵和C型的素面大钵三种，其中A型钵多呈敞口，B型钵为敛口斜腹，器表绘有彩绘图案，C型钵的形制与B型钵相似。碗分

---

[1] 济源长泉遗址、留庄遗址、新安冢子坪遗址、西沃遗址的发掘报告均收入《黄河小浪底水库考古报告（一）》，中州古籍出版社，1999年。

为 A 型的敞口浅腹小碗、B 型的大圈足碗和 C 型的深腹小碗三种。盆的数量不多，分为 A 型的浅腹平底盆、B 型的大口深腹平底盆和 C 型的窄折沿盆三种。豆的数量不多，粗圈足。杯仅见 1 件，为筒形平底杯。小口尖底瓶仅见 1 件，为重口尖底瓶，器盖均呈覆盆状，下腹弧折。

第二期陶器以夹砂陶居多，泥质陶较少，夹砂陶亦以褐陶居多，次为灰陶，还有少量红陶和黑陶。泥质陶以灰陶居多，次为红陶、褐陶和黑陶。素面陶亦占较大比例，只有少数饰有纹饰。纹饰以附加堆纹为主，次为弦纹、绳纹，亦有篮纹、划纹、压印纹，并出现有方格纹。彩陶少见，不见白衣彩陶。彩色仍以黑彩为主，有个别施红彩，彩绘花纹比较简单，主要为网格纹。

器物种类和型式较一期增多。种类有鼎、罐、瓮、缸、壶、钵、碗、盆、豆、杯、铙形器、器盖等。鼎的数量和形制增多，其中罐形鼎为折沿圜底，最大径偏居腹下部，折沿的折角较一期为大，出现了平底鼎。罐类器计有折沿罐、彩陶罐、小罐、小口高领罐、带嘴罐等。其中 A 型夹砂折沿罐形体瘦高，腹最大径偏上，B 型的泥质折沿罐为折沿鼓腹。彩陶罐的形制与 B 型夹砂折沿罐相近。小罐的口径与腹径相当，与一期的小罐不同。小口高领罐数量较多，分为薄唇弧领和厚唇近直领两种，均为鼓肩。带嘴罐的口部较一期内敛，管状流的底部与腹部的交接处呈弧折。大口瓮数量较多，分为 A 型的厚唇大口瓮、B 型的花边大口瓮和 C 型的薄唇大口瓮三种，均为敛口鼓腹，最大径偏居腹上部。缸的口部内敛，腹壁斜直。壶的数量很少，仅见 2 件，其中一件为长领鼓腹平底小壶。钵的数量较多且在形制上较一期有了变化，其中 A 型钵多为微敞口、尖圆唇、弧腹内收，B 型钵和 C 型钵的口部内敛，但为微敛口。二期的 A 型碗由一期的大口演变为微敛口，B 型碗也由一期的曲腹演变为斜腹，C 型碗由一期的平底演变为低圈足。盆的数量和种类较一期增多，其中 A 型敛口浅腹平底盆的腹壁由一期的弧腹变为曲腹；B 型的大口深腹平底盆的形体较一期瘦高，腹部流行鸡冠錾；C 型折沿盆由一期的平折沿演变为折沿，口沿的折角较一期增大；新出现了折腹盆和微敛口的弧壁深腹盆。豆分为 A 型的外折豆和 B 型的内折豆两种，此为一期所不见。杯的形制很多，除了 A 型的筒形平底大杯之外，新出现了 B 型的侈口圈足杯、C 型的"角把杯"、D 型的薄胎杯和 E 型的觚形杯。铙形器仅见于二期，虽数量不多，却引人注目。器盖分为 A 型的折腹器盖和 B 型的鼓腹器盖两种，其中前者的腹部由一期的圆折演变为二期的有多条折棱。

第三期陶器仍以夹砂陶居多，泥质陶较少。其中夹砂陶以夹砂灰陶居多，次为夹砂褐陶。泥质陶亦以灰陶居多，次为红陶、黑陶、褐陶。以素面陶为主，少数有纹饰，纹饰以篮纹为主，次为附加堆纹、弦纹、绳纹、方格纹、压印纹、划纹。彩陶罕见。

器物的种类和形制又有变化。主要器类计有鼎、甑、罐、瓮、缸、壶、钵、碗、盆、豆、杯、器盖等。鼎除了 A 型的圆腹圜底罐形鼎和 B 型的深腹平底鼎外，新出现了敛口瓮形鼎，其中 A 型鼎的最大腹径由二期的偏于腹下部变为偏于腹上部。甑均为平底甑的底部残片，数量很少，为一、二期所不见。罐类主要有折沿罐、大口罐、小罐、小口高领罐、带嘴罐，其中折沿罐的形体瘦高，口沿的折角较二期的增大，腹最大径由二期的偏居腹上部移至中腹部；彩陶罐不见；新出现了大口罐；小罐的口径大于腹径，新出现了敛口小罐；小口高领罐的数量较多，其中 A 型薄唇弧领小口高领罐的肩部较二期为瘦；带嘴罐数量较少，口部由二期的敛口演变为微敛口。大口瓮的腹壁近斜直。缸的腹壁由二期的斜鼓腹演变为垂腹，三期缸的唇部较二期为厚；壶的数量较二期增多，其中小壶由一期的弧领演变为敛口近直领。钵的数量较少，仅见 A 型的薄胎黑陶钵和 B 型的厚胎深腹红陶钵。三期碗的腹壁均近斜直。盆的种类与二期相近，其中 A 型的厚圆唇弧壁浅腹盆较二期的腹部为深；B 型盆的腹部由二期的斜直变为微鼓，底部也较二期增大；C 型折沿盆的折角下移；D 型折腹盆的腹部由二期的上直下直演变为上直下弧。三期的内折豆由二期的折腹圜底细圈足演变为三期的折腹平底粗圈足。杯的数量很多，其中 A 型的筒形大杯的一侧出现了弓形耳；B 型的侈口圈足杯的形体也由二期瘦高变为三期的粗胖；C 型的"角把杯"的圈足的足沿较二期为宽；D 型的薄胎杯出现了折腹或双腹。三期的器盖也较二期有了变化。其中 A 型器盖的口部由二期的侈口变为三期的敛口；B 型器盖也由二期的鼓腹变为三期的斜腹。

妯娌遗址的文化遗存虽然有三期之分，但这三期文化的联系和发展演变线索是比较清楚的。其中一、二期文化的联系比较紧密，陶器上表现出有比较浓厚的仰韶晚期特征，与郑州大河村遗址仰韶文化第三期陶器作风接近。而妯娌第三期的陶器特征，则与二期陶器有较大的变化，陶系已由褐陶为主变为以灰陶为主，纹饰则出现有较多的篮纹和方格纹，附加堆纹减少，彩陶罕见，某些器物的形制已与龙山文化的同类器较接近。由此看来，妯娌第三期文化与第二期文化的联系并不紧密。

妯娌一期的夹砂折沿罐（F11∶1）、彩陶罐（F11∶5）、带嘴罐（F3∶21）、C 型钵（H58∶2）分别与严文明先生分期的王湾二期一段的折腹罐（H215∶40）、彩陶罐（H215∶196）、带流罐（H215∶170）、钵（H215∶15）相近，其年代应相当于王湾二期一段。

妯娌二期的罐形鼎（H7∶1）、带嘴罐（H144∶11）、外折豆（H7∶11）、小口高领罐（H76∶7）分别与严文明先生分期的王湾二期二段的鼎（H168∶13）、带流罐（H168∶11）、豆（H168）、瓮（H127∶6）相近，其年代应相当于王湾二期二段或稍晚。

妯娌三期的罐形鼎（F13∶1）、夹砂折沿罐（F2∶15）、内折豆（H20∶23）、D 型盆（H17∶29）、壶（H155∶25）分别与严文明先生分期的王湾二期四段的鼎（H487∶1）、罐（H194∶1）、豆（H487∶9）、盆（H416∶1）、壶（H194）相近，其年代应相当于王湾二期四段。

妯娌遗址一至三期的绝对年代，参照大河村遗址三期的 ^{14}C 标本[1]，估计妯娌一期上限的绝对年代距今约 5200 年；参照偃师二里头龙山早期文化遗存中的 ^{14}C 标本[2]，估计妯娌三期的年代下限距今约 4800 年。由此可把妯娌一至三期的绝对年代界定在公元前约 3200 年至前 2800 年之间。

三、妯娌遗址发掘的意义

妯娌遗址是首次在河南境内发现的文化内涵单纯且丰富、文化年代介于仰韶文化与河南龙山文化之间，而且包括居住址和墓地这样比较完整的新石器时代聚落遗址，因此妯娌遗址可以说是新石器时代具有代表性的重要遗址。

河南境内，介于仰韶文化与河南龙山文化的过渡阶段新石器文化遗存，是 20 世纪 50 年代中期首次在陕县庙底沟遗址发现的，到了 60 年代初，在洛阳王湾遗址亦发现这一阶段的文化遗存，这些发现，得知河南境内的新石器时代文化，在仰韶文化与河南龙山文化之间，还存在有文化面貌特征既与仰韶文化和河南龙山文化有别，又带有某些仰韶文化和河南龙山文化特征的一类文化遗存，同时也解决了仰韶文化与河南龙山文化的渊源问题，认识到仰韶文化和河南龙山文化是前后相承的又分属于两个不同历史发展阶段的新石器时代文化遗存。

但是，发现仰韶文化与河南龙山文化过渡期遗存的庙底沟遗址和王湾遗址，其文化内涵都不单纯。庙底沟遗址的内涵包括仰韶文化和仰韶与河南龙山文化过渡期遗存，文化分期分两期，第一期属仰韶文化，第二期为仰韶与河南龙山的过渡期；王湾遗址的内涵则包括仰韶文化和河南龙山文化，文化分期为三期，第一期属仰韶文化，第二期为仰韶与河南龙山文化的过渡期，第三期属河南龙山文化。

妯娌遗址是迄今为止在河南境内发现的文化内涵单纯的、介于仰韶文化与河南龙山文化之间的过渡期新石器时代聚落遗址。在妯娌遗址内虽然存在有仰韶文化因素，但属仰韶晚期的文化因素，而且也不丰富，最丰富的可以说是河南龙山早期遗存。因此，妯娌遗址不属于典型的仰韶遗址，而是属典型的仰韶文化与河南龙山文化过渡期聚落遗址，又是河南境内首次发现的文化内涵单纯的仰韶与龙山的过渡期遗址。

妯娌遗址的发掘，在中原地区首次揭露出王湾二期的比较完整的聚落的面貌，为研究中原地区新石器时代晚期聚落形态的发展变化，提供了新的资料。因此，妯娌遗址的发掘是有意义的。

在妯娌遗址发现的文化遗存中，有的比较重要。其中在居住遗址内发现有壕沟，

---

[1] 郑州市博物馆：《郑州大河村遗址发掘报告》，《考古学报》1979 年第 3 期。
[2] 中国社会科学院考古研究所二里头队：《河南偃师二里头遗址发现龙山文化早期遗存》，《考古》1982 年第 5 期。

可能是一种防卫设施，石器加工场则是在中原地区新石器时代遗址的首次发现，出土的一件大石璧，亦是中原新石器遗址出土的遗物中所未见的。陶器中的"铙形器"，亦是新石器时代陶器中少见的一种新器型。墓地发现大、中、小型墓葬和死者佩戴象牙镯的现象亦是新发现，尤其是M50大墓的规模，与殷墟武丁配偶妇好墓的规模相当。亦与偃师二里头二号宫殿后的夏代最高统治者的墓的规模相当，这是中原新石器时代墓葬中首次发现的大墓，在其他地区的新石器时代墓中亦是仅见的大墓。

由于妯娌遗址的发掘，发现有氏族墓地，墓地内清理的墓葬有大、中、小和"灰坑葬"等不同的类型，出土的遗物中亦有大型石璧和"铙形器"之类礼器。这些情况，反映出当时的社会已从氏族社会的基础上发生了质的变化，文明因素已经出现和扎根，文明之苗已悄然成长！

同时应当指出的是，妯娌遗址虽然文化内涵单纯，是一处新石器时代的仰韶文化与龙山文化过渡期的遗址，但其王湾二期文化的遗迹和遗物是丰富的，既见当时的聚落形态，又有大量的石器、陶器等；透过这批古文化遗存，可以窥知当时人们的生产生活方式：人们选居于水草丰茂的黄河岸边，聚族而居，聚居而葬；人们选用居地附近的石料并在居地的相对独立的制石工场里制作出种类繁多的石器（打制石器占相当比例），部分石器用于农耕和收割，部分石器用于渔猎；当时人们的制陶技术不断提高并制作出各种形制的炊具、水具、饮具。而其中形态各异的小杯或为早期的酒具，当时收获的谷物或已有了较多的剩余；遗址内出土石网坠的数量较多，出土的猪的骨骼为多，这表明渔猎和畜业在当时的生产中占有一定比重；从妯娌遗址的人骨鉴定结果分析，当时人们的食物以淀粉类为主。综括以上资料，可以窥知当时人们的生产、生活方式是一种定居的、以农业为主体并兼顾渔猎业和畜业的生产、生活方式。

［原文为《黄河小浪底水库考古报告（二）》中第一编《妯娌新石器时代遗存》的结语部分，该报告由河南省文物管理局编，中州古籍出版社2006年出版］

寨根遗址的文化特征与年代

一、寨根裴李岗文化的特征与年代

裴李岗文化是中原地区20世纪70年代所认识的一种新石器时代早期文化。从河南省业已确认的120余处裴李岗文化遗址的分布情况看，其集中分布在环嵩山周围的新郑、长葛、密县、登封、汝州、巩义等处。在嵩山以南的伏牛山东麓则分布有以舞阳县贾湖遗址为代表的一类裴李岗文化遗存。在嵩山西北的洛阳市一带调查发现的裴李岗文化遗址稀少，文化面貌不清。寨根遗址偏居洛阳市西北部的黄河南岸，北有太行山脉，南为秦岭余脉，这一河谷地带业已发掘的裴李岗文化遗址计有渑池县的班村、济源县的长泉和孟津县的寨根，而班村遗址的发掘资料尚未公布。

寨根遗址的裴李岗文化遗存包括一批灰坑、墓葬和遗物。在遗迹方面，寨根裴李岗文化流行椭圆形和圆形浅坑，长方形浅坑只有1座。寨根裴李岗文化的墓葬均为长方形浅坑单人葬，墓坑的转折处多呈圆角；墓圹很小，长度一般不足2米，宽0.5米左右；墓葬方向在190°~355°之间，头向多为200°左右，即取西南方向；均无葬具和随葬品。

寨根裴李岗文化的遗物可分为生产工具和生活用具两大类。生产工具中有较多打制的敲砸器和石片石器，出土的石磨盘皆为片状和条状的无足石磨盘，这些石磨盘多选用天然石料略作琢磨成器。寨根裴李岗文化中未见石镰出土。

寨根裴李岗文化的陶器，以夹砂褐陶居多并包括有一定数量的羼和有炭末或蚌末的夹炭褐陶、夹蚌褐陶，以泥制红陶次之，另见少量的夹砂红陶、泥质灰陶和泥质褐陶。制法均为手制，部分陶器上可见明显的泥条盘筑痕。器形一般较规整，部分器壁较厚且厚薄不甚均匀，有的器物表里粗糙且有刮削痕迹，个别器物的胎薄。器表多为素面，有纹饰者主要为篦点纹、划纹、弦纹，少数器壁经磨光，也见几件陶钵的口部施有一道较鲜明的红彩。器类有三足钵、鼎、深腹罐、折沿罐、筒形罐、壶、钵、盆等。炊具为三足钵和深腹罐，鼎仅见鼎足1件。三足钵分为浅腹大圜底A型三足钵和深腹小圜底B型三足钵两种，钵足均为外撇的小锥形足。深腹罐分为微敞口方唇A型深腹罐和侈口尖圆唇B型深腹罐两种，有的肩部贴接有角把状錾。折沿罐数量很少，有夹砂陶的宽折沿罐和窄折沿瘦腹罐两种。筒形罐有的为圆唇直筒状，有的为微侈口方唇。壶为小口曲领圆腹，肩部有弓形耳。钵分为厚胎和薄胎两种，复原者均呈大口弧腹小平底。

从寨根裴李岗文化的整体特征观察，其所使用的石磨盘、三足钵、深腹角把罐、带耳壶、钵等主要器具，与环嵩山一带的裴李岗文化的基本特征是一致的，寨根裴李岗文化遗存应当属于中原地区裴李岗文化的范畴。但寨根裴李岗文化又有明显的自身特点。从生产工具观察，这里出土了较多的打制石器和无足的片状或条形的石磨盘，这为其他裴李岗文化遗址所少见，如新郑裴李岗遗址、密县莪沟遗址、巩县铁生沟遗址出土的石磨盘多系制作较精细的四足石磨盘，无足者很少。寨根裴李岗文化的陶质以夹砂褐陶居多且有相当数量的夹炭褐陶和夹蚌褐陶，新郑、舞阳等地的裴李岗文化则以泥质陶居多，不见或少见夹炭、夹蚌陶。寨根裴李岗文化的炊具以夹砂罐、三足钵为主，少鼎，不见新郑、舞阳等地裴李岗文化的罐形和壶形的鼎。寨根裴李岗文化的壶耳是弓形的，不见其东部或南部流行的带穿孔的半月形小耳。寨根裴李岗文化的H17、H19等灰坑中出土有少量施较鲜明红彩的钵，这一情况仅见于汝州中山寨[1]、舞阳贾湖[2]等个别裴李岗文化遗址。若将寨根裴李岗文化与其邻近的济源长泉遗址[3]的裴李岗文化遗存比较，相同点较多。

如均以夹砂褐陶为主且夹炭褐陶比例较大，寨根裴李岗文化的三足钵、深腹罐、折沿罐等均与长泉遗址裴李岗文化的同类器相近。若将寨根裴李岗文化与其相距较近的汝州中山寨第一期遗存相比，既有较多共性，又有较多差异，如前者的无足石磨盘、三足钵、角把罐等与后者的同类器相似，而后者的三足壶、三足罐、半月形穿孔壶耳、带有凹窝纹的鼎足等又不见于前者，前者的陶质以夹砂褐陶为主，并有一定数量的夹炭褐陶和夹蚌褐陶，后者则以泥质红陶为主并有一定数量的羼有云母、蚌壳、滑石末的陶器。若将寨根裴李岗文化遗存与其相距较远的新郑、舞阳等地的裴李岗文化相比，则更有差别。由此观之，寨根裴李岗文化有可能属于中原裴李岗文化在豫西山地的一个地方类型。由于目前资料尚少，其总体面貌不甚清楚，尚不能作出结论。

寨根裴李岗文化的年代，应当处在裴李岗文化的晚期阶段。

从寨根裴李岗文化陶器种类及形制特征观察，其与寨根仰韶文化一期联系紧密。如前者的深腹罐、A型折沿罐、筒形罐、钵、盆等器类，与后者的同类器相近且演变关系清晰。前者的深腹罐与后者的小角把罐形制相近，只不过后者的形体较小，表里光滑，工艺又先进了一步。前者的A型折沿罐与后者的折沿罐相近，前者沿面弧曲，折角圆钝，后者沿面斜直，折角清晰。前者的筒形罐与后者的筒形罐的差异处主要是口部和腹部的微小变化。由此可见，寨根裴李岗文化应当是寨根仰韶文化的直接渊源。

寨根裴李岗文化的A型三足钵（H8∶1）、B型深腹罐（H8∶9）、B型折沿罐（H19∶10）、A型钵（H19∶16）、B型钵（H16∶2）分别与舞阳贾湖遗址第三期的BⅢ三足

---

[1] 中国社会科学院考古研究所河南一队：《河南汝州中山寨遗址》，《考古学报》1991年第1期。
[2] 河南省文物考古研究所：《舞阳贾湖》，科学出版社，1999年，第324页，图二五〇，2、3、4、5。
[3] 河南省文物管理局、河南省文物考古研究所：《黄河小浪底水库考古报告（一）》，中州古籍出版社，1999年。

钵[1]、AⅢ侈口罐（H133∶1）[2]、AⅣ折沿罐（H95∶13）[3]、二期CⅣ敞口钵（H95∶3）[4]、BⅡ敛口钵（H180∶1）[5]相近。贾湖三期的年代，据H55出土泥炭年代测定，为距今7017±131年，推测寨根裴李岗文化遗存的年代约略与此相当，即距今约7000年左右。

二、寨根仰韶文化的特征与年代

寨根仰韶文化分为二期，即仰韶文化一期、仰韶文化二期。此二期具有明显的连续性。

（一）仰韶文化一期遗存

该期的陶器以泥质红陶居多，夹砂褐陶次之，另有少量的夹砂红陶和泥质灰陶，又见少量的夹炭和夹蚌的褐陶。陶器的制法均为手制，多采用泥条盘筑法，如瓮、器座等均见泥条盘筑痕迹，鼎足和深腹罐的"角把"是贴接的。器表多为素面，有一定数量的泥质磨光陶，纹饰有弦纹、细绳纹，彩陶少见。器类主要有鼎、深腹罐、折沿罐、卷沿罐、筒形罐、大口瓮、缸、钵、盆、器座等。其中钵（T17⑤∶6）、卷沿罐（试T3⑤∶5）、鼎足（T17⑤∶3）与严文明先生分期的王湾一期一段钵（F15∶6）、罐（M371∶2）、鼎（F15∶2）[6]相近，卷沿罐（T3⑤∶5）、筒形罐（T7⑤∶5）、器座（T7⑤∶13）与山西垣曲县古城东关遗址Ⅳ区仰韶文化早期遗存的Ⅰ型罐（H79∶1）、缸（H40∶179）、器座（T182⑤∶1）[7]相似，因而其年代与王湾一期一段相当。

（二）仰韶文化二期遗存

寨根仰韶文化二期遗存主要包括第四层及第三层下的一批房基，另有少量圆形灰坑和瓮棺葬，遗迹和遗物均较一期丰富。

仰韶文化二期的房基自发掘区的东南向西北呈一字形分布，间距7米至11米，F1的门向222°，F3的门向亦当222°，其余门向不明。房基的平面形状，除F2不明外，

---

[1] 河南省文物考古研究所：《舞阳贾湖》，科学出版社，1999年，第323页，图二四九，9。
[2] 河南省文物考古研究所：《舞阳贾湖》，科学出版社，1999年，第218页，图一七七，8。
[3] 河南省文物考古研究所：《舞阳贾湖》，科学出版社，1999年，第220页，图一七八，10。
[4] 河南省文物考古研究所：《舞阳贾湖》，科学出版社，1999年，第307页，图二三九，5。
[5] 河南省文物考古研究所：《舞阳贾湖》，科学出版社，1999年，第313页，图二四三，10。
[6] 严文明：《略论仰韶文化的起源和发展阶段》，收入《纪念北京大学考古专业三十周年论文集》，文物出版社，1990年。
[7] 中国历史博物馆考古部等：《山西垣曲县城东关遗址Ⅳ区仰韶文化早期遗存的新发现》，《文物》1995年第7期。

其余 3 座均呈方形或长方形，F1 的面积约 25 平方米，F3 的面积约 33 平方米，F4 的面积约 15 平方米。这 3 座房基的建造方法各不相同：F1 是平地起建，平整地面后在四周立柱并围以秸秆，涂抹草拌泥起墙，尔后铺垫居住面并加以烧烤防潮；F3 是先在房基处挖一浅坑，坑内填以碎烧土和料姜石块，掺以沙土，尔后立柱造墙，又在室内铺垫沙土并加以烘烤；F4 的建造方法近似 F1，但未见墙壁立柱。

寨根仰韶文化二期的陶器，在陶质上仍以泥质红陶居多，夹砂褐陶次之，这是寨根仰韶文化一期和二期的共性。但其间又有一定差异，差异主要表现在：二期泥质红陶的比例（74.94%）高于一期泥质红陶比例（68.43%），二期夹砂褐陶的比例（11.09%）则低于一期夹砂褐陶的比例（19.55%）；二期不见一期的夹炭、夹蚌陶；二期夹砂灰陶和泥质褐陶的比例也较一期为大。二期陶器的制法，虽多为手制，但少量陶器的口部出现慢轮修整。二期陶器的器表多无纹饰，有纹饰者主要有弦纹、划纹、指压纹、细绳纹，这与一期相近，但二期的弦纹、划纹、细绳纹的数量较一期的多，还出现了少量的附加堆纹和泥饰。二期彩陶的数量较一期明显增多且彩陶以黑彩为主，流行彩绘纹带和弧线三角纹。二期陶器的器类计有釜、折沿罐、卷沿罐、敛口罐、筒形罐、大口瓮、缸、钵、盘、杯、尖底瓶、圈足器、器座、火种器等，其中釜、敛口罐、盘、杯、尖底瓶、圈足器、火种器等为一期所不见，其他器类多与一期有明显的承继关系，如折沿罐由一期的侈口发展为二期的微敛口，卷沿罐由一期的瘦腹发展为二期的鼓腹，筒形罐由一期的微鼓腹发展为二期的斜腹罐，大口瓮由一期的浅腹发展为二期的深腹，等等。这些表明寨根仰韶文化一期、二期是连续发展的。

经过层位学的考察及出土物的分析可知，寨根仰韶文化二期以诸探方第四层为代表的单位并包括第四层下的 H18、H20、W1 等当为仰韶二期早段遗存，而以第三层下的 F1、F3 为代表的单位并包括 F2、F4、H14 等则为仰韶二期的晚段遗存。

早段遗存的主要陶器是：折沿罐 AⅠ、BⅠ，卷沿罐Ⅰ，筒形罐，大口瓮，缸，钵 AⅠ、BⅠ、C，盆 AaⅠ、AbⅠ、B、C，平底盘，尖底瓶Ⅰ，器座。

晚段遗存的主要陶器是：釜，折沿罐 AⅡ、BⅡ，卷沿罐Ⅱ，钵 AⅡ、AⅢ、BⅡ，盆 AaⅡ、AbⅡ、B，圈足盘，杯 A、B，尖底瓶Ⅱ，火种器。

寨根仰韶文化二期的文化面貌与严文明先生分期的洛阳王湾遗址的王湾一期二段遗存甚为相近。以陶器为例，寨根仰韶文化二期的釜（F1∶1）、AⅠ折沿罐（T4④∶1）、Ⅱ式卷沿罐（F1∶5）、BⅠ钵（H20∶1）、C 型钵（T4④∶8）、AaⅡ盆（F3∶7）、B 型盆（T4④∶14）、B 型杯（F3∶17）分别与考古发掘报告《洛阳王湾》一书的王湾一期文化的釜（H421∶20；图二六，5）、夹砂罐（T250③∶1；图二六，1）、夹砂罐（F15∶1；图二六，3）、陶钵（T246⑤∶131；图二七，3）、M326 圜底钵（图二一，1）、盆（F15∶8；图二六，7）、盆（T252⑥∶103；图二六，8）、小杯（T246④∶2；图二七，9）相同或相近，寨根仰韶文化二期的Ⅰ式尖底瓶（T7④∶21）、Ⅱ式尖底瓶（F2∶15）亦分别与《洛阳王湾》一书的王湾一期文化 M346（图二三，1）、

M66（图二三，4）小口尖底瓶葬具[1]相同或相近。寨根仰韶文化二期与《洛阳王湾》一期文化相同或相近的陶器，多属严文明先生"洛阳王湾仰韶文化陶器分期"的一期二段。例如上述寨根仰韶文化二期的釜（F1∶1）、AⅠ折沿罐（T4④∶1）及尖底瓶等均与严文明先生分期的王湾一期二段的釜（T228∶1）、罐（T250∶1）、小口尖底瓶（M358∶1）[2]相似。而寨根仰韶文化二期出土的大口瓮（T4④∶5）、A型杯（F1∶19）等亦见于严文明先生分期的王湾一期二段，故认为寨根仰韶文化二期的年代与严文明先生分期的王湾一期二段相当，两者的文化面貌较为接近。前已述及寨根仰韶文化二期又可分作早、晚两个发展阶段，其早段遗存即寨根遗址的第四层和第四层下的灰坑及瓮棺葬，其晚段遗存即寨根遗址第三层下的几座房基和灰坑。此早、晚二段所在的地层关系清楚。此为王湾一期二段的进一步分期提供了重要依据。

寨根仰韶文化二期与郑州大河村二期亦有诸多的相近之处。以陶器为例，寨根仰韶文化二期的多数器形与大河村二期的同类器相似。寨根仰韶文化二期的 AⅠ折沿罐（T4④∶1）、AⅠ折沿罐（H14∶5）、BⅠ折沿罐（T7④∶3）、卷沿罐（T4④∶4，F1∶5）、彩陶敛口罐（T7④∶4）、缸（T19④∶7）、AaⅠ盆（T7④∶6）、AaⅡ盆（F3∶7）、AbⅡ盆（F1∶6）、盘（T4④∶21）分别与《郑州大河村》一书的大河村二期AⅠ罐（W166∶2；图七八，6）、AⅡ罐（W169；图七八，7）、AⅢ罐（T11⑤C∶87；图七八，2）、FⅠ罐（T11⑤C∶86-1；图七九，11）、E型罐（T38［12］∶2；图七九，4）、GⅠ罐（W61∶1；图七九，10）、BⅠ盆（T57［13］∶9；图八一，6）、AⅣ盆（T40［12］∶5；图八一，5）、AⅡ盆（T59［13］∶4；图八，16）、盘（T39［13］∶10；图八三，3）[3]相近或相似。由此观之，在寨根仰韶文化二期文化时期，郑洛地区的文化交往较为频繁，其间的文化关系较为密切。

寨根仰韶文化二期的文化特征，若与陕县庙底沟一期文化相比，二者之间具有一定的共性，寨根遗址出土的AⅠ钵（T4④∶6）、C型钵（W1∶1）、Ⅰ式瓶（T7④∶21）分别与庙底沟遗址出土的浅腹碗（H15∶49；图一七）、彩陶钵（T341∶40；图一八）、小口尖底瓶（T203∶43）[4]相近似，其他器物差异稍大，庙底沟一期文化习见的灶、曲腹盆、镂孔甑等均不见于寨根遗址的仰韶遗存，二者似不属于同一文化类型。

寨根仰韶文化二期F1室内出土炭灰的年代测定为距今5650年（树轮校正值），F3柱洞内出土木炭的年代测定为距今5910年（树轮校正值）。

---

[1] 北京大学考古文博学院：《洛阳王湾》，北京大学出版社，2002年。
[2] 严文明：《略论仰韶文化的起源和发展阶段》，收入《纪念北京大学考古专业三十周年论文集》，文物出版社，1990年。
[3] 郑州市文物考古研究所：《郑州大河村》，科学出版社，2001年。
[4] 中国科学院考古研究所：《庙底沟与三里桥》，科学出版社，1959年。

三、寨根龙山文化遗存的特征与年代

寨根遗址的龙山文化遗存主要包括第三层、一批灰坑及出土的一批遗物。灰坑多为袋状，另有个别圆形斜壁平底灰坑。陶器均为轮制，以泥质灰陶和夹砂灰陶为主。器表多为素面，有纹饰者以方格纹、篮纹居多，另有绳纹、弦纹、压印纹、堆纹。器类主要有甗、斝、折沿罐、小口高领罐、大口瓮、缸、双腹盆、大口平底盆、豆、碗、杯、圈足盘、器盖等。从整体文化面貌观察，它属于一种在陶质上以灰陶为主，在纹饰上流行篮纹和方格纹，在器形上以折沿器、有领器、折腹器、圈足器为主要特征的考古学文化，属于"河南龙山文化"王湾三期文化的范畴。其折沿罐的折沿较宽且折棱清晰，小口高领罐为直领广肩，双腹盆折腹的折棱圆钝，圈足盘为侈口浅盘粗圈足，碗多为斜壁小平底碗，这些器类均具有王湾三期文化较晚阶段特征，并多与临汝煤山遗址的"煤山类型一期文化"相近。寨根龙山文化的Ⅱ式甗（H13：12）、斝（H13：1）、A型折沿罐（H4：2）、AⅡ小口高领罐（H4：57）、BⅡ小口高领罐（H4：55）、大口平底盆（H4：69）、盘（H4：94）、A型碗（H4：99）、B型碗（H3：46）分别与"煤山类型一期文化"的甗（H86：1）、斝（H13：1）、Ⅱ式深腹罐（T2⑤B：3）、Ⅰ式高领瓮（T2⑤C：5）、Ⅱ式高领瓮（T9④：4）、Ⅰ式钵（T25③B：10）、Ⅰ式圈足盘（T25③B：11）、Ⅱ式斜腹碗（T19④：1）、Ⅰ式曲腹碗（T25③C：5）[1]相同或相似，故寨根龙山文化的年代与"煤山类型一期文化"的年代相当。"煤山类型一期文化"的T13③B层出土的木炭为公元前2290±160年（树轮校正值），F6出土木炭为公元前2005±120年（树轮校正值）。

四、寨根和妯娌的关系

寨根遗址和妯娌遗址间距仅1公里，同处在黄河中游下段一片河曲地带的台地前沿，彼此的文化堆积又未见重复现象。

寨根遗址新石器时代文化堆积自早而晚的序列是：裴李岗文化遗存—仰韶文化一期遗存—仰韶文化二期遗存—龙山文化遗存。

妯娌遗址新石器时代文化堆积自早而晚的序列是：妯娌一期遗存—妯娌二期遗存—妯娌三期遗存。

---

[1] 中国社会科学院考古研究所河南二队：《河南临汝煤山遗址发掘报告》，《考古学报》1982年第4期。

寨根遗址和妯娌遗址上述新石器时代文化遗存在年代上与王湾遗址分期（严文明先生分期）对应关系如表一所示。

表一　寨根遗址、妯娌遗址与王湾遗址分期对应关系

寨根遗址	妯娌遗址	王湾遗址
裴李岗文化		
仰韶一期		王湾一期一段
仰韶二期		王湾一期二段
	妯娌一期	王湾二期一段
	妯娌二期	王湾二期二段
	妯娌三期	王湾三期三、四段
龙山文化		王湾三期文化

由表一得知，寨根遗址新石器时代文化堆积的仰韶二期与龙山文化之间存在着一个大的缺环，即存在着一个相当于"王湾二期文化"的间歇期，而妯娌遗址新石器时代文化的妯娌一、二、三期恰又填补了这一间歇期。如果把寨根遗址和妯娌遗址视作一处大的遗址对待，寨根、妯娌遗址的新石器时代文化自裴李岗文化延续到龙山文化，可划分作上列七期。

寨根遗址和妯娌遗址上述的七期，诸期之间的承继关系较为清晰。前已言及，寨根裴李岗文化相当于裴李岗文化的晚期阶段且当属寨根仰韶一期的渊源，寨根仰韶一、二期为连续发展且寨根仰韶二期又可区分为早、晚二段，而妯娌一、二、三期则同属"王湾二期文化"的三个不同发展阶段。那么，寨根仰韶二期文化与妯娌一期文化、妯娌三期文化与寨根龙山文化的具体演变情况如何呢？

寨根仰韶二期文化与妯娌一期文化在陶质上，前者以泥质红陶居多，后者以夹砂褐陶居多，均以红陶或褐陶为主，烧造陶器的火候均不很高。在纹饰上，寨根仰韶二期和妯娌一期文化的陶器同以素面陶为主，它们的素面陶各占69%左右。寨根仰韶二期文化的纹饰以细绳纹居多，另有弦纹、划纹、指压纹等，又见极少量的附加堆纹；妯娌一期文化的陶器纹饰以绳纹和附加堆纹居多，另有弦纹、划纹、指压纹等，亦见绳纹与附加堆纹、附加堆纹与弦纹兼施者，此两期的彩陶图案均以彩绘纹带和弧线三角纹为习见，妯娌一期文化新出现了网状方格纹。在制法上，此两期的陶器皆为手制，器形一般均较规整，寨根仰韶二期文化陶器的口部个别初经慢轮修整，妯娌一期陶器的口部多经慢轮修整，后者的陶器制法与前者相近并有新的进步。在器类上，此两期同为少鼎而多夹砂罐，共存有夹砂折沿罐、敛口罐、大口瓮、缸、钵、盆、尖底瓶等一组器物群且具有演变关系，夹砂折沿罐由前者的圆腹演变为后者的折腹，敛口罐由前者的高领演变为后者的束领，大口瓮由前者的厚圆唇演变为后者的薄唇并带有各种花边装饰，缸由前者的斜腹演变为后者的微鼓腹，前者的C型钵与后者的C型钵形体

相近，但后者的腹壁内收且形体趋小，前者的尖底瓶在后者亦有所见，前者的釜、杯、器座、火种器不见于后者，后者的彩陶罐、小口高领罐、带嘴罐、圈足碗、B型盆、C型盆、豆、筒形杯不见于前者。以上分析说明妯娌一期文化在继承寨根仰韶二期文化的基础上又有了新的发展，后者是前者的文化渊源。

妯娌三期文化与寨根龙山文化在陶质上同以灰陶为主，其中前者夹砂灰陶和泥质灰陶的统计比例为54.37%并以夹砂灰陶为主，后者夹砂灰陶和泥质灰陶的统计比例为92.56%并以泥质灰陶为主，后者灰陶的比例明显增大。此两期的陶器纹饰同以篮纹和方格纹居多，前者的篮纹和方格纹的统计比例为24.32%且以篮纹居多，后者的篮纹和方格纹的统计比例为30.84%且以方格纹居多，后者的篮纹方格纹的比例明显增大。前者所见的彩陶在后者已经绝迹。此二期的陶器制法同以轮制为主，前者的制法多采用轮制与手制相结合的方法，器物的口部基本上均经慢轮修整，部分器物口部以下的领部和腹上部亦经慢轮修整，极少量器物只使用轮制的方法，这说明前者尚处于慢轮制作阶段；后者的制法均为轮制且当发展到快轮制作阶段。此两期共存的器类有折沿罐、小口高领罐、大口瓮、碗、器盖等，并具有一定的发展演变关系，折沿罐由前者的折角圆钝发展为后者的折棱清晰，小口高领罐由前者的领近直发展为后者的直领，碗由前者的形体瘦高的斜腹碗发展为后者的形体低矮的斜腹碗，前者的鼎、大口罐、带嘴罐、壶、折腹盆等为后者所不见，后者出现了斝、双腹盆、圈足盘等新的器形。由上述分析可知，妯娌三期文化与寨根龙山文化具有较多的共性，前者应当是后者的文化渊源。但是，妯娌三期文化与寨根龙山文化又有明显的差异，这种差异主要表现在二者的陶质陶色、陶器纹饰、陶器制法及陶器种类等方面，它们应分属不同的考古学文化。妯娌三期文化在年代上与"王湾二期文化"的晚期阶段相当，亦与庙底沟二期文化相当，既可将其归属于仰韶文化的末期阶段，又可将其视作仰韶文化和龙山文化之间的一个过渡阶段。

综上所述，寨根和妯娌遗址的上述七期新石器时代文化遗存，诸期之间的联系比较紧密，其间应无大的缺环。此七期应为伊洛地区新石器时代的一个较完整的文化发展序列。

从寨根遗址和妯娌遗址的位置及彼此的文化内涵分析，推测寨根遗址和妯娌遗址有可能是由于同一支人群在同一地域的多次迁徙而形成的，即在寨根仰韶文化二期之后，这支人群由于自然灾害等原因，从寨根徙居于妯娌，而在妯娌三期文化之后，又因各种灾害或其他原因而复居寨根。如果这一推测能够成立，那么寨根和妯娌遗址的发掘启示我们，在对某一处新石器时代遗址进行考古发掘的同时，应兼顾对邻近分布的其他古遗址的调查与发掘。

[原文为《黄河小浪底水库考古报告（二）》中第二编《寨根新石器时代遗存》的结语部分，该报告由河南省文物管理局编，中州古籍出版社2006年出版]

河南省新郑唐户两周墓葬发掘简报

开封地区文管会　新郑县文管会
郑州大学历史系考古专业

1976年12月，开封地区文管会、新郑县文管会、郑州大学历史系考古专业，在新郑县唐户大队举办了一期文物考古短训班，发掘了一批两周墓葬。唐户位于新郑县城西南约12公里，两周墓地在村南台地上，当地社员称为南岗。南岗东有沂水，西临石洞寺河，这里有仰韶文化遗址，两周墓葬就在遗址的中部（图一）。这次共发掘两周墓葬38座，放弃一座（M16）。另外，当地社员平整土地时，还挖出了两座墓葬和一座车马坑，也一并编号列入。从出土遗物分析，39座墓葬中，属于西周的12座，属于春秋的19座，其余8座由于没有出土遗物，或只出土装饰品之类的遗物，时代不明。现将这次发掘的收获报道如下。

一、西周墓葬

共12座。其中两座出土有铜器。均为长方形竖穴土坑墓。墓坑最大的长3.96、宽3.36米，最小的长2.34、宽1.02米。由于平整土地时已挖去表土，现存深度1.1～2.65米。墓坑四壁垂直，坑口一般略大于坑底，填土均为五花土，内夹有仰韶文化的陶片。大型墓一般有木质棺椁葬具，小型墓有棺无椁。由于盗扰严重，椁室只见痕迹，结构难于辨别。3座墓有腰坑，腰坑内埋狗。死者骨骸多已腐朽，根据保存较好的8座墓的情况看，7座为仰身直肢葬，1座为侧身屈肢葬。方向大部分北向，个别南向。随葬器物的分布：陶器一般放置在墓坑内靠死者头端棺外一侧，如M26；放置在脚端的仅M35一例。铜器的放置情况不详。M3盗扰太甚，2件铜鬲发现于墓坑西南角距墓底约0.54～0.58米的填土中，M39的铜器为社

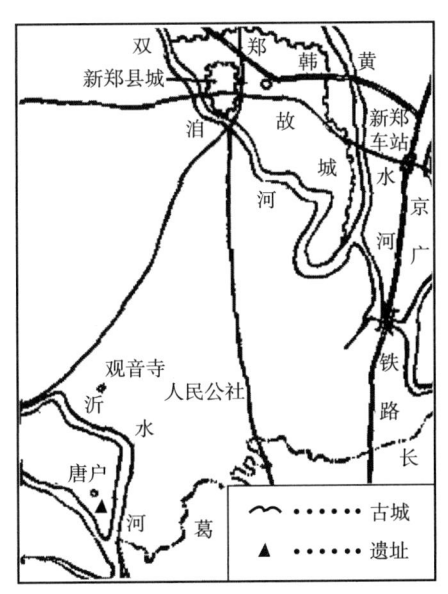

图一　两周墓葬位置图（墓葬位于遗址中部）

员挖出，出土情况不明。在 M3 墓坑的东北角距墓底约 1.6 米填土中，发现一具无头屈肢人骨架，估计系被杀殉的奴隶。

西周墓葬共出土遗物 306 件，有铜、陶、玉、石、蚌器等。

1. 铜器

13 件。有鼎、鬲、簋、壶四种。鬲为实用品，其余制作粗糙，簋耳和壶内还存留有范土，当系明器。

鼎　1 件（M39：2）。敛口，平唇外折，浅腹，圜底，柱足，直耳。腹饰弦纹三道。通高 23.5、口径 21.8、腹深 8.5 厘米（图二，1）。

鬲　2 件。皆 M3 出土。形制、大小、纹饰均相同。M3：2，平唇外折，蹄形实足，平裆。腹饰象首纹（图二，2）。腹内壁口沿下铸铭文两行八字："王乍（作）亲王姬鬃盤彝"。两器铭文相同，但笔画略有不同。出土时器底尚有烟熏痕迹。

簋　1 件。M39 出土。状如器盖，两盖合成一器。双耳，小圈足。腹饰重环纹、瓦纹。通高 19、腹径 20、圈足径 9.5 厘米。出土时器耳内尚存留有范土（图二，5）。

尊　2 件，均残。皆 M39 出土。M39：4，长方形，圈足。腹饰变形重环纹。残高 18、口径 13、底径 10 厘米。出土时器内尚存留范土，应为明器（图二，3）。

铜铃　6 件。M3 出土的一件为扁圆形，半环形钮。器体有花纹，高 6、铣间距 4.2 厘米（图二，4）。

2. 陶器

27 件。有鬲、豆、罐三种。鬲大部分是夹砂灰陶，个别为夹砂红陶，豆、罐均为泥质灰陶。泥质陶均素面磨光，部分有弦纹。夹砂陶表面均饰绳纹。

鬲　11 件。可分为四式。Ⅰ式，1 件（M3：5）。平唇外折，腹壁近直，平裆，口径大于腹径，柱形实足。下腹至足部饰绳纹，腹部有鸡冠形凸脊。通高 12、口径 16.5 厘米（图三，1）。Ⅱ式，1 件（M11：2）。口沿略外翻，下腹微鼓，口径与腹径约相等。分裆，锥足。口沿内有数周平行凹棱。夹砂灰陶。腹饰绳纹。通高 11.7、口径 15.3 厘米（图三，2）。Ⅲ式，3 件。标本 M23：2，敞口，腹壁近直，空裆附三锥足。器体矮小。夹砂灰陶，通体绳纹。通高 11.5、口径 14 厘米（图二，3）。Ⅳ式，6 件。一件夹砂红陶，其余夹砂灰陶。标本 M26：2，侈口，宽沿，袋形足。裆部近平，不附加尖足。口沿内壁有三周凹棱。通体饰绳纹。通高 14.7、口径 16.5 厘米（图三，4）。

豆　7 件。可分二式。Ⅰ式，6 件。标本 M26：3，圆唇，敛口，浅盘，细柄，中空。柄部有平行凸棱一周。泥质灰陶。通高 12.4、口径 16.7 厘米（图三，8）。Ⅱ式，1 件（M13：2）。侈口，浅盘，豆柄比Ⅰ式稍高，中空，小平座。泥质灰陶。通高 14.5、口径 15.7 厘米（图三，9）。

罐　9 件。可分三式。Ⅰ式，2 件。标本 M11：1，侈口，圆唇，短颈，圆肩，平底。肩部有凸弦纹三周。泥质灰陶。通高 17.5、口径 9.7 厘米（图三，6）。Ⅱ式，4 件。标本 M34：2，泥质灰陶，平唇外折，短颈，折肩，平底。肩部饰弦纹一周。通高 12、口径 12 厘米（图三，7）。Ⅲ式，3 件。标本 M36：1，平唇外折，短颈，斜肩，平底。肩部饰弦纹。泥质灰陶。通高15.3、口径12.5厘米（图三，5）。

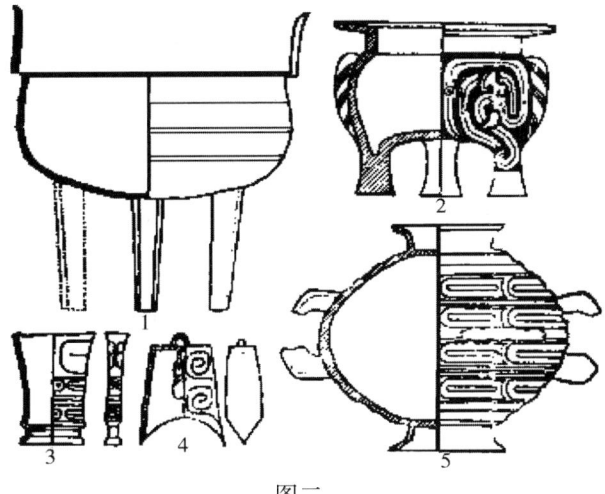

图二
1. 铜鼎（M39：2） 2. 铜鬲（M3：2） 3. 铜尊（M39：4） 4. 铜铃（M3出土） 5. 铜簋（M39：1）

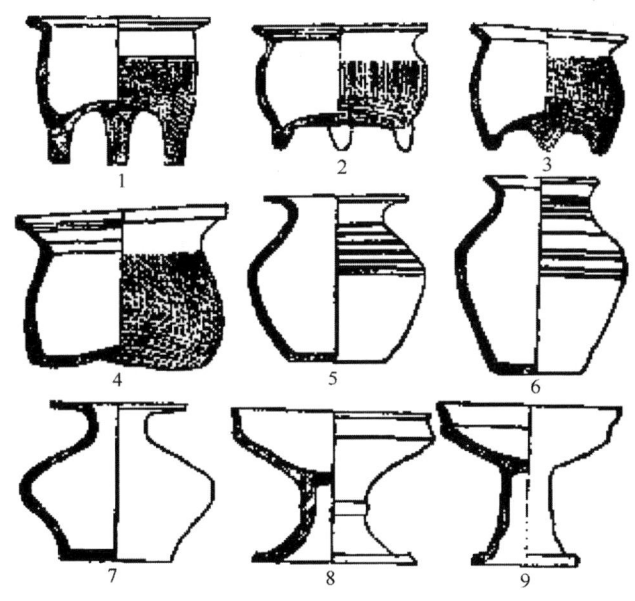

图三
1. Ⅰ式鬲（M3：5） 2. Ⅱ式鬲（M11：2） 3. Ⅲ式鬲（M23：2） 4. Ⅵ式鬲（M26：2）
5. Ⅲ式罐（M36：1） 6. Ⅰ式罐（M11：1） 7. Ⅱ式罐（M34：2） 8. Ⅰ式豆（M26：3） 9. Ⅱ式豆（M13：2）

3. 玉器

共 269 件。有玦、圭、匕、刀、簪及各种像生形玉饰。

玦　3 件。有白玉和青玉两种。青玉片薄，面部有阴刻圆涡花纹。最大的内径 2.5、外径 4.2 厘米，最小的外径 3.5、内径 0.9 厘米。

圭　1 件。M4 出土。色乳白，两面素平。通长 14.7、宽 2.3 厘米。

戈　4 件。有白玉和青玉两种。可分两式。Ⅰ式，3 件。M35 出土一件，白玉质，中有凸棱，两边有刃，内部有圆孔。长 13、宽 3 厘米。Ⅱ式，1 件。M36 出土。青玉质，中有凸棱，两边有刃，短内，有小圆孔。长 9、宽 2.5 厘米。

匕　2 件。白玉质，色乳白，长条形，两面素平。M33 出土的长 13、宽 2.3 厘米，M26 出土的长 18、宽 28 厘米。

刀　2 件。皆 M11 出土。长条形，两面有凹槽，一边有刃，刃上部中穿一小孔。长 13、宽 3.3 厘米。

簪　1 件。M3 出土。长 6.5 厘米。白玉质。一端穿孔，阴刻线纹。

人形饰　4 件。有青玉和白玉两种，可分二式。Ⅰ式，2 件。皆 M11 出土。青玉质，体细长，蹲姿，戴冠，阴刻人形图案。长 7.2 厘米。Ⅱ式，2 件。M3 出土。白玉质。蹲姿，阴刻透雕人形图案，形体比Ⅰ式匀称。长 5.5 厘米。

兽形饰　2 件。皆 M11 出土。伏姿，回首，阴刻线纹。长 5、宽 2.4 厘米。

长方形透雕玉饰　5 件。M11 出土。片状。白玉质，透雕两夔首互相套接，一正一倒，长 5.2、宽 2.5 厘米。

透雕玉饰　1 件。M11 出土。龟背状，一面微鼓，一面凹，青玉质，上部雕一夔，张口回首。长 6、宽 5 厘米。

此外，还有各类玉饰 56 件，其中长方形玉片 9 件，玉管 2 件，棒状玉饰 3 件，玛瑙珠 5 件，玉珠 15 件，棱形玉饰 29 件。

4. 骨器

有骨笢、骨簪各 1 件，皆 M4 出土。

5. 蚌器

璧　1 件。M3 出土。外径 4.3、内径 1.2 厘米。

蚌泡　1 件。中穿孔，一面鼓出，一面平整，鼓面刻涡纹。

蚌鱼　40 件。头部穿孔。

此外，还出土棱形穿孔蚌饰 103 件。海贝 21 件（M3 出土），蛤蜊壳 16 件（M11 出土）。

墓葬年代：M3 出土的 2 件铜鬲与上村岭虢国墓地 M1631 出土的铜鬲相同。Ⅰ式陶鬲与陕西长安张家坡、客省庄西周墓葬出土的Ⅴ式鬲近似，这种鬲在张家坡、客省庄各期墓葬中都可以见到，延续的时间较长，为西周盛行的器物。因此，我们认为 M3 的年代也属于西周晚期。

M39 出土的铜器为明器，制作粗糙。簋饰重环纹，为西周晚期盛行的纹饰。我们把这座墓的年代，也定为西周晚期，它的下限也可能到春秋初期。

陶器墓随葬器物的基本组合是鬲、豆、罐，有的缺豆，有的缺罐。这种组合与陕西长安张家坡、客省庄西周晚期陶器墓随葬的鬲、豆、罐、盂的组合是相似的，器物的形制与后者也没有什么区别。Ⅱ式鬲与洛阳中州路ⅡB式鬲相同，Ⅲ式鬲与张家坡、客省庄西周墓第二期的鬲类似。Ⅳ式鬲也见于以上两地西周晚期墓和陕县上村岭虢国墓。豆与张家坡、客省庄西周晚期豆相似。罐与张家坡、客省庄、洛阳中州路西周晚期罐类似。根据以上情况，这10座陶器墓的年代，也应属于西周晚期，其下限也可能到春秋初期。

二、西周车马坑

车马坑为社员平整土地时挖出，事后我们进行了调查了解，坑为长方形，南北向，长约4、宽约3.3米，现存深度0.7米。坑内埋葬马四匹，马骨架保存尚好。马头南向二，北向二，分别贴近坑的四角。车马器分布在坑的中部，以軎、輨、軏、軝合在一起为一组，分为四组，每组相距约1米左右。车軎发现于马的肋骨下边。坑内有明显的木料痕迹。从以上情况看，坑内所埋当为车两乘，马四匹。

坑的位置北距M9约4米，西北与M3相距约13米。从出土的车器分析，与M3出土的铜器比较接近，因此我们考虑这座车马坑可能与M3死者有关。

出土车马器共15件，均为铜器。

輨　4件。呈圆筒状，一端有当头，当头上有三个长形小穿孔。器身饰鳞纹、重环纹。长7.5厘米。有当头者径10.7、无当头者径9.5厘米。

軏　4件。形如短管。两端有箍形饰一道，中间饰斜角云纹。周身有3个小钉孔。长3.4、直径9.5厘米。

軝　4件。形如锥状截管，一端侈。器身饰窃曲纹。上有钉孔3个。长3.4、侈口径13.6厘米。

车軎　3件。可分二式。Ⅰ式，2件。状如圆筒，軎顶平齐，近毂端有对称长方形受辖孔，中部有一道箍形饰。上部饰重环纹、三角涡纹各一周。长9.5、接轴端径4.5厘米。Ⅱ式，1件。圆筒形，近辖孔处有箍形饰二道，将器体分成两节，外节较长，饰兽面纹，内节有长方形辖孔。长8.2、接轴端径4.5厘米。

三、春秋墓葬

春秋墓共19座，出铜器的9座，其中2座出铜器皿，其余只出小件铜器。出陶器的墓11座。均为长方形竖穴土坑墓。墓坑最大的长4.48、宽3.2米，最小的长2.3、宽2.7米。坑口与墓底一般同大，填土为五花土。大型墓一般有棺椁，小型墓无椁有棺，个别的情况不明。椁室一般长约3米左右，棺长2.3、宽1.1米左右。有的有腰坑，坑内埋狗，但狗也有埋在棺的一侧的。现以M9为例说明如下。

M9 坑口长4.48、宽3.2米，现存深度1.1米，方向349°。坑壁垂直。木椁位于墓坑中部偏南，椁室中央置棺。根据板灰观察，椁长3.4、宽约2米，棺长约0.25米。坑内埋狗一具。随葬器物有铜器、玉饰、蚌饰。铜器有鼎三、簋四、盘一、匜一、壶二、戈一、銮铃四。铜器放置于脚端棺椁之间两侧的"边箱"。戈放置于近头部的"边箱"。玉饰分布于棺内，蚌饰分布于棺的四周，骨骸保存不好，为仰身直肢葬（图四）。

19座墓中共出土铜、陶、玉石等器165件。

1. 铜器

82件。有容器、车马器、兵器三种。实用器少，明器多，制作粗糙。

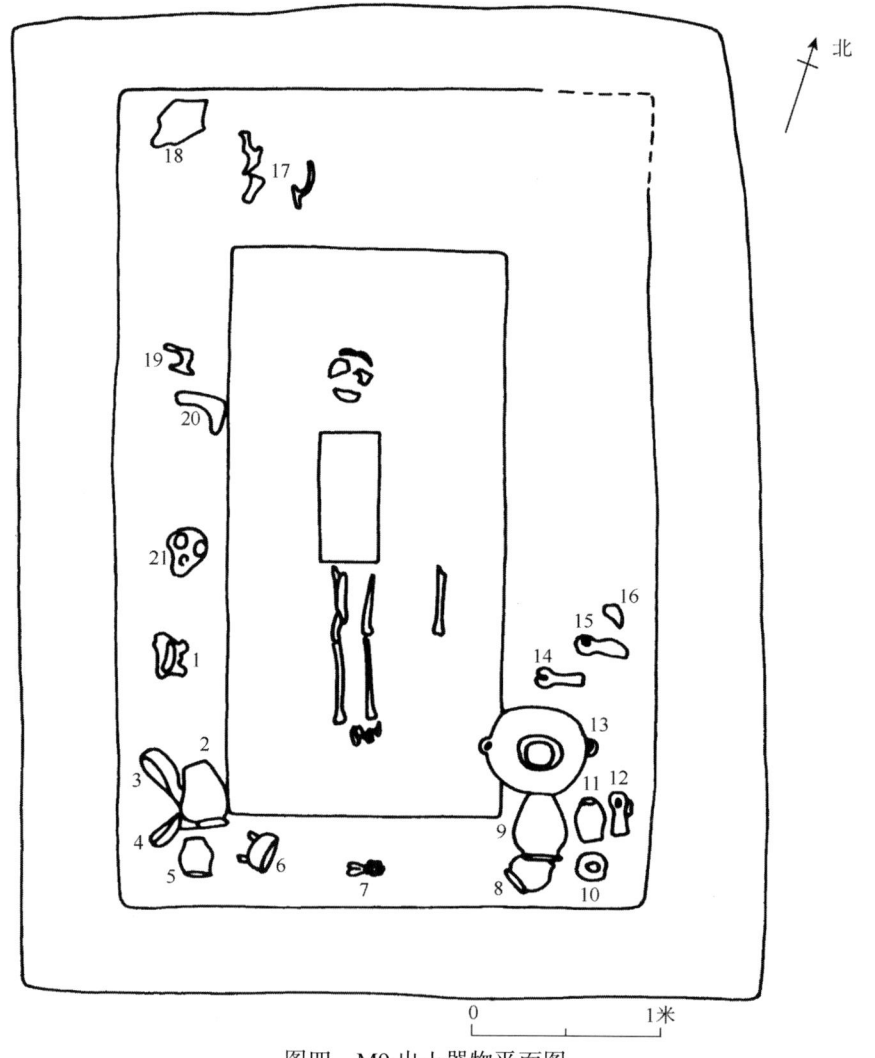

图四　M9出土器物平面图

1、4、6. 铜鼎　2. 铜匜　3、9. 铜壶　5、8、10、11. 铜簋　7、12、14、15. 铜銮　13. 陶罐
16. 铜铃　17、19. 铜马衔　18、21. 铜饰　20. 铜戈

1）容器

鼎 3件。形制相同，大小递减。标本M9∶6，圜底，平唇外折，立耳。腹饰凸弦纹两周，柱形空足。另两件，一件为蹄形空足，一件为柱形空足。大的通耳高22.5、口径23厘米；小的通耳高21、口径19.5厘米。器壁薄，制作粗糙（图五，1）。

簋 5件。可分二式。Ⅰ式，4件。形制、花纹、大小均相同。标本M9∶8，双耳，有盖，盖与器铸为一体，无底。盖面饰瓦纹一周，下饰重环纹，腹饰瓦纹。通高17、底径14.5厘米。出土时范土尚留存于器内，纯系明器（图五，5）。Ⅱ式，1件（M1∶5）。弇口，有盖，两耳，平底。盖面饰三角纹、云雷纹，腹饰雷纹。通高22、口径24厘米（图五，4）。

盘 2件。可分二式。Ⅰ式，1件。M9出土。浅腹，平底，平唇外折，圈足，附耳。出土时已残。通高15、口径38、腹深5.5厘米（图五，7）。Ⅱ式，1件（M1∶2）。平唇外折，平底，附耳。底部附三个蹄形足，两耳面透穿蟠螭纹。通耳高7.5、口径25、腹深3.5厘米（图五，8）。

匜 1件（M9∶2）。长流，兽鋬，四扁足。口沿饰斜角云纹，腹饰瓦纹，兽足。通高16、腹深7、流与鋬距离28厘米。制作较精致，朴实厚重，为实用器（图五，3）。

壶 2件。形制、大小、花纹均相同。标本M9∶3，小口，下腹微鼓，圈足，贯耳。口沿下饰窃曲纹，颈及下腹饰瓦纹，腹饰曲折花纹，圈足饰重环纹。通高23.5、口径10.5厘米（图五，2）。

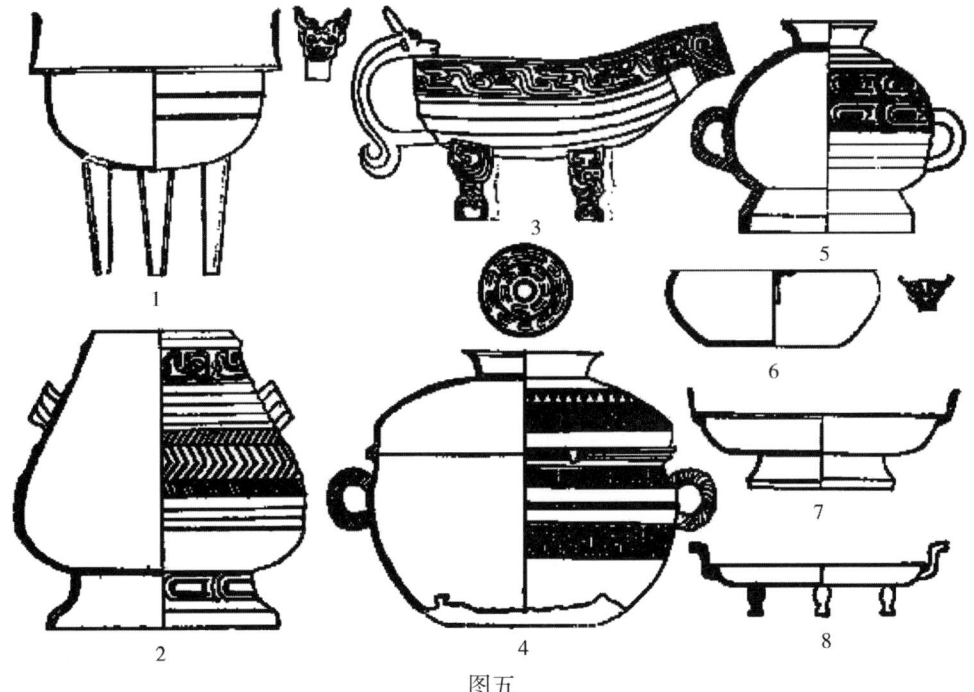

图五
1. 铜鼎（M9∶6） 2. 铜壶（M9∶3） 3. 铜匜（M9∶2） 4. Ⅱ式铜簋（M1∶5）
5. Ⅰ式铜簋（M9∶8） 6. 铜舟（M1∶4） 7. Ⅰ式铜盘（M9） 8. Ⅱ式铜盘（M1∶2）

舟　2件。形制基本相同，一大一小。标本M1∶4，椭圆形，敛口，平底，素面，两侧作螭首耳。大的通高7、口径16.5厘米，小的通高8.5、口径14.5厘米（图五，6）。

2）车马器

轴头　2件。皆M22出土。呈圆管状，一端为外折沿，一端为箍形沿。折沿端有对穿长方形孔，一侧附一小耳。全长4.6、折沿端径8.7、箍沿端径5.7厘米。周身饰变体云雷纹。

辖　4件。可分二式。Ⅰ式，2件。M9出土。扁平长条形，辖身平直，近尾端有凹入缺口，辖首作兽头形，两侧穿方孔。全长9、宽1.7、厚0.6厘米（图六，4）。Ⅱ式，2件。M10出土。形制与Ⅰ式同。辖首不作兽形。长9.2、宽1.8、厚0.7厘米（图六，5）。

銮铃　4件，皆M9出土。形制相同。铃身扁圆形，中有小圆孔，内有弹丸，裂边八幅。柄为长方形，下宽上窄，中空，两侧有脊，长15.5、铃纵横6.85厘米，柄高7、宽3.5、厚2厘米。

铜铃　11件。可分二式。Ⅰ式，1件。M9出土。腹扁圆，内有舌，半环形钮。通高29、铣间距5厘米（图六，8）。Ⅱ式。10件，M7、M32出土。形制与Ⅰ式略同，体小，通高6、铣间距3.5厘米。

马衔　6件。M9、M10出土。形状相同，长短不一。两端作环状。全长20.5、外环径4.3厘米。

节约　1件。M12出土。十字形，圆管，中空。长2.3、管径1厘米（图六，7）。

铜鱼　12件。皆M12出土。一面微鼓，一面平，头部穿孔。长6.5、宽2厘米。

马镳　4件。M9、M12出土。一端弯曲，有圆孔，一侧附两钮。全长9.5厘米。

兽形铜饰　2件。皆M9出土。作兽头形。器底下有横穿。长5、宽5厘米（图六，9）。

铜管　8件。皆M12出土。长1.8、口径0.9厘米。

铜合页　2件。皆M7出土。扁长方形。器身有四个对穿圆形小孔。一端有枢轴，可以转动，枢轴上有钮。长6.5、宽3厘米（图六，6）。

3）兵器

铜戈　2件。可分二式。Ⅰ式，1件。M9出土。直内，内正中有穿孔，短胡一穿，长6厘米（图六，1）。Ⅱ式，1件。M10出土，长胡两穿。长23.5厘米（图六，2）。

剑　1件。M25出土。圆首，扁茎，脊隆起，锋尖残。残长33、宽4.4厘米（图六，3）。

4）残铁器

1件。M7出土。发现于墓底，形状不明。

5）金器

金箔　M7出土。皆为碎片，贴于铜片，铜片已破碎，不知何器。

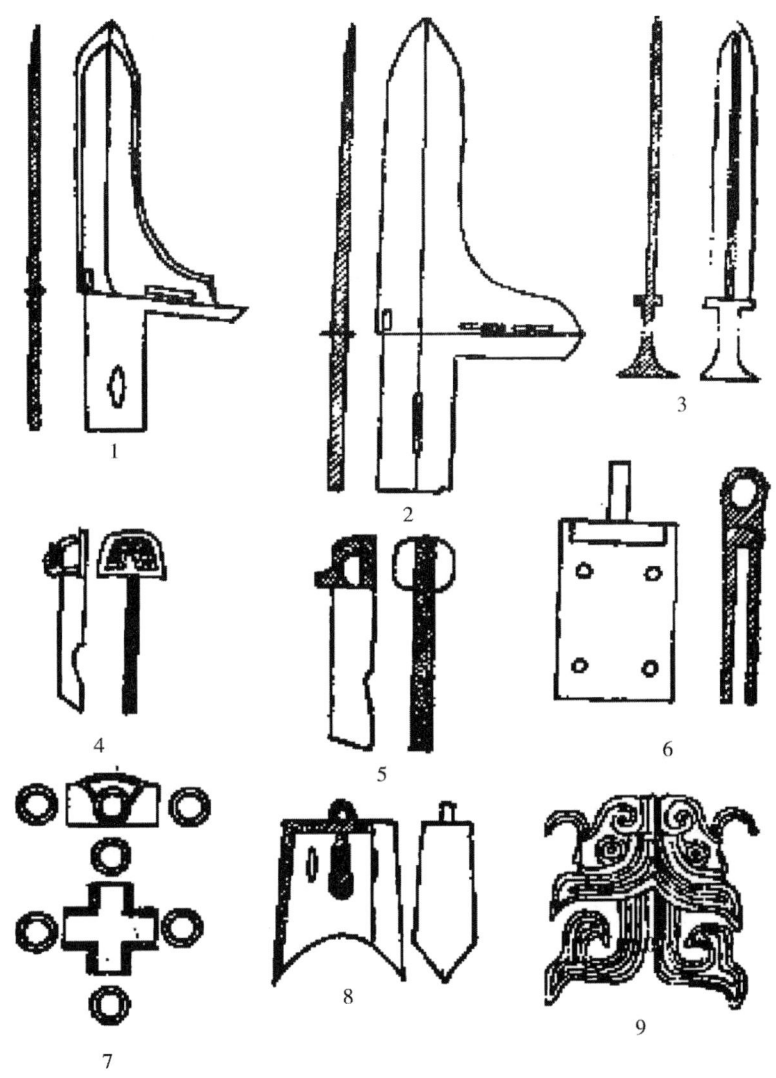

图六
1. Ⅰ式铜戈（M9出土） 2. Ⅱ式铜戈（M10出土） 3. 铜剑（M25:1） 4. Ⅰ式铜辖（M9出土）
5. Ⅱ式铜辖（M10出土） 6. 铜合页（M7出土） 7. 铜节约（M12出土） 8. 铜铃（M9出土） 9. 兽形铜饰（M9出土）

2. 陶器

共出土43件。有鼎、鬲、豆、壶、盘、匜、盆、三足器八种，以鬲最多。鬲为夹砂红陶，其他均为泥质灰陶，泥质陶质量不高，火候低，部分器物出土时相当破碎，不能复原。

鼎 7件。可分两式。Ⅰ式，3件。标本M2:1，深腹微鼓，附耳，蹄形实足，圜底，素面，腹部有纹饰。通耳高28.7、口径21、腹深14.5厘米（图七，1）。Ⅱ式，4件。有盖，蹄足，色深灰，火候低，出土时破碎，不能复原。

鬲 12件。形制基本相同，大小差别较大。为夹砂红陶，短唇外折，鼓腹，裆部平，矮实足。口沿下有平行凹槽，下腹到足尖饰绳纹。最大的通高29、口径27厘米，最小的（M28：6）通高14.5、口径17厘米（图七，9）。

豆　9件。可分二式。Ⅰ式，4件。标本M2：5，侈口，圆唇，浅盘，喇叭状豆柄。通高15.6、口径17.7厘米（图七，2）。Ⅱ式，5件。标本M32：2，弇口，有盖，深盘，圆柱形把，下截中空，平座。通高24.5、口径14.5厘米（图七，8）。

壶　7件。标本M30：2，侈口，平唇外折，鼓腹，平底。兽形耳。腹饰弦纹三周。通高19、口径11厘米。这种壶有的在底部附加三个小足（图七，7）。

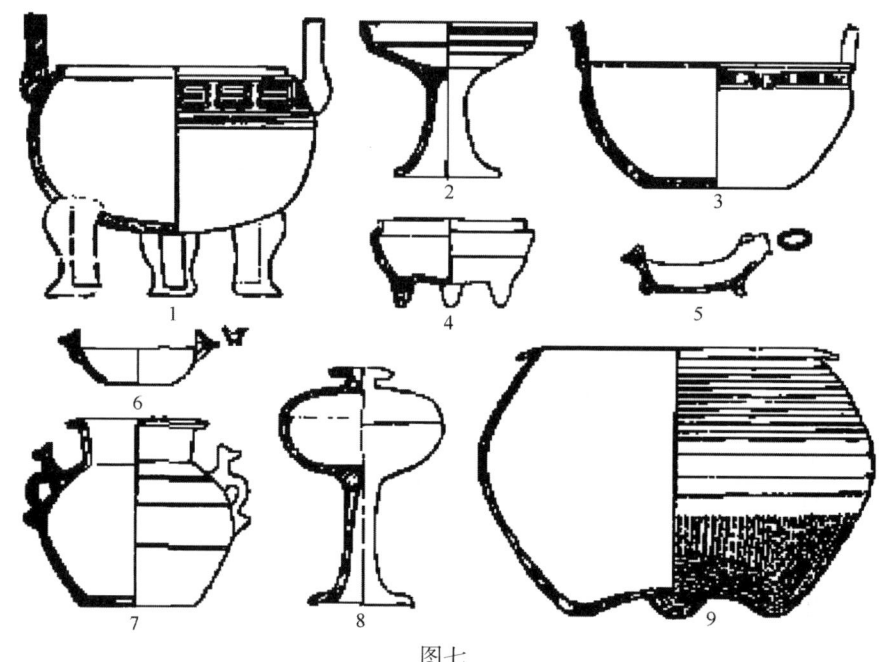

图七

1. Ⅰ式陶鼎（M2：1）　2. Ⅰ式陶豆（M2：5）　3. 陶盆（M2：4）　4. 陶三足器（M30：1）　5. 陶匜（M30：2）　6. 陶盘（M30：8）　7. 陶壶（M30：2）　8. Ⅱ式陶豆（M32：2）　9. 陶鬲（M28：6）

盆　1件（M2：4）。侈口，平唇外折。平底，双立耳。颈部有纹饰。通高13、口径25.5厘米（图七，3）。

盘　2件。形制相同。标本M30：8，敛口，圆唇，小平底，口沿附对称兽头形耳。通高6、口径11.5厘米（图七，6）。

三足器　4件。标本M30：1，弇口。浅腹，圜底，三实足。通高9、口径14厘米。腹部饰弦纹一周（图七，4）。

匜　1件（M30：2）。兽头形流，兽头鋬，三足。通高7、流与鋬距15厘米（图七，5）。

3. 玉石骨蚌器

玉玦　3件。片状。白玉质。

玉璧　1件。片状。外径5.2、内径0.7厘米。

玉环　1件。M24出土。

玉饰　4件。一为曲角形，白玉制作，面雕图案。一为耳形，玉质，一端雕兽头。

石璜　2件。可分二式。Ⅰ式，1件。M9出土，大理石质，半月形，两面素平，两端有小孔。长12、宽35厘米。Ⅱ式，1件。M12出土，大理石质，作兽形，两面平，刻兽样纹。长8、宽2厘米。

石戈　2件。圭形，两边有刃，中有凸脊，内部有孔。锋残，残长10.5厘米。

石圭　1件。M12出土。绿色。残长8.2厘米。

圆柱帽　4件。作圆柱形，帽顶平，一端中穿小孔。

石玦　2件。皆M9出土。

蚌泡　4件。一面平，一面微鼓，中穿小孔，无纹。

骨贝　800件。兽骨制成，中穿二个小圆孔，着绿色。

春秋墓出土的遗物，与西周晚期墓比较，铜器有一些变化，陶器的变化更为明显。两座铜器墓出土的器物，作风不同，M9接近于西周晚期作风，M1接近于春秋中晚期作风。

M9出土的遗物有列鼎三、簋四、盘一、匜一、壶二，这种器物组合，见于陕县上村岭虢国墓地的M1705，也见于湖北枣阳曾国春秋早期墓与宝鸡阳平镇秦家沟的两座春秋早期墓，有些器物的形制也基本相同，器物的花纹保存了西周晚期盛行的重环纹、瓦纹等纹饰，因此，这座墓的年代当属于春秋早期。

M1出土的Ⅱ式簋和Ⅱ式盘，与过去新郑李家楼出土的同类器物形制相同，簋与洛阳中州路东周第一期墓M2415出土的簋基本一致，盘、舟与中州路第二期M6出土的同类器物类似。李家楼出土的铜器，据郭沫若同志考证："成于鲁庄公十四年（公元前680年）后之三五年间"，与之相较，M1的年代，当在春秋中期以后。

陶器墓出土的器物有两种组合，第一组为鼎、鬲、豆，第二组为鼎、鬲、豆、壶、盘、匜、三足器。第一组墓的器物与西周晚期的接近，应早于第二组，其年代相当于春秋早期，第二组的年代当在春秋中期以后。

文献记载：新郑在西周初为郐国，西周晚期周王朝衰落，郑桓公取郐、虢十邑之地，自郑迁居于此（《国语·郑语》），平王东迁以后，桓公的儿子武公灭掉郐、虢，始建都为郑国。西周晚期与春秋早期的文化遗物，过去在新郑发现甚少，这批墓葬的发掘，对于了解新郑地区西周晚期与春秋早期的文化，提供了一些实物资料。M7出土的一件残铁器是目前在中原地区发现的第一件年代可靠的春秋晚期铁器，这对于研究我国早期铁器的历史，也有重要的意义。

执笔者：李友谋

［原载《文物资料丛刊（2）》，文物出版社，1978年］

（K-2615.01）

www.sciencep.com

定价：230.00元

科学出版社互联网入口　　赛博古二维码

文物考古分社
部门：（010）64010983
部门 E-mail：arch@mail.sciencep.com